हजारीप्रसाद द्विवेदी समग्र

पुनरावलोकन

हजारीप्रसाद द्विवेदी समग्र पुनरावलोकन

चौथीराम यादव
भूतपूर्व प्रोफेसर एवं अध्यक्ष, हिन्दी विभाग
काशी हिन्दू विश्वविद्यालय, वाराणसी

लोकभारती प्रकाशन
पहली मंजिल, दरबारी बिल्डिंग, महात्मा गाँधी मार्ग, इलाहाबाद-1

लोकभारती प्रकाशन
पहली मंजिल, दरबारी बिल्डिंग, महात्मा गाँधी मार्ग
इलाहाबाद-211 001
वेबसाइट : www.lokbhartiprakashan.com
ईमेल : info@lokbhartiprakashan.com
शाखाएँ : 1-बी, नेताजी सुभाष मार्ग, दरियागंज
नई दिल्ली-110 002
अशोक राजपथ, साइंस कॉलेज के सामने
पटना-800 006 (बिहार)

प्रथम संस्करण : 2012

इण्डियन प्रेस प्राइवेट लिमिटेड
इलाहाबाद-211002 द्वारा मुद्रित

HAZARI PRASAD DWIVEDI
SAMAGRA PUNRAVALOKAN
by Chauthiram Yadav

ISBN : 978-81-8031-727-9

मूल्य : ₹ 400

समर्पण

'दूसरी परम्परा की खोज' और
उसके खोजी
नामवर सिंह को
जिन्होंने
दृष्टि का उन्मेष किया

अनुक्रम

भूमिका

काशी हिन्दू विश्वविद्यालय के हिन्दी विभाग में एक लम्बे समय तक छात्र-छात्राओं को मध्यकालीन हिन्दी कविता पढ़ते-पढ़ाते हुए अनेक अवसरों पर मुझे कतिपय व्यावहारिक समस्याओं से दो-चार होना पड़ा। कक्षा में समय-समय पर उनके द्वारा पूछे गये प्रश्नों से सार्थक संवाद स्थापित करने की प्रक्रिया ने मुझे और भी प्रश्नाकुल बना दिया। रामचन्द्र शुक्ल और हजारीप्रसाद द्विवेदी के इतिहास-लेखन और आलोचना-कर्म से गुजरते हुए मेरे मन में तरह-तरह के सवाल उठने लगे। यदि तुलसीदास लोकधर्मी कवि हैं तो कबीर लोकधर्म विरोधी क्यों? क्या लोकधर्म को वर्णधर्म का पर्याय माने बिना कबीर को लोकधर्म विरोधी कहा जा सकता है? रामभक्ति की एक ही शाखा से जुड़े होने के बावजूद इनके सामाजिक चिन्तन में इतना अन्तर क्यों है? यदि सगुण धारा के तुलसीदास में लोक-संग्रह का पूरा विस्तार है तो उसी धारा के सूरदास में लोक-संग्रह का अभाव क्यों? क्या निर्गुण और सगुण के कृत्रिम विभाजन से उनके वैचारिक अन्तर को ठीक से समझा जा सकता है?

यहीं पर इस सवाल का उठना भी स्वाभाविक था कि हिन्दी भक्ति-आन्दोलन महाराष्ट्र आदि के भक्ति-आन्दोलनों से मूलतः भिन्न क्यों है? क्या कारण है कि सामाजिक रूपान्तरण से संकल्पित निर्गुण भक्ति-आन्दोलन अपनी वर्ण-विरोधी समान विचारधारा के चलते विभिन्न प्रान्तीय भक्ति-आन्दोलनों से जुड़ा रहा और सूरदास की समतामूलक भक्ति से भी उसका बहुत-कुछ सामञ्जस्य बना रहा किन्तु पौराणिक अवतारवाद के सहारे विकसित सगुण भक्ति-आन्दोलन तुलसीदास के साथ ही समाप्त क्यों हो गया? इन सवालों से टकराये बिना मेरे लिये भक्ति-आन्दोलन और उससे उद्भूत भक्तिकाव्य को ठीक से समझना कठिन था। मुझे आचार्य शुक्ल की अपेक्षा आचार्य द्विवेदी के साहित्य में इन प्रश्नों का उत्तर पाने की कहीं ज़्यादा सम्भावना नज़र आयी। मध्यकालीन भक्ति-साहित्य के इन दो बड़े आलोचकों की ऐतिहासिक मान्यताओं और काव्य-मूल्यांकन-सम्बन्धी उनके मतभेदों तथा प्रगतिवादी आलोचना में किसी निर्भ्रान्त दृष्टि के अभाव से मेरी उलझन और बढ़ती गयी। डॉ० रामविलास शर्मा की महत्त्वपूर्ण पुस्तक 'आचार्य रामचन्द्र शुक्ल और हिन्दी आलोचना' को पढ़े बिना शुक्ल जी को समझना मेरे लिये कठिन था किन्तु द्विवेदी जी को समझने के लिए उस पुस्तक से कोई सहायता नहीं मिलती क्योंकि

द्विवेदी जी के प्रति डॉ० रामविलास शर्मा का रवैया बहुत-कुछ नकारात्मक था। तुलसीदास और उनके पौराणिक मतवाद को लेकर प्रगतिवादी आलोचना में गहरे मतभेद थे। मुक्तिबोध ने अपने एक लेख 'मध्यकालीन भक्ति-आन्दोलन का एक पहलू' में तुलसीदास और रामचन्द्र शुक्ल के मूल्यांकन में प्रगतिवादी आलोचना के भटकाव की चर्चा की है। आश्चर्य तो इस बात का है कि नामवर सिंह को छोड़ कोई दूसरा बड़ा आलोचक उस लेख की चर्चा तक नहीं करता। किसी ने की भी है तो उसका मखौल उड़ाने के लिए। जबकि सचाई यह है कि उस लेख में मुक्तिबोध द्वारा उठाये गये सवाल आज भी प्रगतिवादी आलोचना के सामने चुनौती बनकर खड़े हैं। आश्चर्य नहीं होना चाहिए कि उस लेख में भक्ति-आन्दोलन और कबीर-तुलसी-सम्बन्धी मुक्तिबोध की स्थापनाएँ हजारीप्रसाद द्विवेदी की स्थापनाओं से बहुत-कुछ मिलती-जुलती हैं।

अतः आचार्य द्विवेदी के साहित्य के प्रति मेरी अभिरुचि बढ़ती गयी और मैंने महसूस किया कि द्विवेदी जी के सम्पूर्ण साहित्य का गहन अध्ययन किया जाना चाहिए। संयोग ही कहिये कि इसी बीच हिन्दी के प्रखर आलोचक डॉ० नामवर सिंह की बहुचर्चित पुस्तक 'दूसरी परम्परा की खोज' प्रकाशित हुई जिसने द्विवेदी जी के साहित्य के प्रति उत्पन्न मेरी अभिरुचि को और भी पुष्ट बना दिया। यह पुस्तक न केवल सर्जनात्मक आलोचना का सर्वोत्तम उदाहरण है बल्कि हिन्दी आलोचना और भारतीय चिन्तन-परम्परा के विकास में भी महत्त्वपूर्ण भूमिका अदा करती है। इसने हजारीप्रसाद द्विवेदी को 'बाई पास' कर विकसित हो रही हिन्दी आलोचना को 'वाया बाई पास' जाने को लाचार कर दिया। सच बात तो यह है कि 'दूसरी परम्परा की खोज' के प्रकाशित होने से पहले हिन्दी-जगत् ने आचार्य द्विवेदी को उतनी गम्भीरता से लिया ही नहीं था, न बड़े आलोचक के रूप में, न बड़े इतिहास-लेखक के रूप में। यह गौरव केवल आचार्य रामचन्द्र शुक्ल को प्राप्त था। इसको पढ़कर मेरे-जैसे न जाने कितने लोगों में दृष्टि का उन्मेष हुआ। आकस्मिक नहीं है कि उसी के आसपास आचार्य रामचन्द्र शुक्ल, आचार्य हजारीप्रसाद द्विवेदी और डॉ० रामविलास शर्मा पर लिखे गये मैनेजर पाण्डेय के कई लेख समय-समय पर 'आलोचना' पत्रिका में प्रकाशित हुए जिन्होंने डॉ० नामवर सिंह के बाद आचार्य शुक्ल और आचार्य द्विवेदी की आलोचना-परम्परा का विकास किया। लेकिन यह देखकर किंचित् आश्चर्य हुआ कि हिन्दी के चौथे बड़े आलोचक डॉ० नामवर सिंह पर उन्होंने कोई लेख नहीं लिखा। कहीं ऐसा तो नहीं कि चौथे आलोचक को लेकर वे द्विधाग्रस्त रहे हों और इसका निर्णय उन्होंने अगली पीढ़ी पर छोड़ दिया हो कि वही तय करे कि चौथा आलोचक कौन--नामवर सिंह या मैनेजर पाण्डेय? बात जो भी हो पर पाण्डेय जी का नामवर सिंह पर न लिखना चौंकाता है।

क्या विडम्बना है कि आचार्य हजारीप्रसाद द्विवेदी परम्परा-पूजक पण्डितों के बीच परम्परा-विरोधी मान लिये गये और प्रगतिशील आन्दोलन के इतिहास-निर्माताओं के बीच परम्परा-पूजक। संस्कृतवालों ने उन्हें हिन्दी के बट्टे खाते में डालकर छुट्टी पा ली तो हिन्दी के कतिपय प्रतिष्ठित आलोचकों को अपनी मौलिक स्थापनाओं पर ही खतरा मँडराता नज़र आया लिहाज़ा उन्हें नकार देना ही सुरक्षित लगा। सम्भवतः भविष्योन्मुखी अतीत के साथ अपने वर्तमान को जीनेवाले तेजस्वी व्यक्तित्व की लेखकीय गरिमा को मापनेवाले पैमाने कभी-कभी छोटे पड़ जाते हैं। फिर भी आचार्य द्विवेदी घर की 'बिल-बिल' और बाहर की 'दुर-दुर' की चौतरफा नकार की गहरी पीड़ा झेलकर भी विचलित नहीं हुए। 'निर्वात निष्कम्प दीपशिखा' की भाँति अविचल बने रहे। किसी के सामने हाथ नहीं फैलाया, परिस्थितियों से समझौता नहीं किया।

आकस्मिक नहीं है कि इतिहास-लेखन और काव्य-मूल्यांकन में आचार्य द्विवेदी के निष्कर्ष कभी-कभी वस्तुवादी आलोचकों के निष्कर्ष से भी ज्यादा ठोस और प्रामाणिक प्रतीत होते हैं। इसका कारण यह है कि द्विवेदी जी में अतीत, वर्तमान और भविष्य में सामञ्जस्य स्थापित करनेवाली एक व्यापक और उदार दृष्टि थी जिसके चलते वे वृहत्तर जीवन-मूल्यों की खोज कर सके। जहाँ उन्होंने हिन्दी भाषा-साहित्य को भारतीय भाषा-साहित्य का स्वाभाविक विकास माना, वहीं भक्ति-आन्दोलन की वैचारिकी को भारतीय चिन्ता के स्वाभाविक विकास से जोड़कर देखा। इस दृष्टि से 'हिन्दी साहित्य की भूमिका' का पहला अध्याय 'भारतीय चिन्ता का स्वाभाविक विकास' विशेष महत्त्वपूर्ण है जिसमें उन्होंने समूचे भक्तिकाव्य के मूल्यांकन के लिए सर्वथा नये आलोचना प्रतिमानों की खोज की है। उनकी निर्भ्रान्त घोषणा है--"मतों, आचार्यों, सम्प्रदायों और दार्शनिक चिन्ताओं के मानदण्ड से लोक-चिन्ता को नहीं मापना चाहता बल्कि लोक-चिन्ता की अपेक्षा में उन्हें देखने की सिफारिश कर रहा हूँ।" जाहिर है कि शास्त्रमत के विरुद्ध लोकमत और काव्यशास्त्र के विरुद्ध समाजशास्त्र की माँग करनेवाला यह लोकवादी प्रतिमान समान रूप से सभी भक्त कवियों पर लागू होता है; जबकि आचार्य शुक्ल के पौराणिक मतवाद की कसौटी पर एकमात्र तुलसीदास ही खरे सिद्ध हो पाते हैं। निश्चय ही द्विवेदी जी का लोकवादी प्रतिमान कहीं ज्यादा व्यापक, लचीला और सार्थक है जिसमें समूचे भक्तिकाव्य को समेट लेने की क्षमता है।

ध्यान देने की बात है कि आचार्य हजारीप्रसाद द्विवेदी ने मध्यकाल को 'टीका-युग' भी कहा है और यह लक्षित किया है कि 'चिन्ता-पारतन्त्र्य' के शिकार 'टीका-युग' के पण्डित शास्त्रों की लोकोन्मुखी प्रवृत्ति को न पहचान पाने और लोकमत की उपेक्षा करने के कारण परम्परा के स्वाभाविक विकास की लय पकड़ पाने में असफल रहे। अतः द्विवेदी जी का मानना है कि हमारे इतिहास में भारतीय मनीषा

इतनी स्तब्ध और जड़ीभूत कभी नहीं हुई जितनी मध्यकाल में। जाति-पाँति विरोधी भक्ति-आन्दोलन की आँधी ने एक बार फिर वर्णाश्रम-व्यवस्था को छिन्न-भिन्न कर दिया था और इस नयी परिस्थिति से स्तब्ध मध्यकालीन मनीषा ने स्मृतियों और पुराणों से नज़ीरें ढूँढ़-ढूँढ़कर, भाष्य-पर-भाष्य और टीकाओं-पर-टीकाएँ लिखते हुए भरसक प्रयास किया पर उस आँधी को रोक न सके। मध्यकालीन इतिहास-रथ का सारथी तो बन बैठा कबीर और टीका-युग के पण्डित, रथ-चक्र के नीचे पिस जानेवाले भीष्म पितामह की तरह गुबार देखते रह गये--'बाल कबीरा ले गया, पण्डित ढूँढ़े खेत।' इसे वे कलियुग का प्रभाव और धर्म की मर्यादा नष्ट हो जाने का परिणाम मान रहे थे, पर यह उनकी समझ से परे था कि धर्म की रक्षा शास्त्रों की संगति लगाने से नहीं बल्कि व्यवस्था में सतत परिष्कार और सुधार से होती है। इसके उलट परिवर्तन में विश्वास करनेवाले भक्त कवियों ने भारतीय चिन्ता की लोकोन्मुखी प्रवृत्ति को पहचाना और उसे ईश्वर की ओर मोड़ देने में अद्‌भुत सफलता अर्जित की। भक्त कवि 'चिन्ता-पारतन्त्र्य' के शिकार नहीं हुए; यहाँ तक कि टीकाकारों की चिन्ता से चिन्तित स्वयं तुलसीदास भी नहीं।

कुछ लोगों का यह भी मानना है कि हजारीप्रसाद द्विवेदी का इतिहास-लेखन और आलोचना-कर्म आचार्य शुक्ल के इतिहास-लेखन और आलोचना-कर्म का पूरक प्रयास है। हिन्दी साहित्य के इतिहास से अकारण खारिज़ कर दी गयी सिद्धों, नाथों और जैन कवियों की धार्मिक रचनाओं का अन्तर्पाठ, सर्वथा नया मूल्यांकन है अथवा पूरक प्रयास मात्र? पूरक प्रयास का मतलब क्या इतना भर है कि शुक्ल जी ने वीरगाथाओं का मूल्यांकन किया तो द्विवेदी जी ने सिद्धों-नाथों की बानियों का; एक ने सगुण धारा का मूल्यांकन किया तो दूसरे ने निर्गुण धारा का; एक ने तुलसी पर पुस्तक लिखी तो दूसरे ने कबीर पर। सवाल यह है कि क्या आचार्य शुक्ल ने पहले ही तय कर लिया था कि किस पर लिखना है और क्या छोड़ देना है? या द्विवेदी जी ने प्रायोजित ढंग से उसी पर लिखने का निश्चय किया जिसे शुक्ल जी ने छोड़ दिया था? पूरक प्रयास का मतलब यदि विकास से है तो क्या उसमें विचारधारा भी शामिल है या नहीं? यदि शामिल है तो क्या हजारीप्रसाद द्विवेदी शुद्धतावाद और यथास्थितिवाद के समर्थक आचार्य शुक्ल की सीमाओं का विकास कर रहे थे या वर्चस्ववादी विचार-परम्परा की केन्द्रीयता को विखण्डित कर, प्रतिपरम्पराओं के विमर्श द्वारा नये मूल्य-मानों की खोज कर रहे थे? चाहे भक्ति-आन्दोलन के उद्‌भव और विकास-सम्बन्धी अन्तर्विरोधों की पहचान हो या सिद्धों, नाथों और निर्गुण धारा का पुनर्मूल्यांकन, सभी में द्विवेदी जी का सन्तुलित परम्परा-बोध, चिन्तन की गतिशीलता और प्रगतिशील दृष्टि का परिचय मिलता है। कभी-कभी शुक्ल जी की सीमा के पक्ष में यह तर्क भी दिया जाता है कि शुक्ल जी की सीमा गाँधी-युग की सीमा थी और हजारीप्रसाद द्विवेदी प्रगतिवादी आन्दोलन की

देन थे। कहने की आवश्यकता नहीं कि इस तर्क में शुक्ल जी को 'डिफेण्ड' करने का प्रयास ही अधिक लक्षित होता है, कोई ठोस कारण नहीं।

माना कि शुक्ल जी के परवर्ती होने के कारण आचार्य हजारीप्रसाद द्विवेदी प्रगतिवादी आन्दोलन से प्रभावित थे और आचार्य शुक्ल गाँधी-युग की देन थे; लेकिन यह कैसे माना जा सकता है कि शुक्ल जी की सीमा गाँधी-युग की सीमा थी। यदि ऐसा ही था तो उसी युग के महान् कथाकार प्रेमचन्द उस सीमा का अतिक्रमण कैसे कर गये? जिस समय 'धर्मसंघों' पर चोट करते हुए प्रेमचन्द यह घोषित कर रहे थे कि अब मैं लगभग 'बोलशेविक' वसूलों का कायल हो गया हूँ, उस समय आचार्य शुक्ल ब्रिटिश महाप्रभुओं द्वारा स्थापित 'नरेन्द्र मण्डल' की प्रशंसा में क्षात्र-धर्म के महत्त्व पर लेख लिख रहे थे और मान रहे थे कि भारत-जैसी कर्त्तव्य की पुष्ट व्यवस्था न होने के कारण 'लेनिन' रूसी जनता के बीच महात्मा बन बैठा। एक ही युग के महान् कथाकार और महान् आलोचक की विश्व-दृष्टि में इतना अन्तर क्यों है? एक रूसी क्रान्ति से प्रेरणा ले रहा है और दूसरा परम्परा की रक्षा के लिए प्रगति को ही नकार रहा है। हमें यह न भूलना चाहिए कि परम्परा का विकास प्रगति से ही हो सकता है, परम्परा की रक्षा से नहीं।

आचार्य हजारीप्रसाद द्विवेदी प्रगतिवादी आन्दोलन से इसलिए प्रभावित थे कि एक तो वह उच्च आदर्शों से सञ्चालित है और दूसरे यह कि वह वर्गविहीन एवं शोषणमुक्त समाज की बात करता है। इसके साथ ही वह आन्दोलन के विकास में पार्टी के हस्तक्षेप को घातक मानते थे। इस प्रकार अपने ग्रहण और त्याग के सन्तुलित विवेक से वे प्रगतिवाद के सकारात्मक तत्त्वों की प्रशंसा करते हैं तो उसके नकारात्मक पक्ष की आलोचना भी करते हैं। उनकी संस्कृति-चिन्ता कोरी बौद्धिक चिन्ता नहीं बल्कि सामाजिक रूपान्तरण का प्रमुख उपादान है। इसीलिए वे अन्तरराष्ट्रीय धरातल पर विश्व-संस्कृति की सम्भावना तलाशते हुए 'अशोक के फूल' में लिखते हैं कि "मेरे विचार से सारे संसार के मनुष्यों की एक सामान्य मानव-संस्कृति हो सकती है। यह दूसरी बात है कि वह व्यापक संस्कृति अब तक सारे संसार में अनुभूत और अंगीकृत नहीं हो सकी है।"

सांस्कृतिक सम्बन्धों में अन्तरराष्ट्रीय सम्भावना की तलाश कोई बड़ा लेखक ही कर सकता है जिसके पास व्यापक विश्व-दृष्टि और संवेदनशील हृदय हो। प्रेमचन्द और हजारीप्रसाद द्विवेदी दोनों के पास एक विश्व-दृष्टि भी थी और बड़ा स्वप्न भी। किसी बड़े स्वप्न के अभाव में कोई बड़ा लेखक हो भी कैसे सकता है? यदि भाववाद की कोई क्रान्तिकारी भूमिका हो सकती है तो मुझे लगता है कि अपनी तमाम सीमाओं के बावजूद हजारीप्रसाद द्विवेदी 'सारे संसार के मनुष्यों की एक सामान्य मानव-संस्कृति' के बड़े स्वप्न के साथ 'मार्क्स' की 'अन्तरराष्ट्रीय सर्वहारा संस्कृति' का पीछा करते प्रतीत होते हैं जो दूर कहीं जलती मशाल की रोशनी

बनकर उन्हें लुभा रही है। द्विवेदी जी की विश्व-संस्कृति की अवधारणा सारे संसार में भले ही अनुभूत और अंगीकृत न हो सकी हो लेकिन 'बाणभट्ट की आत्मकथा' में उसका एक कच्चा ढाँचा भी मौजूद है और उसे जाँचने-परखने का भाव-सूत्र भी--'बाणभट्ट केवल भारत में ही नहीं होते, इस नरलोक से किन्नरलोक तक एक ही रागात्मक हृदय व्याप्त है।'

अतः आचार्य द्विवेदी के प्रखर इतिहास-बोध और सर्जनात्मक आलोचना-कर्म की उपलब्धियों को शुक्ल जी का पूरक प्रयास बताकर उसे नकारने का प्रयत्न नहीं होना चाहिए जैसा कि डॉ० रामविलास शर्मा अक्सर करते रहे हैं। उनकी मानें तो हजारीप्रसाद द्विवेदी ने "आचार्य शुक्ल के इतिहास की सारी सामग्री दोनों हाथों से बटोरकर उस पर पच्चीकारी मात्र की है।" सवाल उठता है कि क्या कोई इतिहास-लेखक अपने पूर्ववर्ती इतिहासकारों और उस दिशा में हुए शोध व अनुसन्धान की उपलब्ध सामग्री का उपयोग करता है या नहीं? मिश्रबन्धुओं की सारी सामग्री और नागरी प्रचारिणी सभा की खोज-रिपोर्टों का उपयोग किये बिना क्या शुक्ल जी का व्यवस्थित इतिहास-ग्रन्थ लिखा जा सकता था? क्या मिश्रबन्धुओं की सामग्री का उपयोग करने से शुक्ल जी की मौलिकता सन्दिग्ध मानी जायेगी? सूर और तुलसी के बाल-वर्णनवाले पदों में पर्याप्त समानता के बावजूद क्या तुलसी की मौलिकता सन्दिग्ध हो जाती है? पूर्ववर्ती सामग्री का मात्र उपयोग करना एक बात है और उसके उपयोग द्वारा सर्जनात्मक विकास की दिशा में नयी पहलकदमी करना बिलकुल दूसरी बात। और यह दूसरी बात आचार्य शुक्ल और आचार्य द्विवेदी दोनों के इतिहास-लेखन पर समान रूप से लागू होती है।

क्या कारण है कि डॉ० रामविलास शर्मा, हजारीप्रसाद द्विवेदी और मुक्तिबोध दोनों को आलोचक मानने से कतराते रहे हैं? क्या इन दोनों ने अपने-अपने ढंग से फारमूलाबद्ध आलोचना की सैद्धान्तिकी को विखण्डित कर साहित्य को परखने के लिए नये मूल्य-मानों की खोज नहीं की है? कहने की आवश्यकता नहीं कि आचार्य हजारीप्रसाद द्विवेदी ने भक्त कवियों की भाषा और उनके साहित्य में निहित लोकतान्त्रिक स्वर को पहचानते हुए आचार्य शुक्ल की आलोचना में निहित वैदिक-पौराणिक परम्परा की केन्द्रीयता को विखण्डित कर, बौद्ध-जैन आदि प्रतिपरम्पराओं के विमर्श द्वारा पहली बार हिन्दी आलोचना को भी लोकतान्त्रिक बनाने का भरसक प्रयास किया है। निःसन्देह आचार्य हजारीप्रसाद द्विवेदी तत्सम के पड़ोस में तद्भव के दुःख को रेखांकित करनेवाले हिन्दी के पहले आलोचक हैं। उनकी दृष्टि में आचार्य शुक्ल का आलोचकीय व्यक्तित्व कैसा था, उन्हीं के शब्दों में--"उनका अपना मत सोलह आने अपना होता है। वे तनकर कहते हैं 'मैं ऐसा मानता हूँ' तुम्हारे मानने न मानने की मुझे परवाह नहीं। फिर भी शुक्ल जी प्रभावित करते हैं। नया लेखक डरता है, पुराना घबराता है, पण्डित सिर हिलाता है।" (हिन्दी साहित्य की

भूमिका, पृ० १३०) द्विवेदी जी की सहज आलोचना-पद्धति इस तानाशाही को विखण्डित कर, नये-पुराने लेखकों और सिर हिलानेवाले पण्डित को आतंक के भय से मुक्ति का आश्वासन देती है और सहज बात को सहज ढंग से कहने का साहस भी।

उत्तर-आधुनिक विमर्शकारों की तरह द्विवेदी जी के लिए आलोचना निर्णय या फैसला न होकर विमर्श है, बातचीत है। वह आचार्य शुक्ल से विमर्श करते हैं, बातचीत करते हैं और कुछ प्रश्न उठाते हैं और महसूस करते हैं कि 'रामचन्द्र शुक्ल से सर्वत्र सहमत होना सम्भव नहीं।' उनकी आलोचना-भाषा विमर्श की भाषा है--'मैं इसी रास्ते सोचने का प्रस्ताव करता हूँ।' या फिर 'लोक-चिन्ता की अपेक्षा में उन्हें देखने की सिफारिश कर रहा हूँ।' जहाँ पर किंचित् निर्णयात्मक स्वर सुनायी भी पड़ता है वहाँ भी विमर्श की गुंजाइश बराबर बनी रहती है। 'बारह आने' वाले निर्णयात्मक स्वर से कितना विमर्श उठ खड़ा हुआ और 'सोलह आने' में विश्वास करनेवाले शुक्ल-भक्तों ने कितना हो-हल्ला मचाया, यह बताने की आवश्यकता नहीं। लोकतान्त्रिक विचारों को अभिव्यक्त करनेवाली उनकी लोकवादी आलोचना का केन्द्रीय स्वर है--'पाण्डित्य की लोकोन्मुखता' जिसे उन्होंने शास्त्रमत और लोकमत की द्वन्द्वात्मक प्रक्रिया में पाण्डित्य से आत्म-संघर्ष करते हुए स्वयं अर्जित किया है।

अतः यदि 'देरिदा' और 'फूको' के विखण्डनवाद से प्रभावित उत्तर-आधुनिकता समालोचना को विमर्श या बातचीत मानती है, निर्णय या फैसला नहीं, वर्चस्ववादी विचारों और संस्कृति की केन्द्रीयता को विखण्डित कर विकेन्द्रीयता को प्रश्रय देती है, साहित्यशास्त्र के बरक्स समाजशास्त्र की माँग करती है, शास्त्रमत के विरुद्ध लोकमत को रेखांकित करती है, शुद्धतावाद की वर्जनाओं से घिरी सीमा को विखण्डित कर चालू विमर्श से प्रश्न करती है और पहले उठाये गये प्रश्नों को फिर से उठाती है तो क्या भारतीय साहित्य और चिन्तन की परम्परा में प्रश्नोत्तेजित विमर्श की इस व्याकुलता का सर्वथा अभाव है? क्या कबीर की कविता प्रश्न पूछने की कविता नहीं है? क्या वह शुद्धतावाद की वर्जनशील संकीर्णताओं पर प्रश्नों की झड़ी नहीं लगा देता? क्या वह 'कागद की लेखी' के विरुद्ध 'आँखिन की देखी' का और भाषा की वर्चस्ववादी स्वायत्तता के विरुद्ध 'भाषा बहता नीर' का विमर्श नहीं खड़ा करता? इसी तरह हजारीप्रसाद द्विवेदी की विमर्शकारी आलोचना क्या वैदिक-पौराणिक केन्द्रीयता को विखण्डित कर शास्त्रमत के विरुद्ध लोकमत का विमर्श नहीं खड़ा करती? क्या हजारीप्रसाद द्विवेदी अपनी संस्कृति-चिन्ता में लगातार शुद्धतावादी संस्कारों पर हथौड़े की चोट नहीं कर रहे थे? क्या वे भक्तिकाव्य के मूल्यांकन के लिए काव्यशास्त्रीय प्रतिमानों के स्थान पर समाजशास्त्रीय प्रतिमानों की माँग नहीं कर रहे थे? और क्या 'हिन्दी साहित्य की भूमिका' समाजशास्त्रीय आलोचना-पद्धति का प्रस्थान-बिन्दु नहीं है?

अतः विखण्डनवाद को एकदम नयी सैद्धान्तिकी मानकर विमर्श के सूत्र तलाशना एक बात है और भारतीय चिन्तन-परम्परा की सापेक्षिकता में उसको जाँचना-परखना बिलकुल दूसरी बात। हमारे यहाँ तो वर्चस्ववादी विचारों की केन्द्रीयता को विखण्डित करने की एक लम्बी परम्परा मौजूद है; चाहे प्राचीन भौतिकवादी चिन्तकों का विखण्डन हो या बौद्ध दार्शनिकों का, सिद्धों, नाथों का विखण्डन हो या निर्गुण धारा के सन्तों का। इनका विखण्डन केवल विखण्डन के लिए नहीं है बल्कि वह परम्परा को द्वन्द्वात्मक और विकासमान् बनाता है। यह बात दूसरी है कि वर्चस्ववादी विचार-परम्परा उसे खण्डन-मण्डन की भोंड़ी प्रवृत्ति कहकर उसका उपहास करती रही और उसकी तेज धार को कुन्द बनाकर आत्मसात् करती आयी है। शंकर और कुमारिल से लेकर हिन्दी में तुलसीदास से होती हुई यह परम्परा आचार्य रामचन्द्र शुक्ल तक चली आयी है। अतः यह समझने में कठिनाई नहीं होनी चाहिए कि क्यों आचार्य शुक्ल और डॉ० रामविलास शर्मा दोनों सिद्धों-नाथों को हिन्दी साहित्य से बेदखल करना चाहते हैं और यह भी कि क्यों रामचन्द्र शुक्ल निर्गुण मत और कबीर को कोसते हैं तथा रामविलास शर्मा हजारीप्रसाद द्विवेदी को? यदि उत्तर-आधुनिकता के विमर्शकारी सूत्रों को भारतीय परम्परा के परिप्रेक्ष्य में देखा जाये तो कबीर को पहला रचनाकार और हजारीप्रसाद द्विवेदी को पहला आलोचक माना जाना चाहिए।

आचार्य हजारीप्रसाद द्विवेदी पर यह पुस्तक मैंने क्यों लिखी, किस प्रेरणा से लिखी? इसकी भी एक कहानी है, चौबीस साल पुराने एक पत्र की कहानी जिसके चलते मेरे भीतर लिखने-पढ़ने की एक ललक जाग उठी। उसका सम्बन्ध 'दूसरी परम्परा की खोज' से है जिसके प्रकाशित होते ही पूरे हिन्दी-जगत् में एक तूफान-सा उठ खड़ा हुआ था। लोगों को लगा कि डॉ० नामवर सिंह ने एक बड़ी रेखा के समानान्तर उससे भी बड़ी रेखा खींचकर आचार्य शुक्ल के कद को छोटा कर दिया है। वातावरण सनसनीखेज़ होने लगा। दूसरी परम्परा वर्चस्ववादी परम्परा के लिए खतरा बन चुकी थी। इस्लाम को खतरे में पड़ा देख, 'शुक्ल-बचाओ' अभियान में 'दस्तावेज' ठीक-ठाक किये जाने लगे। प्रतिक्रियाएँ लगातार आ रही थीं, लिखित भी मौखिक भी; परम्परावादियों की ओर से भी और प्रगतिशीलों की ओर से भी। कुछ सयाने किस्म के वरिष्ठ प्रगतिशील पुस्तक से नाखुश थे, आनेवाली प्रतिक्रियाओं से खुश थे इसलिए चुप थे। शायद तूफान के थमने का इन्तजार कर रहे थे। गरज कि नामवर सिंह चौतरफ़ा हमलों से घिर चुके थे।

'दूसरी परम्परा की खोज' मैंने भी पढ़ी, पूरे मनोयोग से। एक नहीं क़ई बार; उपन्यास-जैसी रोचकता की सुखद अनुभूति से गुजरते हुए। मैं आलोचना की सर्जनात्मक भाषा और दृष्टि के उन्मेष से अभिभूत था और उस पर आनेवाली प्रतिक्रियाओं से चकित भी। हलचल बनारस में कुछ ज्यादा थी। पूरा माहौल 'कहीं खुशी कहीं गम'

में बदल चुका था। इन हालात का जायजा लेते हुए मैंने 'सही इतिहास-बोध को रेखांकित करती 'दूसरी परम्परा की खोज' शीर्षक से एक लेख लिखा जो स्थानीय समाचार-पत्र 'आज' में छपा। कहीं भी प्रकाशित होनेवाला वह मेरा पहला लेख था। मैंने डरते-डरते बड़े संकोच के साथ डॉ० नामवर सिंह को एक पत्र लिखा और लेख की कतरन के साथ उसे दिल्ली भेज दिया। पत्र में क्या लिखा, याद नहीं। हाँ, अपने बारे में लिखा एक वाक्यांश चौबीस साल बाद भी याद है--'मैं कबीर की तरह शास्त्र-वंचित हूँ।' इतने बड़े आलोचक से किसी उत्तर की अपेक्षा तो स्वप्न में भी नहीं की जा सकती थी। लेकिन यह क्या! हफ्ते भर बाद ही, वाया काशीनाथ सिंह, उनका लिखा हुआ एक 'पोस्टकार्ड' पाकर मैं चकित रह गया। पत्र आपके सामने है--

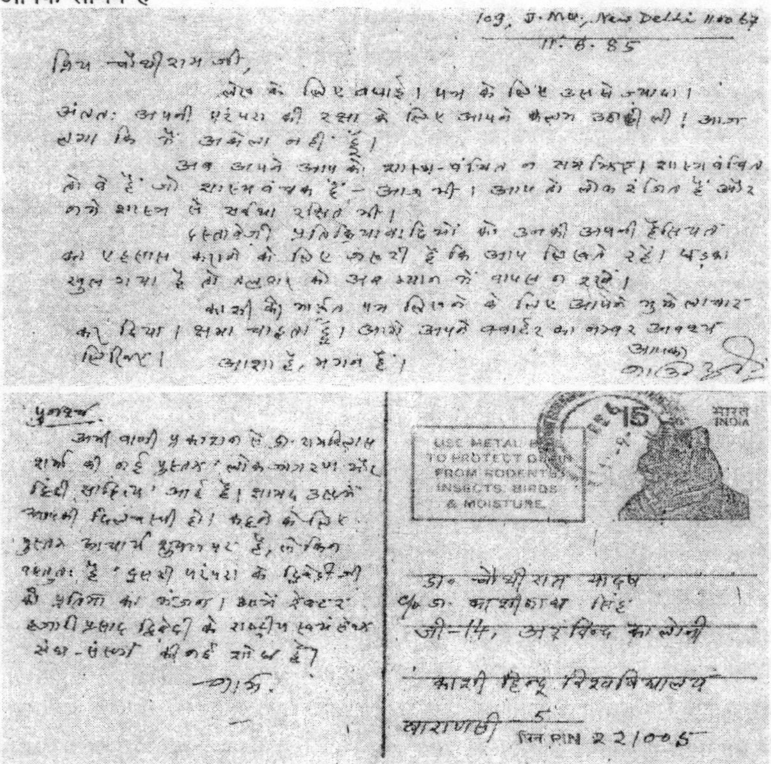

109, J.N.U., New Delhi 110067
11. 8. 85

प्रिय चौथीराम जी,

लेख के लिए बधाई। पत्र के लिए उससे ज्यादा। अंततः अपनी परंपरा की रक्षा के लिए आपने कलम उठा ही ली! आज लगा कि मैं अकेला नहीं हूँ।

अब अपने आप को शास्त्र-वंचित न समझिए। शास्त्रवंचित तो वे हैं जो शास्त्रवंचक हैं - आज भी। आप तो लोक रंजित हैं और मेरे शास्त्र से सर्वथा रक्षित भी।

दस्तावेजी प्रतिक्रियावादियों को उनकी अपनी हैसियत का एहसास कराने के लिए जरूरी है कि आप लिखते रहें। पड़ा खुल गया है तो तलवार को अब म्यान में वापस न रखें।

काशी की मार्फत पत्र लिखने के लिए आपने मुझे लाचार कर दिया। क्षमा चाहता हूँ। आगे अपने क्वार्टर का नम्बर अवश्य लिखिए। आशा है, सानन्द हैं।

आपका
नामवर सिंह

पुनश्च.
अभी वाणी प्रकाशन से डॉ. रामविलास शर्मा की नई पुस्तक 'लोक जागरण और हिंदी साहित्य' आई है। शायद उसमें आपकी दिलचस्पी हो। कहने के लिए पुस्तक आचार्य शुक्ल पर है, लेकिन वस्तुतः है 'दूसरी परंपरा' के द्विवेदी जी की प्रतिमा का खंडन। उसमें हैं डॉ. हजारीप्रसाद द्विवेदी के राष्ट्रीय स्वयंसेवक संघ-संपर्क की नई खोज है।
ना.सिं.

USE METAL BINS TO PROTECT GRAIN FROM RODENTS, INSECTS, BIRDS & MOISTURE.
15 भारत INDIA

डॉ. चौथीराम यादव
c/o डॉ. काशीनाथ सिंह
जी-14, अरविन्द कालोनी
काशी हिन्दू विश्वविद्यालय
वाराणसी-5
पिन PIN 221005

पत्र पढ़कर जी भर आया। उसका आरम्भिक वाक्य 'आज लगा कि मैं अकेला नहीं हूँ' मन को छू गया। इस वाक्य ने मेरे भीतर आत्मगौरव का भाव तो जगाया ही, कहीं यह संकेत भी कर गया कि दिल्ली के वातावरण में तूफान का प्रभाव अभी बाकी है। अपूर्व आत्मविश्वास का सन्देश देनेवाली अगली पंक्तियाँ मेरे लिये

कहीं अधिक महत्त्वपूर्ण थीं जिनमें निर्भय होकर लिखने का गुरुमन्त्र था इसीलिए इसे अँधेरे की चिनगारी मान एक कीमती धरोहर की तरह सँजो रखा है। इस पत्र को पढ़कर आचार्य द्विवेदी के गुरुमन्त्र की बहुत याद आयी--"किसी से न डरना, गुरु से भी नहीं, मन्त्र से भी नहीं, लोक से भी नहीं, वेद से भी नहीं।" (बाणभट्ट की आत्मकथा, पृ० ८५)। मैंने भी गुरु और शिष्य के गुरुमन्त्र को गाँठ बाँध लिया जो आगे चलकर मेरे लेखन में काम आया। पहले मैं द्विवेदी जी को पढ़ने के लिए पढ़ रहा था और अब लिखने की चाहत के साथ उन्हें पढ़ने लगा जिसके फलस्वरूप मेरी पुस्तक 'आचार्य हजारीप्रसाद द्विवेदी का साहित्य' चार साल बाद १९८९ में पहली बार हरियाणा साहित्य अकादमी, चण्डीगढ़ से प्रकाशित हुई। वह पाठकों के बीच लोकप्रिय हुई, पढ़ी और सराही गयी; इसके लिए मैं अपने पाठकों का आभारी हूँ। उसका संशोधित-परिवर्द्धित संस्करण आपके हाथ में है जिसके अन्त में 'चिन्तन का लोकपक्ष और स्त्री-अस्मिता की खोज' शीर्षक एक नया अध्याय जोड़ दिया गया है, बाकी सब यथावत् है।

मैंने अपनी इस पुस्तक में द्विवेदी जी के व्यक्तित्व एवं कृतित्व का समग्रतः आकलन करने का भरसक प्रयास किया है। समग्र आकलन से मेरा अभिप्राय यह है कि किसी रचनाकार की समस्त रचनाओं को एक-दूसरे के सम्बन्धों में पढ़ना और गुनना। ऐसा करने पर एक तो रचनाओं के अलक्षित सन्दर्भ भी समझ में आ जाते हैं और दूसरे, रचनाओं को उनकी समग्रता में जाँचने-परखने का अवसर भी मिलता है। द्विवेदी जी के कृतित्व को मुख्यतः तीन अंगों में बाँटा जा सकता है- उपन्यास, निबन्ध-आलोचना तथा इतिहास-लेखन। इन तीनों अंगों को द्विवेदी जी के व्यक्तित्व से अलग नहीं किया जा सकता। निबन्ध और उपन्यासों की तो खैर बात ही छोड़िये, उनकी आलोचना पर भी उनके व्यक्तित्व की गहरी छाप है। उपर्युक्त समग्र अंशों में एकसूत्रता स्थापित करने के लिए आवश्यक था कि उनके चरित्र के रचनात्मक अंशों को रेखांकित किया जाये। इसलिए पुस्तक का आरम्भ उनके जीवन-संघर्ष के विविध आयामों से किया गया है।

उपन्यासों की चर्चा करते समय, उसमें उनके पाण्डित्य, लोकोन्मुखता, निबन्धत्व और इतिहास-बोध को भी देखने का प्रयास किया गया है। यहाँ यह भी लक्षित किया गया है कि उनके उपन्यासों की रचना-प्रक्रिया अँगरेजी उपन्यासों के अनुकरण पर न होकर भारतीय परम्परा के मेल में है। इसमें कुछ उन सूत्रों का भी समावेश किया गया है जिनके आधार पर यदि कोई चाहे तो स्वतन्त्र रूप से विचार कर सकता है। क्योंकि उपन्यासों का रूप-विन्यास अपने-आपमें बहुत महत्त्वपूर्ण नहीं है बल्कि वह एक गत्यात्मक इतिहास-बोध को लिये हुए है।

द्विवेदी जी की असली पहचान उनके वैयक्तिक निबन्धों द्वारा होती है। वास्तविकता तो यह है कि उनके निबन्धों का फैलाव उनके उपन्यासों, विचारात्मक निबन्धों,

आलोचनाओं और साहित्य के इतिहास में भी देखा जा सकता है। चूँकि यह द्विवेदी जी के व्यक्तित्व का घनिष्ठतम अंग है, इसलिए इसकी चर्चा प्रथम अध्याय में किंचित् विस्तार से की गयी है। द्विवेदी जी का इतिहास-चिन्तन परम्परा में नैरन्तर्य, लोकोन्मुखता और भविष्य की चिन्ता के साथ जुड़ा हुआ है। उनके इतिहास-लेखन में विशेष प्रकार की मौलिकता दिखायी देती है जो आचार्य शुक्ल के इतिहास-लेखन से कई अर्थों में भिन्न है। इस भिन्नता को विशेष रूप से स्पष्ट करने का प्रयास किया गया है जिससे दो महान् आचार्यों की इतिहास-दृष्टि की अपनी-अपनी विशेषताओं को उजागर किया जा सके।

आचार्य हजारीप्रसाद द्विवेदी मूलत: मध्यकालीन साहित्य के आलोचक हैं किन्तु समसामयिक विचारधाराओं और विभिन्न सामाजिक-सांस्कृतिक समस्याओं पर उनका चिन्तन गम्भीर और सन्तुलित है। मध्यकालीन बोध की आधुनिकता, उनके आधुनिकता-बोध का प्रस्थान बिन्दु है। मध्यकालीन बोध के आधुनिक चिन्तन ने न जाने कितने आधुनिकतावादियों को दिशा एवं दृष्टि प्रदान की है। कभी-कभी उनके निष्कर्ष भौतिकवादी चिन्तकों के निष्कर्ष से भी ज्यादा ठोस प्रतीत होते हैं। अत: अन्तिम अध्याय में उनके आधुनिकता-बोध पर विस्तृत चर्चा की गयी है जिसमें उनके इतिहास-बोध, सौन्दर्य-बोध और उनके प्रगतिशील चिन्तन को समाहित किया गया है।

आचार्य द्विवेदी ने भारतीय परम्परा में स्थापित स्त्री-विरोधी मान्यताओं का विखण्डन करते हुए स्त्री की अस्मिता और उसके मान-सम्मान का प्रश्न बार-बार उठाया है। नारी को पाप का समुच्चय और नरक का द्वार माननेवाली शास्त्रीय दृष्टि का प्रतिरोध करते हुए वे नारी-देह को 'देव मन्दिर के समान पवित्र घोषित करते हैं और उसके अपमान को सम्मान में रूपान्तरित कर परम्परा को पुनर्नवता प्रदान करते हैं।' परम्परा के पुनर्मूल्यांकन से अर्जित यह नयी स्त्री-दृष्टि कहीं-न-कहीं समकालीन स्त्री-विमर्श के देहवादी विमर्श से भी संवाद स्थापित करती है। इसी प्रकार 'पुनर्नवा' उपन्यास में मृणाल और चन्दा के माध्यम से उठाये गये प्रश्न समकालीन स्त्री-विमर्श के प्रश्नों से मेल खाते हैं और स्वयं चन्दा उत्तरशती की स्त्री-विमर्शकारों की कतार में खड़ी प्रतीत होती है। इसलिए पाँचवें अध्याय में इन स्त्री प्रश्नों पर अलग से भी विचार किया गया है। सब मिलाकर देखा जाय तो इस पुस्तक में मैंने द्विवेदी जी के जीवन-संघर्ष की अपेक्षा में उनके समग्र कृतित्व को जाँचने-परखने का एक विनम्र प्रयास भर किया है। उसे प्रयास ही माना जाय, किसी प्रकार का दावा करने का कोई उपक्रम नहीं। बस! मुझे इतना ही कहना है।

-चौथीराम यादव

एन १३/२०९/जे-६ ब्रिज इन्क्लेव
सुन्दरपुर, वाराणसी
सम्पर्क-सूत्र : ०९४१५९८९७९३

त्र्यम्बक का अट्टहास

- व्यक्तित्व की केन्द्रीय धुरी
- अन्तर्विरोधों का गत्यात्मक पक्ष

व्यक्तित्व की केन्द्रीय धुरी

आचार्य हजारीप्रसाद द्विवेदी के व्यक्तित्व पर कुछ लिखने का साहस करना मेरे-जैसे सामान्य पाठक और शुद्ध अध्यापक के लिए एक चुनौतीभरा कार्य रहा है। उनकी रचनाओं से गुजरते हुए मैंने महसूस किया है कि इतना चमकदार, पारदर्शी और अजातशत्रु व्यक्तित्व हिन्दी साहित्य की रचना और आलोचना में शायद ही कोई दिखायी पड़े जो ज्ञान-विज्ञान के नाना अनुशासनों से संयमित और जीवन-संघर्षों से अनुभावित होने के साथ ही लेखकीय गरिमा का इतना धनी भी हो। ऊपर से अत्यन्त सरल और सपाट दिखनेवाला उनका सांस्कृतिक व्यक्तित्व मिथकीय संश्लिष्टता का प्रतिरूप है। परम्परा का पुनर्मूल्यांकन उनकी साहित्य-साधना का प्रस्थान-बिन्दु है तो जीवन-संघर्ष उनके व्यक्तित्व की केन्द्रीय धुरी। उनके जीवन के एकान्त में निर्भय प्रवेश के बिना उनके आत्मसंघर्ष और उनकी प्रतिकूल परिस्थितियों का आकलन कर पाना कठिन है। एकान्त में आत्मीय क्षणों में अपने प्रिय जनों को लिखे गये उनके पत्र, इस दिशा में विशेष महत्त्वपूर्ण हैं। १९-९-४५ को शान्ति निकेतन से पण्डित बनारसीदास चतुर्वेदी को लिखे गये एक लम्बे पत्र में उन्होंने जिस फक्कड़ाना अन्दाज में अपने परिवार की आर्थिक विपन्नता और अपने अध्ययनकाल के संघर्षशील जीवन का अकुण्ठ उल्लेख किया है, उससे उनकी संकोचशील विनम्रता, सहिष्णुता, बेपरवाह मस्ती और स्वाभिमानी व्यक्तित्व का परिचय मिलता है। प्रस्तुत है, उस पत्र का एक मार्मिक अंश : 'बात यों हुई कि मैं संस्कृत कालेज में पढ़ता था। इतना आप ध्यान रखें कि हिन्दू विश्वविद्यालय का संस्कृत कालेज न होता तो शायद मैं कुछ भी पढ़ नहीं सकता था। मैंने इधर-उधर से सीखकर थोड़ी अँगरेजी पढ़ी और 'एडमिशन' की परीक्षा में बैठा। प्रथम श्रेणी में पास हो गया। हिन्दू विश्वविद्यालय के सेण्ट्रल हिन्दू कालेज में बड़े उत्साह से इण्टरमीडिएट में पढ़ने लगा। मेरे घर की आर्थिक अवस्था की बात न कहना ही ठीक है। मुझे याद आता है कि पिता जी ने बड़ी कठिनाई के बाद गाँव के एक व्यक्ति से ४० रुपये उधार लिये थे। यह मेरी इण्टरमीडिएट की भर्ती करायी की प्रथम कहानी थी। मैं इसके बाद केवल क्लास में बैठता और फीस नहीं देता। हिन्दू विश्वविद्यालय में उन दिनों बहुत-से गरीब विद्यार्थी जबरदस्ती क्लास में बैठा करते थे। साल के अन्त में ध्रुव जी और मालवीय जी की कृपा से उनका उद्धार हो जाता था। मैं भी उसी श्रेणी में था। कई बार चेतावनी मिली पर मेरे पास एक कौड़ी नहीं थी। संस्कृत कालेज में

१५ रुपये की वृत्ति मिलती थी और ५ रुपये का एक 'ट्यूशन' करता था। कुछ खाता था कुछ बचाकर भेज देता था। घर की अवस्था बड़ी दयनीय थी। आज भी याद करता हूँ तो रोंगटे खड़े हो जाते हैं। साल के अन्त में मेरा नाम कट गया। मैंने सुना था कि ध्रुव जी के पास जाने से सब ठीक हो जाता है। मैं डरते-डरते प्रिन्सिपल ध्रुव के कमरे में गया। वे कुछ झल्लाये हुए बैठे थे, मैंने अपनी कहानी सुनायी। बीच में ही झल्लाकर बोल उठे--"जाओ मैं नहीं सुनना चाहता। यूनिवर्सिटी गरीबों के लिए नहीं है। जाओ ईंटा ढोओ।" मेरा अनुमान है कि वे किसी कारण गुस्से में थे। नहीं तो उनका स्वभाव दयालु था। पर मुझे तो जैसे बाण लग गया। मैंने आधी बात जहाँ-की-तहाँ छोड़ दी और झुककर प्रणाम करके तुरन्त लौट आया। वे दरवाजे तक मुझे जाते देखते रहे। सम्भवतः मुझे पागल समझा। मैं अपने संस्कृत कालेज के हॉस्टल में--जिसे विश्वविद्यालय के धनी-मानी विद्यार्थी 'अस्तबल' कहा करते थे--लौट आया और खूब रोया। मेरी पढ़ाई वहीं रुक गयी। मेरे एक अध्यापक ने कहा कि चलो मैं तुम्हें फिर से ध्रुव जी के पास ले जाता हूँ। गरज पड़ती है तो सौ बार जाना होता है। पर मेरी रीढ़ टूट चुकी थी। मैं नहीं गया। मालवीय जी के पास जाने की भी हिम्मत नहीं हुई। बाद में मैंने केवल अँगरेजी लेकर परीक्षा दी। संस्कृत के शास्त्री पास विद्यार्थी केवल अँगरेजी लेकर बी० ए० तक की परीक्षा दे सकते थे। वह भी एक मजेदार कहानी है। परीक्षा में फीस बहुत कम लगती थी, पर उतना दे सकने लायक पैसा भी मेरे पास नहीं था। मेरे पास ओढ़ने के लिए कपड़े भी नहीं थे। मुझे किसी से माँगने की कला भी नहीं आती थी। सो मैंने बगल में पोथी दबायी और कथा बाँचने चला गया। मेरे एक मित्र थे। उन्होंने 'कोआथ' (आरा) में मेरी कथा बैठा दी। कथा सात दिन तक हुई। आठवें दिन चढ़ावा चढ़ा। ३५ रुपये, एक रजाई, कुछ साड़ियाँ, कुछ कपड़े, कुछ धोतियाँ और प्रचुर अन्न मुझे मिला। मेरे जीवन में इससे बड़ी सहायता न कभी मिली और न मिलेगी। ३५ रुपये तो मेरे लिये बहुत बड़ी सिद्धि थी। सो मैं इण्टरमीडिएट की नदी पार कर गया। आचार्य पास करने के बाद मैंने एक बार और कथा बाँची थी, उसमें ९८ रुपये मिले थे।' (साप्ताहिक हिन्दुस्तान--वर्ष २९, अंक ३६, पृष्ठ १०)

इस प्रकार पोथी के सहारे कथा बाँचकर शिक्षा की वैतरणी पार करनेवाले युवक हजारीप्रसाद द्विवेदी के जीवन में विषम परिस्थितियों के बीच आत्मसंघर्ष की सम्मानजनक शुरुआत हुई। न कोई कुण्ठा, न किसी प्रकार की हीनता का भाव! आगे चलकर तो उन्हें कदम-कदम पर विरोध का सामना करना पड़ा, पर अपनी ओर से उन्होंने प्रतिरोध का कोई प्रयास नहीं किया। क्या विडम्बना है कि आचार्य हजारीप्रसाद द्विवेदी परम्परा-पूजक पण्डितों के बीच परम्परा-विरोधी और प्रगतिशील आन्दोलन के इतिहास निर्माताओं के बीच परम्परा-पूजक मान लिये गये तथा प्रयोगवादियों ने तो उनमें 'धुरीहीनता' का अनुसन्धान कर करिश्मा ही कर डाला। संस्कृतवालों ने

उन्हें हिन्दी के बट्टे खाते में डालकर छुट्टी पा ली तो हिन्दी के कतिपय प्रतिष्ठित आलोचकों और लेखकों को अपने अस्तित्व पर ही खतरा मँडराता नज़र आया। परिणामस्वरूप 'प्रगति और परम्परा' का लेखा-जोखा लगानेवाले प्रतिष्ठित आलोचकों को अपनी मौलिकता की रक्षा के लिए हजारीप्रसाद द्विवेदी को नकार देना आवश्यक प्रतीत हुआ। सम्भवतः अतीत और भविष्य के साथ अपने वर्तमान को जीनेवाले तेजस्वी व्यक्तित्व की लेखकीय गरिमा को नापनेवाले पैमाने कभी-कभी छोटे पड़ने लगते हैं। घर की 'बिल-बिल' और बाहर की 'दुर-दुर' की चौतरफा नकार की गहरी पीड़ा झेलकर भी हजारीप्रसाद द्विवेदी कभी विचलित नहीं हुए। उन्होंने जीवन-संघर्षों से नयी प्रेरणा पायी और मनुष्य की संघर्षशील जय-यात्रा से गुजरते हुए उसकी अदम्य जिजीविषा का साक्षात्कार किया।

आचार्य हजारीप्रसाद द्विवेदी 'शान्ति निकेतन-प्रवेश' को अपने जीवन की सबसे महत्त्वपूर्ण घटना के रूप में याद करते थे। मिथ्या दम्भ और परस्पर ईर्ष्या-द्वेष से पीड़ित काशी की रूढ़िवादी पाण्डित्य परम्परा हजारीप्रसाद द्विवेदी की उन्मेषशालिनी प्रतिभा और तेजस्वी व्यक्तित्व को सहजता से स्वीकार नहीं कर पायी। शान्ति निकेतन में गुरुदेव रवीन्द्रनाथ टैगोर के साहचर्य में रहते हुए हजारीप्रसाद द्विवेदी ने काशी के माहौल से सर्वथा भिन्न जिस सहज, निश्छल और उदार परिवेश का साक्षात्कार किया, वह उनकी रचनात्मक प्रतिभा और उदार व्यक्तित्व के विकास के लिए सर्वथा अनुकूल सिद्ध हुआ। वहाँ पर उन्हें भारतीय साहित्य और परम्परा को जाँचने-परखने के लिए सौन्दर्य-बोध की वह उदात्त चेतना प्राप्त हुई जो उनके समूचे साहित्य में प्रतिबिम्बित है। गुरुदेव के प्रभाव से वे इतने आप्लावित थे कि सामान्य बातचीत हो या भाषण, अध्यापन कार्य हो या रचनात्मक लेखन--गुरुदेव के स्मरण के बिना जैसे पूरा ही नहीं हो पाता था। मध्यकालीन बोध के निर्माण में आचार्य क्षितिमोहन सेन की भूमिका कम महत्त्वपूर्ण नहीं है। आचार्य द्विवेदी की फक्कड़ता, बेपरवाही और अलमस्ती के विकास में वैरागी साधक क्षितिमोहन सेन के प्रभाव को अस्वीकार नहीं किया जा सकता। परम्परा के पुनर्मूल्यांकन में हजारीप्रसाद द्विवेदी ने शान्ति निकेतन के इन दोनों आचार्यों का ऋण स्वीकारते हुए श्रद्धा के साथ बार-बार उनका स्मरण किया है। इसी प्रकार 'कबीर' और 'सूर' आचार्य द्विवेदी जी के मध्ययुगीन विचार-बोध और भाव-बोध के परिचायक हैं। ऐसा प्रतीत होता है कि अपने सामाजिक जीवन के संघर्षों में उनका विश्वास सूर पर अधिक है। हिन्दी साहित्य की भूमिका में महाकवि सूरदास का व्यक्तित्व-विश्लेषण वस्तुतः लेखक के अपने ही व्यक्तित्व की कल्प-सृष्टि है--"सूरदास सुधारक नहीं थे, ज्ञानमार्गी भी नहीं थे, किसी को कुछ सिखाने का भान उन्होंने कभी किया ही नहीं। वे कहीं भी सम्प्रदाय, मतवाद या व्यक्ति-विशेष के प्रति कटु नहीं हुए। ...लेकिन वे कबीरदास की तरह ऐसे समाज से नहीं आये थे जो पग-पग पर लांछित और

अपमानित होता था और जहाँ का गृहस्थ जीवन वैराग्य जीवन की अपेक्षा ज्यादा कठोर और तपोमय था। सूरदास जिस समाज में पले थे, उसका गृहस्थ जीवन विलासिता का जीवन था, मिथ्याचार और फरेब का जीवन था और यौवनमद, जनमद, धनमद, विद्यामद भारी का जीवन था। इसलिए इस समाज से वैराग्य ग्रहण करना उनका मत था। वे तुलसीदास की भाँति दृढ़चेता सेनानायक नहीं थे जो समाज को कुरीतियों से कुशलतापूर्वक बाहर निकालकर उस पर गोलाबारी आरम्भ कर दे। नन्ददास की तरह पर-पक्ष की युक्तियों को तर्कबल पर निरस्त करना भी वे नहीं जानते थे। वे केवल श्रद्धालु और विश्वासी भक्त थे जो झगड़ों में पड़ने के ही नहीं।" (पृ० ९४)

जाहिर है कि हजारीप्रसाद द्विवेदी का मृदु विद्रोही व्यक्तित्व संघर्षशील रचनाकारों के जीवन से प्रभावित और उनकी मौलिकता का कायल था। वे कबीर के उन्मुक्त प्रशंसक हैं, सूरदास उनके प्रिय हैं लेकिन अपने जीवन-संघर्ष के सन्दर्भ में वे बार-बार 'तुलसीदास का स्मरण' करते हैं--"मुझे तुलसीदास का स्मरण करने में विशेष आनन्द आता हैं। यह जो व्यक्ति हमारे लिये इतना पूज्य हैं, कोटि-कोटि भारतवासियों के हृदय और मस्तिष्क को बल दे रहा है, वह कोई राजा-महाराजा नहीं था, लक्ष्मी का लाड़ला सपूत नहीं था, शास्त्रार्थ सभा में पण्डितों को पराजित करनेवाला कीर्ति-जिजीषु पण्डित नहीं था, विद्यापीठों की कठोर रणभूमि के अदृश्य विकट संग्राम में विजयी महारथी नहीं था--बल्कि बहुत ही साधारण गृहस्थ परिवार में उत्पन्न हुआ था। औसत से कहीं नीचे उसकी आर्थिक स्थिति थी। अपनी दीनता बताने के आवेश में कभी-कभी इस महापुरुष ने ऐसी बातें कही हैं जो हृदय को गला देती हैं--हाय! हाय! कैसा रहा होगा वह भाग्यहीन बालक जिसके माँ-बाप ने जनमते ही स्वर्ग का रास्ता लिया--'मात पिता जग जाय तज्यो'--और फिर 'बिधिहू न लिखी कछु भाल भलाई।' जीवनभर इस महान् पुरुष को अपनी वह दारुण दुरवस्था नहीं भूली--'बारें तें ललात बिललात द्वार-द्वार फिरौं, जानत हौं चारि फल चार ही चणक को।' इतने बड़े पुरुष के भाग्य में क्या यही लिखा था कि 'माँगि के खैबो मसीति को सोइबो' गरज, जनम के समय परिस्थितियाँ बड़ी विषम थीं। परिस्थितियाँ बाल्यकाल में तुलसीदास के प्रतिकूल थीं--बहुत प्रतिकूल! और युवावस्था में? युवावस्था भी बड़ी सुख की नहीं थी। ....काशी में पण्डितों ने उन्हें बड़ा तंग किया था--गाली-गलौज, डाँट-फटकार! हमेशा से ही ऐसा होता आया है। बड़े तेज को बर्दाश्त नहीं कर सकने से लोग गाली-गलौज पर उतर आते हैं। ...परुष वचनों का प्रहार उन पर हुआ था, चोट भी लगी थी, तिलमिलाकर रह गये थे। उत्तर तो वे क्या देते! इतनी मात्रा में जहर पीकर इतना अमृत देनेवाला आदमी चोट का जवाब चोट से कैसे दे सकता था?" (दूसरी परम्परा की खोज : डॉ० नामवर सिंह, पृ० २२-२३ पर उद्धृत) कौन कह सकता है कि यह हजारीप्रसाद द्विवेदी की अपनी

ही आत्मकथा की पीड़ा नहीं है? काशी की शास्त्रार्थ सभाओं में 'युद्धं देहि' का बाना धारे कीति-जिजीषु पण्डितों के मिथ्या दम्भ और विद्यापीठों की कठोर रणभूमि के अदृश्य विकट संग्राम की घृणास्पद रणनीति की कड़ुवाहट को अत्यन्त निकट से महसूस करने के बावजूद शान्ति निकेतन में रहते हुए आचार्य द्विवेदी मातृभूमिवाले प्रान्त द्वारा दूर फेंक दिये जाने की पीड़ा से कभी उबर नहीं पाये।

काशी हिन्दू विश्वविद्यालय के तत्कालीन कुलपति द्वारा हिन्दी विभाग के अध्यक्ष पद के लिए भेजे गये आमन्त्रण के साथ ही, विभाग में अध्यक्ष-पद के दावेदार ईर्ष्यालु प्रतिस्पर्द्धियों के धमकी भरे तार और पत्र भी पहुँचने लगे। काशी और शान्ति निकेतन--दोनों को अपनी गुरु-भूमि माननेवाले द्विवेदी जी ने इस विषम परिस्थिति में आर्थिक लाभ की उपेक्षा कर, अन्ततः काशी न जाने का निर्णय लिया। जीने के लिए पैसे की आवश्यकता सबको पड़ती है किन्तु लगातार अभावग्रस्तता से लड़ते हुए उन्होंने गरीबी के अच्छे-बुरे रूपों को अच्छी तरह से समझ लिया था। 'दरिद्रता का अभिशाप यह है कि पैसे की चिन्ता करनी पड़ती है पर दरिद्रता का एक वरदान भी है, पैसा हमें ज्यादा प्रलुब्ध नहीं कर सकता।' और, यह बताने की आवश्यकता नहीं कि आचार्य द्विवेदी ने पैसे की चिन्ता को अपने अध्ययन-अध्यापन के अभावग्रस्त जीवन पर कभी हावी नहीं होने दिया। दो वर्षों बाद काशी हिन्दू विश्वविद्यालय ने कुछ अतिरिक्त सम्मान के साथ पुनः याद किया और उनका चित्त एक बार फिर जाने और न जाने के द्वन्द्व से ग्रस्त हो उठा। मातृभूमिवाले प्रान्त के प्रबल आकर्षण और प्रतिकूल परिस्थितियों की कड़ुवाहट के बीच निर्णय लेना कठिन हो रहा था, मन को समझाने लगे कि हिन्दीभाषी क्षेत्र में रहते हुए शायद काम करने का ज्यादा अवसर प्राप्त हो, लेकिन काशी आकर उन्होंने पाया कि विरोध ने एक अघोषित युद्ध का रूप ले लिया है जिसकी अन्तिम परिणति काशी से निष्कासन में हुई। चोट गहरी थी, तिलमिलाये भी, लेकिन उस पीड़ा को निर्घात झेल गये। शुभचिन्तकों और श्रद्धालु शिष्यों ने इस अकारण अन्याय के विरुद्ध न्याय पाने के लिए अदालत जाने का सुझाव दिया, किन्तु द्विवेदी जी के इतिहास-विधाता की योजना उन बुद्धिमान् सलाहकारों की योजना से भिन्न थी। अमृतपुत्रों को सम्बोधित करनेवाला वह मन दूसरा था--'न्याय जहाँ से भी मिले, वहाँ से बलपूर्वक खींच लाओ।...न्याय पाना मनुष्य का धर्मसिद्ध अधिकार है।' (बाणभट्ट की आत्मकथा, पृ० २०५) यह मन तो पराजित राम का थका हुआ मन था--'अन्याय जिधर है उधर शक्ति' पर शक्ति-पूजा की ओर ध्यान नहीं गया। जिस मन को शान्ति निकेतन से काशी आने के लिए बहला-फुसलाकर राजी किया था, वही आज उन्हें समझा रहा था--"नारायण ही इस नाव के कर्णधार हैं। हम तो तूफान देखकर बेकार ही हाय-हाय करनेवाले जीव हैं। (वही) और इतिहास-विधाता की अदृश्य प्रेरणा ने इस नाजुक मौके पर शक्ति और साहस का संचार किया--'चाहे सुख हो या दुःख, प्रिय हो या

अप्रिय, जो मिल जाय उसे शान के साथ, हृदय से बिलकुल अपराजित होकर सोल्लास ग्रहण करो, हार मत मानो!'

'सुखं वा यदि वा दुःखं प्रियं वा यदि वाऽप्रियम् ।
प्राप्तं प्राप्तमुपासीत हृदयेनापराजितः ।।' शान्ति पर्व २५-२६

काशी में रहकर कुछ भी न लिख पाने की आत्मग्लानि, प्रतिस्पर्द्धियों की चोट से भी अधिक पीड़ादायक थी और इन्हीं परिस्थितियों में 'शापेनास्तंगमित महिमा' वाले होकर वहाँ से चण्डीगढ़ आये। शिवालिक की सूखी नीरस पहाड़ियों पर भटकते हुए शापग्रस्त विरही यक्ष और मेघ की बड़ी याद आयी। हिमालय की बर्फीली चोटियों में आनन्द विह्वल त्र्यम्बक के अट्टहास का साक्षात्कार किया और उल्लास-लोल चारुस्मित कुटज के झबराये मनोहर कुसुम-स्तवकों का अर्घ्य देकर समाधिस्थ महादेव की अभ्यर्थना की। कुटज ने संतप्त चित्त को सहारा दिया--उल्लास-लोल चारुस्मित कुटज! जी भर आया! लेखक का भी और पाठक का भी। आत्मग्लानि और पीड़ा की तिलमिलाती कोख से जन्मा 'कुटज' एक कालजयी रचनाकार के अपराजित हृदय का उल्लास है, उसके सांस्कृतिक व्यक्तित्व की पुनर्सृष्टि है। वह संघर्षशील मनुष्य की अदम्य जिजीविषा पर जड़ी गयी एक बेमिसाल टिप्पणी और मनुष्यता की पहचान करानेवाली खूबसूरत व्याख्या है। इसीलिए कुटज एक अदना-सा वृक्ष ही नहीं आचार्य द्विवेदी का अत्यन्त जाना-पहचाना, इतिहास-सहचर और गाढ़े का साथी है, उनके भावबोध की प्रतिमा और विचार-बोध का आईना है। वस्तुतः कुटज की रचना-प्रक्रिया में गरल पीकर अमृत देनेवाले मृत्युञ्जय आचार्य के सात्त्विक संस्कारों के साथ ही लोक, शास्त्र, इतिहास, पुराण, दर्शन, कला, संस्कृति, साहित्य, समाज और भाषाज्ञान के रासायनिक उपादानों का सामञ्जस्यपूर्ण समायोजन है।

कतिपय विद्वान् आलोचकों का मानना है कि हजारीप्रसाद द्विवेदी की सर्वोत्तम एवं बहुचर्चित रचनाएँ काशी से बाहर शान्ति निकेतन और चण्डीगढ़ में लिखी गयी हैं किन्तु इस सच्चाई को स्वीकार करने के साथ ही हमें यह न भूलना चाहिए कि उनमें काशी अनुपस्थिति नहीं है। कुटज की प्रतिकूल परिस्थितियाँ हजारीप्रसाद द्विवेदी की अपनी ही विषम परिस्थितियाँ हैं--"चारों ओर कुपित यमराज के दारुण निःश्वास के समान धधकती लू में यह हरा भी है और भरा भी है, दुर्जन के चित्त से भी अधिक कठोर पाषाण की कारा में रुद्ध जल स्रोत से बरबस रस खींचकर सरस बना हुआ है और मूर्ख के मस्तिष्क से भी अधिक सूने गिरिकान्तार में भी ऐसा मस्त बना है कि ईर्ष्या होती है। इसीलिए वह अविचल साधक, द्वन्द्वातीत तपस्वी और अलमस्त अवधूत है जो अपराजेय जीवनी शक्ति, अकुतोभय वृत्ति, अविचल जीवन-दृष्टि और अपराजित स्वभाव का धनी है। इसीलिए वह हरा भी है भरा भी है।" क्या जीने के लिए जीना ही बड़ी बात है? "कुटज क्या केवल जी रहा है? वह

दूसरे के द्वार पर भीख माँगने नहीं जाता, कोई निकट आ गया तो भय के मारे अधमरा नहीं हो जाता, नीति और धर्म का उपदेश नहीं देता फिरता, दूसरों को अवमानित करने के लिए ग्रहों की खुशामद नहीं करता, आत्मोन्नति के हेतु नीलम नहीं धारण करता, अँगूठियों की लड़ी नहीं पहनता, दाँत नहीं निपोरता, बगलें नहीं झाँकता। जीता है और शान से जीता है--काहे वास्ते, किस उद्देश्य से? कोई नहीं जानता। मगर कुछ बड़ी बात है, स्वार्थ के दायरे मे बाहर की बात है।" (कुटज, पृ० ८) वह बड़ी बात क्या है? अपराजित स्वभाव और अविचल जीवन-दृष्टि। 'कठोर पाषाण को भेदकर, पाताल की छाती चीरकर अपना भोग्य संग्रह करो।' यही कुटज का उपदेश और अवधूत साधक की इतिहास-साधना का गुरुमन्त्र है। कुटज का यह स्वर 'देवदारु' में भी सुनायी पड़ता है। "अनेक वृक्षों और लताओं ने वातावरण से समझौता किया है, कितने ही मैदान में जा बसे हैं और खासी प्रतिष्ठा प्राप्त कर ली है; लेकिन देवदारु है कि नीचे नहीं उतरा, समझौते के रास्ते नहीं गया और उसने अपनी खानदानी चाल नहीं छोड़ी।" (वही, पृ० ९३)।

यह बताने की आवश्यकता नहीं कि आचार्य द्विवेदी ने अभी भी अपने स्तर से नीचे उतरकर, अपनी तमाम अभावग्रस्तता के बावजूद, भौतिक सुख-सुविधाओं के लिए परिस्थितियों से समझौता नहीं किया और घर जोड़ने की माया से विमुख होने के कारण ही उन्होंने चाटुकारिता और जी-हुजूरी का रास्ता न अपनाकर अपने मन पर सवारी की, मन को अपने पर सवार नहीं होने दिया। क्योंकि वे जानते थे कि "जिसका मन अपने वश में नहीं है, वही दूसरे के मन का छन्दावर्तन करता है, अपने को छिपाने के लिए जाल बिछाता है।" (वही, पृ० ९) जाहिर है कि आत्मोन्नति के लिए अफसरों के जूते चाटने, नीलम धारण करने अथवा अँगूठियों की लड़ी पहनने, दाँत निपोरने अथवा बगलें झाँकने तथा दूसरों को अवमानित करने के लिए ग्रहों की खुशामद करने जैसी पाखण्डपूर्ण अकुटज प्रवृत्तियों से मुक्त होकर स्वाभिमान के साथ जीने की कला सीख लेना ही कुटज की कल्प-सृष्टि का संकल्प और हजारीप्रसाद द्विवेदी के केन्द्रीय व्यक्तित्व का मूल स्वर है। ध्यान देने की बात है कि कुटज और देवदारु के वृक्ष हों अथवा अशोक और शिरीष के फूल, वे किसी बड़ी वस्तु को दिखाने के लिए उठी हुई उँगलियों के संकेत हैं, जो मस्तमौला फक्कड़ अवधूतों की ओर बार-बार हमारा ध्यान आकृष्ट करते हैं। लेखक ने इनका प्रगाढ़ परिचय पाने के लिए इनकी ओर दोस्ती का हाथ बढ़ाया है तो इसलिए कि परायी-पीर को समझनेवाले गाढ़े के साथी हैं और स्वयं जहर पीकर समाज में अमृत बाँटते फिरते हैं। लोक के लिए अपना सब-कुछ लुटाकर भी ये त्याग, तप और वैराग्य की पूँजी पर जीते ही नहीं, शान से जीते हैं। इनका अनासक्त वैराग्य-- भौतिक ऐश्वर्य और सामन्ती विलासिता से मुक्त होने का संकेत देता है। ये मध्यकालीन लोकजागरण के उन्नायक और सांस्कृतिक जीवन की धड़कन रहे हैं। लेखक का दृढ़

विश्वास है कि "अवधूतों के मुँह से ही संसार की सबसे सरस रचनाएँ निकली हैं। कबीर बहुत-कुछ इस शिरीष के समान ही थे, मस्त और बेपरवाह, पर सरस और मादक। कालिदास भी जरूर अनासक्त योगी रहे होंगे। शिरीष के फूल फक्कड़ाना मस्ती से ही उपज सकते हैं और 'मेघदूत' का काव्य उसी प्रकार के अनासक्त, अनाविल, उन्मुक्त हृदय में उमड़ सकता है। जो कवि अनासक्त नहीं रह सका, जो फक्कड़ नहीं बन सका, जो किये-कराये का लेखा-जोखा मिलाने में उलझ गया, वह भी क्या कवि है?" (हजारीप्रसाद द्विवेदी ग्रं० ९, पृ० २७) इस प्रकार कालिदास को भी फक्कड़ कवियों की सूची में डालकर आचार्य द्विवेदी ने उपनिषद्कालीन फक्कड़ ऋषियों तथा महाभारत के फक्कड़ चरित्रों तक की छानबीन कर डाली है। कालिदास के अनासक्त योगी होने में सन्देह हो सकता है, लेकिन हजारीप्रसाद द्विवेदी निःसन्देह एक अलमस्त वैरागी रहे हैं और कवि फक्कड़ के नाम से रचनाएँ भी करते रहे हैं। कवि शिवमंगल सिंह सुमन ने अपने एक लेख में बताया है कि जब वे अलमस्ती में आते थे तो स्वयं को अवधूत, फक्कड़ अथवा दरवेश कहकर सम्बोधित करते थे। इस सन्दर्भ में उन्होंने मौज-मस्ती में लिखे उनके दो छन्दों का उल्लेख किया है--

न रुका मैं कहीं न प्रलुब्ध हुआ,
कलियाँ मुझे नित्य बुलाती रहीं,
मलयानिल आया, कहा कि रुको,
कुछ मन्दी सुगन्धी का ले लो मजा,
लहरों ने कहा 'ठहरो तो जरा',
तू भगा भगा मेरे बटोही न जा,
लिये चाँद-सा कुम्भ सुधा-रस का
रजनी ने कहा, 'मत जा, मत जा'
दिल मेरा बना पै अडोल रहा
कवि फक्कड़ को है मजा-ही-मजा।

काशी हिन्दू विश्वविद्यालय के 'रेक्टर-पद' से त्यागपत्र दे देने के बाद शिवमंगल सिंह को लिखा--"मैंने रेक्टर के पद से त्यागपत्र दे दिया था अगस्त में, स्वीकार हो गया नवम्बर में, मगर अभी छुट्टी नहीं मिली। अभी कुछ और काम करते जाने का अनुरोध किया गया है, सो करता जा रहा हूँ। शायद जनवरी में मुक्ति मिल जाय। ततस्ततः? उत्तर में काव्य सरस्वती मुखर हुई है--

पढ़ा-पढ़ाया, लिखा-लिखाया, अब क्या करना बाकी।
व्योमकेश दरवेश चलो गंगा के तट एकाकी।।

(आलोचना, अप्रैल-जून ७९/९७)

इसी प्रकार उनके उपन्यासों में भी बाणभट्ट, धावक, सीदी मौला, माण्ढव्य, सुमेर काका, रैक्व जटिल मुनि-जैसे मौज-मस्तीवाले फक्कड़ चरित्रों की कल्प-सृष्टि के मूल में आचार्य हजारीप्रसाद द्विवेदी की परम्परा-पूजा का कोई भाव नहीं बल्कि समकालीन रचनाशीलता की अपेक्षा में उनकी विश्व मानवतावाद की अपनी भविष्योन्मुखी दृष्टि की कल्पना है, भले ही वह किसी सुसंगत समाजशास्त्रीय आधार पर प्रतिष्ठित न हो पायी हो। आधुनिक रचनाशीलता के आरम्भिक दौर में विद्रोही चेतना की अभिव्यक्ति फक्कड़पन के ही किसी-न-किसी रूप में लिपटी दिखायी देती है। द्विवेदी जी फक्कड़ता की चेतना को उनके समकालीन रचनाकारों--बालकृष्ण शर्मा नवीन, भगवतीचरण वर्मा, हरिवंश राय 'बच्चन' तथा रामधारीसिंह 'दिनकर' की रचनाओं की अपेक्षा में देखा जा सकता है। क्रान्तिकारी कवि निराला की 'कुकुरमुत्ता'-जैसी रचनाओं में भी इस फक्कड़ाना मिजाज को पहचानने में असुविधा नहीं होनी चाहिए। डॉ० नामवर सिंह ने अपनी पुस्तक 'दूसरी परम्परा की खोज' में उसी दौर की द्विवेदी जी द्वारा लिखित एक कविता का उल्लेख किया है जो अपनी समकालीन रचनाशीलता के मिजाज को व्यक्त करती है।

रजनी दिन नित्य चला ही किया मैं अनन्त की गोद में खेला हुआ ;
चिरकाल न वास कहीं भी किया किसी आँधी से नित्य धकेला हुआ,
न थका, न रुका, न हटा, न झुका, किसी फक्कड़ बाबा का चेला हुआ;
मद चूता रहा, तन मस्त बना अलबेला मैं ऐसा अकेला हुआ।

फक्कड़ चरित्रों की मौज-मस्ती, बेपरवाह निर्भीकता, अनासक्त वैराग्य और अविचल साधना वस्तुतः आचार्य द्विवेदी की कोरी बौद्धिक अवधारणा नहीं है बल्कि उसके पीछे समकालीन रचनाशीलता का प्रभाव और जीवन-संघर्षों से प्राप्त वह अविचल जीवन-दृष्टि है जिसका आधार मानवतावादी चिन्तन और उसमें लेखक का अटूट विश्वास है। आसपास के परिवेश और अपने जनपद के भौगोलिक इतिहास की भूमिका उन्हें विरासत में प्राप्त हुई है। 'मेरी जन्मभूमि' शीर्षक लेख में उन्होंने विषम परिस्थितियों से जूझनेवाले वहाँ के सामाजिक जीवन का सर्वेक्षण करते हुए लिखा है--"वस्तुतः बलिया और छपरा नाम के नगरों के मध्यवर्ती भूभाग को गंगा और सरजू-जैसी दो महानदियों का कोप बराबर सहते रहना पड़ा है। अधिकांश गाँव सचमुच ही छप्परों के बने हैं; क्योंकि हर साल गंगा बाढ़ में उनके बह जाने की आशंका बनी रहती है।... इस भूभाग का इतिहास ही निरन्तर बनते और मिटते रहने का है। इसीलिए यहाँ के निवासियों में एक प्रकार का 'कुछ परवा नहीं'--भाव विकसित हो गयी है। एक अजीब प्रकार की मस्ती और निर्भीकता इन लोगों के चेहरों पर दीखती है। विपत्ति के थपेड़ों से चेहरे सहज ही नहीं मुरझाते। कठिनाइयों में से रास्ता निकाल लेना इनका स्वभाव हो गया है। इतिहास की यही विरासत इन्हें मिली है।" "सामाजिक जीवन की इस ऐतिहासिक विरासत से उन्होंने जाना है कि

गरीब का सबसे भयंकर शत्रु उसका पेट होता है। गरीब का दूसरा दुश्मन उसका सिर है जो झुकना नहीं चाहता। जो झुकना चाहता है वह भी शत्रु ही है।" (दूसरी परम्परा की खोज, पृ० २८) इस प्रकार उन्होंने 'गरीबी' शब्द को एक नया अर्थ दिया, उसकी अभिशप्तता को शापमुक्त कर उसे स्वाभिमान के साथ जीने लायक ऐसी गर्वीली भास्वरता प्रदान की जो किसी भी चुनौती से जूझने की प्रेरणा देती है।

हास-परिहास, व्यंग्य-विनोद और बीच-बीच में लगनेवाला ठहाका जिसकी अनुगूँज उनकी रचनाओं में बराबर प्रतिध्वनित होती रहती है, वस्तुतः उनके फक्कड़ व्यक्तित्व का ही एक जीवन्त आयाम है। यह उनकी शैली का खास मिजाज ही नहीं, उनके मिथकीय व्यक्तित्व की मौलिक पहचान भी है। इसके बिना उनकी कोई भी रचना अधूरी और खण्डित प्रतीत होती है, वहाँ चाहे सब-कुछ हो पर हजारीप्रसाद द्विवेदी अनुपस्थित मिलेंगे। और उनका ठहाका! उसकी न पूछिये वह देखने-सुनने में जितना इकहरा और सपाट प्रतीत होता है, वैसा है नहीं। वह उनके व्यक्तित्व की तरह संश्लिष्ट और तेजस्वी है। वह कण्ठ से निकला हृदय-संगीत है, प्राण का उल्लास है। वह इतिहास की अतल गहराई में लगाया गया गोताखोर का ऐसा गोता है जो किसी-न-किसी गप्प को लेकर ही बाहर आता है और उसकी व्याख्या में खो जाता है। ठहाका, मंगलमय देवता के समाधिस्थ जीवन का आनन्द-छन्द और महाकाल के कुण्ठ नृत्य का ठुमका है। हजारीप्रसाद द्विवेदी का ठहाका त्र्यम्बक का उज्ज्वल अट्टहास है जो अपरिचित-से-अपरिचित व्यक्ति को भी अपने पाण्डित्य के आतंक से मुक्ति का सहज आश्वासन देता है। किसी विद्वत् सभा में जब कोई विद्वान् अकारण ही अपने व्यंग्य बाण से उन्हें बेधने की कोशिश करता तो ठहाके को ढाल की तरह इस्तेमाल करते हुए कोई गप्प सुनाकर प्रतिस्पर्द्धी को ही आहत कर देना उनके गप्प-पुराण का बहुचर्चित अध्याय है। ऐसे मौके पर वे उस ऊँट का किस्सा सुनाना न भूलते थे जो बिना लाइसेन्स के ही किसी रईस के प्रांगण में घुस आया था। जब सूप बजा-बजाकर औरतें उसे भगाने दौड़ीं तो उसने गर्दन ऊँची उठाकर, बड़े सहज भाव से इतना ही कहा--'हमें सूप से क्या डराती हो, हमारी पीठ पर दमामा बजा करता था।' दूसरों का मजाक उड़ाना और व्यंग्य करना तो बड़ी सामान्य बात है पर स्वयं अपने ऊपर ठहाका लगाना तथा शिकारी को उसी के हथियार से घायल कर देना कोई हजारीप्रसाद द्विवेदी से सीखे। मामूली-सी प्रतीत होनेवाली गप्प को काव्यशास्त्र-विनोद की गरिमा प्रदान करना तथा शास्त्र-परम्परा के किसी रूढ़ एवं जड़ तत्त्ववाद को गप्प के रूप में उड़ा देना, हजारीप्रसाद द्विवेदी की अपनी विशेषता है।

लोक और शास्त्र के द्वन्द्वात्मक सम्बन्धों मे अपने इतिहास को देखने तथा भूली-बिसरी और उपेक्षित परम्पराओं को इतिहास-निर्माण की प्रक्रिया में महत्त्वपूर्ण

उपादान मानने के कारण ही उनका विश्वास है कि "केवल धर्मग्रन्थों के अध्ययन से हम नहीं समझ सकते कि हमारे विश्वासों को वर्तमान रूप किस प्रकार प्राप्त हुआ है। और भी पारिपार्श्विक परिस्थितियों का ज्ञान होना चाहिए। पुरातत्त्व, भाषाविज्ञान, नृतत्व विज्ञान और इतिहास की अविच्छिन्न धारा का ज्ञान भी आवश्यक है। नाना स्तरों में विभाजित हमारी सम्पूर्ण जनता ही हमारे अध्ययन का मुख्य साधन है।" (हजारीप्रसाद द्विवेदी ग्रं० ९-३४०) अतः "यह समझना ठीक नहीं कि वर्तमान युग में प्रचलित लोकगीत और लोक कथानक तथा विभिन्न जातियों और सम्प्रदायों की रीति-रस्में हमें केवल वर्तमान की ही बातं बता सकती हैं। हो सकता है कि ये हमें घने अन्धकार को भेद सकने योग्य प्रकाश दें और हम अतीत के तिमिराच्छन्न काल में पैठ सकें।" (वही, ९-३३९) यह बताने की आवश्यकता नहीं कि आचार्य हजारीप्रसाद द्विवेदी ने 'सांस्कृतिक इतिहास' की भूली कड़ियाँ जोड़ने के लिए इतनी गहरी छानबीन की है तो इसलिए कि उनके अध्ययन के केन्द्र में सम्पूर्ण बनता है। यही हिन्दी के आदिकालीन साहित्य के मूल्यांकन का समाजशास्त्रीय आधार है जिसे उन्होंने 'बालू में से तेल निकालना' कहा है। अपनी व्यापक अनुसन्धान वृत्ति और पैनी पुरातात्त्विक दृष्टि के महान् अवदान को बड़ी विनम्रता के साथ उन्होंने जनता के मुहावरे में ढाल दिया है। 'बालू में से तेल निकालना' वस्तुतः उनके समाजशास्त्रीय विश्लेषण का आधार सूत्र है जिसके सहारे हिन्दी साहित्य का सांस्कृतिक इतिहास प्रस्तुत करने में उन्हें अद्‌भुत सफलता मिली। मनपसन्द बालू के मिल जाने पर उनका मन अधभूले इतिहास के आकाश में चील की तरह मँडराने लगता है, 'कहीं कुछ चमकती चीज नजर आयी नहीं कि झपाटा मारा।' वह चमकती हुई चीज कुछ भी हो सकती है--किसी मिथकीय पुराकथा का स्मृतिचिह्न, कोई लोकगाथा, भूली-बिसरी लोक-परम्परा अथवा किंवदन्ती, लोकोक्ति आदि कुछ भी। उद्‌देश्य एक ही है--मनुष्य को उसकी सम्पूर्णता में समझने-समझाने का प्रयास।

●

अन्तर्विरोधों का गत्यात्मक पक्ष

बड़े-से-बड़े साहित्यकार में भी वैचारिक अन्तर्विरोध पाये जाते हैं और आचार्य हजारीप्रसाद द्विवेदी भी इसके अपवाद नहीं हैं। दिक्कत तब पैदा होती है जब अन्तर्विरोधों के गतिशील पक्ष को नजरअन्दाज कर हम उन्हें इस खाते या उस खाते में खतियाने लग जाते हैं। वैसे भी आचार्य द्विवेदी के बहुआयामी संश्लिष्ट व्यक्तित्व को परिभाषा में बाँधना बहुत कठिन है। अक्सर उनके इतिहास-बोध को इकहरी दृष्टि से देखने के कारण ही उसे अतीत से मोह या वर्तमान से पलायन मानकर एक भ्रमात्मक स्थिति पैदा करने की कोशिश की जाती है। यह सही है कि अपनी परम्परा के प्रति उनका गहरा लगाव दिखायी पड़ता है किन्तु इतिहास उनका साध्य नहीं है। उनके लिए वह वर्तमान को सुघर बनाने और भविष्य-निर्माण की प्रक्रिया में सहायक एक साधन मात्र है। उन्होंने अपने इतिहास-बोध को तान्त्रिक शव-साधना के रूपक द्वारा स्पष्ट करने का प्रयास किया है। इस सन्दर्भ में प्रसिद्ध पत्रकार और लेखक मनोहर श्याम जोशी के साथ हुई बात-चीत में उन्होंने बताया है कि "इतिहास मनुष्य की तीसरी आँख है। एक गुजराती छात्र था वहाँ शान्ति निकेतन में, जरा सिरफिरा-सा। एक दिन पूछ बैठा कि अगर ईश्वर को बुद्धि है तो उसने मनुष्य को दोनों आँखें सामने क्यों दीं? एक पीछे क्यों नहीं दे दी? इसका एक जवाब फौरन यह सूझा कि ईश्वर नहीं चाहता था कि मनुष्य पीछे की ओर देखे। लेकिन बाद में सोचा कि ईश्वर ने मनुष्य को पीछे की ओर देख सकनेवाला नेत्र दिया है और वह है उसका इतिहास-बोध। इतिहास-प्रेम की बात मैं नहीं जानता मगर इतिहास-बोध को पलायन समझना आधुनिकता नहीं आधुनिकता-विरोध है।" (साप्ताहिक हिन्दुस्तान, १७ जून, १९७९, पृ० २२) आचार्य द्विवेदी की 'तीसरी आँख' की इस पहचान ने कई आधुनिकतावादियों की आँखें खोल दीं तथा हिन्दी साहित्य के इतिहास और आलोचना की कई जटिल गुत्थियों को सुलझाने में महत्त्वपूर्ण भूमिका निभायी।

हजारीप्रसाद द्विवेदी कृत 'मध्यकालीन बोध का स्वरूप' नामक पुस्तक ने आधुनिक संवेदना की विविध जटिलताओं से गुजरते हुए प्रो० इन्द्रनाथ मदान की मुश्किलों को कितना आसान बनाया, इसे उन्हीं के अनुभव-साक्ष्य पर समझा जा सकता है। उक्त ग्रन्थ के प्राक्कथन में उन्होंने स्वीकार किया है कि "मध्यकालीन

बोध को समझे बिना आधुनिक बोध को समझना मेरे लिये कठिन और अधूरा था। परम्परा में डूब जाना एक बात है लेकिन परम्परा से कट जाना दूसरी बात। इसका मतलब मध्यकालीनता से जुड़ना भी नहीं है, लेकिन इसे हठवश नकारकर आधुनिकता को समझना कम-से-कम मुझे मुश्किल लगा है।" हजारीप्रसाद द्विवेदी अतीतजीवी हैं या नहीं, यह विवाद का विषय हो सकता है किन्तु यह निर्भ्रान्त सत्य है कि वे केवल सपनों में डूबे रहनेवाले आधुनिकतावादी नहीं हैं।

आचार्य द्विवेदी ने अपने इतिहास-बोध को स्पष्ट करने के लिए शव-साधना के जिस रूपक का सहारा लिया है, उससे यह निष्कर्ष निकाल लेना अनुचित होगा कि वे तान्त्रिक साधना के कायल थे। इतिहास उनके लिए केवल मृत परम्पराओं का संग्रह मात्र नहीं है, उसमें वर्तमान को शक्ति देनेवाली कुछ प्रेरक सम्भावनाएँ भी होती हैं। अतः जब वे कहते हैं कि "शव की साधना तभी पूर्ण होती है जब उसका मुख साधक के सामने होता है, वह उससे जीवित मनुष्य की भाँति बात करता है" तो इसका तात्पर्य यही है कि इतिहासकार अपनी परम्परा के जीवित और गतिशील तत्त्वों का साक्षात्कार करता है। परम्परा का पुनर्मूल्यांकन न तो अतीत प्रेम है और न ही अतीत में सुरक्षा ढूँढ़ने का कोई प्रयास। किसी समय डॉ० रामविलास शर्मा ने द्विवेदी जी की शव-साधना पर टिप्पणी की थी कि शव के स्थान पर साधक के ही मुँह के उलट जाने का खतरा है। इसमें दो राय नहीं कि डॉ० शर्मा ने सही खतरे की ओर इशारा किया था किन्तु टिप्पणी इसलिए अनुचित प्रतीत होती है कि उस खतरे का एहसास आचार्य द्विवेदी को कुछ कम नहीं है। बार-बार उस खतरे की ओर संकेत करते हुए वे कहते हैं कि "जब शव शिव हो जाता है, तब उसका मुँह उलट जाता है और वह पूछता है कि बोल क्या चाहता है? भीरु किस्म का साधक यह सुनते ही सिट्टी-पिट्टी भूलकर खुद शव हो जाता है। उसमें ऊँचे दर्जे का साधक स्थिर चित्त बना रह पाता है। तब शव नाना प्रकार की छोटी-मोटी सिद्धियों के प्रलोभन देता जाता है और मँझोले दर्जे के साधक का मन यहीं डोल जाता है। विरले ही हैं जो प्रलोभनों से विमुख होकर उस शक्ति से साक्षात्कार कर पाते हैं जो वर्तमान को अधिक सुघर बनाने में और भविष्य के लिए सही मार्ग सुझाने में सहायक होती हैं।" और फिर पूरी ईमानदारी के साथ यह स्वीकार करते हैं कि "मैं अपनी गणना इतिहास-शव के उन अधूरे साधकों में करता हूँ जिन्हें प्रलोभनों ने पथभ्रष्ट कर दिया।" (साप्ताहिक हिन्दुस्तान, जून, १९७९, पृष्ठ २३) मैं नहीं समझता कि इतिहास-बोध का यह गतिशील चिन्तन किसी सुसंगत समाजशास्त्री के चिन्तन से इतनी दूर पड़ता है कि अकारण उसे अविश्वसनीय मान लिया जाय। हाँ, सवाल भविष्य निर्माण की सही दिशा पहचानने का जरूर है। यहाँ द्विवेदी जी अपनी सीमाओं से अपरिचित नहीं हैं। सामान्य मानव-संस्कृति का विकास उनके मानवतावादी चिन्तन का लक्ष्य है और इस लक्ष्य के प्रति उनका अटूट विश्वास है-"ये युद्ध-

विग्रह, ये कूटनीतिक दाँव-पेंच, ये दमन और शोषण के साधन, ये सब एक दिन समाप्त हो जायेंगे। मनुष्य दिन-दिन अपने लक्ष्य के नजदीक पहुँचता जायेगा। सामान्य मानव-संस्कृति ऐसा ही दुर्लभ लक्ष्य है। मेरा विश्वास है कि प्रत्येक देश और जाति ने अपनी ऐतिहासिक परम्पराओं और भौगोलिक परिस्थितियों के अनुसार उस महान् लक्ष्य के किसी-न-किसी पहलू का अवश्य साक्षात्कार किया है। ज्यों-ज्यों वैज्ञानिक साधनों के परिणामस्वरूप भिन्न-भिन्न देश और भिन्न जातियाँ एक-दूसरे के नजदीक आती जायेंगी त्यों-त्यों इन सत्यों की सार्थकता प्रकट होती जायेगी और हम सामान्य व्यापक सत्य को पाते जायेंगे।" (अशोक के फूल, पृ० ६९) इस प्रकार द्विवेदी जी की दृष्टि विकासवादी और लक्ष्य सर्वमान्य है किन्तु उस लक्ष्य तक पहुँचने का उनका मार्ग द्वन्द्वात्मक भौतिकवादी नहीं है।

हिन्दी पाठकों को यह अच्छी तरह मालूम है कि सिद्ध-सिद्धि विरोधी डॉ० रामविलास शर्मा अकारण हजारीप्रसाद द्विवेदी के भी विरोधी हो उठे हैं। किसी समय वे द्विवेदी जी की वैचारिक सीमाओं को रेखांकित करने के बावजूद उनकी ईमानदारी के कायल रहे हैं। 'शास्त्र और समाज' शीर्षक अपने एक लेख में उन्होंने लिखा है कि "द्विवेदी जी ईमानदारी से कहते हैं कि आज की स्थिति उसी समृद्ध मध्यकालीन सभ्यता का परिणाम है जिसमें एक ओर शासक वर्ग के लिए रमणी के स्पर्शमात्र से अशोक खिल पड़ते थे, भूर्जपत्रों पर उसके लिए किन्नर वधुएँ अनंग लेख लिखती थीं लेकिन दूसरी ओर उसके जनपद पंगु थे।" (प्रगति और परम्परा, पृ० १९२-९३) अब दूसरे की ईमानदारी के आगे नतमस्तक होनेवाले से यह आशा तो की ही जानी चाहिए कि वह अपनी भी ईमानदारी को टटोलकर देखे कि आज अपने लेखन के प्रति वह कितना ईमानदार रह सका है। इतिहास की यह एक विडम्बना ही है कि डॉ० रामविलास शर्मा ने शव-साधना के जिस खतरे की ओर संकेत किया था, वह आज उन्हीं के सिर पर मँडरा रहा है। डॉ० नामवर सिंह ने इस खतरे की ओर इशारा करते हुए लिखा है कि "विडम्बना यह है कि जिस प्रगतिशील धारा से उन्हें (डॉ० शर्मा को) परम्परा को देखने की दृष्टि मिली है उसी का आज वे निषेध कर रहे हैं। आज की प्रगति का तिरस्कार और कल की परम्परा का जय-जयकार परम्परा-प्रेम नहीं परम्परा-पूजा है। परम्परा की रक्षा के नाम पर यह नया परम्परावाद है।... इतिहास बनानेवाले इतिहास लिखने में व्यस्त हैं। दृष्टि आगे की ओर नहीं, पीछे की ओर है। लोग भूलते जा रहे हैं कि परम्परा की रक्षा प्रगति से ही सम्भव है।" (आलोचना, अप्रैल-जून, ८६/१३७) जैसा मैंने कहा कि इतिहास-शव की साधना में खतरे अनेक हैं जिन्हें डॉ० शर्मा भी जानते हैं और आचार्य द्विवेदी भी। द्विवेदी जी की विशेषता यह है कि वे अपने अपूर्व संयम और सावधानी के कारण उन खतरों से बचने की कोशिश करते हैं। उन्होंने अपनी ऐतिहासिक अवधारणा के विकास में आधुनिक वैज्ञानिक प्रविधियों का प्रयोग भले न किया हो

लेकिन उनके साहित्येतिहास-लेखन और साहित्य समालोचना से गुजरता हुआ प्रबुद्ध पाठक यह अनुभव किये बिना नहीं रहता कि आचार्य द्विवेदी के निष्कर्ष आश्चर्यजनक रूप से एक सुसंगत भौतिकवादी आलोचक के निष्कर्षों से मिलते-जुलते ही नहीं, कभी-कभी तो अधिक विश्वसनीय और ठोस भी प्रतीत होते हैं। आखिर लक्ष्य तो एक ही है--विभिन्न परिपार्श्वों की अपेक्षा में मनुष्य को उसकी सम्पूर्णता में जानना।

सौभाग्य कहिये या दुर्भाग्य, अपनी सीमा के भीतर द्विवेदी जी पूरी ईमानदारी के साथ सोचते-समझते और पढ़ते-लिखते हैं तथा अपने पाठकों से भी उम्मीद करते हैं कि वे उनके साहित्य-मूल्य को उसी ईमानदारी के साथ स्वीकार या अस्वीकार करें। अपने पाण्डित्य की लोकोन्मुखी विशेषता के कारण गूढ़-से-गूढ़ बात को बहुत सहज ढंग से समझा देना उनकी इतिहास-शव की साधना का विशिष्ट पहलू है। उनकी इस साधना को सहज रूप में न लेकर यदि कोई आलोचक उन्हें किसी 'सहजिया सम्प्रदाय' के खाते में खतियाकर ही आत्मतुष्ट होना चाहे तो इससे हजारीप्रसाद द्विवेदी के आचार्यत्व और उनकी सहजता पर तो कोई आँच नहीं आ सकती, हाँ, प्रबुद्ध पाठकों की दृष्टि में उस आलोचक की नियति और ईमानदारी जरूर सन्दिग्ध हो जायेगी। कोई आवश्यक नहीं कि हजारीप्रसाद द्विवेदी का सत्य हम सबका सत्य हो लेकिन उनका सहज मन इस बात को सहज ही स्वीकार नहीं कर पाता कि हमारी परम्परा के विकास में सहायक कोई भी सम्प्रदाय तत्त्ववाद, धर्ममत अथवा साधना-उपासना की कोई विचार-पद्धति जिसने लम्बे समय तक हमारी परम्परा को बड़े व्यापक रूप से प्रभावित किया हो और जिसके चिह्न वर्तमान समाज में भी किसी-न-किसी रूप में विद्यमान हों, अपनी तमाम रूढ़िग्रस्तता और अप्रासंगिकता के बावजूद, आज वह चर्चा के लायक भी न हो, यह कैसे हो सकता है? यह चिह्न ही वह 'चमकती हुई चीज' है जिसकी हलकी-सी रोशनी के सहारे वे निर्भीक भाव से अपने इतिहास के अँधेरे श्मशान में उतरने का साहस करते हैं। यह साहस ही बड़ी चीज है अन्यथा दिग्भ्रमित हो जाने के खतरे तो अनेक हैं और प्रलोभन भी कम नहीं। यदि सावधानी न बरती जाय तो प्रलोभनों के प्रबल आकर्षण तो कदम-कदम पर रास्ता रोकते हैं। वैसे आचार्य द्विवेदी को निकट से जाननेवाले अच्छी तरह जानते हैं कि उनके जीवन में छोटे-मोटे प्रलोभन कम नहीं आये और मृत्युपर्यन्त वे विषम परिस्थितियों से जूझते रहे पर समझौते का रास्ता पकड़ सिद्धियों के आगे उन्होंने न तो घुटना टेका और न ही प्रलोभनों से पथभ्रष्ट होकर शव हो जाना स्वीकार किया। शव हुए तो केवल एक बार और अन्तिम बार, शिवस्वरूप हो जाने के लिए। आचार्य हजारीप्रसाद द्विवेदी ने अपने को इतिहास-शव के अधूरे साधकों में नहीं गिनाया है, उनकी यह वर्गबद्धता ईमानदारी की अभिव्यक्ति है अथवा स्वाभाविक विनम्रता की, इसकी सुसंगत व्याख्या तो डॉ० रामविलास शर्मा ही कर सकते हैं लेकिन ऐसे प्रगतिशील आलोचकों की संख्या कम नहीं है जो आचार्य द्विवेदी को इतिहास-शव के विरले साधक के रूप में स्वीकार करते हैं।

यह आचार्य द्विवेदी के क्लासिकी व्यक्तित्व की विशिष्टता ही कही जायेगी जो उन्हें लेखक के गरिमामय स्तर से नीचे नहीं उतरने देती। उनका लेखन प्रतिक्रिया या उद्विग्नता का लेखन नहीं है। ऐसा नहीं कि वे किसी अकारण चोट से मर्माहत नहीं होते या कि उनमें कोई प्रतिक्रिया नहीं होती बल्कि यही कि लेखन में वे अपने रेटायरिक आवेग को क्लासिकी संयम से अनुशासित करना जानते हैं। यही कारण है कि आचार्य द्विवेदी के लेखन में तीखी टिप्पणियाँ प्रायः नहीं मिलतीं जैसी आचार्य रामचन्द्र शुक्ल, डॉ० रामविलास शर्मा अथवा डॉ० नामवर सिंह के लेखन में मिलती हैं। निश्चय ही ये टिप्पणियाँ हिन्दी आलोचना के विकास को तीव्र और गतिशील बनाने में अत्यन्त सहायक हैं और वे आलोचक की आक्रामक प्रतिभा की पहचान कराती हैं। किन्तु जब सहमति-असहमति का सुलझा हुआ स्वर अकारण विरोध की उग्रता में ढलकर एक 'पलिमिक्स' का रूप ले लेता है तो जाने-अनजाने टीका-टिप्पणी की एक फूहड़ परम्परा चल पड़ती है जिसकी अपने-अपने ढंग से रहस्यमयी व्याख्याएँ होने लगती हैं। हिन्दी की प्रगतिशील आलोचना विवाद के ऐसे दौर से गुजर चुकी है जिसकी कड़ुवाहट आज भी लोग भूले नहीं हैं। इस सन्दर्भ में कई समझदार बुजुर्गों की राय है कि अब इस पर चर्चा ही नहीं की जानी चाहिए। सवाल चर्चा होने या न होने का उतना नहीं है जितना अपनी विरासत की सही पहचान का है। विरासत के सवाल पर झगड़े-टण्टे ही नहीं होते, अदालत जाने तक की नौबत आ खड़ी होती है। बहरहाल विवाद के इस कमजात मौके पर हजारीप्रसाद द्विवेदी किसी झगड़े में तो पड़ने से रहे, जनता की अदालत ही उनकी असली अदालत है। यहाँ आप उन्हें कायर कहें या फक्कड़ शायर कहें आपको पूरी छूट है; लेकिन इस सच्चाई को न भूलिये कि उनका गरिमामय सांस्कृतिक व्यक्तित्व निर्विवाद रूप से किसी भी प्रकार के विवाद से परे है। सबसे बड़ी बात यह कि वे मनुष्यता को समर्पित ऐसे सम्पूर्ण मनुष्य थे जिसके सामने, बड़ा-से-बड़ा लेखक भी छोटा हो जाता है। बड़ा लेखक होना बड़ी बात है लेकिन उसका मनुष्य होना उससे भी बड़ी बात है। सो ऐसे थे हजारीप्रसाद द्विवेदी सिर से पाँव तक मस्तमौला।

आचार्य द्विवेदी के लेखन में असहमति और विरोध का स्वर है ही नहीं, ऐसा मान लेना भी भारी भूल होगी। हाँ, उसका चरित्र औरों से सर्वथा भिन्न है। उनके यहाँ असहमति व्यक्ति-केन्द्रित है और विरोध सिद्धान्त-केन्द्रित। असहमति का स्वर भी शिष्ट, शालीन और विनम्र--'ही' और 'भी' के अन्तर्विरोध की हद तक प्रतिपक्षी की चोट से आहत होकर भी उसकी प्रतिक्रिया में चोट न करना उनके असहमत होने की मूल प्रतिज्ञा है। यहाँ आप उन्हें गाँधीवादी कह सकते हैं, आखिर गाँधी जी की मनुष्यता में किसी को क्या सन्देह? लेकिन ध्यान रहे कि वे सत्य और अहिंसा के पुजारी नहीं हैं और न उनकी मूल प्रतिज्ञा 'भीष्म प्रतिज्ञा' है। अपनी इतिहास-शव-साधना से उन्होंने जाना है कि अगाध इतिहास-बोध, ज्ञान-विज्ञान के धनी

तथा महान् प्रतिभाशाली होने के बावजूद, अपनी भीषण प्रतिज्ञा के कारण 'भीष्म को क्षमा नहीं किया गया।' कारण यह कि "भीष्म अपनी प्रतिज्ञा के शब्दों से चिपके ही रहे। वह भविष्य नहीं देख सके। वह लोक-कल्याण को नहीं समझ सके।" (हजारीप्रसाद द्विवेदी ग्रं० : ९/२५१) यहाँ भी दृष्टि लोक-कल्याण और भविष्य-निर्माण की ओर है। 'सत्यस्य वचनं श्रेय: सत्यादपि हितं वदेत्' में भीष्म ने 'सत्यस्य वचनं' को अधिक महत्त्व दिया और 'हितं वदेत्' की उपेक्षा की। कृष्ण ने ठीक इसके उलटा आचरण करते हुए सत्य की अपेक्षा हित को अधिक महत्त्व दिया। इसीलिए वे युग-निर्माता अवतारी महापुरुष के रूप में पूज्य हुए और भीष्म को अवतार नहीं माना गया। सत्य और हित तथा धर्म और कर्म के इस ऐतिहासिक मोड़ पर खड़े आचार्य द्विवेदी की सहानुभूति इतिहास का रथ हाँकनेवाले कृष्ण के प्रति है, रथचक्र के नीचे पिस जानेवाले भीष्म के प्रति नहीं। यद्यपि वे महाभारत के चरित्रों में भीष्म से ही ज्यादा प्रभावित हैं। अपनी भावुकता की कीमत पर प्राप्त की गयी यह निर्मम सच्चाई, उनकी परम्परा-पूजा नहीं बल्कि परम्परा की गतिशीलता को रेखांकित करनेवाला उनका प्रखर इतिहास-बोध है। यह परम्परा के भीतर से अर्जित आधुनिकता का वह 'ज्ञानकाण्ड' है जिसका अमृत अपनी पीढ़ी के अमृत पुत्रों को लोकार्पित किया गया है "जीना सीखो, मरना सीखो, इतिहास से सीखना सीखो।" क्योंकि "देखी-सुनी बात को ज्यों-का-त्यों कह देना या मान लेना सत्य नहीं है। सत्य वह है जिससे लोक का आत्यन्तिक कल्याण होता है।" (बाणभट्ट की आत्मकथा, पृ० १०६) तात्पर्य यह कि 'सत्यस्य वचनं श्रेय: सत्यादपि हितं वदेत्' ही सम्पूर्ण सत्य है। इसलिए नहीं कि यह इतिहास का सत्य है बल्कि इसलिए भी कि झूठ को प्रश्रय देने के लिए खड़ी की गयी समाज-व्यवस्था का व्यावहारिक सत्य है। इसे अपने वर्तमान समाज से जोड़ते हुए वे कहते हैं-- "आजकल भी ऐसे विद्वान् मिल जायेंगे, जो जानते बहुत हैं, करते कुछ भी नहीं। करनेवाला इतिहास-निर्माता होता है, सिर्फ सोचते रहनेवाला इतिहास के भयंकर रथचक्र के नीचे पिस जाता है। इतिहास का रथ वह हाँकता है, जो सोचता है और सोचे को करता भी है।" (हजारीप्रसाद द्विवेदी ग्रन्थावली, ९/२५१) पुराने इतिहास के सन्दर्भों द्वारा वर्तमान समस्याओं का सत्य उद्घाटित कर उसका विकास-क्रम समझा देना आचार्य द्विवेदी के अगाध इतिहास-बोध का परिचायक है।

परम्परागत रूढ़ियों और मिथ्या विश्वासों की जड़ता से मुक्त उनकी जीवन-दृष्टि आधुनिक ज्ञान-विज्ञान की नवीन स्थापनाओं से परिचित और प्रभावित है। इसके पीछे गुरुदेव रवीन्द्रनाथ की प्रेरणा के साथ ही प्रगतिशील आन्दोलन की भूमिका कम महत्त्वपूर्ण नहीं रही है। लेकिन ध्यान देने की बात है कि उन्होंने कभी अपनी आधुनिकता का दावा नहीं किया। शास्त्रों का उन्होंने गहन अध्ययन किया था पर शास्त्र उनके लिए केवल श्रद्धा, विश्वास अथवा पूजा की वस्तु नहीं थे। वे यह

भी नहीं मानते थे कि शास्त्रों का महत्त्व शाश्वत है और युग में शाश्वत ही बना रहेगा तथा जो कुछ श्रेष्ठ और मंगलकारी था उसमें लिखा जा चुका है। शास्त्रों की संगति लगाकर ही वर्तमान की सारी समस्याओं का समाधान ढूँढ़नेवाले अतीतजीवी लोगों की पंक्ति में भी आचार्य द्विवेदी को नहीं खड़ा किया जा सकता। शास्त्रों के अध्ययन में उनकी दृष्टि विकासवादी है। लेकिन वे ऐसे आधुनिकतावादी भी नहीं हैं जो बात-बात में शास्त्रों की निरर्थकता और व्यर्थता का डंका पीटने में ही अपनी सारी आधुनिकता का समाहार कर लेते हैं। वे शास्त्रों से टकराते हैं, उन्हें तोड़ते हैं तो वर्तमान रचनाशीलता में कुछ जोड़ने के लिए। उनका तोड़ना नकारात्मक नहीं सकारात्मक और विकासशील है। सर्जनात्मक मौलिकता का अभाव पाकर ही वे टीका-युग के पण्डितों और भाष्यकारों के 'चिन्ता-पारतन्त्र्य' की जड़ता पर प्रहार करते हैं तो 'निबन्ध ग्रन्थों' की किंचित् रचनात्मकता को स्वीकार भी करते हैं।

मध्ययुगीन भारतीय समाज के अन्तर्विरोधों को ठीक से पहचानने के कारण ही आचार्य द्विवेदी यह लक्ष्य कर सके कि टीकाकारों-भाष्यकारों की सोच-समझ का इकहरापन और उनकी स्तब्ध मानसिकता भारतीय चिन्ताधारा के स्वाभाविक विकास में अस्वाभाविक एवं असफल प्रयास है। क्योंकि उनके अनुसार "भारतीय पाण्डित्य ईसा की एक सहस्राब्दी बाद आचार-विचार और भाषा के क्षेत्र में स्वभावतः ही लोक की ओर झुक गया था।" जबकि "सन् ईसवी के बाद का संस्कृत साहित्य पण्डितों की चीज बनता गया। इस साहित्य में लोक-जीवन से हटे हुए एक कल्पित जीवन और कल्पित संसार का आभास मिलता है। महाभारत या रामायण किस प्रकार लोक-जीवन से प्रत्यक्ष भाव से जड़ित थे, उत्तरकालीन काव्य-ग्रन्थ वैसे नहीं रहे। ज्ञान जो किसी समय प्रत्यक्ष साधना और तन्मय जीवन से उपलब्ध हुआ था, उत्तरकालीन टीकाकारों और ग्रन्थकारों के लिए बहस की चीज रह गया।" (हिन्दी साहित्य की भूमिका, पृ० २३) अपने इस प्रखर इतिहास-बोध के कारण ही उन्होंने मध्ययुगीन भक्ति-आन्दोलन और उसके स्वाभाविक विकास को रेखांकित करते हुए यह स्पष्ट किया कि लोकमत की उपेक्षा करने के कारण टीका-युग में पण्डित जहाँ अपनी परम्परा के स्वाभाविक विकास की लय को पकड़ने तथा समाज की भविष्योन्मुखी दिशा को पहचानने में सफल सिद्ध हुए वहीं सूरदास-जैसे भक्त कवियों ने सामाजिक प्रवृत्तियों को समझने और उन्हें ईश्वरोन्मुख बना देने में अद्भुत सफलता पायी। इसी प्रकार जब आचार्य द्विवेदी हिन्दी साहित्य की भूमिका में पूरे आत्मविश्वास के साथ यह प्रस्ताव करते हैं कि "मतों, आचार्यों, सम्प्रदायों और दार्शनिक चिन्ताओं के मानदण्ड से लोक-चिन्ता को नहीं मापना चाहता बल्कि लोक-चिन्ता की अपेक्षा मैं उन्हें देखने की सिफारिश कर रहा हूँ, तो ऐसा लगता है कि वे भारतीय चिन्ताधारा में लोकाभिमुखी विकास को रेखांकित करते हुए स्वयं अपने ही पाण्डित्य की लोकोन्मुखी आधुनिकता को प्रमाणित कर रहे हैं।

आचार्य द्विवेदी ने अपनी आधुनिकता का दावा भले न किया हो किन्तु उनकी आधुनिकता असन्दिग्ध है। यह सही है कि अँगरेजी से घनिष्ठ परिचय न होने के कारण उनके आधुनिक चिन्तन में एक फाँक-सी दिखायी पड़ती है किन्तु उनके प्रगाढ़ पाण्डित्य की लोकोन्मुखी आधुनिकता में वह इस प्रकार दब जाती है कि उसके लिए द्विवेदी जी के मन में न कोई कुण्ठा है और न ही किसी प्रकार की हीन भावना। अँगरेजी का सहारा लिये बिना ही अपने साहित्य-चिन्तन में वे जिस आत्मविश्वास के साथ समाजशास्त्रीय औजारों का प्रयोग करते हैं, वह आश्चर्यजनक है। 'परम्परा और आधुनिकता' शीर्षक लेख में परम्परा और आधुनिकता के सन्तुलित सम्बन्धों का जैसा सुसंगत विवेचन आचार्य द्विवेदी ने किया है, उससे न जाने कितने आधुनिकतावादियों को दृष्टि और दिशा मिली है। आचार्य द्विवेदी अपनी शक्ति और सीमा को अच्छी तरह पहचानते ही नहीं, पूरी ईमानदारी के साथ उसे स्वीकारते हुए अतिरेकी स्थितियों की ओर उँगली भी उठाते हैं। 'मनुष्य ही साहित्य का लक्ष्य है' शीर्षक लेख में उन्होंने लिखा है--"पुरानी सड़ी रूढ़ियों का मैं पक्षपाती नहीं हूँ, परन्तु संयम और निष्ठा पुरानी रूढ़ियाँ नहीं हैं। वे मनुष्य के दीर्घ आयास से उपलब्ध गुण हैं और दीर्घ आयास से ही पाये जाते हैं। इनके प्रति विद्रोह प्रगति नहीं है।" (हजारीप्रसाद द्विवेदी ग्रन्थावली, १०/३२) उनके बारे में कथाकार निर्मल वर्मा का मानना है कि "वह सही अर्थ में आधुनिक थे, क्योंकि वह अतीत की सब छलनाओं से मुक्त थे--वह सही अर्थ में हिन्दू भी थे--ऐसे ब्राह्मण जिन्होंने हिन्दुत्व की बहुविध प्रेरणाओं से मनुष्य का सत्त्व निचोड़ा था। आधुनिकता और हिन्दुत्व--इन दोनों के मेल से वह प्रामाणिक अर्थ में भारतीय बने थे। उनकी दृष्टि में 'भारतीयता' वर्तमान के पासपोर्ट पर कोई बनी-बनायी विरासत नहीं थी, जिसे हम अतीत से पा लेते हैं--वह एक ऐसा मूल्य थी, जिसे हर पीढ़ी को अपने समय में अर्जित करना पड़ता है।" (आलोचना, ४९-५०, पृ० ७) सच तो यह है कि हजारीप्रसाद द्विवेदी देश की उन महान् विभूतियों में से एक थे जिन्हें जाति, धर्म और सम्प्रदाय की संकुचित सीमाओं से बाँधा नहीं जा सकता। एक वर्ग-विभाजित समाज-व्यवस्था के दायरे में वे हिन्दू भी थे और ब्राह्मण भी थे पर व्यक्ति हजारीप्रसाद द्विवेदी उन संस्कारों से मुक्त केवल मनुष्य थे और मनुष्यता की प्रतिष्ठा ही उनकी साहित्य-साधना का लक्ष्य था। वे अकसर अपने को 'शूद्र जाति का ब्राह्मण' कहा करते थे। उनके अनुसार ब्राह्मण चार प्रकार के होते हैं--"(१) वे जो अपनी योजना के अनुसार लिखते-पढ़ते हैं। इनको मैं 'ब्राह्मण' ब्राह्मण कहता हूँ। (२) वे जो 'युद्धं देहि' का बाना धारण किये हुए कलम ताने रहते हैं। इनको मैं 'क्षत्रिय' ब्राह्मण कहता हूँ। (३) वे जो अर्थोपार्जन के लिए कलम को तराजू की भाँति इस्तेमाल करते हैं। इनको मैं 'वैश्य' ब्राह्मण कहता हूँ। (४) वे जो किसी दूसरे के इशारे से विनियुक्त होकर कलम घसीटते हैं। इन्हीं भाग्य वंचितों को मैं 'शूद्र' ब्राह्मण कहता

हूँ। मैं इसी श्रेणी का हूँ।" (हज़ारीप्रसाद द्विवेदी ग्रन्थावली ; ९/११३-१४) इसी प्रकार डॉ० शिवमंगल सिंह सुमन को लिखे गये एक पत्र में उन्होंने लिखा है--"मैं अच्छा आस्तिक कभी नहीं रहा हूँ। परन्तु बुरा नास्तिक भी नहीं रहा हूँ। बुरा आस्तिक दम्भी होता है और बुरा नास्तिक अहंकारी। मैं तो सुमन जी, एक अद्भुत मिश्रण हूँ। मुझमें थोड़ा दम्भ है पर अहंकार कम है। कभी-कभी सोचता हूँ कि अहंकारी होता तो अच्छा था। अहंकारी अच्छा, दम्भी नहीं।" (दूसरी परम्परा की खोज, पृ० ३९) कितने हैं, जो अपनी सीमाओं को पहचानते और ईमानदारी के साथ उन्हें स्वीकार करते हैं। इस ईमानदारी के सामने शस्त्र-समर्पण करते हुए डॉ० नामवर सिंह लिखते हैं--"निःशस्त्र कर देनेवाली इस ईमानदार स्वीकारोक्ति के सामने वे सभी सम्भाव्य आलोचनाएँ तो ध्वस्त हो ही जाती हैं जिनके पीछे आत्म निरपेक्ष इतिहास को ही कर्त्ता मान लेने का दम्भ है, साथ ही वे आपत्तियाँ भी जो इतिहास की वस्तुनिष्ठ शक्ति को नकारकर अपनी ही कर्तृत्व शक्ति के अहंकार से उद्भूत हैं (वही; पृ० ३१) बड़े-से-बड़े आलोचक को भी नतमस्तक कर देनेवाली उनकी यह निश्छल ईमानदारी उनके अजातशत्रु-व्यक्तित्व की खास पहचान है और उनकी मनुष्यता उनके लेखक से भी महान् है।

●

उपन्यास : रचना-प्रक्रिया और सामाजिक-सांस्कृतिक सन्दर्भ

- बाणभट्ट की आत्मकथा : क्लासिकी से फूटती आधुनिक रचनाशीलता
- चारु चन्द्रलेख : सामन्ती व्यवस्था की पतन-गाथा
- पुनर्नवा : उपभोक्ता-दृष्टि का अस्वीकार
- अनामदास का पोथा : तप नहीं केवल जीवन सत्य

बाणभट्ट की आत्मकथा : क्लासिकी से फूटती आधुनिक रचनाशीलता

भारतीय साहित्य में अपने समय के महान् सर्जक बाणभट्ट की जीवनी को आत्मकथात्मक शैली में प्रस्तुत करनेवाला आचार्य हजारीप्रसाद द्विवेदी का उपन्यास 'बाणभट्ट की आत्मकथा' एक ऐसा ऐतिहासिक 'रोमान्स' है जिसे हर्षकालीन भारतीय समाज की सांस्कृतिक परम्परा का जीवन्त दस्तावेज कहा जा सकता है। उपन्यासकार की इतिहास-यात्रा अपने वर्तमान से पलायन नहीं, अतीत के पुनर्निर्माण का रचनात्मक प्रयास है, इतिहास के शव को शिव बनाने की साधना है और मनुष्य की जय-यात्रा का महान् उद्घोष है। अपने वर्तमान समाज के विकास की दिशा और साहित्य की रचनाशीलता की अपेक्षा में प्रागैतिहासिक और मध्ययुगीन भारतीय समाज की सांस्कृतिक परम्परा में सर्जनात्मक मूल्यों की तलाश करना आचार्य हजारीप्रसाद द्विवेदी के ऐतिहासिक उपन्यासों की प्रमुख विशेषता है। यह आवश्यक नहीं कि आचार्य द्विवेदी का सत्य सार्वजनिक सत्य हो किन्तु इस प्रकार की औपन्यासिक रचनाशीलता के लिए जिस गहरे इतिहास-बोध और परम्परा-ज्ञान की आवश्यकता होती है, उस ओर से निश्चय ही उनके ऐतिहासिक उपन्यास हमें आश्वस्त करते हैं। ऐतिहासिक उपन्यास केवल तिथियों और घटनाओं के संग्रहमात्र नहीं होते बल्कि उनमें रचनाकार अपनी सर्जनात्मक कल्पना और यथार्थ बोध की द्वन्द्वात्मक प्रक्रिया में, उस युग के सम्पूर्ण मनुष्य के सामाजिक सम्बन्धों की गतिशील परम्परा का विश्वसनीय चित्र प्रस्तुत करता है।

'बाणभट्ट की आत्मकथा' एक ऐसा ही उपन्यास है जिसकी घटनाएँ मुख्यतः उपन्यासकार की उर्वर कल्पना और रचनात्मक प्रतिभा की उपज होने के बावजूद उस ऐतिहासिक पृष्ठभूमि की पुनर्सृष्टि करने में सर्वथा सफल हुई है जिसमें सातवीं शताब्दी का हर्षकालीन भारतीय समाज अपने समस्त गुण-दोषों के साथ जीवन्त हो उठा है। अतीत के गह्वर में उपन्यासकार का निर्भय प्रवेश न तो उसे अभिभूत करता है और न स्तब्ध, बल्कि तिमिराच्छन्न कुहासे को बेधकर उसे और अधिक आकर्षक और चमकदार बनाकर वर्तमान की मूल्यवत्ता के साथ जोड़ते हुए उसे प्रासंगिक बना देना ही उपन्यासकार की तीसरी आँख का करिश्मा है। 'तुवरमिलिन्द' इतिहासकारों के लिए एक जटिल समस्या है और उपन्यासकार ने उनके अनैतिहासिक अस्तित्व

की रक्षा करते हुए उन्हें परदे के पीछे ही रहने दिया है किन्तु गौरवमय विशेषणों के अलंकृत उनके नाम का इतना कलात्मक और सार्थक उपयोग किया गया है जो भट्टिनी के परिचय को प्रगाढ़ ही नहीं बनाता बल्कि उसके आभिजात्य और सम्मान का वाहक बन जाता है। घटनाक्रम में बराबर अनुपस्थित रहने के बावजूद 'विषम समय विजयी वाह्लीक विमर्दन प्रत्यन्तवाडव देवपुत्र तुवरमिलिन्द' सांस्कृतिक चेतना के प्रतीक की तरह बीच-बीच में प्रस्तुत किया गया है।

आचार्य हजारीप्रसाद द्विवेदी इतिहास की वास्तविक जानकारी अथवा टूटी हुई शृंखला की तलाश के लिए साहित्यिक साक्ष्य को उतना प्रामाणिक न मानकर लोक-परम्पराओं के अनुसन्धानपरक अध्ययन को विशेष रूप से महत्त्वपूर्ण मानते हैं। उन्होंने 'मेरी जन्मभूमि' शीर्षक निबन्ध में लिखा है कि "यदि मुझे अपने गाँव की सांस्कृतिक पैमाइश करने की सुविधा प्राप्त हो तो मेरा विश्वास है कि कुछ-न-कुछ महत्त्वपूर्ण ऐतिहासिक सामग्री अवश्य मिलेगी।... निःसन्देह साहित्य के इतिहास में इन संस्कृति चिह्नों की कोई चर्चा न आना क्षोभ का ही विषय है। हमारी भाषा में इनकी स्मृति है, हमारे जीवन में इनका पद-चिह्न है। हमारी चिन्ताधारा में इनका कोई स्थान होगा ही नहीं, यह कैसे मान लूँ?" (अशोक के फूल, पृ० ३७-३८) कहना न होगा कि आचार्य हजारीप्रसाद द्विवेदी ने 'बाणभट्ट की आत्मकथा' में पूरी सफलता के साथ अपने इस संकल्प को सच करके दिखा दिया है। उत्तर प्रदेश में पूर्वाञ्चल की लोकभाषा की मौखिक परम्परा में अत्यन्त लोकप्रिय 'लोरिक-चन्दा' की प्रेमगाथा (जिसका एक मजबूत सांस्कृतिक टाँका बलिया जिले के हल्दी गाँव में गड़ा हुआ है) के नायक लोरिक को 'सामन्त लोरिक देव' की ऐतिहासिक गरिमा प्रदान कर तथा उसको सिन्धु और कुम्भा के उस पार तक समुद्रगुप्त का गरुड़ध्वज फहराते हुए चित्रित कर, ऐतिहासिक उपन्यासकार हजारीप्रसाद द्विवेदी ने एक बार फिर इतिहासकारों को चक्कर में डाल दिया है। उपन्यासकार की जन्मभूमि से सम्बद्ध एक सामान्य मनुष्य की जय-यात्रा, इतिहास-यात्रा भले न हो किन्तु उसकी सांस्कृतिक यात्रा की सम्भावनाओं को नकारा कैसे जा सकता है; जबकि हजारीप्रसाद द्विवेदी सम्भावनाओं को अँधेरे की चिनगारी के रूप में इतिहास की बहुत बड़ी शक्ति मानते हों। उनके अनुसार हमारे देश का सांस्कृतिक इतिहास-काल विधाता के हाथों इस प्रकार सी दिया गया है कि उसे प्रान्तीय सीमाओं में बाँधकर देखने से ऐतिहासिक सच्चाई तक नहीं पहुँचा जा सकता। यह महज संयोग नहीं है कि 'हिन्दी साहित्य की भूमिका' में आचार्य हजारीप्रसाद द्विवेदी ने जोर देकर यह स्थापित किया है कि हिन्दी साहित्य वस्तुतः लोक-साहित्य है और साहित्य-मूल्यांकन की इस ऐतिहासिक अवधारणा को 'आदिकाल' में और स्पष्ट करते हुए यह बताया है कि आदिकालीन हिन्दी साहित्य की रासो काव्य-परम्परा, अपभ्रंश की चरित काव्य-परम्परा आदि का मूल चरित्र लोकगाथात्मक है और पूर्वमध्यकाल का सूफी प्रेमकाव्य

उसी लुप्त होती हुई परम्परा का अगला विकास है जो गाँव-घर की बैठकों और चौपालों की अपनी चीज थी। आगे चलकर कृष्ण भक्तिकाव्य में पौराणिक आख्यानों का शास्त्रीय सहारा पाकर यह रोमाण्टिक परम्परा और अधिक चमकदार बन गयी है। तन्त्र-साधना की परकीया भावना के मधुर समागम के कारण सूर की रोमाण्टिक कविता का तरल आवेग क्लासिकल संयम से अनुशासित होकर गूढ़ और अदृप्त भाव से प्रकट हुआ है। कहना न होगा कि 'बाणभट्ट की आत्मकथा' की रचना-प्रक्रिया का मूल सूत्र कृष्ण भक्तिकाव्य की इसी निगूढ़ और अदृप्त प्रेमव्यंजना में विन्यस्त है और 'गप्प' को 'गल्प' की रचनाशीलता में तबदील कर उसे इतिहास के समानान्तर खड़ा कर देना हजारीप्रसाद द्विवेदी की रचना-प्रक्रिया का अत्यन्त महत्त्वपूर्ण सांस्कृतिक उपादान है।

'बाणभट्ट की आत्मकथा' का वस्तु-विन्यास 'कादम्बरी' और 'हर्षचरित' की कथा-आख्यायिका की शैली पर आधारित है। आख्यायिका उच्छ्वासों के प्रकरण-विभाग में बँधी हुई ऐतिहासिक कथावस्तु पर आधारित होती है और 'कथा' की कथावस्तु का आधार काल्पनिक होता है। एक घटनाप्रधान होती है दूसरी वर्णनप्रधान। 'बाणभट्ट की आत्मकथा' में ग़द्य काव्य की इन दोनों शैलियों का मिश्रित प्रयोग किया गया है जिससे चलते कथाप्रवाह में कुछ शिथिलता आ गयी है। बाणभट्ट, भट्टिनी और निपुणिका की मुख्य कथा कल्पनाप्रसूत और वर्णनात्मक है। सुचरिता-विरतिवज्र तथा महामाया-अघोर भैरव की प्रासंगिक घटनाएँ मुख्य कथासूत्र को व्यापक सांस्कृतिक धरातल प्रदान करने के लिए इस कौशल के साथ बुनी गयी है कि उससे एक समूचे युग की कला, साहित्य, भाषा, समाज, धर्म-दर्शन और इतिहास की परम्परा अपने पूरे परिवेश के साथ जीवन्त हो उठी है। इसके लिए बाणभट्ट की रचनाओं के अतिरिक्त मालतीमाधव, रत्नावली, कामसूत्र, मृच्छकटिक, नागानन्द, महाभारत, विक्रमोर्वशी, कुमार सम्भव, रघुवंश, मिलिन्द प्रश्न, वृहत्संहिता, भागवत, भक्ति रसामृत सिन्धु, नाट्यशास्त्र, मेघदूत आदि के सन्दर्भों से अपेक्षित सहायता ली गयी है।

बाणभट्ट की जीवनी को 'आत्मकथा' की विश्वसनीयता प्रदान करने के लिए अपने को पूरी तरह तटस्थ बताते हुए उपन्यासकार हजारीप्रसाद द्विवेदी ने व्योमकेश शास्त्री का मुखौटा लगाकर बाणभट्ट की नाटक-मण्डली में अपने को शामिल कर लिया है और इसमें सन्देह नहीं कि उन्होंने इस महान् सर्जक कलाकार की चुनौती-भरी भूमिका को जीने में अद्‌भुत सफलता अर्जित की है। 'कादम्बरी' के अध्यात्मोन्मुख रोमान्स को उन्होंने मनुष्य की सामाजिक रचनाशीलता का गौरव दिया और 'बाणोच्छिष्टं जगत् सर्वम्' की लोकोक्ति को झुठलाने का साहस दिखाया। यह सुखद संयोग है कि शास्त्रज्ञान और सामाजिक अनुभव, पाण्डित्य और फक्कड़ता, संयम और आवेग दोनों ही रचनाकारों के समान गुण हैं जिसके चलते बाणभट्ट की जीवनी प्रामाणिक

रूप से बाणभट्ट की आत्मकथा बन गयी है। "यह 'आत्मकथा' समग्र मानव के मुक्ति-प्रसंग की ससन्दर्भ व्याख्या है, अकारण आरोपित सामाजिक स्तर-भेद को मिटा डालने का संकल्प है, नरलोक से लेकर किन्नरलोक तक व्याप्त एक ही रागात्मक हृदय की तलाश है, इतिहास की सांस्कृतिक यात्रा है, परम्परा का पुनर्मूल्यांकन है और मनुष्यता की स्थापना है। इसमें महान् लक्ष्य के लिए अपने को दलित द्राक्षा की तरह निचोड़कर दे देने का वह जीवन-दर्शन है, महावराह जिसके प्रतीक विग्रह हैं और भट्टिनी, निउनिया तथा बाणभट्ट उसके साधक 'जलौघमग्ना सचराचरा धरा' का सतत बननेवाला मूलस्वर अन्ततः भागवत धर्म की पूर्णता का साक्षात्कार कर लोकशक्ति की चेतना का वाहक बन गया है। स्थाणीश्वर में निउनिया उनकी प्रथम सदस्या थी और बाद में उसकी अन्तरंग सखी सुचरिता ने दीक्षा लेकर उस भक्ति-साधना को इस प्रकार संगठित किया कि देखते-देखते वह नगर के अन्तःपुर की समस्त महिलाओं की बेसहारा जिन्दगी का एकमात्र सहारा बन गयी।

यह वह समय था जब धर्म अपनी प्रेरक शक्ति खोने लगा था और समाज में बाह्याचारों, मिथ्या विश्वासों, चमत्कारिक सिद्धियों आदि के द्वारा स्वर्ग और मोक्ष की दीक्षा देनेवाले धर्माचार्यों, संन्यासियों, भिक्षु-भिक्षुणियों के ऊपर से मनुष्य का विश्वास उठता जा रहा था। भिक्षु-भिक्षुणियों या उन्मुक्त यौनाचार संघों को ही नहीं गृहस्थ जीवन को भी दूषित करने लगा था। भिक्षुणियाँ प्रेमाचार के व्यापार में बिचौलिये की भूमिका में उतर आयी थीं। इन सबके चलते गृहस्थ जीवन का वातावरण कलहपूर्ण और अशान्त हो उठा था। काम-कुण्ठा और धन-लोलुपता पुजारियों और संन्यासियों के धार्मिक पाखण्ड के भीतर सहज ही पनपने लगी थी। 'बाणभट्ट की आत्मकथा' में जटिल वटु का प्रसंग और 'चण्डी मन्दिर' के द्रविड़ पुजारी का आख्यान केवल सरस वातावरण की सृष्टि के लिए नहीं लाया गया है बल्कि मनुष्य सत्य को मारनेवाले शास्त्रों और उन रूढ़ियों के हिमायती धर्म के ढोंगी पहरेदारों को नंगा करते हुए उपन्यासकार यह बताना चाहता है कि 'प्रवृत्तियों से डरना गलत है, उन्हें छिपाना अनुचित है और उनसे लज्जित होना बालिशता है।' इसी प्रकार की सामाजिक विडम्बना ने सुचरिता के जीवन को वीरान बना दिया है। वैवाहिक जीवन की आरम्भिक अवस्था में ही मोक्ष की चिन्ता से चिन्तित पतिदेव का युवा वैरागी की अस्वाभाविक जिन्दगी जीना तथा घर में विधवा माँ और युवा पत्नी को बेसहारा छोड़कर संसार के प्राणियों को दुःख बँटाने निकल पड़ना--अब श्रद्धा और सम्मान की वस्तु नहीं रह गयी थी। चीवरधारी युवा तापस विरतिवज्र की विधवा माँ का आहत ममत्व जब स्वयं अपने ही बेटे पर बरस पड़ता है--"अरे ओ मूढ़, रटी हुई बोली बोल रहा है तू। भण्ड है वह धर्माचार, जो अपनी माता को और भी पहचानने में लज्जा अनुभव कराता है। इस दुःखमय संसार को और भी

दुःखमय बनाकर ही क्या तेरा सुख का राजमार्ग तैयार होगा? स्वार्थी है तेरा मार्ग, धिक्कार है तेरे पौरुष को।" तो ऐसा लगता है कि बौद्ध धर्म का गतिशील सामाजिक अनुभव अपने ही तत्त्ववाद की नपुंसक जड़िमा को गाली दे रहा है।

इन्हीं सामाजिक परिस्थितियों में भागवत सम्प्रदाय की भक्ति-भावना सामान्य समुदाय के शोषित-पीड़ित जीवन में एक नयी चेतना का संचार कर रही थी। बौद्ध महायान की मन्त्रयान शाखा से जन्मे वज्रयान का, आगमतन्त्र के शाक्त पन्थ से विलक्षण संयोग हो चुका था और इन दोनों के संयोग से कौल-कापालिक परम्परा का विकास हुआ। तन्त्रवाद का प्रभाव भागवत सम्प्रदाय पर भी पड़ा। तान्त्रिक अनुष्ठानों में स्त्री एक आवश्यक उपादान मानी जाती है और इस प्रकार भागवत सम्प्रदाय में राधा और गोपियों के रूप में तन्त्र-मत की साधनास्वरूप परकीया, वैष्णव भक्ति में प्रेम का साधन बन गयी। यही कारण है कि चैतन्य देव की वैष्णव भक्ति में परकीया रूप को विशेष महत्त्व दिया गया है।

वस्तुतः व्यंकटेश भट्ट, विरतिवज्र और सुचरिता से सम्बद्ध आख्यान आचार्य हजारीप्रसाद द्विवेदी की समाजशास्त्रीय विश्लेषण पर आधारित उन ऐतिहासिक अवधारणाओं से गहराई के साथ जुड़ा हुआ है जिनकी स्थापना उन्होंने 'हिन्दी साहित्य की भूमिका' और 'सूर-साहित्य'-जैसे महत्त्वपूर्ण ग्रन्थों में की है। 'सूर-साहित्य' में उन्होंने वैष्णव हिन्दी भक्ति पर किसी भी बाहरी प्रभाव की मान्यता को निरस्त करते हुए उसे भारतीय परम्परा का स्वाभाविक विकास बताया है और इसी क्रम में कृष्ण भक्त कवियों की रोमाण्टिक प्रेम-पद्धति को तन्त्र-साधना के परकीया रूप से जोड़कर आचार्य रामचन्द्र शुक्ल की उस मान्यता का भी खण्डन किया है जिसके चलते उन्होंने 'सूर' के प्रेम पर सूफी प्रभाव देखते हुए अभारतीय घोषित कर दिया था। इतना ही नहीं, सूफियों की प्रेम-पद्धति को भी आचार्य द्विवेदी ने भारतीय परम्परा के स्वाभाविक विकास के रूप में निरूपित किया है। इसी प्रकार 'हिन्दी साहित्य की भूमिका' में उन्होंने स्थापित किया है कि सातवीं शताब्दी में बौद्ध धर्म काफी प्रबल था और उसके बाद उस धर्म का क्या हुआ, इसका ठीक-ठीक विवरण नहीं मिलता किन्तु उत्तरी-पूर्वी भारतीय प्रदेशों के धर्मगत विचारधारा और साहित्य पर निश्चय ही वह अपना अमिट प्रभाव छोड़ गया है। 'हमारे सामने आज भी भारतीय गृहस्थ परस्पर विरोधी मतों के माननेवाले साधुओं की तथा भिन्न-भिन्न सम्प्रदाय के भिन्न-भिन्न प्रकृति के देवताओं की पूजा करता है।... उन दिनों हिन्दू समाज में लोग बौद्ध-भिक्षुओं के उपदिष्ट देवताओं की कल्याण कामना से पूजा करते थे और उनके बताये हुए ढंग से जप आदि भी करते थे जो बौद्ध मठों के उठ जाने के बाद भी उठ नहीं गया, बल्कि समाज में ज्यों-का-त्यों रह गया।" (हिन्दी साहित्य की भूमिका, पृ० १५) इसके आगे ही उन्होंने स्पष्ट किया है कि शंकर, कुमारिल और उदयन आदि वेदान्तिक और मीमांसक आचार्य बौद्ध धर्म के निर्वासन

के कारण माने जाते हैं तो उसका तात्पर्य यही हो सकता है कि बुद्धिजीवियों और उपरले स्तर के लोगों के मन पर से बौद्ध धर्म के दार्शनिक तर्कजाल की आस्था उठ गयी क्योंकि ये लोग बौद्ध तत्त्ववाद के कायल थे, भक्तिवाद के नहीं, जबकि साधारण जनता का तत्त्ववाद से कोई सम्बन्ध नहीं था।

बौद्ध धर्म के रूपान्तरण की यह प्रक्रिया और उपरले स्तर के लोगों तथा बुद्धिजीवियों में होनेवाली उसकी प्रतिक्रिया का व्यावहारिक रूप सुचरिता में और विरतिवज्र के गृहस्थाश्रम प्रवेश में देखा जा सकता है जिसके सूत्रधार निउनिया और सुचरिता के गुरु वैष्णव तान्त्रिक आचार्य व्यंकटेश भट्ट हैं जो पहले उडियान पीठ में सांगत तन्त्र के उपासक थे और जब वामाचारियों और कापालिकों की साधना-भूमि श्रीपर्वत पर आरूढ़ स्थाणीश्वर के भद्रलोक की दृष्टि में एक विलक्षण भक्ति-साधना का प्रचार कर रहे हैं। गुरु की अनुमति से एक संन्यासी का गृहस्थ बनना--स्थाणीश्वर की इतनी महत्त्वपूर्ण घटना क्यों बन जाती है? जिसकी चरम परिणति सुचरिता और विरतिवज्र के बन्दी बनाये जाने, व्यंकटेश भट्ट और अघोर भैरव के नगरनिष्कासन और अन्ततः प्रजा के असन्तोष एवं विद्रोह में होती है। कहना न होगा कि इसके पीछे निवीर्य नगर सभ्यता की खोखली सामन्तशाही की छत्रच्छाया में पलनेवाले बौद्ध धर्म के साम्प्रदायिक विद्वेष, ढोंगी बौद्ध पण्डित वसुभूति और उसके नगरश्रेष्ठि शिष्य धनदत्त के बीच छल-छद्मभरी आपसी साठ-गाँठ तथा राजनीतिक अवसर का लाभ उठाकर प्रतिपक्ष की भूमिका निभानेवाले, आचार-विचार में चिपकू और बाह्य व्यवहार में लचीले सनातन धर्मों, पण्डितों की अवसरवादी नीति का बहुत बड़ा हाथ है जिसे स्पष्ट करती हुई सुचरिता बाणभट्ट से कहती है--"यह दो प्रतिद्वन्द्वी स्वार्थों का संघात है, आर्य, हम लोग तो निमित्त बने हैं। धनदत्त के गुरु भदन्त वसुभूति बौद्ध धर्म को जिताकर ही छोड़ेंगे और वसुभूति के प्रतिभट परम स्मार्त आचार्य मेघातिथि सनातन धर्म को पुनः प्रतिष्ठित करके ही दम लेंगे। मनुष्य जाय चूल्हे-भाड़ में, इन्हें अपने धर्ममत का डिंडिम पीटना है। एक की पीठ पर राजशक्ति है और दूसरे की हथेली में प्रजा का विद्रोह। विरतिवज्र का बौद्ध से वैष्णव होना ही मानो संसार की सबसे बड़ी घटना है।" (बाणभट्ट की आत्मकथा, पृ० २२३) जाहिर है कि भद्रलोक के तत्त्ववादी बौद्ध ब्राह्मण बुद्धिजीवियों के आपसी संघर्ष में आहतधर्म, भक्ति के स्वाभाविक मार्ग से लोकधर्म की ओर उन्मुख हो चला था।

प्रसंगवश यह जान लेना जरूरी है कि सुचरिता की तलाश में निकले बाणभट्ट जब उस विशाल पटमण्डप में पहुँचे, जहाँ वैष्णव तान्त्रिक व्यंकटेश भट्ट का भक्ति अनुष्ठान चल रहा था तो यह देखकर चकित रह गये कि उस धार्मिक अनुष्ठान में नये-नये उपादानों का अदभुत मिश्रण किया गया था। अनुष्ठान की समाप्ति पर गुरु ने भक्तजनों को उपदेश दिया--"नारायण के चरणारविन्द, दो-तीन

पापियों का उद्धार कर सके हैं, पर उनके नाम ने समस्त जन के निःशेष क्लेश के शमन का व्रत लिया है।" इसके साथ ही राधा-भाव में लीन होकर कृष्णार्पित व्यंकटेश भट्ट जब गाते-गाते नाचने लगे तो संयवक गमगमा उठा, काँस्य और करताल झनझना उठे और उस अद्भुत भाव-विह्वल अवस्था में वे एकाध बार बेहोश होकर गिर पड़े। क्या यह बताना आवश्यक है कि व्यंकटेश भट्ट के इस हुलिया का रहस्य उपसंहार की उस सांकेतिक टिप्पणी में विन्यस्त है जिसमें उपन्यासकार ने लिखा है कि "मध्ययुग के किसी-किसी कवि ने राधा की एक उत्कट अभिलाषा का वर्णन किया है कि वे समझ सकतीं कि कृष्ण उनमें क्या रस पाते हैं। श्रीकृष्ण ने भी, कहते हैं कि राधिका की दृष्टि से अपने को देखना चाहा था और इसीलिए नवद्वीप में चैतन्य महाप्रभु के रूप में प्रकट हुए थे। काव्य और धर्म-साधना की दुनिया में जो कल्पना थी उसे दीदी ने अपने जीवन में सत्य करके दिखा दिया।" इस प्रकार दीदी के सच को उजागर कर अपने सच को छिपाते हुए व्योमकेश शास्त्री ने कथाशिल्प को एक नाटकीय मोड़ दे दिया है और इस क्रम में वे अपने पाठकों को यह याद दिलाना नहीं भूलते कि बाणभट्ट की अन्य रचनाओं की तरह ही 'बाणभट्ट की आत्मकथा' भी अधूरी है।

इस उपन्यास के सारे पात्र जीवित मनुष्य हैं और सभी उपन्यासकार की आत्मीयता के भागीदार हैं। अपने व्यक्तित्व की पहचान के साथ ही वह पूरे परिवेश के साथ चित्रित किये गये हैं। महिनी, निउनिया, महामाया, सुचरिता सभी किसी-न-किसी प्रकार की सामाजिक विडम्बना और शोषण की शिकार हैं। बाहर से देखने पर उनकी अमानवीय समस्याएँ अलग दिखायी पड़ती हैं किन्तु भीतर से उनमें एकसूत्रता है। पतनोन्मुखी सामन्ती विलासिता के आवर्त में फँसी भट्टिनी का बाणभट्ट से प्रथम परिचय 'असुर-गृह में कैद लक्ष्मी' और 'अशोक वन की सीता' के रूप में कराया गया है जिसके उद्धार के लिए बाणभट्ट को नियोजित कर, आजीवन अभिनय करनेवाली कुशल अभिनेत्री निउनिया ने एक महान् सिद्धि के लिए अपनी सिद्धि को सोपान मान लिया। बड़े सत्य के लिए छोटे सत्य को अविरोधी बना देना निउनिया के मानवीय चरित्र की अपनी निजी विशेषता है। यही कारण है कि बाणभट्ट और महिनी से उसका प्रेम-सम्बन्ध कहीं अवरोधक नहीं बन पाता। अभिनय करके जिसे पाया था अभिनय करके उसे खो दिया और महिनी के शब्दों में प्रेम की दो दिशाओं को एक कर दिया। स्वयं बाणभट्ट को निपुणिकाविहीन महिनी की कल्पना जड़ बना देती है। उसने बार-बार भट्ट की जड़ता को तोड़ा था। उसके सामने उनके पुरुषत्व का गर्व, पाण्डित्य का गर्व और कौलीन्य का गर्व कितनी ही बार भरभराकर गिर चुका था। इसी अर्थ में निपुणिका स्त्री जाति का शृंगार थी, सन्तत्व की मर्यादा थी, उन्मार्गगामिनी नारियों की मार्गदर्शिका थी, जड़ीभूत समाज की स्पन्द-चेतना थी, राधा-कृष्ण की ललिता थी--लीलावती थी, मोहिनी थी, सद्गुणों की खान थी

और सबसे बढ़कर भट्टिनी के उद्धार के माध्यम से राष्ट्रीय उद्धार की संयोजिका शक्ति थी।

किन्तु सवाल केवल एक भट्टिनी के उद्धार का नहीं है। सवाल केवल छोटे राजकुल के अन्तःपुर में सौतों के उस भयानक जंगल का भी नहीं है जिसके सूखे गलियारों को भरने के लिए न जाने कितनी सुन्दर जिन्दगियों को कैद कर रखा गया है। सबसे बड़ा सवाल लाखों-करोड़ों की संख्या में अकारण दण्डित उस मानवता का है जो सामन्ती-पुरोहिती समाज-व्यवस्था की दमन-चक्की के नीचे पिस रही है। इन सवालों से बाणभट्ट भी टकराते हैं किन्तु प्रभावशाली रूप में इस बड़े सवाल को उठाया है भैरवी महामाया ने जो स्वयं राजकुल के अन्तःपुर की कैद से मुक्त होकर भी सामाजिक मुक्ति के लिए अशान्त बनी हुई है। प्रश्न को एक व्यापक सामाजिक सन्दर्भ देती हुई महामाया कहती हैं--"इस उत्तरापथ में लाख-लाख निरीह बहुओं और बेटियों का अपहरण और विक्रय का व्यवसाय क्या नहीं चल रहा है? क्या निरीह प्रजा की बेटियाँ उनकी नयनतारा नहीं हुआ करतीं? क्या राजा और सेनापति की बेटियों का खो जाना ही संसार की दुर्घटनाएँ हैं।" कहना न होगा कि महामाया द्वारा उठाया गया प्रश्न आज भी उतना ही प्रासंगिक बना हुआ है। अपने को उन लाखों निरीह बहू-बेटियों की कतार में खड़ी कर उन्होंने प्रश्न को गहराते हुए और भी विश्वसनीय एवं प्रभावशाली बना दिया है। आगे वह कहती है--"मैं तुम्हारे देश की लाख-लाख अवमानित, लांछित और अकारण दण्डित बेटियों में से एक हूँ। कौन नहीं जानता कि इस घृणित व्यवसाय के प्रधान आश्रय सामन्तों और राजाओं के अन्तःपुर हैं। आपमें से किसी को नहीं मालूम कि महाराजाधिराज की चामरधारिणियाँ और करङ्कवाहिनियाँ इसी प्रकार भगायी हुई और खरीदी हुई कन्याएँ हैं।" (बाणभट्ट की आत्मकथा, पृ० २०२-२०३) और इसके साथ ही 'अमृत पुत्रों' को सम्बोधित उनका उद्‌बोधन गीत तो कथा की रोमाण्टिक काव्य-संवेदना को 'जागो फिर एक बार' की ओजस्विता में टाल देता है। काफी देर तक 'मृत्यु का भय माया है' का स्वर सभामण्डप में बजता रहता है और उसकी अनुगूँज स्थाणीश्वर की दुर्भेद्य प्रस्तर भित्तियों को चीरकर सभा से बाहर नगर के गली-कूचों में फैलती गवाही से टकराने लगती है--"न्याय के लिए प्राण देना सीखो, सत्य के लिए प्राण देना सीखो, धर्म के लिए प्राण देना सीखो, अमृत के पुत्रो! मृत्यु का भय माया है।" भीड़ बढ़ने लगती है, पटमण्डप उस स्फोट जन-सम्पर्द को धारण करने में असमर्थ हो जाता है और हजार-हजार कण्ठों से दीर्घ-दीर्घायित स्वर प्रतिध्वनित हो उठता है--'मृत्यु का भय माया है।' और आगे चलकर भट्टिनी के स्वागत में, लोरिकदेव के एक हजार लठैत सैनिकों को सम्बोधित महामाया की गैरिक धारिणी शिष्याओं का जन गान इस स्वर को और घनीभूत बनाता है।

ध्यान देने की बात है कि एक ओर तो महामाया विभिन्न स्तर-भेदों में बँटे नागरिकों को सम्बोधित करती हुई कहती है कि 'दुर्द्धर्ष म्लेच्छ-वाहिनी का सामना राजपुत्रों की वेतनभोगी सेना नहीं कर सकेगी, राजाओं, राजपुत्रों, देवपुत्रों की आशा छोड़ो, धर्म के लिए प्राण देना किसी जाति का पेशा नहीं, न्याय जहाँ से भी मिले बलपूर्वक खींच लाओ, ब्राह्मण से लेकर चाण्डाल तक एक हो जाओ, धर्म-रक्षा शास्त्र वाक्यों की संगति लगाने से नहीं होती' इत्यादि, वहीं दूसरी ओर उनकी शिष्याएँ लोरिकदेव के आभीर सैनिकों को सम्बोधित करती हैं--'आर्यावर्त्त के तरुणो! जीना सीखो, मरना सीखो, इतिहास से सीखना सीखो, जवानो! प्रत्यन्त दस्यु आ रहे हैं।" तो क्या नागरिकों और आभीर सैनिकों के एक-जैसे सम्बोधन में कोई अन्तर्विरोधी है? वस्तुतः लोरिकदेव की सेना, सेना नहीं बल्कि एक सामूहिक जन संगठन है जो अपने अवशिष्ट कबीलायी संस्कारों के चलते जातिगत स्तर-भेदों के बाहुल्य-दोष से बहुत-कुछ मुक्त है। तथाकथित म्लेच्छवाहिनी का मुकाबला करने के लिए जिस अपेक्षित एकजुटता और जन संगठनात्मक समता की आवश्यकता है, वह न तो राजाओं की वेतनभोगी सेना में है और न ही विभिन्न स्तर-भेदों में विभाजित खोखले समाज में। धर्म की नपुंसकता, धर्माचार्यों के ढोंग-पाखण्ड और आपसी ईर्ष्या-द्वेष, सामन्तों की लम्पट विलासिता और पतनोन्मुखी सामन्ती व्यवस्था की जड़ता पर अत्यन्त तीखा प्रहार करते हुए महामाया ने जीवन के गम्भीरतर सवालों की ओर संकेत किया है जो आधुनिक नवजागरण के पुनरुत्थानवादी स्वर से बहुत-कुछ मिलता-जुलता है फिर भी यह सवाल तो शेष रह ही जाता है कि क्या महामाया का सत्य अविभाजित मनुष्य का सत्य है? इस सन्दर्भ में विचार करते हुए भट्टिनी ने महामाया के वक्तव्य में निहित शुद्धतावादी पौराणिक स्वर की ओर इशारा कर महामाया के सत्य को अर्द्धसत्य के रूप में ही स्वीकार किया है। वह कहती हैं--'यह क्या सत्य नहीं है कि यवन-कन्या भी मनुष्य है और ब्राह्मण युवा भी मनुष्य है। महामाया जिन्हें म्लेच्छ कह रही हैं, वे भी मनुष्य हैं। भेद इतना ही है कि उनमें सामाजिक ऊँच-नीच का ऐसा भेद नहीं है।' (पृ० २७१) जाहिर है कि भट्टिनी सामाजिक ऊँच-नीच के भेदों की विषमता और उसके सामाजिक दुष्प्रभाव को एक दार्शनिक की तटस्थ दृष्टि से न देखकर मानवीय करुणा की दृष्टि से देखती है जिसमें उनकी पीड़ा का आत्मसत्य छिपा हुआ है। कबीर आदि सन्त कवियों ने जिस पीड़ा को आक्रामक शैली में व्यक्त किया है उसी को भट्टिनी सूर की विनम्र विद्रोहवाली शैली में कहना चाहती है। इस प्रकार भट्टिनी सामाजिक-सांस्कृतिक अन्तर्विरोधों की मूलगामी चेतना का विश्लेषण करते हुए 'नरलोक से लेकर किन्नरलोक तक व्याप्त एक ही रागात्मक हृदय' की बात कर एक सामाजिक संस्कृति की सम्भावनाओं की ओर संकेत करती है और इस दृष्टि से उसके सत्य को मनुष्य सत्य कहा जा सकता है। इसकी व्यावहारिक चरितार्थता का सवाल फिर भी बना रह

जाता है जिसका हल न तो भट्टिनी के पास है और न बाणभट्ट के पास। हल तो आलोचक हजारीप्रसाद द्विवेदी के पास भी नहीं है लेकिन उसके मूलगामी कारणों के रूप में 'कर्मफल' और 'पूर्वजन्म' के सिद्धान्तों की चर्चा उन्होंने अपने कई निबन्धों में की है और यह बताया है चाण्डाल अपनी दुर्गति के लिए कर्मफल की दुहाई देता है और ब्राह्मण अपने उच्चपद के लिए भी कर्म की ही दुहाई देता है। प्रत्येक कार्य का एक निश्चित एवं न्यायसंगत कारण मान लेने से अन्याय के प्रति विद्रोह करने की भावना दब जाती है जिसके चलते जड़ता का शिकार होकर कोई भी जाति अध:पतन की ओर बढ़ने लगती है। हिन्दू जाति के इस चिन्तनीय पक्ष का कारण यह सिद्धान्त है जिसके कारण भारतीय समाज में समय-समय पर किये गये परिवर्तनकामी आन्दोलन सफल नहीं हो सके।

'बाणभट्ट की आत्मकथा' में इस सामाजिक जड़ता को तोड़ना उपन्यासकार का एक प्रमुख उद्देश्य है। यह आकस्मिक नहीं कि जड़ीभूत मान्यताओं के स्तूपीभूत गढ़ को ढहानेवाले पात्र प्राय: वे हैं जो किन्हीं विशेष सामाजिक परिस्थितियों में घर से भागे हुए हैं, या फिर भगाये गये हैं अथवा अपहृत हैं। पहली कोटि में बाणभट्ट और निपुणिका आते हैं तथा दूसरी में भट्टिनी और महामाया। बाणभट्ट का आरम्भिक जीवन एक बिगड़े हुए आवारा छोकरे के रूप में चित्रित किया गया है जो छोकरियों को भगवान् से लेकर अनेक उद्दण्डतापूर्ण आचरण करनेवाले लोकापवादों से घिरा हुआ है। आगे चलकर यही बाणभट्ट नारीदेह को नारायण का पवित्र मन्दिर माननेवाले एक सच्चरित्र और आदर्श नवयुवक के रूप में, नारी उद्धार से लेकर राष्ट्र रक्षा के महान् दायित्व का निर्वाह करते हैं। जीवन की यान्त्रिक आचारसंहिता के घुटनभरे माहौल से बाहर निकलकर, समाज की अनेक लांछनाओं को झेलती हुई निउनिया भी इस यात्रा में बाणभट्ट की निकटतम सहयोगिनी बन जाती है। इसी प्रकार भट्टिनी और महामाया भी छोटे अन्त:पुर में स्वाभाविक जिन्दगी नहीं जी पातीं। महामाया और अघोर भैरव अपने संन्यासी जीवन में भी आहत प्रेम की पीड़ा से पूरी तरह मुक्त नहीं हो सके। मनुष्य के सामाजिक सम्बन्धों की जड़ ही दोषपूर्ण है। निपुणिका के वैधव्य जीवन की त्रासद स्थितियों पर विचार करते हुए बाणभट्ट कहते हैं--"निपुणिका ने कल कहा था कि मेरी ही शपथ करके तुम सत्य-सत्य कहो आर्य, मेरा कौन-सा ऐसा पाप चरित्र है जिसके कारण मैं आजीवन दु:ख की निदारुण भट्टी में जलती रही, क्या स्त्री होना ही मेरे अनर्थों की जड़ नहीं है? इन शब्दों में कितना मर्मान्तक दु:ख है, यह मैं ही जानता हूँ। निपुणिका में इतने गुण हैं कि वह समाज और परिवार की पूजा का पात्र हो सकती थी, पर हुई नहीं। इतने दिनों से साथ हूँ, उसके चरित्र में कोई कलुष नहीं देखा। वह हँसमुख है, कृतज्ञ है, मोहिनी है, लीलावती है--ये क्या दोष हैं? मेरा चित्त कहता है कि दोष किसी और वस्तु में है जो इन सारे सद्गुणों को दुर्गुण कहकर व्याख्या करा देती है। वह वस्तु

क्या है? निश्चय ही कोई बड़ा असत्य सत्य के नाम पर घर बना बैठा है।" (पृ० २५५) लेकिन सत्य के नाम पर सामाजिक जीवन में बद्धमूल उस महान् असत्य को पहचान लेना ही काफी नहीं है बल्कि उसके विरुद्ध लड़ाई में शरीक होना ही सामाजिक मंगल का विधायक है। असत्य की प्रतिष्ठा से पाखण्ड का प्रचार करनेवाली उस प्रवंचक शक्ति से आगाह करते हुए बाबा अघोर भैरव बाणभट्ट से कहते हैं--"देख रे, तेरे शास्त्र तुझे धोखा देते हैं। जो तेरे भीतर सत्य है, उसे दबाने को कहते हैं, जो तेरे भीतर मोहन है, उसे भुलाने को कहते हैं, जिसे तू पूजता है, उसे छोड़ने को कहते हैं। मायाविनी है यह मायाविनी, तू इसके जाल में न फँस। समस्त पुरुषों को भरमा रही है, स्त्रियों को सता रही है, माया का दर्पण पसारे है।" (पृ० ८२) माया का दर्पण वह सामन्ती-पुरोहिती व्यवस्था है जो झूठ को प्रश्रय देकर खड़ी की गयी है। उसको पुष्ट करनेवाली शास्त्र-परम्परा विधि-निषेध की विभाजक रेखा से पाप-पुण्य और स्वर्ग-नरक का निर्धारण करती है, नरक के भय और शाप के दण्ड से मनुष्य को आतंकित करती है तथा नारी के शरीर को नरक का साधन बताती है। दोष दर्पण में है, चेहरे में नहीं। यही कारण है कि चलते-चलते भी बाबा बाणभट्ट को यह गुरुमन्त्र देना नहीं भूलते कि अपने सत्य के लिए 'किसी से न डरना, गुरु से भी नहीं, मन्त्र से भी नहीं, लोक से भी नहीं, वेद से भी नहीं।' बाबा का यह सहज सत्य मनुष्य में आत्मविश्वास पैदा करनेवाला स्पन्द चेतना का सत्य है और युगीन सन्दर्भ में सामाजिक जीवन के मोहभंग का सत्य है यह 'न मानुषात् श्रेष्ठतरं हि किंचित्' को जगानेवाला कबीर के सत्य का बीज मन्त्र है। एक अधूरे 'शव साधक' की साधना का अनुभव सत्य है। इसी सत्य का साक्षात्कार कर लेने से सुचरिता यह कहने का साहस करती है कि "मानव-देह केवल दण्ड भोगने के लिए नहीं बनी है, आर्य। यह विधाता की सर्वोत्तम सृष्टि है। यह नारायण का पवित्र मन्दिर है। पहले इस बात को समझ गयी होती तो इतना परिताप नहीं भोगना पड़ता। गुरु ने मुझे अब यह रहस्य समझा दिया है। मैं जिसे अपने जीवन का सबसे बड़ा कलुष समझती थी, वही मेरा सबसे बड़ा सत्य है।" (पृ० १९१-९२) निश्चय ही यह नारी-देह को पाप समुच्चय माननेवाली शुद्धतावादी परम्परा के विरुद्ध खुला विद्रोह है, पुरुषार्थ चतुष्टय से इतर 'प्रेमापुमर्थोमहान्' की आस्था का उद्घोष है। मध्ययुग में सूरदास आदि कृष्ण भक्त कवियों ने मनुष्य की स्वाभाविक प्रवृत्तियों को दबानेवाली इसी शास्त्र-परम्परा के विरुद्ध आवाज उठायी थी जिसकी ओर संकेत करते हुए आचार्य द्विवेदी ने 'सूर-साहित्य' में लिखा है--"जिस प्रकार हवा बाँधने से नहीं रुकती, उसी प्रकार मनुष्य की प्रकृति भी बन्धन से नहीं बँधती। एक तरफ बाँधने से वह दूसरी ओर निकल पड़ती है--भयानक वेग से। यह दूसरी ओर निकली हुई प्रवृत्तियाँ मनुष्य की दुर्बलताएँ हैं। जिन दिनों टीका-युग के विद्वान् 'तथाहि' और 'अपिच' की धुआँधार वर्षा के साथ

शास्त्रों का आदेश मानव-समाज पर लाद रहे थे, उन्हीं दिनों सूरदास आदि सन्त कवियों ने इसी विरुद्धगामी प्रवृत्ति को भगवान् की ओर फेर देने की चेष्टा की और आश्चर्यजनक सफलता पायी।" (पृ० ६८-६९)

नारी-जीवन की सार्थकता के बारे में, निपुणिका द्वारा पूछे गये सवाल के जवाब में बाणभट्ट ने अघोर भैरव के हवाले से यही बताया कि "प्रवृत्तियों को दबाना भी नहीं चाहिए और उनसे दबना भी नहीं चाहिए। प्रत्येक व्यक्ति का देवता अलग होता है। देवता का परिचय शायद प्रवृत्तियाँ ही कराती हैं। हम बहुत बार अपने देवता को मन-ही-मन पूजते तो रहते हैं, पर हमें पता नहीं होता।" (बाणभट्ट की आत्मकथा : पृ० ९५-९६) इस वैष्णव प्रेम-पद्धति की प्रमुख विशेषता यह है कि इसमें भक्त अपने समस्त अच्छे-बुरे कर्मों को, आराध्य को अर्पित कर अकारण आरोपित पाप के दुःख-भोग से मुक्त हो जाता है। इस सन्दर्भ में विचार करते हुए 'दूसरी परम्परा की खोज' में डॉ० नामवर सिंह ने वल्लभाचार्य के 'अणुभाष्य' से एक वक्तव्य उद्धृत किया है, जिसके अनुसार "कर्म दुःख रूप तब होता है जब वह अभिमानपूर्वक किया जाता है कि 'मैं कर रहा हूँ।' ब्रह्मविद् जो कर्म करता है वह अपने को कर्त्ता मानकर नहीं, ब्रह्म को असली कर्त्ता मानकर । इस प्रकार उसके सारे कर्म ब्रह्म को अर्पित हो जाते हैं। जिस प्रकार जगत् के सारे व्यापारों को वह ब्रह्म-प्रयत्न के रूप में देखता है, वैसे ही अपने कर्मों को भी। सब-कुछ करता हुआ भी वह समझता है कि मैं कुछ नहीं कर रहा हूँ । इस प्रकार व्यक्तिगत सत्ता का लोकसत्ता में लय हो जाने से प्रिय-अप्रिय की परिमित भावना का परिहार हो जाता है। इस दशा को प्राप्त जीव कर्त्ता और भोक्ता होकर भी दुःख से परे रहता है।" (पृ० ५९ पर उद्धृत) 'आत्मकथा' के शिल्प-प्रयोग में इस जीवन-दर्शन की कम महत्त्वपूर्ण भूमिका नहीं है। भक्ति का यह सकारात्मक पहलू ही मध्ययुगीन लोक जागरण की स्पन्द चेतना है।

वैष्णव तान्त्रिक व्यंकटेश भट्ट के सम्पर्क में आने पर सुचरिता के भीतर इस चेतना का संचार होता है। वह बाणभट्ट से कहती है--"हाँ आर्य! नारायण ही इस नाव का कर्णधार है। हम तो तूफान देखकर बेकार ही हाय-हाय करनेवाले जीव हैं। मन क्यों नहीं समझा पाता आर्य कि वह किसी कार्य का उत्तरदायी नहीं है? वासुदेव के रहते इतना वृथा सोच क्यों करता है वह।" (आत्मकथा : पृ० १९३) वस्तुतः सुचरिता और बाणभट्ट के लम्बे संवाद के माध्यम से उपन्यासकार प्रेम-सम्बन्धी विधि-निषेध की अनेक गुत्थियों को सुलझाना चाहता है। क्या काम प्रेम का विरोधी है। जिस प्रचण्ड दुर्वार शक्ति के इंगित मात्र से लज्जा का आजन्म लालित बन्धन इस प्रकार शिथिल हो जाता है वह क्या पाप है? वैराग्य क्या इतनी बड़ी चीज है कि प्रेम के देवता को उसकी नयनाग्नि में भस्म कराके कवि गौरव अनुभव करे? क्या पार्वती का व्रत जड़ शरीर धर्मों का पाप आकर्षण मात्र था? दीर्घ साधना भी

आर्या महामाया के भीतरी कलुष को क्यों न जला सकी? इन तमाम सवालों से टकराती हुई सुचरिता की दृष्टि गोपियों की प्रेम-पद्धति पर टिक जाती है जिसके लिए कहा गया है कि वहाँ काम ही प्रेम है और प्रेम ही काम। अन्त में वह निष्कर्ष निकालती है कि "वस्तुतः कलुष भी मनुष्य का अपना सत्य है। उसे स्वीकार करके ही वह सार्थक हो सकता है। दबाने से वह मनुष्य को नष्ट कर देता है। समस्त गुण-अवगुण जब तक निर्विकार चित्त से नारायण को नहीं सौंप दिये जाते तब तक वे भार मात्र हैं। (पृ० २२४) कहना न होगा कि भारतीय साहित्य के स्वाभाविक विकास के रूप में निरूपित यह प्रेम-पद्धति कृष्ण भक्त कवियों की निगूढ़ और अदृप्त प्रेम व्यंजना में विन्यस्त है, जहाँ पाने की स्पृहा के स्थान पर अपने को सर्वतोभावेन दे देने की लगन है, रोमाण्टिक आवेग का माधुर्य है और क्लासिकल संयम की तेजस्विता है। उसमें आत्मसमर्पण के उल्लास से अनुप्राणित वह अपूर्व तन्मयता है जो पाप-पुण्य के शास्त्रीय बन्धनों से सर्वथा मुक्त और स्वच्छन्द है। इसीलिए वह सामाजिक मंगल और आनन्द का विधायक है।

वस्तुतः कालिदास से लेकर सूरदास तक की यह इतिहास-यात्रा भारतीय समाज और उसके भाषा-साहित्य तथा कला-संस्कृति की परम्परा के स्वाभाविक विकास का प्रामाणिक आख्यान है। उसमें वैराग्य की साधना का लोकधर्मी भक्ति में रूपान्तरण है, नर और नारायण की अभिन्नता का उद्घोष है, बार-बार शुद्धतावादियों के तीसरे नेत्र का सामना करनेवाली प्रेम और सौन्दर्यबोध की लोक-संस्कृति की रक्षणशीलता है, और सबसे बढ़कर शास्त्र-ज्ञान और लोक-अनुभव की द्वन्द्वात्मक प्रक्रिया में उस सामाजिक सत्य तक पहुँचने का प्रयास है जिससे लोक का आत्यन्तिक कल्याण सम्भव हो एवं छोटा सत्य बड़े सत्य का अविरोधी बन सके। यह उपन्यासकार आचार्य हजारीप्रसाद द्विवेदी के पाण्डित्य की लोकोन्मुखता का सबसे बड़ा सबूत है। सहज बात को सहज ढंग से समझने के अभ्यासी द्विवेदी जी गम्भीरता के साथ यह महसूस करते हैं कि "सामान्य मनुष्य जिस कार्य के लिए लांछित होता है उसी कार्य के लिए बड़े लोग सम्मानित होते हैं", इसलिए विभिन्न सामाजिक स्तरभेदों के रहते सत्य और असत्य का मेल नहीं हो सकता। सामाजिक स्तरभेद को ईश्वर का विधान बताकर असत्य और पाखण्ड का प्रचार करनेवाले शास्त्रों और उनके अनुयायी पुराणपन्थी आचार्यों के भ्रामक मतों का प्रत्याख्यान कर लोक-जीवन के सर्जनात्मक मानव-मूल्यों की अपेक्षा में सत्यासत्य का परीक्षण करना ही आत्मकथा की प्रमुख विशेषता है।

नरलोक से किन्नरलोक तक एक ही रागात्मक हृदय की व्यापकता का सन्धान करनेवाली भट्टिनी के माध्यम से मानववादी चेतना पर आधारित प्रेम और सौन्दर्यबोध की सामासिक लोक-संस्कृति की प्राणप्रतिष्ठा करनेवाले आचार्य हजारीप्रसाद द्विवेदी स्वयं महावराह के प्रतीक विग्रह हैं। भट्टिनी के उद्धार में सुन्दर की रक्षा का

संकल्प ही राष्ट्र रक्षा का विकल्प बन जाता है क्योंकि द्विवेदी जी की दृष्टि में "जो जाति सुन्दर की रक्षा और सम्मान करना नहीं जानती, वह विलासी भले ही हो ले, पर कलात्मक विलास उसके भाग्य में नहीं बदा होता।" (प्राचीन भारत : कलात्मक विनोद : पृ० २) उसमें त्याग और भोग का ऐसा माधुर्य चाहिए जो जीवन के किसी भी क्षेत्र में असुन्दर को वरदाश्त न कर सकता हो। यह आकस्मिक नहीं है कि हजारीप्रसाद द्विवेदी अशोभन को शोभन और असुन्दर को सुन्दर बनाना ही साहित्य का उद्देश्य मानते हैं और आत्मसम्मान को संसार की सारी सुख-सुविधाओं से श्रेष्ठ समझनेवाले बाणभट्ट और भट्टिनी का सारा संघर्ष इसी उद्देश्य की चरितार्थता का संघर्ष है। अतीत के आख्यान को वर्तमान की अपेक्षा में जाँचना-परखना ही इस उपन्यास की आधुनिकता है और यही 'इतिहास से सीखना सीखो' की प्रेरणा का सर्जनात्मक रूप है।

चारु चन्द्रलेख : सामन्ती व्यवस्था की पतन-गाथा

वर्तमान की अपेक्षा में अपने अतीत के सर्जनात्मक पुनर्निर्माण का प्रयास हजारीप्रसाद द्विवेदी के ऐतिहासिक उपन्यासों की मौलिक पहचान है। इस कड़ी में 'चारु चन्द्रलेख' उनका दूसरा महत्त्वपूर्ण उपन्यास है जिसमें १२वीं-१३वीं शताब्दी के मध्यकालीन भारतीय समाज के आन्तरिक कलह, तान्त्रिक साधनाओं के चमत्कारिक सम्मोहन में दिग्भ्रमित मनुष्य की कुण्ठा और ह्रासोन्मुखी स्तब्धता, विशृंखलता और अराजकता तथा निस्पन्द चेतना की छटपटाहट को चित्रित करने का प्रयास किया गया है। इस अर्थ में इसे मध्यकालीन सामन्ती समाज-व्यवस्था की पतन-गाथा भी कहा जा सकता है। इस उपन्यास का मूल कथा स्रोत मेरुतुंग की रचना 'प्रबन्ध चिन्तामणि' है जिसमें किसी सातवाहन नामक राजा की बत्तीस स्त्री लक्षणों से विभूषित रानी चन्द्रलेखा की चर्चा की गयी है जो नागार्जुन के अनुरोध पर कोटि-बेधी रस बनाने में सहायता करने के लिए पार्श्वनाथ की मूर्ति के पास जाकर सिद्ध-योगिनी हो गयी थी। इस कथा के अनुसार नागार्जुन को चन्द्रलेखा के दो पुत्रों ने मार डाला था लेकिन आगे चलकर उन पर क्या बीती, इसका कोई उल्लेख नहीं मिलता।

कथा-मुख में बड़े नाटकीय ढंग से व्योमकेश शास्त्री पाठकों को सूचित करते हैं कि हाल ही में अघोरनाथ नामक औघड़ साधु को विचित्र रूप से इस कथा का बाकी हिस्सा मिल गया है। इस प्रकार चारु चन्द्रलेख में एक बार फिर मुखौटे के कलात्मक शिल्प का प्रयोग करते हुए, पहेली बूझने और बुझाने में पारंगत आचार्य हजारीप्रसाद द्विवेदी ने अघोरनाथ के अनुरोध पर चन्द्रलेखा की आत्मकथा को व्योमकेश शास्त्री की टिप्पणियों के साथ सम्पादित व प्रकाशित करने का भ्रम उत्पन्न किया है। कहने की आवश्यकता नहीं कि व्योमकेश शास्त्री हजारीप्रसाद द्विवेदी के अभिन्न ही नहीं, उनके दोनों आरम्भिक उपन्यासों में अपनी नाटकीय भूमिका का सफल निर्वाह करनवाले एक जीवित पात्र भी हैं। यह महज संयोग ही नहीं है कि पाण्डुलिपि पानेवाले औघड़ साधु अघोरनाथ आधुनिक विचारों के शिक्षित-सिद्ध हजारीप्रसाद द्विवेदी के समानधर्मा हैं। लेकिन यह जानते हुए भी कि आजकल के

लोग इन बातों पर विश्वास नहीं करते और यह कथा श्रद्धा की दृष्टि से नहीं देखी जायेगी, उपन्यासकार ने फिर भी इसे सम्पादित और प्रकाशित करने की जहमत क्यों उठायी? इस पर व्योमकेश शास्त्री की टिप्पणी ध्यान देने योग्य है--"मुझे स्वीकार करना चाहिए कि कथा के प्रति आरम्भ में मेरी विशेष श्रद्धा नहीं थी, पर पढ़ते-पढ़ते मुझे ऐसा लगा कि इसे एकदम अवज्ञा योग्य नहीं समझा जा सकता। कथा में प्राचीनता के चिह्न हैं कम-से-कम प्राचीन साहित्य से वह असमर्थित नहीं कही जा सकती।" व्योमकेश शास्त्री की टिप्पणी महत्त्वपूर्ण इसलिए है कि यह न केवल 'चारु चन्द्रलेख' की दिशा एवं दृष्टि की ओर संकेत करती है, बल्कि इसका सूत्र आचार्य हजारीप्रसाद द्विवेदी के इतिहास-बोध में विन्यस्त है जिसकी अपेक्षा में वे अपने प्राचीन साहित्य, शास्त्र, धर्म एवं साधना-उपासना की विभिन्न पद्धतियों को पूजा अथवा अवज्ञा की दृष्टि से न देखकर उनमें वर्तमान के लिए सर्जनात्मक सम्भावनाओं की तलाश करते हैं। इसलिए उनके ऐतिहासिक उपन्यासों में अतीत और वर्तमान, परम्परा और आधुनिकता तथा शास्त्र और लोक साथ-साथ चलते दिखायी पड़ते हैं। ग्रहण और त्याग के विवेक से, परम्परा और आधुनिकता की मूल्य-दृष्टि से इनका आकलन करना ही द्विवेदी जी के उपन्यासों की रचनाशीलता का मौलिक आधार है। सम्भव है कि इस इतिहास-बोध को नजरअन्दाज कर समकालीन रचनाशीलता की मूल्य-दृष्टि से देखनेवाले आलोचक को 'चारु चन्द्रलेख' में वस्तु-विन्यास का बिखराव और रूपबन्ध का विघटन दिखायी पड़े जो एक सीमा तक सच भी है, किन्तु बहुत सपाट ढंग से उसे तन्त्र-साधना की जानकारी देनेवाला उपन्यास मान लेना, न्यायसंगत न होगा।

वस्तुतः सातवाहन, चन्द्रलेखा और मैना की त्रिकोणात्मक प्रेम-कथा ही इस उपन्यास का मूल विषय है और शाक्त-साधना की प्रतीक शैली में विन्यस्त होने के कारण, घटना-चक्र के भीतर अनेक घटना-चक्रों की जटिल संरचना ने उनके सुसंगत निर्वाह को कठिन बना दिया है। राजा सातवाहन, उनकी पत्नी चन्द्रलेखा और चन्द्रलेखा की सहचरी मैना प्रतीक कथा में क्रमशः ज्ञान, इच्छा और क्रिया की प्रतीक हैं और एक-दूसरे से विच्छिन्न होने के कारण ये एकाकार नहीं हो पाते। ज्ञान की चेतना से अलग-थलग पड़ी इच्छाशक्ति सिद्धियों के लिए भटकती हुई कुण्ठित हो जाती है तथा इच्छाशक्ति और क्रियाशक्ति के निरन्तर घात-प्रतिघात का अन्त इच्छा की गोद में क्रिया के आत्मघात से होता है। इस प्रकार क्रियाशक्ति के अभाव में इच्छा और ज्ञान के निष्क्रिय मिलन-बिन्दु पर उपन्यास समाप्त हो जाता है।

उपन्यास का आरम्भ सीदी मौला की खोज में निकले उज्जयिनी के राजा सातवाहन की यात्रा से होता है। यात्रा के बीच ही उनकी भेंट सारे स्त्री लक्षणों से सम्पन्न परम सुन्दरी चन्द्रलेखा से होती है जो स्वयं कोटि-बेधी-रस सिद्ध करनेवाले तपस्वी नागनाथ की खोज में निकली है। तपस्वी की खोज निकालने के लिए वे

राजा से प्रार्थना करती हैं और इसके लिए बेझिझक सातवाहन की रानी बनना भी स्वीकार कर लेती हैं। राजधानी वापस आकर राजा चन्द्रलेखा से विवाह करने के साथ ही तपस्वी नागनाथ को भी खोज निकालते हैं। पूरा देश विदेशी आक्रमणकारियों से भयाक्रान्त और अशान्त है। आपसी स्वार्थों और परस्पर ईर्ष्या-द्वेष के कारण देश का नेतृत्व संकटापन्न है। ऐसी स्थिति में सातवाहन के मन्त्री विद्याधर भट्ट उन्हें नये सिरे से बिखरे हुए नेतृत्व को संगठित करने के लिए उत्प्रेरित करते हैं। चन्द्रलेखा के रानी बन जाने के साथ ही उज्जयिनी में राजनीतिक सक्रियता बढ़ जाती है। काशी में जयित्रचन्द के मन्त्री रह चुके विद्याधर भट्ट बत्तीस लक्षणों से युक्त चन्द्रलेखा की जन्म कथा से परिचित हैं और राजनीतिक शक्ति संचय की दृष्टि से वे चन्द्रलेखा के प्रति काफी आशान्वित हैं किन्तु अपने पूर्व अनुभवों के आधार पर यह सोचकर आशंकित भी हैं कि कहीं राजा सातवाहन चन्द्रलेखा के रूप-जाल में आबद्ध होकर निष्क्रिय न हो जायें।

यही वह स्थल है जहाँ उपन्यासकार अपने कथा-सूत्रों को राष्ट्रीय राजनीति से जोड़ते हुए वृहत्तर जीवन-मूल्यों की स्थापना का संकेत देता है। रानी चन्द्रलेखा राष्ट्रीय राजनीति में राजा सातवाहन का हाथ मजबूत करने के लिए दृढ़ता के साथ आगे आती हैं। विद्याधर भट्ट को आश्वस्त करती हुई संकल्प करती हैं कि "इस देश में मिथ्या खण्ड अभिमानों को चूर्ण करने के लिए चन्द्रलेखा वज्र के हथौड़े का काम करेगी और हतदर्प, हीनवीर्य पराजित प्रजा के चित्त में इतिहास की मंगलमयी प्रेरणा देने के लिए अमृत की तरह झरेगी।" (चारु चन्द्रलेख : पृ० ३८) इस संकल्प को विकसित करने के क्रम में वे एक जननेत्री की तरह राजधानी के सैनिकों को सम्बोधित करती हैं और अपने वक्तव्य के अन्त में जब वे घोषित करती हैं कि "वीरो! राजाओं का युद्ध समाप्त हो गया। अब कहीं आशा है तो प्रजा की संगठित शक्ति में" तो ऐसा लगता है कि उपन्यासकार तत्कालीन सामाजिक यथार्थ को अपने वर्तमान की अपेक्षा में एक भविष्योन्मुखी दिशा देने का संकेत दे रहा है। कहना न होगा कि चन्द्रलेखा का यह वक्तव्य ज्ञान की चेतना से युक्त इच्छाशक्ति के महान् संकल्प के साथ ही उनके मानवीय व्यक्तित्व की तेजस्विता का भी प्रमाण है जो आगे चलकर सिद्ध योगिनी चन्द्रलेखा के निष्प्राण व्यक्तित्व में जड़ीभूत हो गया। आधुनिक नव-जागरण की चेतना से उत्पन्न उनके उद्‌बोधन का स्वर जो राष्ट्र की वृहत्तर समस्याओं से जूझने की चुनौती का आभास दे रहा था, सामाजिक धरातल पर मूल प्रतिज्ञा बनकर बिखर गया। न तो रानी चन्द्रलेखा में भट्टिनी के प्रेम की जीवन्तता का संचार हो सका और न ही सिद्ध योगिनी चन्द्रलेखा में भैरवी महामाया के महिमामय व्यक्तित्व की ओजस्विता का आभास मिल पाता है।

मालव जनपद में घूम-घूमकर सामान्य जनसमुदाय में आत्मविश्वास और लोक-जागरण पैदा करनेवाली 'जनपद पार्वती' चन्द्रलेखा की सामाजिक लोकप्रियता और

प्रभाव को नजरअन्दाज करता हुआ उपन्यासकार बड़े नाटकीय ढंग से इनकी सूचना मात्र देकर रह जाता है कि रानी की योजना चरितार्थ हुई और मालव जनपद के नवजीवन के उल्लास के चलते शत्रु को लौट जाना पड़ा। किसी प्राचीन परम्परा अथवा लोक-परम्परा के स्मृति चिह्न हजारीप्रसाद द्विवेदी के लिए किसी पुरातात्त्विक अवशेष सें कम महत्त्व नहीं रखते। ये उनके लिए विपुल सम्भावनाओं से भरे होते हैं और इनके द्वारा वे अपने सांस्कृतिक इतिहास की टूटी कड़ियों को जोड़ने का प्रयास करते हैं। इसलिए लोककथाएँ, किंवदन्तियाँ, किस्से-कहानियाँ और गप्प उनकी औपन्यासिक रचनाशीलता में आवश्यक उपादान की तरह प्रयुक्त हुए हैं। प्रस्तुत उपन्यास में उन्होंने 'गधैया ताल' की दन्तकथा का उपयोग इसी अर्थ में किया है और उससे राजनीतिक और सांस्कृतिक इतिहास के विभिन्न सूत्रों को जोड़ने का प्रयास किया है। तपस्वी ने विक्रमादित्य की जो कहानी सुनायी उसके अनुसार उनके पिता गर्दभिल्ल ने एक तापस कन्या सरस्वती से प्रेम किया और उसके भाई कालकाचार्य ने अपमान का बदला लेने के लिए यवनों को बुलाया और उसके पुत्र ने खोये हुए राज्य का उद्धार किया। इसी क्रम में वह यह भी बताना नहीं भूलते कि कालिदास ने शकुन्तला नाटक लिखकर सरस्वती और गर्दभिल्ल को शकुन्तला और भरत के रूप में चित्रित किया है। महत्त्वपूर्ण यह नहीं है कि शकुन्तला और भरत वास्तव में वीर विक्रमादित्य के माता-पिता थे या नहीं, द्विवेदी जी के लिए महत्त्वपूर्ण यह है कि शकुन्तला के माध्यम से विक्रमादित्य की माता को समझने में बड़ी सहायता मिलती है। इससे वे यह भी संकेत करना चाहते हैं कि किसी प्रकार निजी स्वार्थों की सिद्धि के लिए विदेशी आक्रान्ता की सहायता से सामन्तों की आपसी लड़ाई ने देश को बरबाद किया। इतिहास और वर्तमान की यह समानान्तरता आगे चलकर शास्त्र और लोक की अपेक्षा में और स्पष्ट हो जाती है।

"शास्त्रकारों ने कहा है कि अटवी सेना निकृष्ट होती है, पर क्या इन विकट शत्रुओं के लिए अटवी सेना ही उपयुक्त न होती? शकों से जूझने के लिए विक्रमादित्य ने भिल्लों और मुसहरों की सेना का संगठन किया था। उन्हीं के बल पर वे शकारि बन सके थे।" (चारु चन्द्रलेख : पृ० १७८) विक्रमादित्य की इस लोक-शक्ति की पहचान के कारण ही उपन्यासकार उन्हें 'जननेता' के रूप में याद करता है और सातवाहन की विक्रमादित्य की परम्परा का उत्तराधिकारी बनने की ओर उन्मुख करता है। इससे किसी तरह के सामन्तवाद की स्थापना का भ्रम न हो, इसलिए किसी भी प्रकार की आशंका को निर्मूल करते हुए द्विवेदी जी लिखते हैं--"देवी के चरणों पर सिर रखकर शपथ कर कि तू सीधे जनता से सम्पर्क रखेगा, किसी को छोटा और किसी को बड़ा नहीं मानेगा, धरती को बपौती नहीं धरोहर समझेगा, सामन्ती प्रथा का उच्छेद करेगा।" (वही : पृ० १७८) आश्चर्य नहीं होना चाहिए कि यह तान्त्रिक सिद्ध अक्षोभ्य भैरव का सन्देश है।

तन्त्र-साधना की विभिन्न उपासना-पद्धतियों, अनुष्ठानों तथा उनसे सम्बन्धित अनेक घटनाओं, लोक-जीवन में व्याप्त अनेक किंवदन्तियों तथा अन्धविश्वासों का किंचित् विस्तृत वर्णन यदि उपन्यासकार ने किया है तो इसका यह तात्पर्य नहीं कि वह उनसे आक्रान्त है, या कि उनके प्रति वह आस्थावान् है। इसके माध्यम से उपन्यासकार यह बताना चाहता है कि एक लम्बे समय तक भारतीय जनमानस और विभिन्न धार्मिक सम्प्रदायों को दूर तक प्रभावित करनेवाली चमत्कारिक साधना का जादू अब टूट रहा है, मठ उजड़ रहे हैं और नाटी माता का गृहस्थाश्रम लोकशक्ति का केन्द्र बन रहा है। लेकिन लोक-जीवन में योगियों और सिद्ध से सम्बन्धित चमत्कारिक घटनाएँ दन्तकथाओं के रूप में प्रचलित हैं। सिद्ध योगिनी चन्द्रलेखा का कामरूप से सोमतीर्थ तक जनता में आत्मविश्वास भरने तथा अब दुर्गा के रूप में माने जाने की चर्चा उपन्यासकार ने की है। पौराणिक अवतारवाद के बढ़ते प्रभाव के कारण लोक-जीवन में पुराने देवताओं के पुनर्जन्म अथवा नये देवी-देवताओं के जन्म की बड़ी व्यापक प्रवृत्ति दिखायी पड़ती है। समाज में साहसिक कृत्यों तथा त्याग, तप एवं वैराग्य को देवत्व की गरिमा से अलंकृत कर, बदलते परिवेश में मनुष्य नयी शक्ति संचित करता आया है।

वस्तुतः चारु चन्द्रलेख में उपन्यासकार हजारीप्रसाद द्विवेदी तत्कालीन भारतीय समाज के सांस्कृतिक परिपार्श्व का इतना विस्तार इसलिए करते हैं कि वह मध्यकालीन लोक-जागरण की प्रेरक पृष्ठभूमि है।

सवाल यह है कि शास्त्रीय बाह्याचारों, अन्धविश्वासों और रूढ़ियों पर प्रहार करनेवाली, मनुष्यमात्र की साधना-उपासना का अधिकार दिलानेवाली जाति-पाँति विरोधी जिन विशेषताओं के कारण लोक-जागरण के उन्नायक सन्तों की सामाजिक भूमिका को प्रगतिशील माना जाता है, उन्हीं विशेषताओं से युक्त सिद्धों, नाथों और योगियों की सामाजिक भूमिका को एकदम प्रतिक्रियावादी कैसे माना जा सकता है? गोरखनाथ ने 'जोग' ही नहीं जगाया है, लोक को जगाने में भी उनकी भूमिका कम महत्त्वपूर्ण नहीं रही है। शुद्धतावादियों के लिए तो सन्तों की जाति-धर्म निरपेक्ष भक्ति भी परम्परा बाह्य प्रतीत हो सकती है। इसलिए हजारीप्रसाद द्विवेदी सिद्ध-साधना की रूढ़ियों, विकृतियों और उसकी निर्वीर्यता को गर्हित और निष्प्राण मानकर बराबर उसे त्याज्य घोषित करते हैं किन्तु सिद्धों, नाथों और योगियों की सामाजिक भूमिका को नजरअन्दाज़ नहीं कर पाते। 'चारु चन्द्रलेख' में वे ढोंगी और पाखण्डी साधकों की कम भर्त्सना नहीं करते। बड़े आक्रोश के साथ वे लिखते हैं--"कायरों और भगोड़ों को अपना नेता समझनेवाली जाति की दशा जो होनी चाहिए, वही आज इस जनसमूह की दशा होगी। निरर्थक मन्त्रों की निरर्थक रट देश में प्राण-शक्ति का संचार नहीं कर सकती।" (चारु चन्द्रलेख : पृ० ६२) इसी प्रकार सिद्धियों के प्रति अभी भी मोहग्रस्त बने हुए अमोघवज्र का उपहास करते हुए

गोरखनाथ कहते हैं--"अब भी तुम इस घपले में पड़े हो अमोघ! हमारी आँखों के सामने गजनवी से साकल तक के समस्त विहार और रत्न-स्तूप विध्वस्त हो गये, सोमेश्वर तीर्थ लुट गया, इसिपत्तन में ईंट-से-ईंट बज गयी। नालन्दा और ओदन्तपुरी अब भी जल रही है और तुम्हारी यह जादूगरी की साधना अब भी अव्याहत गति से चल रही है।" (वही : पृ० ६२-६३) सिद्धि-साधना की अप्रासंगिकता और मनुष्य सत्य की प्रतिष्ठा का द्वन्द्वात्मक क्रम बराबर चलता रहता है। महाचीन के किसी बड़े विहार से आये नवागत तपस्वी भिसिलपाद कहते हैं--"सिद्धियाँ मनुष्य को कुछ विशेष बल नहीं देतीं। एक साधारण किसान, जिसमें दया-माया है, सच-झूठ का विवेक है और बाहर-भीतर एकाकार है, वह भी बड़े-से-बड़े सिद्ध से ऊँचा है।" (वही : ६१) भिसिलपाद द्वारा रेखांकित यह मनुष्य वस्तुतः 'न मानुषात् श्रेष्ठतरं हि किंचित्' की परम्परा में हजारीप्रसाद द्विवेदी के विश्वमानवतावाद का समकालीन मनुष्य है, सम्भवतः आज की नयी रचनाशीलता का समकालीन मनुष्य भी कुछ ऐसा ही है।

यह आकस्मिक नहीं है कि विदेशी आक्रान्ताओं का प्रतिकार करने के लिए चन्द्रलेखा ने प्रजा को उद्‌बुद्ध करने की जो प्रेरणा दी थी, उसे राजा सातवाहन और उनके मन्त्री विद्याधर भट्‌ट ने गुरुमन्त्र का-सा महत्त्व दिया। विद्याधर भट्‌ट बार-बार प्रजा को संघबद्ध करने और उसमें आत्म-गौरव का बोध जगाने के लिए बोधा प्रधान को सक्रिय बनाये रखते हैं और सातवाहन भी कालिंजर, कान्यकुब्ज, काशी और मगध का चक्कर लगाते हुए भय-त्रस्त, हतोत्साह और निराश जनसमूह में उनकी आशा और आकांक्षा का आकलन करते पाये जाते हैं। इस क्रम में उन्होंने छोटी-से-छोटी समझी जानेवाली जाति से मित्रता की और अत्यन्त पतित समझे जानेवाले लोगों के बीच जाकर उनके निदारुण दुःख-दर्द को समझने का प्रयास किया। इस संगठित लोकशक्ति को राष्ट्र की मुख्य धारा में नियोजित कर देने का ही परिणाम था कि विद्याधर भट्‌ट विदेशी आक्रान्ताओं को पराजित करने में सफल हो सके। इन शक्ति पुंजों के साहसिक शौर्य से अभिभूत विद्याधर भट्‌ट राजा सातवाहन से कहते हैं--"तुमने जिन किसानों को और साधारण प्रजा वर्ग के लोगों को मेरी सहायता के लिए भेजा था, उनके करतब देखकर मैं चकित हूँ। चम्बल के इन क्रान्तिकारी दूहों के सरल मार्ग उन्होंने ही आविष्कृत किया। बेटा तुमको पता भी नहीं कि साधारण घरों के छोकरों और छोकरियों ने कैसी अद्‌भुत सहायता की है। भैंस चरानेवाले बालकों ने, अज्ञात कुलशील, पत्थर तोड़नेवाले श्रमिकों ने, हल चलानेवाले खेतिहरों ने, भीख माँगनेवाले निठल्लों ने, परान्न-पुष्ट सण्ड-मुण्ड साधुओं ने, नाच-गान से जीवनयापन करनेवाली नर्तकियों ने, रस्से पर खेल दिखानेवाले नटों और नटिनियों ने अद्‌भुत देशभक्ति का परिचय दिया है।" (चारु चन्द्रलेख : पृ० ५६) कौन कह सकता है कि यह समकालीन मनुष्य का अकुण्ठ आख्यान नहीं

है। यहाँ पर अटवी सेना का इतिहास तथा आधुनिक नवजागरण में किसानों-मजदूरों की विद्रोही भूमिका को एकाकार कर दिया गया है।

यह सामान्य मनुष्य ही हजारीप्रसाद द्विवेदी के साहित्य का लक्ष्य है। उनके मनुष्य आकाश में उड़ते हैं, तन्त्र-मन्त्र की सिद्धियाँ भी प्राप्त करते हैं लेकिन दृष्टि बराबर धरती की ओर रहती है। आकाश और धरती तथा शास्त्र और लोक की समानान्तरता में उपन्यासकार की आस्था धरती के साथ है। विद्याधर भट्ट कहते हैं--"धरती पर विश्वास करो। आकाश के ग्रह धरती के गुलाम हैं।" (वही : पृ० ५५-५६) इस प्रकार मनुष्य हजारीप्रसाद द्विवेदी के अतीत और वर्तमान दोनों में समान रूप से विद्यमान हैं। अतीत और वर्तमान की अविच्छिन्नता ही उनके उपन्यासों में भारतीयता की पहचान कराती है। उपन्यासकार इस तथ्य को रेखांकित करता है कि युद्ध के घिनौने कुपरिणाम सबसे अधिक सामान्य मनुष्य को ही भुगतने पड़ते हैं। अतः उनमें आत्मविश्वास पैदा करना ही सबसे बड़ा पुण्य संकल्प है। मनुष्यता रहेगी तो देश भी रहेगा, इसलिए मनुष्यता की रक्षा करना मनुष्य का सबसे बड़ा धर्म है। यही समाज का धर्म है, राष्ट्र का धर्म है। देश को बचाना है तो समाज के बिखराव को बचाना होगा और यह तभी सम्भव है जब हम उसकी प्राणशक्ति मनुष्य को उसकी सम्पूर्णता में पहचानें। पर सभी को एक साथ नहीं किया जा सकता। पहला काम पहले करना चाहिए और पहला काम है प्राणरक्षा; क्योंकि "प्राण समग्रता का धर्म है। सुधार फिर हो लेंगे, क्रान्तियाँ आती-जाती रहेंगी, पर जिसके रहे बिना कुछ भी नहीं रह जायेगा, वह है हमारा समाज। कुल और जाति की संकीर्णताओं और मिथ्यामूढ़ ग्रहों से मुक्ति पाने का प्रयत्न बाद में होगा।" (वही : पृ० १५४)

इस प्रकार 'चारु चन्द्रलेख' में ह्रासोन्मुखी सामन्ती व्यवस्था और निर्वीर्य तन्त्र-साधना के समानान्तर ही प्रजातन्त्र के उद्घोष का संकल्प सतत गूँजता रहता है, कभी दबता तो कभी उभड़ता हुआ। आरम्भ में यह स्वर चन्द्रलेखा के उद्बोधन में सुनायी पड़ता है और प्रेम कथा की परिधि में आगे चलकर वह मैना से जुड़ जाता है। राजा सातवाहन से सम्बद्ध होकर मैना राजा की निष्क्रियता और जड़ता को स्पन्दित करती है। उन्हें छोटी-छोटी सीमाओं के घरौंदों से बाहर निकालकर अकुतोभय होने का अमृत सन्देश देती है, फूँक-फूँककर पैर बढ़ाने की कायरता को झकझोरती है और 'साहस में सिद्धि' बसने का आख्यान कर आशा का संचार करती है। अपनी ग्रामीण वाहिनी का नेतृत्व करनेवाली मैना 'साहसिकता' की जीवित प्रतिमा है। आत्मदान ही उसका धर्म है और संघर्ष उसका कर्म है; वह आग के खेलने के लिए आँधी-सी बहती और अमृत-सी झरती है; बिजली-सी कड़कती और मेघ-सी बरसती है। वह नागर नटी का नटखट तेज है, 'सिंहवाहिनी' और 'महिषमर्दिनी' के दोनों विग्रहों का जीवन्त अभिनय है। न जाने कितनी 'महिषमर्दिनी' के विग्रह ने सिंह-

पुरुषों को चुनौती दी है, न जाने कितनी बार सातवाहन का हृदय गलकर 'सिंहवाहिनी' के चरणों पर ढरक जाना चाहा है। कुछ ऐसी ही लगती है उपन्यासकार के कल्प-सृष्टि की मैना-चंचल, नटखट, अल्हड़--'वज्रादपि कठोराणि मृदूनि कुसुमादपि।'

वस्तुतः 'मैनसिंह' और 'मैना' के दुहरे व्यक्तित्व की नाटकीयता, उपन्यासकार की स्त्रीजनोचित लज्जा के तत्त्ववाद का परिणाम है जिसके चलते उसका प्रेम भी भट्टिनी की तरह अदृप्त और गूढ़ बनकर रह गया है; अन्यथा मैना 'चारु चन्द्रलेख' का सबसे जीवन्त और सबसे आकर्षक चरित्र है। प्रेम-कथा और प्रतीक-कथा के समानान्तर निर्वाह की जटिल प्रक्रिया के कारण चन्द्रलेखा के व्यक्तित्व को अतिक्रमित कर जाने के बावजूद मैना के प्रेम की चरितार्थता अनिर्दिष्ट ही रह जाती है। मैना ने सातवाहन को पहली बार देखा तो लगा जैसे जन्म-जन्मान्तर से इसी रूप को खोजती फिर रही थी। मन में कोई लोभ नहीं था, पा लूँ, ऐसी लालसा नहीं थी; था तो केवल अपने को निःशेष भाव से उँड़ेलकर दे देने का भाव। लेकिन यह मैनसिंह के पुरुष विग्रह द्वारा ही सम्भव था। मैना के नारी विग्रह की स्वाभाविक विवशता यह है कि उसका अर्घ्य शुद्ध गंगाजल की धार नहीं बन पाता; देना चाहती है गंगाजल की धार, आगे उतराकर बह जाना चाहता है फूल। उपन्यासकार एक ओर तो मैना-बोधा के प्रेम-प्रसंग को उभाड़ना चाहता है और दूसरी ओर सातवाहन के प्रति उसके कोमल अनुराग को आत्मदान की सेवा-भावना में जड़ीभूत कर देता है। पुरुषोत्तम क्षेत्र का प्रसाद ग्रहण करके भी बोधा प्रधान उसे ग्रहण नहीं कर पाते और देवी के चरणों में चढ़ा हुआ फूल राजा के लिए देवी की भाव प्रतिमा बन जाता है। इसी प्रकार चन्द्रलेखा ने भी अपने दाम्पत्य प्रेम से कटौती कर एक हिस्सा तपस्वी नागनाथ के लिए इस आशा में बचा रखा है कि उनके हृदय के बन्द द्वार खुलने पर देने के लिए कुछ तो होना चाहिए। क्यों न हो, आखिर इतिहासकार हजारीप्रसाद द्विवेदी के अनुसार तन्त्र-साधना में स्त्री-पूजा की महिमा ही परकीया प्रेम के रूप में मध्यकालीन कृष्ण भक्ति की प्रेम-परम्परा में पल्लवित होकर चैतन्यदेव की गौणीय वैष्णव परम्परा में चरम विकास पाती है, जहाँ स्वकीया-परकीया भाव एकाकार हो गये हैं। अस्तु 'चारु चन्द्रलेख' तान्त्रिक साधना के विस्तार का भ्रम भले ही उत्पन्न करे; लेकिन है वह मूलतः तन्त्र पर भक्ति के विजय का उद्घोष ही। त्रिकोणीय प्रेम की प्रतीक कथा में विन्यस्त एकाधिक प्रेम-प्रसंगों के बिखरते हुए जटिल स्तर-भेदों को एकसूत्रता में बाँध पाना, हजारीप्रसाद द्विवेदी-जैसे भारतीय सर्जक की शक्ति और सामर्थ्य का परिचायक है। लेकिन इसके लिए उन्हें मनुष्य और समाज की अपेक्षा में अपने अत्यन्त प्रिय भावसूत्र 'दलित द्राक्षा की तरह निचोड़कर दे देने' की कुछ कीमत भी चुकानी पड़ी है।

नायक की महान् सम्भावनाओं से भरा हुआ सातवाहन प्रेम की इस त्रिआयामी प्रतीक-कथा में एक अ-नायक चरित्र बनकर रह गया है। वह केवल अन्य पात्रों

की गतिविधियों तथा तेजी से परिवर्तित घटना-चक्रों का मूक द्रष्टा प्रतीत होता है। इसलिए कभी-कभी मैना और विद्याधर भट्ट के अतिरिक्त बोधा-जैसे गौण पात्र भी प्रधान हो उठते हैं और उपयुक्त अवसर पर अपनी प्रासंगिकता भी प्रमाणित करते हैं। पति के रूप में, प्रेमी के रूप में अथवा लोकनायक के रूप में उनकी कोई विशिष्ट पहचान नहीं बन पाती फिर भी पूरे उपन्यास में लोकशक्तियों का संगठन उनके नाम पर चलता रहता है और वही नेतृत्व के सूत्रधार भी हैं। शायद लोकशक्तियों को संगठित करने और समाज को बिखराव से बचाने के लिए नेतृत्व को एक 'शोभा' चाहिए, चाहे वह बाणभट्ट की आत्मकथा में 'तुवर मिलिन्द' हों, भारत के स्वाधीनता-संग्राम में अन्तिम मुगल सम्राट् 'बहादुर शाह ज़फ़र' हों, अथवा आजाद भारत की 'सम्पूर्ण क्रान्ति' में जयप्रकाश नारायण हों--इससे नेतृत्व वजनदार होता है, और लोकशक्ति में आत्मविश्वास जगता है। उपन्यास का मूल प्रयास जनता में आत्मविश्वास पैदा कर लोकशक्ति को जगाना है जिसे उपन्यास के आरम्भ में बड़ी मजबूती के साथ स्थापित किया गया है। क्षीण बल अवन्तिकानरेश जनता के नेतृत्व के प्रतीकमात्र हैं। इसी अर्थ में इसे सामन्ती व्यवस्था की पतन-गाथा और मध्यकालीन लोकजागरण की पृष्ठभूमि कहा जा सकता है जिसका नेतृत्व सामूहिक रूप से कई स्तरों पर बँटा हुआ है। धर्मरक्षकों का एक अलग दल है--बारह सम्प्रदाय के त्रिशूलधारी योगियों का और योगियों की इस संगठित सेना ने परम भट्टारिका बिमला देवी के अवतार के रूप में चन्द्रलेखा का नेतृत्व स्वीकार करते हुए धर्मयुद्ध की घोषणा कर दी है। इस संगठन पर उपन्यासकार की आशंका यह है कि 'प्रतिज्ञा तो बुरी नहीं है, पर क्या इन मूर्ख गाँजाखोरों की सेना इसे निभा सकेगी?' (वही : पृ० १८४) 'यह विद्याधर भट्ट द्वारा संगठित सेना है जिसे उन्होंने धर्म की रक्षा के लिए लूटमार करने का अधिकार दिया है।' (वही : पृ० १८४) दूसरी ओर लोकशक्ति के बीच से उमड़ती हुई मैना की 'ग्रामीण वाहिनी' है जिसके संगठन में विद्याधर भट्ट के शिष्य बोधा प्रधान की भूमिका है। 'ग्रामीण वाहिनी' विद्याधर भट्ट के अग्रिम मोर्चे पर हिरावल दस्ते का काम करती है क्योंकि उनकी अटवी सेना अभी निर्माणाधीन है और उसे अपना जौहर दिखाने का मौका नहीं मिल पाया है किन्तु ग्रामीण वाहिनी की परीक्षा की कसौटी पर खरी उतरने का प्रमाणपत्र विद्याधर भट्ट दे चुके हैं। 'ग्रामीण वाहिनी' की एक और शाखा भी है महिला सेवा दल (बहुत-कुछ इन्दिरा जी की वानर सेना की तरह) जिसका मुख्यालय है नाटी माता का भक्ति आश्रम। नाटी माता इनकी संरक्षिका हैं। सेवा दल की महिलाएँ आस-पास के इलाके में रहती हैं और नाटी माता के एक इशारे पर एकत्र हो जाती हैं। नाटी माता की अनुपस्थिति में आश्रम की रक्षा करना, आवश्यकता पड़ने पर राजा सातवाहन की देख-रेख करना, आवश्यक सन्देश के आदान-प्रदान में सहायता करना तथा सिद्ध योगिनी चन्द्रलेखा की असिद्ध व्यथा का उपचार करना, इनका मुख्य कार्य है।

ये कभी-कभी सातवाहन की स्थायी सेविका मैना के नेतृत्व में कुछ राजनैतिक कार्य भी कर आती हैं। मैना इस आश्रम की दीपशिखा ही नहीं, राजा सातवाहन और मन्त्री विद्याधर भट्ट के असाध्य साधन की सिद्ध भी हैं--उनकी लाचार सेना के लिए रज्जु मार्ग से रसद पहुँचाने, दुष्ट घुण्डकेश्वर के चंगुल से नेहानेंद और धीर शर्मा को मुक्त कराने, अशोक चल्ल की असम्भव-सी तीसरी शर्त को पूरा करने तथा अक्षोभ्य भैरव की प्रतिज्ञा का निर्वाह करने जैसे असम्भव कार्यों को सम्भव बनाने में मैना की भूमिका अविस्मरणीय है। गोरक्षनाथ और महाचीन से आये नवागत तपस्वी भिसिलपाद के लोकजागरण का सूत्र भी भक्ति के इस गृहस्थाश्रम की लोकशक्ति में विन्यस्त है। उपन्यास के सारे कथासूत्र किसी-न-किसी प्रकार नाटी माता के इस भक्ति आश्रम से सम्बद्ध दिखायी पड़ते हैं और उनका वर्तमान जीवन स्वयं पतनशील सामन्ती व्यवस्था का परिणाम है।

अमोघवज्र को उपन्यासकार हजारीप्रसाद द्विवेदी ने अपने मध्यकालीन इतिहास-बोध के प्रवक्ता के रूप में प्रस्तुत किया है। 'पश्चिम की ओर से जो इस्लाम आ रहा है, उसे ठीक-ठीक समझो। उसके एक हाथ में अमृत का भाण्ड है, दूसरे में नग्न कृपाण। वह समानता का मन्त्र लेकर आया है, सड़े-गले आचारों को चुनौती देने का अपार साहस लेकर उद्‌भूत हुआ है।' (चारु चन्द्रलेख : १५२) कहने की आवश्यकता नहीं कि हजारीप्रसाद द्विवेदी पहले इतिहासकार हैं जिन्होंने भक्ति-आन्दोलन के उद्‌भव और विकास की गहरी छानबीन करने के क्रम में इस्लाम और उसके प्रभाव को इकहरी दृष्टि से न देखकर उसके मंगल भाण्ड को पहचानते हुए यह स्थापित किया कि हिन्दी भक्ति-आन्दोलन हिन्दू बनाम इस्लाम के संघर्ष का परिणाम नहीं बल्कि भारतीय समाज के अन्तर्विरोधों से उत्पन्न एक विराट् जनान्दोलन है तथा सूफी एवं कृष्ण भक्त कवियों का प्रेम भी भारतीय परम्परा में विकसित हुआ है। उनकी यह भी मान्यता है कि वर्णाश्रम-धर्मी समाज-व्यवस्था के साथ मुस्लिम आक्रान्ताओं का तालमेल इसलिए नहीं हो सका कि पूर्व आक्रान्ताओं से भिन्न उनके पास न केवल एक समृद्ध सांस्कृतिक परम्परा थी, बल्कि उसमें भारतीय संस्कृति के विरोधी उपादान भी थे। अमोघवज्र का उपर्युक्त कथन वस्तुतः भक्ति-आन्दोलन-सम्बन्धी द्विवेदी जी के इसी इतिहास-बोध की ओर उठी हुई उँगली है।

उपन्यासकार की मानवतावादी उद्धार दृष्टि ने जहाँ महान् इस्लाम की प्राणदायिनी शक्ति, सड़े-गले आचारों को चुनौती देनेवाले उसके अपार साहस तथा दलितोत्थान के अपूर्व संकल्प की प्रगतिशीलता को रेखांकित किया है, वहीं विश्व नेतृत्व की लालसा से उत्पन्न उसकी अहम्मन्यता एवं बर्बरता का भी उल्लेख किया है। इस प्रकार इस्लाम की अपेक्षा में मध्यकालीन भारतीय समाज के अन्तर्विरोधों को पहचानना ही उपन्यासकार का लक्ष्य है। समाज की सड़ी-गली मान्यताओं, वर्ण-व्यवस्था की विषमता तथा शताब्दियों से लाखों-करोड़ों को अपमानित करने में मिथ्या गर्व करने

के कारण ही सामन्ती व्यवस्था का पतन हुआ। इस ओर संकेत करते हुए उपन्यासकार लिखता है--"जिन्हें हमने पैरों तले दबा रखा है, वे ही एक दिन नीचे से हमारा पैर पकड़कर हमें चलने में असमर्थ बना देंगे, बना दे रहे हैं।" (चारु चन्द्रलेख : पृ० २५३) निश्चय ही यह लोकशक्ति को पहचाननेवाले द्विवेदी जी का मध्यकालीन बोध है। उनकी दृष्टि में "राजधानी राज्य नहीं होती, जनता ही वास्तविक राज्य होती है।" (वही : पृ० १५३) इस तथ्य को "रानी ने समझा था, पर वे भी ढोंगी साधुओं के चक्कर में पड़ गयीं" और "विद्याधर भट्ट इन ढोंगियों की सेना सजाकर देश का उद्धार करना चाहते हैं" लेकिन इससे देश को डूबने से नहीं बचाया जा सकता। फिर अमोघवज्र की ठीक सोच-समझ और विद्याधर भट्ट की संगठनात्मक कर्मठता की समानान्तरता की अपेक्षा में उपन्यासकार सोचता है कि "अमोघवज्र ठीक कह रहे थे और विद्याधर भट्ट ठीक कह रहे हैं।" उपन्यासकार ठीक करने को ठीक सोचने से ज्यादा महत्त्व इसलिए देता है कि उसके अनुसार करनेवाला इतिहास-निर्माता होता है और सिर्फ कहने या सोचनेवाला इतिहास के रथ-चक्र के नीचे पिस जाता है। लेकिन ठीक सोच के साथ ठीक करने के सवाल को वह टाल जाता है--"सुधार फिर हो लेंगे, क्रान्तियाँ आती-जाती रहेंगी क्योंकि तात्कालिक समस्या समाज और मनुष्यता की रक्षा का है। इस प्रकार चारु चन्द्रलेख में जिस जनता राज्य की कल्पना की गयी है वह वस्तुतः उनके मानवतावादी समाजवाद की अवधारणा पर आधारित है। सब मिलाकर 'चारु चन्द्रलेख' मध्यकालीन लोकजागरण में विन्यस्त सामन्ती व्यवस्था की ऐसी पतन-गाथा है जिसके विस्तृत सांस्कृतिक परिपार्श्व में अतीत और वर्तमान तथा शास्त्र और लोक के सापेक्षित सम्बन्धों में, मुख्यतः मनुष्य-सत्य और लोकशक्ति को ही रेखांकित करने का प्रयास किया गया है। इस दृष्टि से चारु चन्द्रलेख को हजारीप्रसाद द्विवेदी के लोकोन्मुखी पाण्डित्य की सर्जनात्मक कल्पसृष्टि के रूप में एक महत्त्वपूर्ण उपन्यास माना जा सकता है।

●

पुनर्नवा : उपभोक्ता-दृष्टि का अस्वीकार

आचार्य हजारीप्रसाद द्विवेदी के ऐतिहासिक उपन्यास वस्तुतः इतिहास और आलोचना तथा आलोचना और रचना के 'वागर्थ सम्पृक्त' सम्बन्धों की चरितार्थता के प्रामाणिक दस्तावेज हैं जिनकी रचना भारतीय चिन्ताधारा, साहित्य और कथा-साहित्य की स्वाभाविक विकास-प्रक्रिया की ऐतिहासिक अवधारणा तथा साहित्य और कला-मूल्यों की जीवन्त परम्परा की अपेक्षा में सम्भव हुई है। इसलिए आचार्य द्विवेदी के उपन्यासों में ऐतिहासिक यथार्थ का विवेचन करते समय उनकी ऐतिहासिक अवधारणाओं और आलोचना-मूल्यों को नजरअन्दाज कर देने से बहुत सम्भव है कि हमें कदम-कदम पर ऐतिहासिक असंगतियों और उपन्यास की आधुनिक रचनाशीलता के प्रतिमानों से भी टकराना पड़े। ध्यान देने की बात है कि हजारीप्रसाद द्विवेदी की दृष्टि में परम्परा जड़ तत्त्वों अथवा मृत मूल्यों का जमाव मात्र नहीं है और न ही इतिहास को वे केवल तिथियों और घटनाओं का संग्रह मानने को तेयार हैं। उनकी दृष्टि में परम्परा एक ऐसी जीवन्त और गतिशील प्रक्रिया है जो सम्पूर्ण मनुष्य के संघर्ष और सृजन तथा प्राचीन और नवीन के ग्रहण और त्याग के द्वन्द्वात्मक सम्बन्धों में सतत प्रवहमान् है। एक वर्ग-विभाजित समाज में सत्तासीन प्रभुवर्गीय हितों को संरक्षित करनेवाले इतिहास, साहित्य, संस्कृति और धर्मशास्त्रों की लिखित परम्परा ही भारतीय इतिहास का मूलस्रोत नहीं है। इन स्रोतों को ही प्रमाण मानकर लिखा गया इतिहास राजाओं-महाराजाओं की राजनैतिक विजय-गाथा का तथ्यात्मक संग्रह भले ही हो किन्तु हजारीप्रसाद द्विवेदी उसे जनता के सांस्कृतिक इतिहास का एकमात्र प्रामाणिक स्रोत नहीं मानते। सामान्य मनुष्य ही उनके साहित्य का लक्ष्य है और उनका इतिहास-बोध इस मनुष्य की जय-यात्रा का उद्‌घोष करता है। यही कारण है कि सांस्कृतिक इतिहास के मौलिक स्रोत के रूप में वे सामान्य जन-मानस की इच्छा-आकांक्षा, आचार-विचार, सुख-दुःख तथा संघर्ष और सृजन की प्रतिक्रिया और प्रभाव को अभिव्यक्त करनेवाले लोकमत, लोकविश्वास एवं परम्परा के विविध आयामों--लोकगाथाओं, कथानक-रूढ़ियों, किंवदन्तियों, लोकोक्तियों आदि के गहन अध्ययन और अनुसन्धान को भी अत्यन्त आवश्यक मानते हैं।

कहना न होगा कि 'पुनर्नवा' की कल्प-सृष्टि का यही मूल आधार है। 'पुनर्नवा' प्रकाशन-क्रम में 'बाणभट्ट की आत्मकथा' तथा 'चारु चन्द्रलेख' के बाद हजारीप्रसाद

द्विवेदी का तीसरा महत्त्वपूर्ण उपन्यास है किन्तु सहज पठनीयता और औपन्यासिक रचनाशीलता की दृष्टि से 'बाणभट्ट की आत्मकथा' के बाद उसे द्विवेदी जी का दूसरा लोकप्रिय उपन्यास माना जा सकता है जहाँ बाणभट्ट और भट्टिनी के यूटोपियायी प्रेम का आभिजात्य अपने भदेसपन की सीमा तक तद्भवीकरण की लोक-परम्परा में ढलकर 'गप्प' की मौलिक रचनाशीलता के ठेठ मिजाज को जीवन्त बना देता है। वस्तुतः इस उपन्यास का कथासूत्र 'बाणभट्ट की आत्मकथा' में संकेतित और अव्याख्यायित रह गया था जिसके चलते इसने अनेक इतिहासकारों के सामने अच्छी-खासी परेशानी पैदा कर दी थी। कुभा के उस पार सम्राट् समुद्रगुप्त का गरुड़ध्वज फहराने के साथ ही बड़े नाटकीय ढंग से हर्षवर्द्धन के भी समकालीन बनाये गये सामन्त लोरिकदेव की वह ऐतिहासिक 'अंगद कूद' प्रसिद्ध इतिहासकार भगवतशरण उपाध्याय के लिए भी एक अबूझ पहेली साबित हुई थी। इसी प्रकार क्लासिकी संयम में बँधे हुए बाणभट्ट और भट्टिनी के रोमाण्टिक प्रेम में स्वच्छन्द प्रभाव का अभाव पाकर कई आलोचकों को भी मन मसोसकर रह जाना पड़ा था। ऐसा लगता है कि इतिहास और आलोचना के बीच से उठे इन सवालों से टकराते हुए उपन्यासकार ने भाषा और साहित्य के स्वाभाविक विकास के साथ ही अपने उपन्यासों की क्रमबद्ध स्वाभाविकता को भी स्पष्ट करने का प्रयास किया है। 'बाणभट्ट' और 'लोरिकदेव' दोनों ही अनेक लोक-प्रवादों से घिरे हुए, घर से भागे हुए तथा नारी-उद्धार के माध्यम से देश के उद्धार में लगे हुए चित्रित किये गये हैं। 'आत्मकथा' में बाणभट्ट महावराह के अवतार हैं और पूरी रचना में 'जलौघमग्ना सचराचरा धरा' का स्वर सतत गूँजता हुआ सुनायी पड़ता है। इसी प्रकार पुनर्नवा में लोरिक अथवा गोपाल आर्यक को महावराह की भाँति धरती का उद्धार करनेवाला कहा गया है--

बुड्डमाण धरई विअल, को उद्धरिहइ णाहु।
दन्त रूप करवालहरु, ल्वारिकु विअडु वराहु।।
जावण ल्वारिक करि पडइ सीह चबेडु चडक्कु।
ताव सु णरवइ मथगयहँ पइ पइ बज्जर ढक्कु।।

(पुनर्नवा-१५३)

संस्कृत का श्लोक यहाँ प्राकृत दोधक में रूपान्तरित हो गया है। रचना अथवा रचनाकार का उल्लेख न करने से सन्देह उत्पन्न होता है कि यह कोई प्रामाणिक प्राकृत रचना है अथवा व्योमकेश शास्त्री की 'गप्प'। उनकी इस तरह की गप्पों से कभी-कभी अच्छे-से-अच्छे संस्कृत पण्डित भी गच्चा खा जाते हैं। 'गताहं कालिन्दी तीरे' वाले चारु चन्द्रलेख के प्रसिद्ध श्लोक को लेकर पण्डित विद्यानिवास मिश्र कुछ इसी तरह की उलझन में पड़ गये थे। (पूर्वग्रह : साहित्य का विनायक धर्म शीर्षक लेख : पृष्ठ ५-६) वैसे यह आचार्यपाद की गप्प भी हो तो लोकगाथा की

तद्भव परम्परा के प्रतिकूल नहीं है क्योंकि भाषा, सहित्य और परम्परा के प्रति द्विवेदी जी की दृष्टि विकासवादी है। इसीलिए 'संस्कृत हृदय, संस्कृत बुद्धि, संस्कृत वाणी' के हिमायती 'पुनर्नवा' के ब्राह्मण देवता अपने तत्समोन्मुखी शुद्धतावादी संस्कारों के चलते विदिशा के प्राकृत जनों के द्वारा गोपाल आर्यक का उच्चारण गोवाल आरिक--ग्वालारिक अथवा लोरिक के रूप में सुनकर भड़क उठते हैं और भाषा के इस भदेसपन का रोना रोते हुए इस गलत उच्चारण के लिए उन गँवारों को काफी फटकारते हैं लेकिन लोकगायक रेभिल के मुख से उपर्युक्त प्राकृत दोधक को सुनकर उत्फुल्ल हो जाते हैं 'वाह! गँवई गाँव के लोग भी अद्भुत काव्य लिख जाते हैं।' (पुनर्नवा : पृ० १५३) वस्तुतः लोकगाथा, दन्तकथा, लोक-विश्वास और भूली-बिसरी अथवा भद्र लोक द्वारा उपेक्षित किन्तु वर्तमान समाज में किसी-न-किसी रूप में जीवित लोक-परम्पराओं की अँधेरी दुनिया ही वह जमीन है जिस पर 'पुनर्नवा' का पुनर्निर्माण किया गया है जिसमें इतिहास, आलोचना और रचना एकाकार हो गये हैं। इसलिएं बने-बनाये इतिहास और पके-पकाये साहित्य-मूल्यों की अपेक्षा में 'पुनर्नवा' के जीवन्त समाज का सांस्कृतिक इतिहास देखनेवाले को यदि तिथियों, घटनाओं और स्थानों की असंगति दिखायी पड़े अथवा आकस्मिक संयोगों की भरमार से उपन्यास का यथार्थ बाधित होता हुआ प्रतीत हो तो कोई आश्चर्य नहीं।

उपन्यासकार हजारीप्रसाद द्विवेदी कोरे इतिहासकार नहीं, बल्कि ऐसे इतिहास-निर्माता और महान् सर्जक हैं जिन्होंने लोक और शास्त्र की द्वन्द्वात्मक परम्परा से अपने इतिहास-बोध और रचनात्मक मूल्यों को स्वयं अर्जित किया है। ग्रहण और त्याग का सन्तुलित विवेक ही उनके इतिहास-बोध का प्रतिमान है। उनका कहना है कि "पोथियाँ पढ़ता हूँ, उनका सम्मान भी करता हूँ पर लोक-प्रवादों को हँसकर उड़ा देने की शक्ति अभी संचय नहीं कर सका हूँ। मुझे ऐसा लगता है कि प्रवादों में मनुष्य-समाज का जीवन्त इतिहास सुरक्षित है। जब कभी लोक-परम्परा के साथ किसी पोथी का विरोध हो जाता है तो मेरे मन में कुछ नवीन रहस्य पाने की आशा उमड़ उठती है। सब समय नयी बात सूझती नहीं पर हार मैं नहीं मानता।" (हजारीप्रसाद द्विवेदी ग्रन्थावली : ९/४७) और जब कभी नयी बात सूझ जाती है तो कोई भूली-बिसरी परम्परा भी 'पुनर्नवा' बन जाती है। 'पुनर्नवा' में इस हार न माननेवाले हजारीप्रसाद द्विवेदी के अभिन्न हैं--सहज बुद्धि के धनी पर अपने को अटूट गँवार माननेवाले सुमेर काका जिनका हर पहला वाक्य पहेली होता है जिसे बूझने के लिए श्रोता को उन्हीं की सहायता लेनी पड़ती है। 'पुनर्नवा' में भी लेखक ने कविता और व्यवहार-सम्बन्धी जो पहेली बुझायी है, उसे समझने के लिए उसके व्यक्तित्व और विचार-बोध का सहारा लेना पड़ता है। देवरात अपनी पालित कन्या मृणाल को महिषमर्दिनी के स्थान पर सिंहवाहिनी की उपासना करने का सुझाव देते

हैं कि महिषमर्दिनी केवल भावलोक की साधना है। वह कविता में फबती है, व्यवहार में नहीं।" (पुनर्नवा : ४२) किन्तु मृणाल का भोला मन जब सहज ढंग से उसे समझने का प्रयास करता है तो उसकी समझ में यह नहीं आता कि जो बात कविता में फबती है, वह व्यवहार में क्यों नहीं फबेगी? ऐसा लगता है कि उपन्यासकार ने कविता और व्यवहार-सम्बन्धी इस सवाल को जीवन के अनुभवों से प्रमाणित करने के लिए अपने ही व्यक्तित्व को द्विधा विभक्त कर लिया है--देवरात और सुमेर काका के रूप में। एक के साथ पोथी और शास्त्र का ज्ञान है तो दूसरे के पास लोक-जीवन का सहज अनुभव। यह भी हजारीप्रसाद द्विवेदी के पाण्डित्य की लोकोन्मुखता और लोकोन्मुखी पाण्डित्य की विशेषता को व्यक्त करने की एक नाटकीय शैली है, आखिर पुनर्नवा के व्योमकेश शास्त्री का मुखौटा भी तो साथ नहीं है। देवरात अपनी बात को और स्पष्ट करते हुए कहते हैं--"कविता भगवती महामाया की इच्छाशक्ति है, व्यवहार-जगत् उनकी क्रियाशक्ति का विलास है। इच्छाशक्ति कल्पलोक का निर्माण कर सकती है, क्रियाशक्ति केवल सृष्ट पदार्थों तक सीमित है। मुझे ऐसा लगता है कि उपपन्न कवि चाहे तो कविता के कल्पलोक में फूल-सी सुकुमार बालिका से वज्र कठोर महिष का निर्दलन करवा सकता है पर व्यवहार-जगत् में यह सम्भव नहीं दिखता।" (पुनर्नवा : ४२-४३) पोथी और शास्त्र के सहारे की गयी कविता और व्यवहार-जगत् की जीवन-निरपेक्ष व्याख्या मृणाल के अबोध मन को आश्वस्त नहीं कर पाती और ऐसी कविता उसे निरर्थक प्रतीत होती है जो सामाजिक जीवन से कटकर केवल भाव-जगत् की वस्तु हो। वह जीवन की अपेक्षा में भाव-जगत् को समझना चाहती है, इसलिए कई व्यावहारिक सवाल उसके सामने उठ खड़े होते हैं। "केवल पुरुष शक्ति की पूजा ही क्या स्त्री धर्म है? सिंहवाहिनी की उपासना का मतलब क्या इतना ही है कि महिषमर्दन का काम पुरुषों पर छोड़कर स्त्रियाँ उनकी आरती उतारा करें? स्त्रियों का धर्म क्या आगे बढ़कर अधर्माचार का विध्वंस करना नहीं है? यदि स्त्री पुरुष की सहधर्मिणी है तो सहधर्म में महिषमर्दन भी होना चाहिए क्योंकि देवी सिंहवाहिनी भी हैं और महिषमर्दिनी भी। पिता जी क्यों इस बात को मानने में कुण्ठा का अनुभव करते हैं।" (पुनर्नवा : पृ० ४३-४४) स्त्री-पुरुष-सम्बन्धों को लेकर शास्त्रों की दृष्टि प्रायः उपभोक्तावादी रही है और नारी की इच्छा-आकांक्षा और सहज प्रेम-भावना को वर्जना, मर्यादा और थोथी नैतिकता के बन्धन में जकड़ देने के पीछे एक अजीब कुण्ठा का भाव दिखायी पड़ता है। यही कारण है कि पोथी की भाषा बोलनेवाले पिता की मानसिक कुण्ठा को मृणाल का अबोध मन सहज ही पहचान लेता है और लोक-जीवन की अपेक्षा में शास्त्र प्रतिपादित भावलोक को समझने का प्रयास करती है तो दोनों में उसे विरोध की स्थिति दिखायी पड़ती है। पिता का तर्कजाल वह जीवन की भाषा में बाँध नहीं पाती। यही सवाल जब उसने सुमेर काका के सामने रखा तो पहले तो वे

ठठाकर हँसे और फिर बोले--"तेरे पिता देवरात पण्डित हैं। जो कुछ कहते हैं, तर्क के तराजू पर तौलकर कहते हैं। पर तेरा काका अटूट गँवार है। जवानी में उसने एक ही काम किया है--सीधे टूट पड़ना, फिर प्राण चाहे रहें, चाहे जायें। बुढ़ापे में भी उसकी यही आदत बनी हुई है। तू पूछना चाहती है कि भैंसा अगर चढ़ दौड़े तो तेरे-जैसी लड़की को क्या करना चाहिए। तेरे काका का जवाब है, जो कुछ आसपास मिल जाये, उसी से उस भैंसे को दमादम पीट देना चाहिए। नाक पर मार सको तो क्या कहना! आँख फोड़ सको तो और अच्छा! सिंह बाद में आयेगा, पहली चोट तुम्हें करनी होगी। सुमेर काका एक ही बात जानता है : "सज्जन है, चरण की धूल लो। दुर्जन है, नाक तोड़ दो। जो डरता है, वह देवी की उपासना के बारे में पूछना ही छोड़ दे। देवी क्या है रे? तेरे भीतर जो 'अभय' है वही देवी है। पिशाची क्या है, जानती है? तेरे भीतर जो 'भय' है, वही पिशाची है।" (पुनर्नवा : पृ० ४८) कविता और व्यवहार की अन्तर्विरोधी स्थितियों को इतनी स्पष्टता से व्यक्त करनेवाली सुमेर काका की ठेठ व्याख्या स्वयं जीवन की भाषा में ढली हुई एक मोहक कविता है। यह शास्त्र की पहेलियों को बूझनेवाला ऐसा लोकशास्त्र है जिसमें जिन्दगी की भाषा है, जीने की कला है, धर्म और कर्म की सन्तुलित प्रेरणा है। 'महिषासुरमर्दिनी' और 'सिंहवाहिनी' के प्रतीक विग्रह हों अथवा कविता के अर्थविहीन जड़ शब्द, ये ह्रासोन्मुखी स्तब्ध मनोवृत्ति के परिचायक हैं। जीवन ही कविता का अर्थ है, इसलिए जीवनविहीन कविता निरर्थक है और अर्थविहीन शब्द। सुमेर काका की सहज व्याख्या शब्द को सार्थक बनानेवाली कविता है और कविता की शब्दार्थ सम्पृक्त व्याख्या भी।

कविता और व्यवहार की इस लम्बी बहस में आचार्य हजारीप्रसाद द्विवेदी शास्त्र को, पोथी को यानी अपने ही पाण्डित्य को तोड़ते हैं, शब्दों को हींकते हैं, पोथी से हार जाते हैं, बुरी तरह हार जाते हैं, पर हार नहीं मानते। यहाँ भी शास्त्र पक्ष के वाहक देवरात लेखक के पूर्वपक्ष के रूप में आये हैं तो लोकशास्त्र के वाहक सुमेर काका लेखक के उत्तरपक्ष का प्रतिपादन करते हैं। लेखक का निष्कर्ष पढ़ते हुए सुमेर काका कहते हैं--'देख रे तेरा बाप शास्त्र का बड़ा भारी पण्डित है। काव्य का, संगीत का, चित्र का, मूर्ति का सहृदय पारखी है। मगर मैं उसकी कमजोरी जान गया हूँ। वह इन बातों को तैयार माल की तरह देखता है। सुनार जैसे अँगूठी बनाकर ले जाता है तो ग्राहक जैसे देखता है, उसी प्रकार। मगर ज्ञान या रस तैयार माल की तरह नहीं होते। वे इतिहास से पलते हैं और इतिहास को बनाते हैं; मगर मेरे मन में जो कुछ है, उसे मैं प्रकट नहीं कर पाता। तैयार माल का दाम आँकनेवाली बुद्धि मुझे मार गिराती है। अनपढ़ हूँ क्या करूँ। मगर जानता हूँ कि ठीक मैं कहता हूँ। सो हार तो जाता हूँ, पर हार मानता नहीं। उसने तुझे कविता और व्यवहार का जो भेद बताया है न, वह उसी तैयार माल का दाम आँकनेवाली बुद्धि

से।" (पुनर्नवा : पृ० ४८-४९) जाहिर है कि कला, संस्कृति और साहित्य-मूल्य समाज सापेक्ष रचनाशीलता में पलते हुए नयी रचनाशीलता के निर्माण में सहायक होते हैं। उन्हें जीवन निरपेक्ष शाश्वत मूल्य अथवा पका-पकाया माल मान लेना उस उपभोक्तावादी परम्परा की ओर इशारा करता है जो अपने जीवन को गलाकर माल तैयार करनेवाली उत्पादक शक्तियों के वर्गीय हितों को बराबर नजरअन्दाज करती आयी है। अतः इस प्रकार की उपभोक्तावादी दृष्टि के अस्वीकार का साहस 'पुनर्नवा' की आधुनिक रचनाशीलता का प्रमाण है।

कहना न होगा कि 'पुनर्नवा' की वस्तु संघटना का मूल आधार उत्तर प्रदेश, बिहार और मध्य भारत के छत्तीसगढ़ के सामान्य जनसमुदाय को आन्दोलित करनेवाली 'लोरिक चन्द्रा' की प्रसिद्ध लोकगाथा तथा ब्रज-प्रदेश में लोकप्रचलित 'लहुराबीर' एवं 'मैना माँजर देई' की दन्तकथाएँ हैं जिनके साहित्यिक रूप 'चन्दायन' और 'मैनासत' आदि भी प्राप्त होते हैं। इन्हें कालिदास के जीवन और साहित्य-सन्दर्भों तथा शूद्रक कृत 'मृच्छकटिक' की प्राचीन कथा के साथ जोड़कर गुप्तकालीन उत्तरी भारत के समाज का सांस्कृतिक इतिहास प्रस्तुत करने का प्रयास किया गया है। 'लोरिकायन' के कथा-नायक लोरिक को 'मृच्छकटिक' के गोप पुत्र आर्यक से अभिन्न मानते हुए उपन्यासकार ने 'पुनर्नवा' में हलद्वीप से लेकर मथुरा और उज्जैन तक के सारे घटना-चक्र के केन्द्रीय चरित्र का निर्माण कर, चौथी शताब्दी के गुप्तकालीन समाज, साहित्य, भाषा और कला-संस्कृति की विकास-प्रक्रिया में उसके अनैतिहासिक अस्तित्व को ऐतिहासिक विश्वसनीयता प्रदान करने में अपनी अद्‌भुत सर्जनात्मक प्रतिभा का परिचय दिया है। मौखिक परम्परा में गायी जानेवाली लोकगाथा के मुख्यतः दो रूप मिलते हैं 'लोरिकी' और 'चनैनी'। 'लोरिकी' लोरिक के शौर्य को उद्‌घाटित करनेवाली वीर गाथा है जिसमें लोरिक चन्द्रा का प्रेमाख्यान भी गौण रूप से विद्यमान है और 'चनैनी' लोरिक-चन्द्रा के प्रेम-प्रसंगों पर आधारित प्रेम-गाथा है जो आगे चलकर विशेष लोकप्रिय हुई। दोनों ही गाथाओं में लोरिक की सती-साध्वी पत्नी 'मैना' या 'मंजरी' के उज्ज्वल चरित्र एवं सतीत्व का आख्यान भी किसी-न-किसी रूप में मिलता है। 'पुनर्नवा' में भी 'चनैनी' 'लोरिकी' और 'मैना माँजर देई' के आधार पर लोक-गाथा के तीनों रूपों--प्रेम गाथा, वीर गाथा और सती गाथा को स्वीकार किया गया है पर प्रमुखता प्रेम गाथा और सती गाथा के चरित रूपों की ही दिखायी पड़ती है। लोरिक की प्रेमिका चन्द्रा (चनवाँ) के चरित्र निर्माण में पश्चिमी अपभ्रंश के चरित काव्यों और सूफी प्रेमाख्यानक की चरित नायिकाओं के साथ ही महाभारत की द्रौपदी और सूर की राधा से भी सहायता ली गयी है। इसी प्रकार मैना के चारित्रिक विकास में सीता, सावित्री और पार्वती-जैसी सती नारियों के कण्व ऋषि के आश्रम में पलनेवाली ऋषि-कन्या शकुन्तला की भाव-प्रतिमा की सहज प्रेरणा भी दिखायी पड़ती है। बौद्ध संन्यासी और हिन्दू

गृहस्थ देवरात के आश्रम में पलनेवाली मैना की विदाई के समय देवरात की पितृवत्सलता कण्व ऋषि की मार्मिक वेदना की स्मृति ताजा कर देती है।

इसी प्रकार देवरात की सती पत्नी शर्मिष्ठा और उसकी भावप्रतिमा गणिका मंजुला (जो मंजुलोमा की भी भावप्रतिमा है) की एकरूपता 'बयसु-बरनु-तन एक' कुरुक्षेत्र में रुक्मिणी और राधा की मार्मिक भेंट की स्मृति ताजा कर देती है जहाँ पत्नी और प्रेमिका ऐसे मिलती हैं "जैसे बहुत दिननि की बिछुरी, एक बाप की बेटी।" (सूरसागर सार : पृ० २०८) सूरदास ने वहाँ स्वकीया और परकीया को एक रूप और अभिन्न बना दिया था और 'पुनर्नवा' में हजारीप्रसाद द्विवेदी ने एक बाप की दो बेटियों को सूर के भावलोक से उतारकर व्यावहारिक जगत् में मैना और चन्द्रा के माध्यम से प्रेम के दो छोरों को एकाकार करते हुए आधुनिक कथा-साहित्य की रचनाशीलता की अपेक्षा में वेश्या, विधवा और सतवन्ती नारी रूपों की विविध सामाजिक समस्याओं का समाहार करने का प्रयास किया है। चन्द्रा के प्रेम के माध्यम से उन्होंने यह स्थापित करने की चेष्टा की है कि स्वकीया और परकीया प्रेम के बीच एकनिष्ठता कोई विभाजक रेखा नहीं बल्कि दोनों का मौलिक प्रतिमान है। पति-पत्नी के वैधानिक सम्बन्धों को लेकर चन्द्रा के भूतपूर्व नपुंसक पति श्रीचन्द्र द्वारा लगाये गये अभियोग का जनतान्त्रिक समाधान लेखक की आधुनिकता और प्रगतिशीलता का सबसे बड़ा प्रमाण है। गोपियों के प्रेम को लोकवादी प्रमाणित करनेवाले हजारीप्रसाद द्विवेदी की दृष्टि में किसी कन्या की इच्छा के विरुद्ध उसके पिता द्वारा कराया गया विवाह, एक सामाजिक बलात्कार है। यह धर्मसम्मत विवाह नहीं बल्कि समाज को धोखा देनेवाला मिथ्याचार है। किसी समय चन्द्रा से घृणा करनेवाले, हलद्वीप के निवासियों के स्वयंभू संरक्षक सुमेर काका श्रीचन्द्र पर प्रति-अभियोग लगाते हुए आचार्य पुरगोभिल के सामने एक सधे हुए वकील की तरह चन्द्रा का पक्ष प्रस्तुत करते हुए कहते हैं--"श्रीचन्द्र को मैं मिथ्याचारी समझता हूँ, उसने समाज को धोखा दिया है। आप मुझे शूलविद्ध भी कर दें तो भी मैं इस मिथ्याचार का प्रतिवाद करूँगा। पुराण ऋषियों ने क्या कहा है, मुझे नहीं मालूम, परन्तु सत्य सत्य है, बलात्कार बलात्कार! मुझे इतना ही कहना है।" (पुनर्नवा : पृष्ठ १८२) इस व्यवहार के प्राड्विवाक महान् धर्मशास्त्री आचार्य पुरगोभिल अपने निष्पक्ष न्याय और धर्म प्रेम के कारण जनता में सम्मानित थे और सुमेर काका की खरी बातों और उनके फक्कड़ाना स्वभाव का आदर करते थे। यही कारण है कि सुमेर काका की ईमानदारी और न्यायप्रियता के चलते, आचार्यपाद ने उन्हें स्वयं प्राश्निक नियुक्त किया। इस प्रकार के व्यवहारों में मध्यदेश में प्राड्विवाक नियुक्त करने की प्रथा थी जो स्थायी धर्माधिकारी होता था और मथुरा, उज्जयिनी आदि शक प्रभावित क्षेत्रों में परामर्शदाता को प्राश्निक कहते थे जिसकी नियुक्ति अस्थायी हुआ करती थी। पितामह और शुक्राचार-जैसे धर्मज्ञों के निर्देश को ध्यान में रखते

हुए तथा श्रुतियों, स्मृतियों एवं न्यायशास्त्र के अन्य ग्रन्थों का आकलन करते हुए आचार्य पुरगोभिल मथुरा और उज्जयिनी की विद्वत् सभाओं में दिये गये निर्णयों से भी अवगत हो जाना चाहते हैं क्योंकि उनका विश्वास है कि इस जटिल व्यवहार का निदर्शन अधिकतर शकों और यवनों द्वारा प्रभावित आर्यजनों के समाज में ही मिल सकता है जिसका प्रभाव आज के समाज पर भी देखा जा सकता है। अत: बदलती हुई नयी परिस्थितियों में पुरानी न्याय-नीतियों के संस्कार और नयी मान्यताओं के स्वीकार से ही सामाजिक सन्तुलन कायम किया जा सकता है। यदि ऐसा नहीं हुआ तो "जिसे आज अधर्म समझा जा रहा है वह किसी दिन लोकमानस की कल्पना से उठकर व्यवहार की दुनिया में आ जायेगा। अगर निरन्तर व्यवस्थाओं का संस्कार और परिमार्जन नहीं होता रहेगा, तो एक दिन व्यवस्थाएँ तो टूटेंगी ही, अपने साथ धर्म को भी तोड़ देंगी।" (पुनर्नवा : पृ० १८७-८८) धर्म यदि लोकमानस को नियन्त्रित करनेवाली अपनी प्रेरक शक्ति खो बैठता है तो वह रूढ़ मान्यताओं और मिथ्याचारों के रूप में निरर्थक हो जाता है। परकीया प्रेम को शास्त्रों का बराबर कोपभाजन बनना पड़ा है। प्रेम मनुष्य का स्वभाव है, उसकी उन्मुक्त और स्वच्छन्द प्रकृति मनुष्य की दुर्बलता हो सकती है किन्तु उसे मनुष्य की अनैतिक वृत्ति अथवा बाह्य प्रभाव मानकर उसके विरुद्ध वर्जनमूलक नीति निर्धारित करना थोथे नैतिकतावाद का परिचायक है और इससे प्रेमवृत्ति वर्जनशीलता के विरुद्ध एक सामाजिक विद्रोह का रूप धारण कर लेती है। आज के समाज में प्रेम की इस बढ़ती हुई स्वच्छन्द प्रवृत्ति के प्रति नकारवादी रवैया न अपनाकर द्विवेदी जी उसे लोकवादी भावभूमि से देखने की सिफारिश करते हैं। राज प्रतिनिधि आमात्य पुरन्दर को सम्बोधित करते हुए आचार्य पुरगोभिल समझाते हैं कि "अगर सचमुच किसी की पुत्री सामाजिक विधि-निषेध का उल्लंघन करके प्रेम निभाना चाहे तो लोग पसन्द नहीं करेंगे। परन्तु लोग चाहें या न चाहें, सुकुमार मति की कर्मठ बालिकाओं के वैचारिक सम्मान को कार्य रूप में परिणत करने की इच्छा कभी-न-कभी प्रबल रूप धारण कर सकती है। विचारों और कल्पना की दुनिया में जो बात मान्य होती है उसे व्यवहार की दुनिया में स्थान पाने में देर लगती है, पर वह पाती अवश्य है।" (पुनर्नवा : पृ० १८७)

जिस समय आमात्य पुरन्दर और आचार्य पुरगोभिल चन्द्रा के व्यवहार को लेकर गम्भीर विचार-विमर्श में खोये हुए थे, उसी समय बाहर आभीर महिलाओं की मण्डली से एक युवती कोमल कण्ठ से अकेली ही अपभ्रंश में लोकगीत गाने लगती है जिसका अर्थ है "वह शास्त्र और पुरजनों का वरजना जल जाये, जो प्रिय-मिलन का निवारण करता है और साजन को मार डालता है।" (वही : पृ० १८६) आचार्य पुरगोभिल को इस जटिल व्यवहार की गुत्थी सुलझाने के लिए हलद्वीप के लोक-जीवन से भी एक पक्की नजीर मिल जाती है और वे मुस्कराते

हुए अमात्य पुरन्दर की ओर मुखातिब होते हैं--"सुन लिया धर्मावतार, हर गाँव में, हर हाट में, हर गली में ये गाने सुनायी देंगे। आज आप इसे केवल भावलोक का विद्रोह कहकर टाल सकते हैं। पर लोकमानस में शुष्क धर्माचार और रूढ़ मान्यताओं के प्रति यह भावलोक का विद्रोह किसी दिन वस्तुजगत् के विद्रोह का रूप ले सकता है। जानते हैं धर्मावतार; आदि मनु ने धर्म के लिए हृदय पक्ष को ध्यान में रखने पर भी बल दिया था--'हृदयेनाभ्यनुज्ञातः' कहा था। पुराण ऋषि जानते थे कि शुष्क आचार मात्र धर्म नहीं है।" (वही : पृ० १८६-८७) इसीलिए हजारीप्रसाद द्विवेदी धर्म की रक्षा के लिए निरन्तर विचार करते रहने की आवश्यकता पर जोर देते हैं। जब वे पोथियों में उलझते हैं, शास्त्रों से टकराते हैं, तो जैसा मैंने कहा कि वे अपने ही संस्कारों से लड़ते हैं, अपने को ही तोड़ते हैं और उनका यह तोड़ना कुछ नया जोड़ने के लिए होता है, इसी अर्थ में वे इतिहास-निर्माता हैं, सर्जक हैं--निरर्थक खण्डन-मण्डन की प्रवृत्ति से सर्वथा भिन्न। उनका आत्मसंघर्ष रचनात्मक सृजन की प्रेरक शक्ति है।

केवल प्रेम में ही अपने को दलित द्राक्षा की भाँति निचोड़कर दिया जा सकता है। आत्मदान का यह स्वर उनके हर उपन्यासों की तरह 'पुनर्नवा' में भी मुखर हुआ है। विन्ध्याचल के सिद्ध बाबा चन्द्रा को यही गुरुमन्त्र देते हैं--"अपने लिये कुछ बटोरना नहीं, सब-कुछ निःशेष भाव से निचोड़कर देती रहना।" (वही : २१२) यही सन्देश शर्मिष्ठा की भाव-प्रतिमा मंजुला देवरात को देती है--"तुम पाना चाहते हो? कैसे पावोगे प्रभो! भगवान् ने तुम्हें ग्रहीता-भाव दिया ही नहीं है। तुम्हारा स्वभाव देना है, लुटाना है, अपने-आपको दलित द्राक्षा की भाँति निचोड़कर महा-अज्ञात के चरणों में उँड़ेल देना है।" (वही : पृ० २६७) इसी प्रकार देवरात की सामाजिक सेवा से अत्यन्त प्रभावित परम विनोदी माण्ढव्य शर्मा बार-बार इस मन्त्र को सिखाने का अनुरोध करते हैं--"आज मैंने देखा है कि सेवा में अपने-आपको खपा देने में क्या आनन्द मिलता है। और भी सिखाओ आर्य, और भी सिखाओ कि कैसे अपने-आपको उलीचकर निःशेष भाव से दिया जा सकता है।" (वही : पृ० २५४) और तो और, चन्द्रमौलि (कालिदास) भी इस मन्त्र के प्रभाव से अछूते नहीं प्रतीत होते।

गोपाल आर्यक और चन्द्रा के उच्छल प्रेम का तरल आवेग इतना जीवन्त और एकनिष्ठ है कि सम्राट् समुद्रगुप्त, जिनके एकान्त निर्णय से वह अभिशप्त हो उठा था, अन्ततः यह स्वीकार करते हैं कि चन्द्रा को समझने में उनसे कहीं चूक हुई है; सम्भवतः उसकी सच्चाई, सरलता और तेजस्विता को निर्लज्जता मान लेने की भूल हुई है। वस्तुतः चन्द्रा के प्रेम में यदि शारीरिक बुभुक्षा का उद्दाम वेग है तो उससे भी कहीं ज्यादा अकुण्ठ सेवा और त्याग की उन्मुक्त जीवन्तता है। "संसार में आज तक किस स्त्री ने इतना साहसिक प्रेम और इतनी अकुण्ठ निश्छल सेवा की है।

कितनी बार उसने आर्यक के लिए अपने प्राणों को संकट में डाल दिया है, कितनी बार उसने प्राण डालकर आर्यक में संजीवनी शक्ति भरी है, कितनी बार उसने सामाजिक विधि-विधानों को तलवे से रौंदकर सत्य को स्वीकार किया है।" (पुनर्नवा : पृ० ३२२) लोक-प्रवादों से भयभीत आर्यक की उपेक्षा ने उसके प्रेम को और उग्र बना दिया है। उसने आर्यक की ही सेवा की हो, ऐसा नहीं; आर्यक के अभाव में मृणाल अगर जीवित रह सकी तो उसका कारण चन्द्रा की निश्छल सेवा और उसका पारिवारिक प्रेम है। पत्नी की जिस अधिकार भावना से वह आर्यक के घर को अपना लेती है, उसके पुत्र की यशोदा और पत्नी की बड़ी बहन का दायित्व सँभाल लेती है, उससे मृणाल उसकी दासी बन जाती है और शोभन बड़ी अम्माँ का होकर रह जाता है। जिस सहजता से वह मृणाल और उसके पुत्र के प्रति आर्यक के प्रेम और वात्सल्य की क्षतिपूर्ति करती है, उससे लगता है कि आर्यक के प्रति उसकी उद्दाम यौवन लालसा उसके अगाध वात्सल्य की पूर्वपीठिका थी। वह सच्चे अर्थों में गोपाल आर्यक की 'महिषमर्दिनी' सहधर्मिणी और मृणाल के लिए 'सिंहवाहिनी' का प्रतीक विग्रह है। गोपाल आर्यक के प्रेम के लिए चन्द्रा ने "जो त्याग किया है, वह संसार की शायद ही कोई कुलांगना कर सकी हो। वह अश्रद्धेय नहीं नमस्य है। गणिका होकर भी जो साहस मंजुला नहीं कर सकी, वह साहस कुलांगना होकर चन्द्रा कर बैठी। इस उद्दाम प्रेम का निदर्शन खोजना कठिन है। उसके प्रेम में पाने का नहीं लुटाने का वेग है।" (पुनर्नवा : पृष्ठ २९६-९७) किसी समय चन्द्रा को कुलटा और व्यभिचारिणी समझकर अपनी लाठी से उसका सिर तोड़ देने का मंसूबा बनानेवाले बुजुर्गवार सुमेर काका जब हलद्वीप के सारे निवासियों की ओर से घोषित करते हैं कि "चन्द्रा-जैसी खरी तेजस्विनी सती नारी संसार में दुर्लभ है" तो ऐसा प्रतीत हाता है कि यह चन्द्रा के चरित्र का निश्छल प्रमाणपत्र है। लोक-प्रवादों में घिरी हुई बेटी को अभियोग मुक्त करने की लोक मान्यता है, शुद्धता और संकीर्णता से ग्रस्त रूढ़िवादी शास्त्र को लोक की चुनौती है और लेखक द्वारा चन्द्रा के प्रेम की यह लोकवादी व्याख्या है।

चन्द्रा जब गोपाल आर्यक को गँवार और कायर कहती है; उसके 'सतेपन' को कुरेदती है तो वह घबरा जाता है। कभी पैर धो देती है तो उसे बिजली मार जाती है। उसके इसी भोलेपन पर वह मुग्ध है। इसलिए चन्द्रा की दृष्टि में आर्यक पूरा बमभोला और नादान बच्चा है। 'लोग क्या कहेंगे', 'मृणाल क्या सोचेगी' के लोक-प्रवाद से अपने को मुक्त न कर पाने के कारण ही वह चन्द्रा की निश्छल आत्मीयता और 'प्रेम रस में सराबोर' उसके 'कुवाच्यों' की अपूर्व मिठास का अनुभावन नहीं कर पाता। दूसरी तरफ चन्द्रा अकुण्ठ, निश्चल और खरी है। मृणाल के सामने भी वह बेझिझक अपने उद्दाम प्रेम की दुर्बलता को अभिव्यक्त कर देती है--"वह मन का ठण्डा है। मैं तन की गरम हूँ। पुरुष को मन का गरम होना चाहिए। जिसका

मन गरम होता है वह बहुत-से गरम तनों को ठण्डा कर सकता है। जिसका मन गरम नहीं होता, वह कितनी भी तलवार भाँज ले, स्त्री के लिए कायर ही है।" (पुनर्नवा : पृ० १९६) कहने की आवश्यकता नहीं कि चन्द्रा अपने प्रेम की शक्ति और सीमा दोनों से बखूबी परिचित है और उसकी अनुभूति और अभिव्यक्ति के प्रति ईमानदार भी। इसके साथ ही आर्यक की दुर्बलता को जितना वह पहचानती है उतना आर्यक भी नहीं पहचानते। अब कोई यह कहे कि "नारी के गुण पुरुष में आ जाते हैं तो वह देवता बन जाता है और पुरुष के गुण स्त्री में आ जायें तो वह कुलटा बन जाती है" तो चन्द्रा के लिए यह उलटवाँसी ही प्रमाणित होगी, क्योंकि उसके ज्ञान का स्रोत मनुष्य है, पोथी नहीं। सारे लोक-प्रवादों को दर-किनार कर चन्द्रा जितनी दृढ़ता के साथ अपने असंवैधानिक विवाह को नकारती है उतनी ही दृढ़ता के साथ अपने प्रेम के प्रति अडिग रूप से आस्थावान् है--"मेरा विवाह मेरी इच्छा के विरुद्ध मेरे पिता ने एक ऐसे मनुष्य रूपधारी पशु से कर दिया जो पुरुष है ही नहीं। मैं उसे पति नहीं मान सकती। हलद्वीप के मुँह में कालिख लगती है तो सौ बार लगा करे। जो समाज इस प्रकार के विवाह की स्वीकृति देता है वह अपने मुँह में कालिख पहले ही पोत लेता है। मैंने आर्यक को ही अपना पति माना था। वह मेरा था, और रहेगा।" (पुनर्नवा : पृ० १३५) असत्य के नकार और सत्य के स्वीकार का यह अकुण्ठ साहस कहीं-न-कहीं 'ब्याहौ लाख, धरौ दस कुबरी', अन्तहिं कान्ह हमारो' की जमीन से जुड़ा हुआ प्रतीत होता है, जिसमें नकार के अहंकार से ज्यादा एकनिष्ठ प्रेम का अधिकार भरा दर्प है। महाभारत की रुक्मिणी और सुभद्रा चन्द्रा से ज्यादा सौभाग्यशालिनी हैं। उनके और चन्द्रा के बीच इतिहास और लोकगाथा की एक लम्बी दूरी है, 'अपहरण' की शिष्टता और 'उढ़ार' की अशिष्टता की दूरी है, शास्त्र और लोक की दूरी है किन्तु इन सारी दूरियों का अतिक्रमण कर लेखक ने उसे सहधर्मिणी की ऐसी जमीन पर स्थापित किया है जहाँ वह हठात् अपहरण करनेवाली लम्पट सामन्ती विलासिता की छाया से काफी दूर पड़ती है। इस अर्थ में वह 'बाणभट्ट' की भट्टिनी और महामाया से ज्यादा सौभाग्यशालिनी है। आवश्यकता पड़ने पर वह पुरुष सिंह के बिना भी महिषमर्दन की शक्ति से सम्पन्न है। कुण्ठा से मुक्त होना उसकी महत्त्वपूर्ण विशेषता है।

'पुनर्नवा' के अनुसार गोपाल आर्यक हलद्वीप के वृद्ध गोप के पुत्र हैं जिनके पूर्वज शुंग राजाओं की सेना के साथ हलद्वीप में आकर बस गये थे। उन्हें नन्द गोप का वंशधर बताया गया है। यह एक प्रकार से उस ऐतिहासिक आधार का रचनात्मक उपयोग है जिसके अनुसार प्रथम शताब्दी के आस-पास भारत के पश्चिमी प्रदेशों--महाराष्ट्र के उत्तरी हिस्सों, गुजरात तथा उसके आस-पास के भू-भाग पर आभीरों ने अपना आधिपत्य स्थापित कर लिया था और द्वारिकपुरी के यादव गणराज्य को जीतकर धीरे-धीरे पूरब की ओर बढ़ते गये थे। महाभारत में गोप-ग्वालों का

उल्लेख मिलता है तथा शुंगवंशी राजाओं के समय मध्य भारत में उनके बस जाने को प्रामाणिक माना जाता है। लोकगाथा के लोरिक को 'मृच्छकटिक' के गोप पुत्र आर्यक से अभिन्न मानकर 'पुनर्नवा' में गोपाल आर्यक के रूप में स्वीकार किया गया है और गोपाल आर्यक--गोवाल आरिक--ग्वालारिक--लोरिक के रूप में भाषावैज्ञानिक संगति बैठा ली गयी है। इसी प्रकार हरदी अथवा हरदुई को 'हलद्वीप' में संकल्पित कर लिया गया है। इसे भाषा-विकास की प्रक्रिया में असंगत नहीं कहा जा सकता। वैसे हलद्वीप की ऐतिहासिक सम्भावना की तलाश में वहाँ की भौगोलिक परिस्थितियों के सहारे उपन्यासकार ने उसे गंगा और महासरयू के तट पर स्थित बताते हुए कम-से-कम बरसात में उसके द्वीप बन जाने के अनुमान द्वारा हलद्वीप की ऐतिहासिक सम्भावना को विश्वसनीय बनाने का प्रयास किया है।

मिर्जापुर के अंचलों में गायी जानेवाली लोकगाथा के आधार पर संकलित 'लोरिकायन' के अनुसार कन्तित (इतिहास में कान्तिपुरी) भर राजाओं की राजधानी थी लेकिन कहीं-कहीं लोरिक को भी कन्तित का सरदार कहा गया है। उसमें यह भी उल्लेख मिलता है कि चनवाँ को उढ़ारकर लोरिक सीधे हरदी पहुँचता है और वहाँ के राजा के यहाँ कुछ दिन नौकरी करता है। हरेवा-परेवा से उसके युद्ध की भी चर्चा आयी है, जिससे हरदी का राजा लोरिक की वीरता से प्रभावित होता है। लोकगाथा के इन तत्त्वों तथा चौथी शताब्दी में भारशिव नागों, कुषाणों, आभीरों और शकों आदि के अस्तित्व एवं उनके प्रभाव की ऐतिहासिक मान्यताओं के आधार पर हलद्वीप और मथुरा के इतिहास का पुनर्निर्माण किया गया है। 'पुनर्नवा' में उपन्यासकार ने नागवंशी यज्ञसेन को हलद्वीप का राजा बताते हुए इस बात का भी उल्लेख किया है कि जब कान्तिपुर के राजाधिराज वीरसेन के सेनापति प्रवरसेन को काशी में नवम अश्वमेध यज्ञ के आयोजन का भार सौंपा गया तो अपने पिछले अनुभवों के आधार पर उन्होंने साकेत से पाटलिपुत्र तक कुषाण राजाओं के अवशिष्ट प्रभाव को पूरी तरह मिटा डालने का निश्चय किया। यज्ञसेन कान्तिपुरी ने राजा वीरसेन की ओर से हलद्वीप का शासन करते थे। आभीरों के व्यापक प्रभाव को देखते हुए यज्ञसेन ने सत्ता में बने रहने के लिए उनसे मैत्री सम्बन्ध बनाये रखना आवश्यक समझा था किन्तु उनके पुत्र रुद्रसेन की गलत नीतियों के कारण सम्बन्ध बरकरार न रह सके और आपसी संघर्ष अनिवार्य हो उठा। समुद्रगुप्त की सेना की सहायता से गोपाल आर्यक ने रुद्रसेन को पराजित कर हलद्वीप की राजसत्ता को हस्तगत कर लिया। इतिहास में स्पष्ट उल्लेख मिलता है कि कुषाण वंश के पराभव और गुप्तवंश के उदय के बीच उत्तरी भारत के विशाल भू-भाग पर भारशिव नागों का प्रबल आधिपत्य था और विदिशा, पद्मावती, कान्तिपुरी तथा मथुरा उनके प्रमुख सत्ता केन्द्र थे।

'पुनर्नवा' में हलद्वीप के अतिरिक्त मथुरा और उज्जैन मुख्यत: ऐतिहासिक और सांस्कृतिक घटनाओं के केन्द्र हैं। इतिहास द्वारा यह प्रमाणित है कि मथुरा पर कुषाण

राजाओं का शासन था और भारशिव नागों ने उन्हें पराजित कर वहाँ अपना आधिपत्य कायम किया। किन्तु 'पुनर्नवा' में हजारीप्रसाद द्विवेदी ने उल्लेख किया है कि आभीर राजा भद्रसेन ने वहाँ से भारशिव नागों को मार भगाया और उसके सैनिकों ने लहुरावीर की जय-जयकार करते हुए कुषाण राजा दिमित को इस प्रकार नेस्तनाबूद कर दिया जैसे प्रचण्ड आँधी पेड़ों को उखाड़ फेंकती है। यहाँ यह उलझन पैदा होती है कि आभीर सामन्त भद्रसेन ने एक साथ ही भारशिव नागों और कुषाण शासक दिमित को कैसे मार भगाया जबकि इतिहास में दिमित नामक किसी कुषाण राजा का उल्लेख नहीं मिलता। समुद्रगुप्त के सम्बन्ध में किये गये विस्तृत दावों की प्रामाणिकता स्वयं इतिहासकारों की दृष्टि में सन्दिग्ध है। इसलिए कुषाणों के साथ उनके सम्बन्ध के बारे में निश्चित रूप से कुछ नहीं कहा जा सकता किन्तु इतना सच है कि इस समय तक ये सम्बन्ध काफी कमजोर हो चुके थे। समुद्रगुप्त की आकांक्षा एक ऐसा साम्राज्य स्थापित करने की थी जिसका नियन्त्रण गुप्तवंश की राजधानी पाटलिपुत्र से किया जा सके। दुर्भाग्यवश इस समय का इतिहास जानने के लिए एकमात्र प्रामाणिक स्रोत इलाहाबाद में अशोक स्तम्भ पर खुदवाया गया समुद्रगुप्त का विस्तृत प्रशस्तिपत्र है जिसमें विजित राजाओं के नामों और स्थानों की सूची दी गयी है। उसमें सेनापतियों और छोटे-मोटे सामन्तों का उल्लेख नहीं है। प्रशस्तिपत्र होने के नाते, इसकी सूचनाएँ कितनी प्रामाणिक हैं, कहना कठिन है। इस ऐतिहासिक अनिश्चितता की स्थिति में गोपाल आर्यक के समुद्रगुप्त का महाबलाधिकृत और नर्मसखा होने, भद्रसेन द्वारा दिमित नामक किसी कुषाण राजा को परास्त करने, दिमित के पुत्र धर्मघोष द्वारा दस वर्ष के भीतर ही मथुरा से भद्रसेन की आभीर सत्ता को समाप्त कर देने अथवा भद्रसेन द्वारा भारशिव नागों को मथुरा से हटा देने की ऐतिहासिक सम्भावनाओं से इनकार नहीं किया जा सकता।

'पुनर्नवा' में हजारीप्रसाद द्विवेदी ने समुद्रगुप्त के पिता चन्द्रगुप्त को प्रयाग और साकेत के बीच किसी छोटे राज्य का शासक बताते हुए समुद्रगुप्त के ननसाल में रहने का भी उल्लेख किया है। चन्द्रगुप्त का लिच्छिवि राजकुमारी से विवाह करना ऐतिहासिक सत्य है इसलिए समुद्रगुप्त के ननसाल में रहने की सम्भावना भी बनती है। चन्द्रगुप्त प्रयाग और साकेत के बीच किसी छोटे राज्य का शासक था, इसे सन्दिग्ध मानते हुए कतिपय आलोचकों ने इसे उपन्यासकार की कल्पना माना है। वैसे तो गुप्तों के उद्‌भव को लेकर इतिहास बहुत स्पष्ट नहीं है फिर भी पूर्वी उत्तर प्रदेश में उनके राज्य करने की बात निराधार नहीं है। यह सच है कि गुप्तवंश की नींव बिहार में श्रीगुप्त ने डाली किन्तु इससे यह कैसे माना जा सकता है कि चन्द्रगुप्त का शासन पूर्वी उत्तर प्रदेश पर था ही नहीं। प्रसिद्ध इतिहासकार रोमिला थापर ने बहुत स्पष्ट लिखा है कि "चन्द्रगुप्त प्रथम ने मगध और पूर्वी उत्तर प्रदेश के कुछ भागों (साकेत और प्रयाग) पर राज्य किया।" (भारत का इतिहास :

पृ० १०३) इसी क्रम में उन्होंने यह भी उल्लेख किया है कि लिच्छिवि कन्या से विवाह करने के कारण चन्द्रगुप्त ने राजनैतिक प्रतिष्ठा और सामाजिक मान्यता प्राप्त की।

हजारीप्रसाद द्विवदी ने 'चारु चन्द्रलेख' और 'पुनर्नवा' दोनों ही उपन्यासों में समुद्रगुप्त की उत्खात प्रतिरोपण नीति की चर्चा की है जिसके अनुसार उसने अपने पिता चन्द्रगुप्त की नीतियों से अलग हटकर क्षत्रिय राजाओं से मैत्री सम्बन्ध स्थापित करते हुए मगध साम्राज्य का विस्तार किया था। द्विवेदी जी लिखते हैं कि "जिसे उखाड़ा उसी को फिर से रोप दिया। समुद्रगुप्त की यह नीति ही भावी गुप्त साम्राज्य की सफलता की नींव थी। जिस राजा का राज्य जीता, उसे ही अपना अधीनस्थ राजा बना दिया।" (पुनर्नवा : पृ० ११६) लेकिन उन्होंने यह स्पष्ट नहीं किया कि हलद्वीप ही उस नीति का अपवाद क्यों है? जहाँ उखाड़ा भारशिव रुद्रसेन को और रोपा भागवत गोपाल आर्यक को। क्या इसलिए तो नहीं कि समुद्रगुप्त स्वयं भागवत धर्मी थे और गोपाल आर्यक भी? अथवा इसलिए कि भारशिव नागों ने उनके साम्राज्य विस्तार में प्रबल प्रतिरोध उपस्थित किया था और उन्हें वे अपने साम्राज्य के लिए स्थायी खतरा मानते थे? बात जो भी हो लेकिन द्विवेदी जी समुद्रगुप्त की इस नीति के परम प्रशंसक हैं। सम्भवतः इसे वे आधुनिक भारतीय उप महाद्वीप के वृहत्तर राजनीतिक सन्दर्भों में देखते हैं और इसीलिए यह नीति उन्हें सम्पूर्ण राष्ट्र को एकता और अखण्डता के शासन-सूत्र में बाँधने के कारण न्यायसंगत प्रतीत होती है। लेकिन गुप्त साम्राज्य को केवल भौगोलिक सीमाओं के आधार पर मौर्य साम्राज्य के समानान्तर देखने का भ्रम नहीं होना चाहिए क्योंकि शासन की एकसूत्रता की दृष्टि से मौर्यों का केन्द्रीय नियन्त्रण काफी प्रभावशाली था। हाँ, उनके पुत्र चन्द्रगुप्त द्वितीय ने उसे ज्यादा पुष्ट आधार प्रदान किया। समुद्रगुप्त निश्चय ही कला, संगीत और साहित्य का प्रेमी तथा उदार ब्राह्मण धर्म का समर्थक था। उसके सिक्कों पर वीणा-वादन की उसकी मुद्रा उसके संगीत-प्रेमी होने का प्रमाण है। भारतीय इतिहास में यह एक प्रकार से धार्मिक, सांस्कृतिक और कलात्मक संश्रव का काल था। धर्म की नयी-नयी व्याख्याओं और नये धर्मग्रन्थों के निर्माण ने ब्राह्मण धर्म को लचीला और उदार बनाया। ब्राह्मण धर्म से कई वैदिक देवता लुप्त हो गये और कुछ ने अतिरिक्त विशेषताओं के साथ पुनर्जन्म ग्रहण किया। विष्णु एक ऐसे ही प्रभावशाली देवता के रूप में उभड़ रहे थे जिन्होंने आगे चलकर ईश्वरत्व प्राप्त किया। अवतारवाद की प्रतिष्ठा हुई और लोक-जीवन में भी छोटे-मोटे साहसिक कार्य करनेवाली स्त्रियों और पुरुषों को देवी-देवताओं का अवतार मान लेने की प्रवृत्ति फैलने लगी। 'लोरिकी', 'लहुरावीर', 'मैना माँजर देई' आदि लोकगाथाओं और दन्तकथाओं से मनुष्य ने नया विश्वास प्राप्त किया। इस समय बौद्धों, शैवों और भागवतों के विभिन्न आचार-विचार तथा साधना-आराधना की पद्धतियाँ परम्परित ब्राह्मण धर्म की लचीली मान्यताओं

से संश्लिष्ट एक ऐसे भारतीय समाज का निर्माण कर रही थीं जिसे आगे चलकर हिन्दू समाज के नाम से जाना गया।

हजारीप्रसाद द्विवेदी इतिहास की इन सम्भावनाओं को ऐतिहासिक तथ्यों से कम महत्त्वपूर्ण नहीं मानते और अपने वर्तमान समाज में अवशिष्ट रह गये सांस्कृतिक परम्परा के स्मृति चिह्नों के सहारे वे इतिहास तक पहुँचने का प्रयास करते हैं। हलद्वीप के इतिहास निर्माण में निश्चय ही उनके सामने काशी के 'दशाश्वमेध' और लहुरावीर के स्मृति चिह्न भी रहे होंगे। ऐसे स्मृति संकेत हजारीप्रसाद द्विवेदी के लिए सदैव विपुल सम्भावनाओं से भरे होते हैं। इसी प्रकार मथुरा के इतिहास निर्माण में ऐतिहासिक तथ्यों के अतिरिक्त वहाँ की सांस्कृतिक परम्परा और लोक-परम्परा विशेष रूप से महत्त्वपूर्ण रही है। 'पुनर्नवा' में द्विवेदी जी लिखते हैं "यह मथुरा तीन लोक से न्यारी है। इसमें नयी-नयी बातें रोज ही देखने को मिलती रहती हैं। कुषाण राजाओ ने यहाँ पंचध्यानी बुद्धों की उपासना चलायी। उन्हें धकेलकर भारशिव नाग राजा बन गये तो उन्होंने पंचमुखी शिव की उपासना चला दी। इनको आभीर राजा भद्रसेन ने धकेला और चतुर्व्यूह में एक और वृष्णि वीर जोड़कर पाँच वृष्णिवीरों की पूजा चला दी।" (पुनर्नवा : पृ० ७०) चतुर्व्यूह में संकर्षण (बलराम), वासुदेव (कृष्ण) प्रद्युम्न और अनिरुद्ध ये चार प्रसिद्ध वृष्णि कुल के वीर हैं जिनमें कृष्ण के छोटे पुत्र शाम्ब को लहुरावीर के रूप में शामिल कर पंचवृष्णि वीरों की उपासना का प्रचलन हुआ। हलद्वीप में लहुरावीर की उपासना करनेवाले गोपाल आर्यक को मथुरा में लहुरावीर के रूप में देखने की चर्चा उपन्यासकारों ने की है। मथुरा के वृद्ध ब्राह्मण धार्मिक पुनरुत्थान की आशा में कहते हैं कि "इधर मथुरा में यह हाल है कि म्लेच्छ राजा स्वयं प्रजा का शील नष्ट करने पर तुला है। भगवान् वासुदेव की लीलाभूमि न जाने कब तक इस प्रकार के अनाचार का अखाड़ा बनी रहेगी। ऐसा लगता है कि गोपाल आर्यक के रूप में वे फिर इस पवित्र लीलाभूमि की सुधि लेने आ रहे हैं।" (पुनर्नवा : पृ० ७८) इस प्रकार अवतारवाद के सहारे मथुरा और उज्जयिनी के उद्धार के प्रति मथुरा के प्राकृत जनों की ओर से वृद्ध ब्राह्मण आशान्वित दिखायी पड़ते हैं। चण्डसेन को मथुरा के नागरिक सम्मान की दृष्टि से देखते हैं जो उज्जयिनी और मथुरा दोनों ही राजकुलों के पितृव्य हैं और उज्जयिनी के राज-श्यालक भानुदत्त के चलते मथुरा में रहते हैं। गोपाल आर्यक द्वारा उज्जयिनी के शक राजा पालक की हत्या करने के बाद उत्खात प्रतिरोपण की नीति का पालन करते हुए इन्हें ही उज्जयिनी में आरोपित किया गया है। चण्डसेन का सम्बन्ध पुरुषपुर से बताया गया है जिसे अनैतिहासिक नहीं का जा सकता।

इतिहास में इस बात के प्रमाण मिलते हैं कि कुषाण राज्य दक्षिण से साँची तक और पूर्व में बनारस तक था और मथुरा की स्थिति दूसरी राजधानी-जैसी थी। वास्तविक राजधानी पुरुषपुर थी।

शकों और कुषाणों के रक्त सम्बन्ध को लेकर इतिहास में एक अनिश्चितता की स्थिति दिखायी पड़ती है। कुषाण वंश के प्रतापी शासक कनिष्क का, यू ची कबीले के उन दो शासकों से क्या सम्बन्ध था जिनके बाद वह तीसरे शासक के रूप में सिंहासनारूढ़ हुआ था, यह भी इतिहास में निश्चित नहीं है। इतिहास की इस अनिश्चयात्मक स्थिति को देखते हुए 'पुनर्नवा' में पालक के सौतेले भाई उपवदान्त को मथुरा का शासक बताना और चण्डसेन को शक और कुषाण दोनों कुलों के पितृव्य के रूप में स्वीकार करना एक प्रकार से प्राप्त ऐतिहासिक तथ्यों का रचनात्मक उपयोग है जिसे असंगत नहीं कहा जा सकता। उज्जयिनी की घटनाओं का मूल आधार 'मृच्छकटिक' है, जिसका समय बहुत विवादास्पद है। अनेक विद्वानों ने शूद्रक को कालिदास का पूर्ववर्ती सिद्ध करने का प्रयत्न किया है तो कुछ के अनुसार वे कालिदास के समकालीन भी बताये गये हैं। डॉ० रांगेय राघव ने मृच्छकटिक का समय ई० पू० या १ ईस्वी के बीच निर्धारित किया है और उसके आस-पास ही उज्जयिनी में पालक नामक राजा का उल्लेख आइ० एम० त्रिपाठी ने अपनी पुस्तक 'हिस्ट्री ऑफ एन्शियण्ट इण्डिया' में किया है, जिसके अनुसार पालक चण्डप्रद्योत का पुत्र था जिसे उसके भाई गोपाल के पुत्र आर्यक ने सिंहासन से अपदस्थ किया था। इसी ऐतिहासिक आधार पर 'मृच्छकटिक' की सहायता से 'पुनर्नवा' में उज्जयिनी के इतिहास का पुनर्निर्माण किया गया है जो ऐतिहासिक कालखण्ड की दृष्टि से असंगत अवश्य है और 'पुनर्नवा' के वस्तुगत आग्रह के चलते उपन्यासकार ने उसे बहुत महत्त्व नहीं दिया है। पुनर्नवा के आर्यक, पालक, वीरक, शार्विलक-माँदी (मदनिका), चारुदत्त-वसन्तसेना-धूता आदि मृच्छकटिक से लिये गये हैं। इस समय समाज में बौद्धों और व्यापारियों का वर्चस्व था, वर्ण-व्यवस्था शिथिल थी, दास-प्रथा दास-दासियों के क्रय-विक्रय के रूप में विद्यमान थी। कुलवधुओं की तरह ही गणिकाएँ सम्मानित थीं और चारुदत्त-जैसे ब्राह्मण भी श्रेष्ठ कहे जाते थे। पुनर्नवा में हजारीप्रसाद द्विवेदी ने अपने ढंग से इनका उपयोग किया है किन्तु 'मृच्छकटिक' की शिथिल वर्ण-व्यवस्था यहाँ अपने संशोधित-परिवर्द्धित रूप में स्वीकार की गयी है। भरसक उपन्यासकारों ने अपने पात्रों के संस्कारों को तोड़ने और उनमें विवेकसम्मत मानवीय सम्बन्ध विकसित करने का प्रयास किया है। समाज-व्यवस्था, धर्म-व्यवस्था और न्याय-व्यवस्था में बदलती हुई सामाजिक परिस्थितियों के अनुसार निरन्तर संस्कार करते रहने की आवश्यकता को जोर देकर रेखांकित करना निश्चय ही 'पुनर्नवा' का रचनात्मक संकल्प है।

●

अनामदास का पोथा : तप नहीं केवल जीवन सत्य

आचार्य हजारीप्रसाद द्विवेदी का अन्तिम उपन्यास 'अनामदास का पोथा' आधुनिक तत्त्वज्ञानी मनुष्य के मनुष्य-केन्द्रित सामाजिक चिन्तन की रचनात्मक परिणति और समकालीन सन्दर्भों में अतीत के मनुष्य को उसकी सम्पूर्णता में पुनर्निर्मित करने के महान् संकल्प का प्रामाणिक दस्तावेज है। इसमें अतीत की समकालीनता और शास्त्र की लोकोन्मुखता के रचनात्मक तनाव से भारतीय उपन्यास की परिकल्पना को मूर्तमान किया गया है जिसके मनुष्य अच्छी तरह जानते हैं कि पुराने मूल्यों को उसके चरमराते हुए ढाँचे के भीतर नहीं खोजा जा सकता। सर्जनात्मक मूल्यों की तलाश में उपन्यासकार पहले तो उपनिषद्कालीन ऋषियों के तत्त्वज्ञान को प्रतिपादित करनेवाले मूल्यों का निर्माण करता है और फिर उनके भीतर ही उन्हें तोड़ने की द्वन्द्वात्मक प्रक्रिया में वैयक्तिक ज्ञान-साधना को लोक-जीवन की निर्वैयक्तिक जमीन पर जाँचता-परखता वैश्वानर साधना को विश्व मानवतावाद के वृहत्तर जीवन-मूल्यों से जोड़ने का प्रयास करता है। परम्परा के रूढ़ शब्दों को नया अर्थ देकर उपन्यासकार उसमें आज के मनुष्य के लिए प्रासंगिक सम्भावनाओं की तलाश करता है।

उपन्यास की भूमिका 'अब मैं नाच्यौ बहुत गोपाल' कई दृष्टियों से बड़ी महत्त्वपूर्ण है। वह न केवल उपन्यास की रचना-प्रक्रिया और उसकी शिल्प-विधि को निर्दिष्ट करती है बल्कि वह उपन्यासकार के व्यक्तित्व और जीवन-दर्शन का आईना भी है। इस अन्तिम उपन्यास में अनामदास के बहाने जैसे वह अपने ही जीवन का सिंहावलोकन कर रहा है--"पीछे की ओर देखता हूँ विराट् रिक्तता! जो कुछ करता रहा हूँ वह क्या सचमुच किसी काम का था? अपनी सीमाओं, त्रुटियों, ओछाइयों को छिपाकर अपने को कुछ इस ढंग से दिखाना कि मैं सचमुच कुछ हूँ, यही तो किया है। छोटी-छोटी बातों के लिए संघर्ष को बहादुरी समझा है, पेट पालने के लिए छीना-झपटी को कर्म माना है, झूठी प्रशंसा पाने के लिए स्वाँग रचे हैं--इसी को सफलता मान लिया है। किसी बड़े लक्ष्य को समर्पित नहीं हो सका, किसी का दुःख दूर करने के लिए अपने को उलीचकर दे नहीं सका। सारा जीवन केवल दिखावा,

केवल भोंड़ा अभिनय, केवल हाय-हाय करने में बीत गया।" अतिरिक्त विनय-भावना में ढली हुई ऐसी अकुण्ठ आत्मवेदना और गरिमामय लेखकीय ईमानदारी एक महान् भारतीय लेखक की अपनी निजी पहचान है। आत्मोपहास और आत्म-व्यंग्य का इतना मार्मिक रूप विरल ही दिखायी पड़ता है। कहना कठिन है कि तुलसी और निराला-जैसी इस आत्मवेदना में कबीर की उलटवाँसी का अंश कितना है; अन्यथा हिन्दी का कौन-सा पाठक है जो द्विवेदी जी के महान् अवदान से अपरिचित हो।

'अनामदास का पोथा' उपनिषद्कालीन भारतीय समाज का सांस्कृतिक इतिहास प्रस्तुत करनेवाला उपन्यास है जिसमें छान्दोग्योपनिषद् के रैक्व आख्यान को प्रमुख आधार बनाया गया है तथा उसके विस्तार के लिए छान्दोग्य और वृहदारण्यक के प्रमुख पात्रों के विचारों तथा अन्य घटनाओं की सहायता ली गयी है। उपन्यासकार यह लक्ष्य करता है कि छान्दोग्य में एक-से-एक फक्कड़ और अक्खड़ विचारक मिलते हैं जो रूढ़ियों के बिलकुल कायल नहीं। ऐसा लगता है कि छान्दोग्य और वृहदारण्यक समकालीन उपनिषद् हैं और दोनों के रचयिताओं में एक प्रकार की प्रच्छन्न प्रतिस्पर्द्धा है। एक में जो मुख्य और स्वाधीन विचारक है, उसे दूसरी में गौण स्थान दे दिया गया है। इन दोनों उपनिषदों में व्याप्त प्रच्छन्न प्रतिस्पर्द्धा के वैचारिक तनावों के बीच में उपन्यासकार ने सर्जनात्मक मूल्यों की तलाश की है। उसे यह आश्चर्यजनक लगता है कि प्रस्तुत आख्यान के प्रधान तत्त्वज्ञानी महर्षि औषस्तिपाद वृहदारण्यक के शक्तिशाली चरित्रनायक याज्ञवल्क्य से तो किंचित् प्रभावित जान पड़ते हैं पर अपने पिता उषस्त या उषस्ति चाक्रायण की अक्खड़ता का रंचमात्र प्रभाव उनमें नहीं मिलता। यह भी कम जिज्ञासा का विषय नहीं है कि रैक्व के सन्दर्भ में उषस्ति का स्मरण होना बिलकुल स्वाभाविक होते हुए भी उनके सिद्धान्तों की कोई चर्चा न तो उनके पुत्र औषस्ति करते हैं और न उनकी पुत्रवधू ऋतम्भरा ही करती है। उषस्ति के बारे में उपन्यासकार ने जो जानकारी हासिल की है उसके अनुसार वे भिक्षावृत्ति के विरोधी, श्रम को महत्त्व देनेवाले, प्राण-रक्षा के लिए उच्छिष्ट अन्न खाकर भी किसी प्रकार की हीनता से मुक्त, जाति-धर्म निर्विशेष एक समतावादी आचार्य थे जो मिल-बाँटकर खाने में विश्वास करते थे। उनमें फक्कड़ाना मस्ती के साथ ही अपने ज्ञान और पाण्डित्य का उचित अभिमान भी था।

उपन्यासकार के अनुसार 'छान्दोग्य के यही मस्तमौला और अक्खड़' ऋषि वृहदारण्यक में उषस्ति चाक्रायण के नाम से आते हैं, और उसका अनुमान है कि उषस्त और उषस्ति एक ही हैं क्योंकि दोनों को ही चक्र का पुत्र बताया गया है। ध्यान देने की बात है कि आचार्य हजारीप्रसाद द्विवेदी स्वयं अपने चिन्तन में उपनिषद् में ऋषि याज्ञवल्क्य से काफी प्रभावित दिखायी पड़ते हैं फिर भी इस बात से क्यों चिन्तित हैं कि वृहदारण्यक में छान्दोग्य के अक्खड़ ऋषि उषस्ति का तेज धूमिल

पड़ गया और याज्ञवल्क्य विजयी हुए। क्या यह दोनों उपनिषदों की प्रच्छन्न प्रतिस्पर्द्धा का परिणाम नहीं है? क्या रैक्व आख्यान में मस्तमौला और फक्कड़ जटिल मुनि तथा सिद्ध महात्मा की कल्पसृष्टि अप्रासंगिक और निरर्थक है? क्या यह महज संयोग है कि रैक्व आख्यान के जटिल मुनि तथा सिद्ध महात्मा का हुलिया छान्दोग्य उपनिषद् के तेजस्वी ऋषि उषस्ति से काफी मिलता-जुलता है? और यह भी कि क्या यह 'कबीर' की कल्पसृष्टि का रचनात्मक प्रसार नहीं है? वस्तुतः इस उपन्यास में वृहदारण्यक और छान्दोग्योपनिषद् के याज्ञवल्क्य और औषस्तिपाद के तत्त्वज्ञान का पुनर्निर्माण, नयी रचनाशीलता की तलाश में आधुनिक तत्त्वज्ञानी हजारीप्रसाद द्विवेदी के आत्मसंघर्ष का परिणाम है। चिन्तन की गतिशीलता के लिए उपन्यासकार उपेक्षित उषस्ति के लोक-व्यवहार के अनुभव को आवश्यक मानता है और उनके पूरक चरित्र के रूप में जटिल मुनि और सिद्ध महात्मा की कल्पना करता है जो कर्म को महत्त्व देनेवाले श्रमजीवी मुनि हैं।

इस उपन्यास का इकहरा आख्यान राजा जानश्रुति और रैक्व से सम्बन्धित घटना पर आधारित है जो इस बात का प्रमाण है कि उपनिषद् अथवा रहस्य समझे जानेवाले ज्ञान को उन दिनों इतना महत्त्व दिया जाता था कि एक राजा अपनी कन्या देकर भी उसे हासिल करने में गौरव महसूस करता था। गाड़ी के नीचे बैठकर खाज खुजलानेवाले तथा युवती कन्या के रूपाकर्षण से पिघल जानेवाले, छान्दोग्योपनिषद् के अपेक्षाकृत कम लोकप्रिय चरित्र के रूप में कथानायक रैक्व का चुनाव कतिपय आलोचकों को चौंकानेवाला भले ही हो किन्तु वह अनेक लोक-प्रवादों से घिरे और घर से भागे हुए बाणभट्ट और गोपाल आर्यक से बहुत बेमेल नहीं हैं। कथानायक की अनेक सम्भावनाओं से भरे हुए राजा सातवाहन का उन्नायक चरित्र भी इन कथानायकों से बहुत दूर नहीं पड़ता। सम्भवतः उद्धारकर्त्ता लोकनायकों की प्रकृति द्विवेदी जी की औपन्यासिक रचनाशीलता के अनुकूल पड़ती है। प्रेम के असीम सत्य की प्रतिष्ठा ही इस उपन्यास का लक्ष्य है। यद्यपि बीच-बीच में उनका पाण्डित्य कुलाँचें भरता है पर उसकी लोकोन्मुखी सीमा उसे बहकने नहीं देती। द्विवेदी जी काम को आध्यात्मिक विकास में बाधक तथा प्रेम को उन्नायक शक्ति के रूप में स्वीकार करते हैं। रैक्व की पीठ में होनेवाली खुजली को उपन्यासकार ने आधुनिक मनोवैज्ञानिक चिन्तन की समकालीनता में व्याख्यायित किया है और अनुमान किया है कि ऋषि-मुनियों को खुजली होती तो अवश्य थी, पर अत्यधिक संयम के कारण वे उसे खुजलाते नहीं थे। इस उपन्यास में पीठ की खुजली को रैक्व के अवचेतन मन की दुर्दम अभिलाषा के रूप में स्वीकार किया गया है जो शुभा (जाबाला) के सम्पर्क में आने अथवा उसकी स्मृति से बढ़ जाती है और समाधि लगाने में भी व्यवधान डालती है। आगे चलकर जब रैक्व लोक-सेवा-जैसे कार्यों में विनियुक्त होने की बात सोचते हैं और भगवती ऋतम्भरा के साथ घूमते हुए

साधारण जनता के दुःख-दर्द से परिचित हो जाते हैं तो प्रेम का स्वरूप भी लोकोन्मुखी हो उठता है। खुजली के कारण न लगनेवाली समाधि अब इसलिए भी नहीं लगती कि आँखों के सामने भूखे-नंगे बच्चे और कातर दृष्टिवाली माताएँ दिखने लगती हैं।

लोक-व्यवहार और दुनियादारी के अनुभव से अनभिज्ञ होने के बावजूद रैक्व का चिन्तन लोकोन्मुखी सम्भावनाओं से भरा हुआ है जिसका विकास आगे चलकर होता है। हर बात में मूल तक पहुँचने का उनका प्रयास उन्हें वृहत्तर जीवन-मूल्यों से जोड़ने में सफल होता है। अपने आरम्भिक तापस जीवन में भी वे स्वर्गलोक का अन्तिम सत्य नहीं मानते। उनकी दृष्टि में स्वर्गलोक का आश्रय मनुष्य लोक है और जीवधारियों में जो प्राण है, वही आकाशमण्डल में व्याप्त वायु है। लेकिन उनकी विशेषता यह है कि किसी भी सिद्धान्त को अन्तिम सत्य न मानकर परीक्षा के द्वारा उसकी सत्यता की जाँच करते हैं। पिण्ड से ब्रह्माण्डव्यापी प्राणवायु के प्रामाणिक सत्य को परखने का अवसर भी उन्हें शीघ्र ही मिल जाता है जब पूरे आकाशमण्डल को उद्वेलित कर देनेवाली वायु शक्ति के झंझावाती आवर्त्त में स्वयं फँस जाते हैं और आकस्मिक रूप से देवलोक के मनुष्य से उसका साक्षात्कार होता है। कीचड़ में धँसी हुई बैलगाड़ी, मरा हुआ गाड़ीवान और थोड़ी दूरी पर बेहोश पड़ी जाबाला को देखकर उनके मन में मानवीय करुणा का उद्रेक होता है और संकट में फँसे प्राणिमात्र की सहायता को सहज धर्म मानकर वे जाबाला की ओर उन्मुख होते हैं। उन्हें लगता है कि अगर वायु सब-कुछ का कारण है और सब-कुछ वायु में ही विलीन हो जाता है तो वायु के उपचार से इस प्राणी को भी राहत मिलनी चाहिए। लिहाजा उन्होंने उसके शरीर पर उलझे हुए कपड़ों का एक सिरा उठाया और हवा करने लगे और इससे जो परिणाम निकला उससे उन्हें दुहरा आश्चर्य हुआ। एक तो यह कि उस मूर्च्छित प्राणी की चेतना वापस लौटने लगी और दूसरा यह कि जिस कपड़े से वह हवा कर रहे थे, वह सूख गया। व्याकरण-ज्ञान के आधार पर नारी और पुरुष के पद से परिचित और पदार्थ-प्रत्यय से अनभिज्ञ वयस्क शिशु रैक्व का भोलापन जाबाला को आकर्षित करता है। वह उन्हें 'शुभे' सम्बोधन से परिचित कराने और लोक-व्यवहार के अनुभव से उनके अधूरे ज्ञान को समृद्ध करने के कारण 'शुभा' और गुरु बन जाती है। वस्तुतः यह आकस्मिक घटना युवा तापस के जीवन को बदल देनेवाली ऐसा मोड़ सिद्ध होती है जहाँ से उनके चिन्तन की दिशा ही बदल जाती है। मानवीय करुणा के उदय ने गौतम बुद्ध को संसार से विरक्त बनाया और उसी ने युवा तापस रैक्व को संसार की ओर उन्मुख किया। परम सत्य की खोज में निकले अनिकेत यायावर रैक्व को, सम्पूर्ण सत्य का साक्षात्कार करने के लिए जीवित लोक में विनियोजित कर हजारीप्रसाद द्विवेदी जी ने निवृत्तिमूलक निष्क्रिय तप और वैराग्य का प्रत्याख्यान किया है और यह बताने का प्रयास किया है कि परम सत्य को इसी जीवन में, इसी लोक और समाज में पाया जा सकता है।

सामाजिक जीवन से पलायन कर जंगल के एकान्त और पर्वत की निर्जन कन्दराओं में उसकी खोज बेकार है। जब देश में हाहाकार और करुण-क्रन्दन का चीत्कार सुनायी पड़ रहा हो तो उस ओर से आँख-कान मूँदकर समाधिस्थ होने का प्रयास जीवन की निष्क्रियता का परिचायक है। द्विवेदी जी क्रियाशीलता को जीवन का सौन्दर्य मानते हैं और मानवीय प्रेम ही कर्म सौन्दर्य का आधार है। इस प्रकार तापस-संस्कृति की व्यक्ति-मुक्ति-साधना को सामाजिक मुक्तिवाली सर्वहारा संस्कृति में रूपान्तरित कर देना इस उपन्यास की उपलब्धि और उपन्यासकार की समकालीन आधुनिकता का प्रमाण है। इस उपन्यास के सामाजिक सन्दर्भों और जीवन-मूल्यों को जोड़नेवाले सारे सूत्र उनके मानवतावादी जीवन-दर्शन में विन्यस्त हैं।

हजारीप्रसाद द्विवेदी के इस उपन्यास में दूसरे उपन्यासों की तरह ही अतीत और वर्तमान तथा शास्त्र और लोक की समानान्तरता तो दिखायी ही पड़ती है; आधुनिक जीवन को व्यापक रूप से प्रभावित करनेवाली दो चिन्तन-पद्धतियों--'मार्क्स' के साम्यवादी दर्शन और 'फ्रायड' के मनोविश्लेषणवादी प्रभाव की समानान्तरता भी लक्षित की जा सकती है। इसलिए उन्होंने छान्दोग्योपनिषद् की उस घटना को आधार बनाया है जो लोकवादी और मनोवैज्ञानिक विश्लेषण की सम्भावनाओं से भरी हुई है। रैक्व के पीठ की खुजली उसके मन की दुर्दम अभिलाषा है तो टूटी हुई गाड़ी से उनका लगाव उस अज्ञात काम-ग्रन्थि का स्मृति प्रतीक है। लेकिन ध्यान देने की बात है कि रैक्व उससे कुण्ठित नहीं होते बल्कि सामाजिक जीवन के अनुभवों से गुजरते हुए उनके मन की दुर्दम अभिलाषा आत्मदान और सेवा भाव के रूप में प्रेम की सर्जनात्मकता में रूपान्तरित हो जाती है। शुभा की स्मृतियों से जुड़ी हुई टूटी गाड़ी अब खाज खुजलानेवाले तापस की तपोभूमि का प्रतीकमात्र नहीं रह जाती बल्कि शुभा की गाड़ी रैक्व की गाड़ी बन जाती है, अपने-पराये का भेद मिट जाता है, प्रेम की एकान्तिकता लोकोन्मुखी हो जाती है, तपोभूमि सामाजिक जीवन से जुड़ जाती है और गाड़ी लोक-सेवा के काम में लगकर सार्वजनिक हो जाती है। लोक-जीवन और लोक-सेवा ही साध्य है, मन की दुर्दम अभिलाषा उसका साधनमात्र है। इस प्रकार व्यक्ति मुक्ति का सामाजिक मुक्ति में रूपान्तरण तथा व्यक्ति प्रेम और सामाजिक प्रेम में सामंजस्य वैश्वानर साधना की सामाजिक चरितार्थता है। चूँकि यह सामाजिक सत्य है अतः अविभाजित और सम्पूर्ण सत्य भी है। द्विवेदी जी की दृष्टि में सम्पूर्ण सत्य वह है जिससे समाज का आत्यन्तिक कल्याण हो।

जाबाला, औषस्तिपाद, भगवती ऋतम्भरा, जटिल मुनि, मामा और ऋजुका आदि सभी किसी-न-किसी रूप में रैक्व की स्तब्ध लोक-चेतना को स्पन्दित करते हैं और रैक्व भी उनके व्यावहारिक अनुभवों से प्रभावित होते हैं। लेकिन उसे ज्यों-का-त्यों स्वीकार कर लेना उनकी प्रकृति के विरुद्ध है। औषस्तिपाद उन्हें गार्हस्थ्य जीवन में प्रवेश कर सामाजिक जीवन जीने के लिए उत्प्रेरित करते हुए कहते

हैं--"विवाह के माध्यम से ही पुरुष और स्त्री पूर्णता प्राप्त करते हैं, संसार के सबसे बड़े लक्ष्य प्रेम को प्राप्त करते हैं" भगवती ऋतम्भरा भी यही सन्देश देती हैं कि 'तुम्हारा स्व-भाव प्रेम है। उसी के माध्यम से तुम सत्य का साक्षात्कार कर सकते हो।' लेकिन जब वे नारी-पुरुष को पूर्णता प्रदान करनेवाले विवाह के बारे में सोचते हैं तो ऋजुका के वैवाहिक जीवन की विडम्बना उन्हें विचलित कर देती है और अपने वैवाहिक जीवन की निर्णायक स्थिति में वे जटिल मुनि के लोकशास्त्र पर ही विश्वास कर उनके निर्देशानुसार उद्वाह को स्वीकार करते हैं। जटिल मुनि के प्रभावशाली व्यक्तित्व से रैक्व तत्काल आक्रान्त-से हो उठते हैं। व्यक्तित्व का तेज ऐसा कि 'रैक्व को लगा, जैसे कोई भयंकर उल्का उनकी ओर बढ़ी आ रही है' और जब हँसे तो ऐसा लगा 'जैसे कोई आँधी सनसनाकर बढ़ती चली आ रही हो।' रैक्व और जटिल मुनि दोनों ही कबीर की परम्परा से सम्बद्ध अक्खड़, फक्कड़ और मस्तमौला चरित्र हैं, दोनों अनाथ, अनिकेत एवं समानधर्मा हैं। उपन्यासकार ने ज्योतिष के बल पर दोनों की भाग्य रेखाओं को भी मिला दिया है। पर इससे यह भ्रम नहीं होना चाहिए कि द्विवेदी जी ज्योतिष पर विश्वास करते हैं। वे ज्योतिष जानते हैं, मानते नहीं। यह आकस्मिक नहीं है कि ज्योतिष की भाषा में बात करते-करते जटिल मुनि सहसा भाग्य की रेखाओं को चुनौती देते हुए कर्म की प्रधानता को रेखांकित करते हैं 'विधाता की दी हुई सभी रेखाओं को संकल्प शक्ति से जिधर चाहो मोड़ सकते हो।' इन दोनों के मिलन की सबसे बड़ी चरितार्थता यह है कि देवी भक्त जटिल मुनि अपने अनुभव-ज्ञान के द्वारा रैक्व के मन के भटकाव को, अकारण आरोपित पाप भावना को तथा काम, प्रेम और विवाह की रचनात्मक भूमिका को बड़ी स्पष्टता के साथ समझाते हुए उन्हें भक्ति मार्ग की दीक्षा देते हैं। वे रैक्व को समझाते हैं--"अन्य स्रोतों से छनकर आया हुआ सत्य बहुत बार अपने शुद्ध रूप में दिखायी नहीं देता, लेकिन तुम्हारी बहुत भारी गलती यह थी कि तुमने कभी अनुभव नहीं किया कि मनुष्य श्रद्धेय के साथ एकमेक हो सकता है। और यही तो तुम्हारे भटकने का कारण है। तुमने कभी अपनी शुभा के साथ अपने को एकमेक करके नहीं देखा। कदाचित् तुम देख भी नहीं सकते, क्योंकि तुम्हारा स्वभाव द्वैत में आनन्द पाने का है।" (अनामदास का पोथा : पृ० १८३-८४)

आश्वलायन ने रैक्व को जटिल मुनि के बारे में जो जानकारी दी, उसके अनुसार "ये महात्मा सब तरह से विचित्र हैं। ब्राह्मण नहीं हैं, क्योंकि ब्रह्म या वेद किसी के कायल नहीं हैं। ये अपने को अनेकान्तवादी बताते हैं। कहते हैं, हर आदमी का सत्य अपना और निजी होता है। किसी के भी बताये मार्ग पर आँख मूँदकर नहीं चला जा सकता। हर व्यक्ति का अपना सत्य है, उसी की खोज करनी चाहिए। वे अपने श्रम से उत्पन्न अन्न ही ग्रहण करते हैं, किसी का दिया कुछ नहीं लेते।" (अनामदास का पोथा : पृ० १७५) इस परिचय से जटिल मुनि उपनिषद्कालीन

किसी ऋषि या मुनि की अपेक्षा मध्यकालीन शूद्र जातीय सन्तों की परम्परा के अधिक निकट दिखायी पड़ते हैं पर अनामदास की टिप्पणी में प्रच्छन्न प्रतिस्पर्द्धा के शिकार वृहदारण्यक के उपेक्षित उषस्ति ऋषि जिनके तेज को याज्ञवल्क्य के सामने अस्वाभाविक रूप से धूमिल हो जाने पर चिन्ता व्यक्त की गयी है; उसकी क्षतिपूर्ति के लिए अपने श्रम की कमाई खानेवाले एक तेजस्वी मुनि के रूप में चित्रित किये गये हैं जो यहाँ भी आश्रमवासी ऋषियों के द्वारा उपेक्षित हैं लेकिन लोकोन्मुखी तत्त्वज्ञानी महर्षि औषस्तिपाद के प्रति अपार श्रद्धालु हैं। इन्हें अनेकान्तवादी बताया गया है और 'अनेकान्तवाद' जैन दृष्टिकोण की अपनी निजी विशेषता है जिसका अर्थ है किसी प्रकार की चरमपन्थिता को अस्वीकार करने का सिद्धान्त। यह एक प्रयास था उपनिषद् स्वीकृत तथा बौद्ध स्वीकृत मन्तव्यों के बीच का रास्ता निकालने का।

यह समझना कठिन नहीं है कि क्यों उपनिषदों के समय से ही मनुष्य-मनुष्य के बीच पायी जानेवाली असमानता और वर्ण-व्यवस्था को उचित ठहराने के लिए कर्म-सिद्धान्त को सहारा बनाया जा रहा था और गीता में स्वयं भगवान् से घोषणा करायी गयी कि मैंने वर्णों को गुण तथा कर्म के विभागों को ध्यान में रखकर बनाया है। शारीरिक श्रम को कितनी निम्न दृष्टि से देखा जाता था, इसका अन्दाजा इस बात से लग सकता है कि कुछ सबसे नीची जातियों के नाम उनके उद्योग-धन्धों के नाम पर पड़े हैं और बहुत-सी जातियों के नाम उनके पेशे पर पड़े हैं जैसे अयस्कार (लोहार), कुम्भकार (कुम्हार), चर्मकार (चमार), तैलिक (तेली), नट (नाचनेवाला), रथकार (रथ बनानेवाला) आदि। ऊँचे वर्णों का उत्पादन श्रम से कतराना स्पष्टतः कर्म-सिद्धान्त के प्रच्छन्न प्रभाव का परिणाम है। भारतीय दार्शनिकों में भौतिकवादियों ने ही इसका विरोध किया है। इन बातों का विरोध करनेवालों को वेदविरोधी अथवा ब्राह्मणविरोधी कहकर प्रचार करने की परम्परा उपनिषद् ज्ञान की तरह ही कम रहस्यमयी नहीं है, अन्यथा ऋग्वेद के पुराने भागों में न तो वर्ण विभागों के दर्शन होते हैं और न वहाँ शारीरिक श्रम के प्रति किसी तरह की घृणा का भाव ही है।

देवीप्रसाद चट्टोपाध्याय ने लक्ष्य किया है कि "आदिम अथवा अर्द्ध-आदिम कविताओं का यह विशाल पंज कबीलों में रहनेवाले मनुष्यों के सामूहिक श्रम की प्रशस्ति अनगिनत स्थलों पर गाता है। भोजन सामग्री और सम्पत्ति में वृद्धि की बात यहाँ पद-पद पर की गयी है और अनेक बार स्वयं देवताओं का वर्णन इस रूप में किया गया है कि वे पशु चराने तथा भोजन सामग्री और भौतिक सम्पत्ति में वृद्धि करने के काम में मनुष्य का हाथ बँटा रहे हैं।" (भारतीय दर्शन : पृ० ११५) लेकिन सोचने की बात है कि आगे चलकर समाज में पुरोहितों और सामन्तों का धार्मिक और राजनैतिक प्रभुत्व स्थापित हो जाने के कारण उत्पादन श्रम के साथ वर्णों का सम्बन्ध विभाजित हो जाता है और ब्राह्मण धर्म के स्वर्ण काल के मसीहा

मनु महाराज स्पष्ट निर्देश देते हैं कि ब्राह्मण और क्षत्रिय 'वृद्धि' अर्थात् उत्पादन-सम्बन्धी व्यवसायों को न अपनायें। ऋग्वेद के पुराने भागों में जहाँ भौतिक सम्पत्ति की वृद्धि में देवताओं तक को मनुष्यों का सहयोगी बताया गया है, वहीं मनु, मेघातिथि-जैसे तमाम धर्माचार्यों ने श्रम को घृणित बताकर उच्च वर्णों को उससे अलग रखते हुए एक ओर जहाँ परोपजीवी सुविधाभोगियों को पनपने का अवसर दिया वहीं देश के आर्थिक विकास को भी अवरुद्ध किया।

उपनिषदों में भी पुनर्जन्म और कर्म-सिद्धान्तों के द्वारा इन मान्यताओं को पुष्ट किया गया। जिस किसी सम्प्रदाय या आचार्य ने मूल वैदिक परम्परा से दूर पड़ती जाती इस परम्परा का विरोध किया उसे ही वेदविरोधी और ब्राह्मणविरोधी कहकर लांछित किया गया। इस उपन्यास में अनामदास की टिप्पणी से स्पष्ट होता है कि उपनिषदों के ऋषियों में अनेक ऐसे थे जिन्होंने वर्ण-व्यवस्था की जकड़न को तोड़कर श्रम के महत्त्व को स्थापित किया। टिप्पणी में उषस्ति को गरीब, स्वाभिमानी, अक्खड़, फक्कड़ और मस्त बताया गया है और साथ ही 'उनके विचार भी चौंकानेवाले हैं।' द्विवेदी जी ने हिन्दी साहित्य की भूमिका में स्पष्ट उल्लेख किया है कि समय-समय पर ऐसे महात्मा होते रहे हैं जिन्होंने इस अभिशप्त वर्ण-व्यवस्था पर कड़ा प्रहार किया है। ऐसे अक्खड़-फक्कड़ चरित्र द्विवेदी के साहित्य और चिन्तन में अनिवार्य रूप से स्वाभिमान और गरीबी से जुड़े हुए हैं। इसे उन्होंने अपनी जन्मभूमि की विषम भौगोलिक परिस्थितियों से संघर्ष करनेवाले निवासियों के जीवन-अनुभव से जाना है। इस उपन्यास की गरीब किसान-कन्या ऋजुका भी इतनी स्वाभिमानी है कि भीख माँगने के विरुद्ध परिश्रम की कमाई पर विश्वास करती है। स्वाभिमान गरीब का उन्नायक तत्त्व है और हीनता उसका अभिशाप है जो समझौता और भिक्षावृत्ति की ओर ले जाती है।

सामन्ती पुरोहिती समाज-व्यवस्था के पतन का सबसे अधिक खामियाजा उत्पादन-श्रम में कटे हुए पुरोहित वर्ग को भुगतना पड़ा है और उसमें भी विशेष रूप से गाँव में फैले हुए पुरोहितों को जो पुराने धर्माचार्यों की धार्मिक रूढ़ियों से जकड़े हुए होने के कारण शारीरिक श्रम को अत्यन्त हीन समझते थे।

जटिल मुनि की परम्परा अनामदास की टिप्पणी के उषस्ति की ही परम्परा है और उससे जुड़े हुए एक अन्य पात्र हैं सिद्ध महात्मा जो "यज्ञ के विरोधी हैं, ब्राह्मणों के विरोधी हैं, देवताओं के विरोधी हैं, यहाँ तक कि एकान्त के तप और मनन के भी विरोधी हैं।" राजा जानश्रुति के राजपुरोहित आचार्य औदुम्बरायण जब उनसे मिले तो देखा कि "महात्मा प्रायः निर्वस्त्र थे। वे बहुत वृद्ध तो नहीं थे, केश उनके अभी काले थे, पर उनमें एक विचित्र प्रकार का तेज था। ऐसा लगता था कि किसी बिल के द्वार पर मणिधर सर्प ने अपनी मणि उतारकर रख दी है। शरीर उनका काला था, नाक चिपटी, कान बड़े-बड़े, चौड़े और ललाट सपाट। उनके

निकट जो स्त्री-पुरुष बैठे थे, वे प्रायः छोटी जाति के लोग थे, पर उनके चेहरों पर श्रद्धा की चमक थी। महात्मा सामने आग की धूनी जलाये बैठे थे, उनका सारा शरीर इसी धूनी की भस्म से पुता हुआ था। पास में एक ताँबे का चिमटा था और एक मिट्टी का टोंटीदार पात्र भी।" (अनामदास का पोथा : पृ० ६८) जटिल मुनि और सिद्ध महात्मा दोनों ही द्विवेदी जी के मध्यकालीन बोध के अनुरूप ढाले गये पात्र हैं जिसमें कबीर-जैसा तेज, उन्हीं-जैसा अक्खड़-फक्कड़, अकुतोभय व्यक्तित्व विद्यमान है। सिद्ध महात्मा भगवती ऋतम्भरा की ही तरह लोक-जागरण के कार्य में लगे हैं। राजा जानश्रुति की जड़ता को स्पन्दित करते हुए वे औदुम्बरायण के सामने वृहत्तर जीवन-मूल्यों का प्रश्न उठाते हैं--"परन्तु तब तक यह झूठ ही रहेगा जब तक आप केवल जानश्रुति की बेटी को ही अपनी बेटी समझें और प्रजा की बहू-बेटियों को भी उसी प्रकार बेटी न समझें।" लेकिन 'बाणभट्ट की आत्मकथा' में भैरवी महामाया ने जिस व्यापक परिप्रेक्ष्य में पूरी ओजस्विता के साथ इस प्रश्न को उठाया था, वैसी ओजस्विता यहाँ नहीं दिखायी पड़ती। वे जाबाला के मानसिक कष्ट को दूर करने के लिए कोहलियों के नृत्य-नाट्य की व्यवस्था का सुझाव देते हैं। समाज पर इन आर्येतर सांस्कृतिक प्रभावों की चर्चा के क्रम में वे यह बताना नहीं भूलते कि अब तो आर्य ऋषि भी नाट्यशास्त्र को पाँचवें वेद के रूप में मानने लगे हैं। राजा जानश्रुति की अकाल पीड़ित प्रजा की सहायता के लिए उन्होंने आचार्य को सावधान किया और बाद में उनकी प्रभावशाली बातों को सुन जाबाला भी लोक-कल्याण के लिए उद्विग्न हो उठी।

भगवती ऋतम्भरा के अनुभवसम्पन्न ज्ञान, उनकी निर्लिप्त सेवा-भावना तथा हृदय की उदारता ने रैक्व की बंजर जिन्दगी को जीवन्त बनाने में महत्त्वपूर्ण भूमिका निभायी है। रैक्व के चिन्तन को गतिशील बनाने और उनके जीवन को सही दिशा देने में ऋतम्भरा का महान् अवदान उन्हें इस उपन्यास का महत्त्वपूर्ण चरित्र बना देता है। उनका ज्ञान व्यावहारिक अनुभव में ढला हुआ, इतना प्रभावशाली होता है कि उनके सम्पर्क में आने के बाद रैक्व और जाबाला दोनों ही उनसे प्रभावित हुए बिना नहीं रहते। रैक्व के मन में बैठी हुई पाप-भावना को गलत बताते हुए वे समझाती हैं कि तुम ऐसा कभी मत सोचो कि तुमने कोई पाप किया है और उसी का दण्ड भोग रहे हो। तुम्हारे पीठ की खुजली पाप के कारण नहीं बल्कि मन की गहराई में छिपी किसी दुर्दम अभिलाषा का परिणाम है। "तुम्हारा झुकाव प्रिय ब्रह्म की ओर ही हो सकता है। प्राण के सूत्र को पकड़कर तुम परम सत्य को प्रिय रूप में पा सकते हो और प्रिय रूप का किंचित् साक्षात्कार भी तुम्हें ब्रह्म तक, महासत्य तक पहुँचा सकता है। अर्थात् तुम्हारा स्व-भाव प्रेम है। उसी के माध्यम से तुम सत्य का साक्षात्कार कर सकते हो।" (अनामदास का पोथा : पृ० ८०) पाप और पुण्य की लोकवादी व्याख्या करती हुई वे रैक्व से कहती हैं--"जिस कार्य से

किसी को शारीरिक या मानसिक कष्ट होता है, वह पाप कार्य है। पर जिससे किसी का दुःख दूर हो, उसका इहलोक और परलोक सुधर जाये, रोगी नीरोग हो जाये, दुखिया सुखी हो जाये, भूखा अन्न पाये, प्यासा जल पाये, कमजोर लोग आश्वासन पायें; वे सब पुण्य हैं।" (अनामदास का पोथा : पृ० ६३) द्विवेदी जी का मानना है कि मनुष्य अनन्त सम्भावनाओं का स्रोत है, यदि उसमें आत्मविश्वास और संकल्प शक्ति हो तो वह सामाजिक जीवन में असाध्य साधन को सिद्ध कर सकता है। समाज ही तपस्या की वास्तविक कसौटी है; इसीलिए माँ ऋतम्भरा रैक्व को समझाती हैं--"अब इस बात की परीक्षा कैसे होगी तू सचमुच सत्यवादी है। जब दस मनुष्यों के सम्पर्क में आयेगा, कहीं तेरे स्वार्थ पर चोट पहुँचेगी, उस समय अपना मतलब साधने के लिए झूठ नहीं बोलेगा, किसी बात को छिपाने का प्रयत्न नहीं करेगा, तभी न मालूम हो सकेगा कि तू सत्य पर दृढ़ है? अकेले-अकेले तो हर आदमी सत्यवादी और धर्मनिष्ठ होने का दावा कर सकता है। दस जनों के सम्पर्क में आने से ही न उसकी निष्ठा की परीक्षा होगी।" (वही : पृ० ६१)

इसी प्रकार द्विवेदी जी परमतत्त्व की भी समाज सापेक्ष व्याख्या प्रस्तुत करते हैं। परमतत्त्व धर्म का निर्णायक नहीं है और धर्म कुछ कर्त्तव्यों और आचरणों से प्रकट होता है--"जो अपने-आपकी सुख-सुविधा का ध्यान न रखकर दूसरों के दुःख को दूर करने का प्रयत्न करता है, सत्य से च्युत नहीं होता, दूसरों का कष्ट दूर करने के लिए अपना प्राण तक त्याग सकता है, वही धार्मिक है। वह परम और चरम तत्त्व के बारे में क्या मानता है, यह बड़ी बात नहीं है। बड़ी बात है कि वह कैसा आचरण करता है; औरों के साथ कैसा व्यवहार करता है उनके लिए कितना त्याग कर सकता है; यही तय करेगा कि वह धर्मपरायण है या नहीं।" (वही : पृ० ६२) ऐसा लगता है कि इसकी चरितार्थता के लिए ही मामा-जैसे गुमनाम चरित्र की कल्पसृष्टि की गयी है। नाम बड़ी चीज नहीं है, मामा का नामी ही इतना महान् है कि उसमें नामी और नाम एकाकार हो गये हैं।

राजा जानश्रुति के अकाल-पीड़ित राज्य में भूख-प्यास से बिलबिलाते बेसहारा बच्चों के लिए साग-पात, मधु और बरगद के फल इकट्ठा कर उनकी प्राण-रक्षा करनेवाले फक्कड़ मामा झूठी कहानियाँ गढ़कर बच्चों का मन बहलाते हैं और गप्पों से थोड़ी देर के लिए बच्चों के उदास चेहरों पर चमक पैदा कर उन्हें जीने की कला सिखाते हैं। कहने के लिए उनका अपना कोई नहीं पर सारा गाँव उनका है, वह बच्चों के ही नहीं गाँव भर के मामा हैं। अटूट गँवार सीधे सरल मामा धर्म और कर्म के, कर्त्तव्य और आचरण के, त्याग और तप के, दया और ममता के, जिजीविषा और सेवा के मूर्तिमान् विग्रह हैं। सरलता ही उनकी विशिष्टता है और उनका झूठ परम सत्य के लिए भी चुनौती है। लोक जगानेवालों के लिए वह जगे हुए लोक की प्रकाश किरण हैं और बड़े-से-बड़े तत्त्वज्ञानी के लिए भी प्रेरणा शक्ति। मामा के

क्रियाशील जीवन के सम्पर्क में आने से रैक्व-जैसे तत्त्वज्ञानी तपस्वी की आँखें खुल जाती हैं "मैं जो गाड़ी के नीचे बैठकर तप कर रहा था, वह झूठा तप था, सही तपस्या गाड़ी चलाकर की जा सकती है।" और उनमें मामा के साथ गट्ठर ढोने का संकल्प जगता है। लोक जगाने निकली भगवती ऋतम्भरा को मामा के झूठ में परमवैश्वानर का संकेत दिखायी पड़ता है और उनकी जिजीविषा में वे आत्मज्ञान का साक्षात्कार करती हैं--"मुझे लगता है बेटा, जिसे लोग आत्मा कहते हैं वह इसी जिजीविषा के भीतर कुछ होना चाहिए। वे जो बच्चे हैं किसी की टाँग सूख गयी है, किसी का पेट फूल गया है, किसी की आँख सूज गयी है--ये जी जायें तो इनमें बड़े-बड़े ज्ञानी और उद्यमी बनने की सम्भावना है। सम्भावना की बात कर रही हूँ। अगर यह सम्भावना नहीं होती तो शायद जिजीविषा भी नहीं होती। आत्मा उन्हीं अज्ञात-अपरिचित-अननुध्यात सम्भावनाओं का द्वार है।" (वही : पृ० ८७) मामा वस्तुतः अनन्त सम्भावनाओं से भरा हुआ समकालीन मनुष्य है--सामान्य और जगरूक, आत्मविश्वास से भरा हुआ कर्मठ और उद्यमी। उसके इस विकास में ज्ञान-विज्ञान की शिक्षा का अभाव कहीं भी बाधक नहीं है। "अशिक्षा के कारण कोई सुसंस्कृत होने से वंचित नहीं रह जाता। शिक्षा से जानकारियाँ बढ़ती हैं अवश्य, पर चित्त का संस्कार तो घर और परिवेश के संस्कारों से ही होता है।" (पुनर्नवा : पृ० २८२) द्विवेदी जी की दृष्टि में मनुष्य सुसंस्कृत हो, इसके लिए आवश्यक नहीं कि सुशिक्षित भी हो। सुशिक्षित होना अच्छी बात है, पर वास्तविक तप तो सुसंस्कृत होना है।" (वही) इस प्रकार द्विवेदी जी ने अपने चिन्तन में संस्कृति को शिक्षा से अधिक महत्त्वपूर्ण माना है। "जिजीविषा है तो जीवन रहेगा, जीवन रहेगा तो अनन्त सम्भावनाएँ रहेंगी। सब चलता रहेगा। यही प्रकृति है। इसे सुनियन्त्रित रूप से चलाने का प्रयास शुभ है। वही संस्कृति है।" (अनामदास का पोथा : पृ० ८८)

जीने की इच्छा तो सबमें है पर मामा में जिलाने की इच्छा भी है, इसी अर्थ में वह विशिष्ट हैं और सच्चा आत्मज्ञानी भी। तत्त्वज्ञान अन्ततः लोकहित में लीन हो जाने का ही ज्ञान है, वह भौतिक जगत् और लोक-जीवन से परे नहीं है। हजारीप्रसाद द्विवेदी के लोकोन्मुखी पाण्डित्य के प्रतीक महर्षि औषस्ति के गतिशील चिन्तन का यही निष्कर्ष है। वे युवा तापस रैक्व को समझाते हैं--"सत्य बड़ा गुण है, स्वाध्याय और सत्संग परम तप है और परदुःखकातरता सबसे बड़ा मानवीय गुण है।" फिर एकान्त तप का प्रत्याख्यान करते हुए कहते हैं "एकान्त का तप बड़ा तप नहीं है, बेटा! देखो संसार में कितना कष्ट है, रोग है, शोक है, दरिद्रता है, कुसंस्कार है। लोग दुःख से व्याकुल हैं। उनमें जाना चाहिए। जिसे यह सत्य प्रकट हो गया है कि सर्वत्र एक ही आत्मा विद्यमान है, वह दुःख-कष्ट से जर्जर मानवता की कैसे उपेक्षा कर सकता है, वत्स?" (अनामदास का पोथा : पृ० ५६) निष्कर्ष यह कि "दूसरों

के सुख के लिए अपने-आपको दलित द्राक्षा की तरह निचोड़कर दे देना, इससे बड़ा तप मुझे मालूम नहीं है।" प्रेम और भक्ति पर आधारित यह भावसूत्र हजारीप्रसाद द्विवेदी की सांस्कृतिक चेतना का केन्द्रीय स्वर है जो उनके सभी उपन्यासों में ही नहीं उनके समूचे साहित्य में झंकृत होता रहता है। मामा का लोकार्पित जीवन इसी भावसूत्र का प्रतीक विग्रह है। लोक और शास्त्र के सन्तुलन बिन्दु पर खड़ा मामा एक समकालीन भारतीय मनुष्य है और द्विवेदी जी के उपन्यासों में ऐसा इकलौता चरित्र है जिसे उन्होंने इतनी आत्मीयता के साथ अपने एकान्त व्यक्तित्व की निजता सौंपी है। कहने की आवश्यकता नहीं कि गप्प हाँकने में वह व्योमकेश शास्त्री के भी कान काटता है और कहीं-न-कहीं यही उसकी ऋजुता और जिन्दादिली का रहस्य है।

इस प्रकार अनामदास का पोथा मनुष्य की मूल मनोवृत्ति उसकी काम-भावना की अकुण्ठ प्रतिष्ठा का उद्घोष करता हुआ उसे प्राणशक्ति की शास्त्रीयता और सर्जनात्मक प्रेम की लोकोन्मुखता में व्याख्यायित करता है। महर्षि औषस्तिपाद और भगवती ऋतम्भरा जो उपन्यासकार के लचीले और गतिशील शास्त्रज्ञान के प्रवक्ता हैं, याज्ञवल्क्य की 'प्राणप्रियता' की व्याख्या के सहारे उसकी लोकवादी व्याख्या करते हुए प्रेम को परम पुरुषार्थ के रूप में घोषित करते हैं। एकान्तिक तप के प्रत्याख्यान और लोकशक्ति के स्वीकार द्वारा उपन्यासकार मानवीय प्रेम को जीवन-सत्य के रूप में स्वीकार करता है।

●

निबन्ध और आलोचना : मनुष्य ही साहित्य का लक्ष्य है

- संस्कृति-चिन्ता
- सौन्दर्य-बोध
- साहित्य का गतिशील चिन्तन

संस्कृति-चिन्ता

आचार्य हजारीप्रसाद द्विवेदी की 'संस्कृति-चिन्ता' कोरी बौद्धिक अवधारणा नहीं, बल्कि उनकी दृष्टि के उन्मेष की वह सर्जनात्मक परिणति है, जिसे अपनी सांस्कृतिक परम्परा की पहचान के लिए उन्होंने आर्य और आर्येतर कला-संस्कृतियों के अध्ययन-क्रम में विविध साहित्यिक निबन्धों, 'प्राचीन भारत के कलात्मक विनोद' तथा 'कालिदास की लालित्य योजना'-जैसी साहित्य-साधनाओं से अर्जित किया है। आधुनिक राष्ट्रीय नवजागरण के पश्चात् अपनी सांस्कृतिक परम्परा के मूल्यांकन-पुनर्मूल्यांकन का एक लम्बा दौर दिखायी पड़ता है जिसमें भाषा, साहित्य, संस्कृति और इतिहास-सम्बन्धी अनेक सवाल उठ खड़े हुए थे। इन सवालों की अपेक्षा में भारत की 'राष्ट्रीयता' को तरह-तरह से पहचानने का प्रयत्न किया जा रहा था। वैज्ञानिक प्रगति के इस आधुनिक युग में मानव की प्रतिष्ठा हो चुकी थी और 'व्यक्ति-मुक्ति' की मध्ययुगीन अवधारणा का स्तर 'सामाजिक मुक्ति' की आधुनिक विचारधारा के रूप में अपनी अन्तरराष्ट्रीय पहचान बना चुका था। यही कारण है कि आजादी के बाद सांस्कृतिक विरासत का सवाल अहं सवाल बन गया था और क्षेत्रीयता, भाषा, धर्म, सम्प्रदाय और जातिगत विभिन्नता के अनेक सवाल उससे टकरा रहे थे। संस्कृति का सवाल हमारी भाषा और साहित्य से जुड़ा हुआ सवाल है, इसलिए भाषा की राष्ट्रीयता और साहित्य की सोद्देश्यता तथा उसकी भविष्योन्मुखी दिशा के निर्धारण में भारतीय बुद्धिजीवियों के पुनरुत्थानवादी और क्रान्तिकारी स्वर एक-दूसरे का अतिक्रमण कर रहे थे।

कहना न होगा कि आचार्य हजारीप्रसाद द्विवेदी इन तमाम सामाजिक परिवर्तनों और उनके बीच से उठ खड़े हुए--कला-संस्कृति और सौन्दर्यबोध-सम्बन्धी अपने समकालीन सवालों से बेखबर न थे। सांस्कृतिक परम्परा का मूल्यांकन उनकी समूची साहित्य-साधना की केन्द्रवर्ती प्राणधारा है और इतिहास मनुष्य की जययात्रा की विकास-गाथा। इस इतिहास-यात्रा का शिलालेख लिखते हुए आचार्य द्विवेदी कहते हैं "मनुष्य के उत्थान-पतन का इतिहास बड़ा मनोरंजक है। न जाने कितने मूलों से मनुष्य ने अपना धर्म विश्वास संचय किया है। जातिगत और सम्प्रदायगत संकीर्णताओं से जर्जरित काल में यदि हम जान सके कि मनुष्य कितना ग्रहणशील प्राणी है, वह किस निर्भयता के साथ संस्कृति के साथ चिपटे हुए सड़े छिलकों को फेंकता आया है और किस दुर्वार शक्ति से अन्य श्रेणियों के सत्य को ग्रहण करता आया है तो यह कम

लाभ नहीं है।" (कल्पलता : पृ० १३१) जाहिर है कि जातिगत और सम्प्रदायगत संकीर्णता के इस युग में अपनी सांस्कृतिक परम्परा की सही पहचान अपने-आपमें एक कठिन चुनौती है। केवल धर्मग्रन्थों के अध्ययन से हम नहीं जान सकते कि हमारे विश्वासों को वर्तमान स्वरूप किस प्रकार प्राप्त हुआ। इसके लिए पुरातत्त्व, भाषाविज्ञान, नृतत्वशास्त्र और इतिहास की अविच्छिन्न परम्परा का ज्ञान भी आवश्यक है क्योंकि "हमारे देश का सांस्कृतिक इतिहास इस मजबूती के साथ अदृश्यकाल विधाता के हाथों सी दिया गया है कि उसे प्रान्तीय सीमाओं में बाँधकर सोचा ही नहीं जा सकता। उसका एक टाँका यदि काशी में मिल गया तो दूसरा बंगाल में, तीसरा उड़ीसा में और चौथा महाराष्ट्र में मिलेगा और यदि पाँचवाँ मालाबार या सीलोन में मिल जाये तो आश्चर्य करने की कोई बात नहीं है।" (कल्पलता : पृ० १८८) आचार्य द्विवेदी के समय 'भारतीय संस्कृति' को अखण्ड और शाश्वत मानकर, धार्मिक-साम्प्रदायिक व्याख्याओं द्वारा अनेक भ्रान्तिपूर्ण स्थितियाँ उत्पन्न की जा रही थीं, इसलिए साहित्य-चिन्तन से हटकर भी उन्होंने संस्कृति के सवाल पर गहराई से विचार किया है।

परस्पर विरोधी मान्यताओं से टकराते हुए उन्होंने 'आर्य संस्कृति', 'हिन्दू संस्कृति' और उनकी शुद्धता, 'संग्राहकता'-जैसी अवधारणाओं का विकास कर एक ऐसी 'सामासिक संस्कृति' की अवधारणा का विकास किया जिसका अन्तिम लक्ष्य था--विश्व संस्कृति की प्रतिष्ठा। इस सम्बन्ध में अपनी संस्कृति-सम्बन्धी अवधारणा को स्पष्ट करते हुए उन्होंने लिखा है--"मैं संस्कृति को किसी देशविशेष या जातिविशेष की मौलिकता नहीं मानता। मेरे विचार से सारे संसार के मनुष्यों की एक सामान्य मानव संस्कृति हो सकती है। यह दूसरी बात है कि वह व्यापक संस्कृति अब तक सारे संसार में अनुभूत और अंगीकृत नहीं हो सकी है।" (अशोक के फूल : पृष्ठ ६९) निश्चय ही सांस्कृतिक सम्बन्धों की अन्तरराष्ट्रीय सम्भावना की तलाश के पीछे उनका गतिशील चिन्तन और उदार दृष्टिकोण विद्यमान है। आचार्य द्विवेदी ऐसे लोगों से पूरी तरह असहमत हैं जो व्यापक ऐतिहासिक ज्ञान के अभाव में किसी खास मतवाद या विचारधारा को ही हिन्दू रीति-नीति मानकर बनी इकहरी समझ से हिन्दू संस्कृति की व्याख्या करते हैं। ऐसे लोग अपने वर्तमान समाज की ज्वलन्त समस्याओं की ओर से आँखें मूँदकर अतीत के गौरवगान में ही खोये रहते हैं और अपने शुद्धतावादी अहंकार के कारण किसी भी प्रकार के सामाजिक परिवर्तन और गतिशील चिन्तन को देखकर वे भड़क उठते हैं।" हमारे यहाँ उनका अमोघ ब्रह्मास्त्र है जिससे किसी को भी धराशायी किया जा सकता है। "पाश्चात्य विचारों का प्रभाव उनका ऐसा बहुधा विघोषित निन्दावाक्य है कि जिस किसी विचार को परास्त करने के लिए यह एक वाक्यांश बहुत काफी समझा जा सकता है।... यह प्रायः ही भुला दिया जाता है कि 'हमारे यहाँ' कोई छोटा-मोटा ज्ञान रत्नाकर नहीं है। किसी एक ही विचार को भारतीय विचार कह देना न केवल अपनी अल्पज्ञता का प्रदर्शन करना है, बल्कि अपने देश की विशाल ज्ञान-

परम्परा का अपमान करना भी है।" (विचार प्रवाह, पृष्ठ १५४-५५) 'संस्कृति' जातिगत और देशगत संस्कारों का संग्रह नहीं, बल्कि उनके बिगड़ने और बनने की परम्परा है। अतः 'हमारे यहाँ' वाला यह प्रबल संस्कार विवेक को दबोचकर अन्ततः वर्जनशीलता का सीमित दायरा बनाकर उसमें शुद्धता के अहंकार को जन्म देता है। इसलिए क्षुब्ध होकर आचार्य द्विवेदी लिखते हैं--"देश और जाति की विशुद्ध संस्कृति केवल बात-की-बात है। सब-कुछ में मिलावट है, सब-कुछ अविशुद्ध है। शुद्ध है केवल मनुष्य की जिजीविषा। वह गंगा की अबाधित-अनाहत धारा के समान सब-कुछ को हजम करने के बाद भी पवित्र है।" (अशोक के फूल, पृष्ठ १४)

नाना घात-प्रतिघात को झेलती हुई 'मानव जाति की दुर्दम निर्मम धारा के हजारों वर्ष का रूप' आचार्य द्विवेदी न केवल साफ-साफ देख लेते हैं, बल्कि मध्ययुगीन संस्कारों के प्रति मोहग्रस्त आधुनिक भावुक सम्प्रदाय को भी उस प्रेरक शक्ति का साक्षात्कार कराते हैं--"मनुष्य की जीवनीशक्ति बड़ी निर्मम है, वह सभ्यता और संस्कृति के वृथा मोहों को रौंदती चली आ रही है। न जाने कितने धर्माचारों, विश्वासों, उत्सवों और व्रतों को धोती-बहाती यह जीवनधारा आगे बढ़ी है। संघर्षों से मनुष्य ने नयी शक्ति पायी है। हमारे सामने समाज का आज जो रूप है वह न जाने कितने ग्रहण और त्याग का रूप है।" (वही, पृष्ठ १४) ग्रहण और त्याग की इसी सन्तुलित दृष्टि से आचार्य द्विवेदी भारतीय संस्कृति की विकास-परम्परा का मूल्यांकन करते हैं और इस निष्कर्ष पर पहुँचते हैं कि आज का भारत नाना जातियों, धर्मों, सम्प्रदायों और मतवादों के परस्पर संघर्ष और सृजन का परिणाम है।

इस प्रकार आचार्य हजारीप्रसाद द्विवेदी की दृष्टि में भारत की सांस्कृतिक परम्परा एक विकासशील प्राणधारा है और इसीलिए वे चिन्तित हैं कि "आज हमारे भीतर जो मोह है, संस्कृति और कला के नाम पर जो आसक्ति है, धर्माचार और सत्यनिष्ठा के नाम पर जो जड़िमा है" उससे कैसे मुक्त हुआ जाये। संस्कृति को एक अखण्ड-शाश्वत परम्परा मानकर उसके प्रति आसक्त आज के भावुक समाज को ध्यान में रखते हुए उन्होंने लिखा है "आज जिसे हम बहुमूल्य संस्कृति मान रहे हैं, क्या ऐसी ही बनी रहेगी? सम्राटों-सामन्तों ने जिस आचार निष्ठा को इतना मोहक और मादक रूप दिया था, वह लुप्त हो गयी, धर्माचार्यों ने जिस ज्ञान और वैराग्य को इतना महार्घ समझा था, वह समाप्त हो गया, मध्ययुग के मुसलमान रईसों के अनुकरण पर जो रस-राशि उमड़ी थी, वह वाष्प की भाँति उड़ गयी तो क्या यह मध्ययुग के कंकाल में लिखा हुआ व्यावसायिक युग का कमल ऐसा ही बना रहेगा? सब बदलेगा, सब विकृत होगा--सब नवीन बनेगा।" (अशोक के फूल, पृष्ठ १५-१६)

इस भविष्योन्मुखी दृष्टि के निर्माण में वर्तमान की चेतना और अतीत की प्रेरणा है। 'हिन्दू संस्कृति' में शुद्धता और उदारता देखनवाले, मानव जाति के संघर्षपूर्ण इतिहास को बड़े सपाट ढंग से पेश करते हैं। उसकी व्यापक छानबीन करने के क्रम में आचार्य

द्विवेदी यह देखते हैं कि इस देश में अनेक आर्य-पूर्व जातियाँ निवास करती थीं। उनकी अपनी भाषाएँ थीं और अपने विश्वास थे। इस देश में आने के साथ ही आर्यों को इन जातियों से भयंकर संघर्ष करना पड़ा था। पुराणों में असुरों, दैत्यों और राक्षसों के साथ इन प्रचण्ड संघर्षों की कथा मिल जाती है किन्तु आर्यग्रन्थों के साक्ष्य पर पराजित जाति की लुप्त परम्परा का प्रामाणिक परिचय नहीं मिल पाता। इनमें से "जो गर्वीली थीं, हार मानने को प्रस्तुत नहीं थीं, परवर्ती साहित्य में उनका स्मरण घृणा के साथ किया गया और जो सहज ही मित्र बन गयीं, उनके प्रति अवज्ञा और उपेक्षा का भाव नहीं रहा। असुर, राक्षस, दानव और दैत्य पहली श्रेणी में तथा यक्ष, गन्धर्व, किन्नर, सिद्ध, विद्याधर, वानर, भालू आदि दूसरी श्रेणी में आते हैं। परवर्ती हिन्दू समाज इन सबको बड़ी अद्‌भुत शक्तियों का आश्रय मानता है, सबमें देवताबुद्धि का पोषण करता है।" (वही, पृष्ठ १३) ये जातियाँ धीरे-धीरे आर्यभाषा भाषी होती गयीं लेकिन कुछ अन्त तक पहाड़ों, जंगलों और दूरवर्ती स्थानों में आश्रय लेकर अपनी भाषा और धर्म विश्वासों को किसी प्रकार जिलाये रख सकीं।

इन आर्येतर जातियों का भारतीय साहित्य और धर्म साधना पर बहुत गहरा प्रभाव पड़ा है। "सबसे अधिक आर्येतर संश्रव साहित्य और ललित कलाओं के क्षेत्र में हुआ है। अजन्ता में चित्रित, साँची-भरहुत आदि में उत्कीर्ण चित्र और मूर्तियाँ आर्येतर सभ्यता की समृद्धि के परिचायक हैं। महाभारत और कालिदास के काव्यों की तुलना करने से जान पड़ेगा कि दोनों दो चीजें हैं। एक में तेज है, दीप्तता है और अभिव्यक्ति का वेग है, तो दूसरे में लालित्य है, माधुर्य है और व्यंजना की छटा है। महाभारत में आर्य उपादान अधिक है, कालिदास के काव्यों में आर्येतर। जिन लोगों ने भारतीय शिल्पशास्त्र का अनुशीलन किया है, वे जानते हैं कि भारतीय शिल्प में कितने आर्येतर उपादान हैं और काव्यों तथा नाटकों में उनका कैसा अद्‌भुत प्रभाव पड़ा है। पता चला है कि साँची, भरहुत आदि के चित्रकार यक्षों और नागों की पूजा करनेवाली एक सौन्दर्यप्रिय जाति थी, जो सम्भवतः उत्तर भारत से लेकर असम तक फैली हुई थी। बहुत-सी ऐसी बातें कालिदास आदि ने इन सौन्दर्य-प्रेमी जातियों से ग्रहण कीं, जिनका पता आर्यों को न था। कामदेव और अप्सराएँ उनकी देव-देवियाँ हैं, सुन्दरियों के पदाघात से अशोक का पुष्पित होना उनके घर की चीज है, अलकापुरी उनके घर का स्वर्ग है--इस प्रकार की अन्य अनेक बातें उनसे और उन्हीं की तरह अन्यान्य आर्येतर जातियों से महाकवि ने ली हैं।" ('दूसरी परम्परा की खोज' से उद्‌धृत, पृ० ९०) उत्तर भारत में आज भी 'नागपूजा' की परम्परा विद्यमान है।

आधुनिक युग में पायी जानेवाली लोकजातियाँ, उनकी लोकगाथाओं, विभिन्न जातियों के रीति-रिवाज, उपासना-पद्धति और धर्म-विश्वास आदि के साथ विस्मृत परम्परा की न जाने कितनी स्मृतियाँ लिपटी हुई हैं। भारतीय संस्कृति के मूल चरित्र की पहचान इन्हीं लोक-परम्पराओं के माध्यम से सम्भव है। यही कारण है कि आचार्य

हजारीप्रसाद द्विवेदी सांस्कृतिक परम्परा की मुकम्मल पहचान के लिए साहित्य ग्रन्थों की तुलना में लोकगीतों, लोकगाथाओं, लोकनाट्यों, कहावतों, लोकोक्तियों, मुहावरों और लोकभाषा के अध्ययन को ज्यादा प्रामाणिक और महत्त्वपूर्ण मानते हैं।

भारत के एक-एक गाँव अपने भीतर न जाने कितने ऐतिहासिक पुरातात्त्विक स्मृति-चिह्न समाहित किये हुए हैं। आचार्य द्विवेदी ने 'मेरी जन्मभूमि' शीर्षक लेख में लिखा है कि "यदि मुझे अपने गाँव की सांस्कृतिक पैमाइश करने की सुविधा प्राप्त हो तो मेरा विश्वास है कि कुछ-न-कुछ महत्त्वपूर्ण ऐतिहासिक सामग्री अवश्य मिलेगी" और बिना सुविधा के ही उन्होंने अपनी 'जन्मभूमि' की लोक-परम्परा की जैसी ऐतिहासिक छानबीन की है, वह अत्यन्त महत्त्वपूर्ण है। आधुनिक इतिहासकार भी इसे स्वीकार करते हैं कि भारतीय संस्कृति के निर्माण में द्रविड़ सभ्यता का बहुत योगदान है। "हड़प्पा के लोग जनन-क्षमता के प्रतीकों--देवीमाता, साँड़ (नन्दी), शुंगमय देवता तथा पवित्र वृक्षों की पूजा करते थे और आज भी हिन्दुओं की पूजा में इनका समावेश है। धार्मिक विश्वास के अधिक अमूर्त ब्राह्मण सम्प्रदाय, जो वेदों पर आधारित थे, केवल कुछ व्यक्तियों को आकर्षित कर सके, और उनका प्रभाव भारतीय संस्कृति के दार्शनिक क्षेत्रों में ही देखा जा सकता है। अधिकतर व्यक्तियों ने धर्म और उपासना के अधिक पार्थिव रूपों को ही अपनाया।" (भारत का इतिहास : रोमिला थापर, ३०) यही कारण है कि आचार्य द्विवेदी मध्ययुगीन हिन्दी साहित्य को लोक साहित्य कहते हैं जिसमें भारत की सामाजिक संस्कृति की अभिव्यक्ति हुई है। शास्त्र और दर्शन उपरले स्तर के कुछ बुद्धिजीवियों को अवश्य आकर्षित कर रहे थे किन्तु साधारण जनसमुदाय उसका कायल न था।

आज का भारत इन्हीं नाना जातियों का 'महामानव समुद्र' है। उसकी सामाजिक संरचना बहुत जटिल हो चुकी है। अपने युग सत्य की अभिव्यक्ति करनेवाली शास्त्रीय मान्यताएँ शाश्वत नहीं हैं। 'रक्त और गोत्र' की शुद्धता की अपेक्षा में स्थापित वैवाहिक संस्था उस युग की परिस्थितियों की देन थी और आज की परिस्थितियों ने ही उसे नष्ट कर दिया है। आचार्य द्विवेदी लिखते हैं--"नगर-नगर और ग्राम-ग्राम में गुप्त और प्रकट रूप से स्थापित वेश्यालय मानो हमारी वैवाहिक संस्था के ऊपर प्रश्नवाचक चिह्न हैं। वे मानो डंके की चोट घोषित कर देना चाहते हैं कि यह वैवाहिक विधान कृत्रिम है, कुटिल है, अधर्म संश्लिष्ट है। इस पर वर्तमान युग के विधवाश्रम, अनाथ नारी सदन और गुप्त जनन मन्दिर तो गला फाड़-फाड़कर अब्रह्मण्यम का तुमुल उद्‌घोष कर रहे हैं।" (कुटज, पृ० ११६) आचार्य द्विवेदी देखते हैं कि करोड़ों की संख्या में दलितों का अस्तित्व वर्णाश्रम-व्यवस्था की गति को अवरुद्ध कर चुका है। शताब्दियों से जिन्हें पैरों के नीचे दबाया गया था, आज उन्होंने पैर पकड़ रखा है। सामाजिक परिवर्तन की क्रान्तिकारी चेतना समाज को आन्दोलित कर रही है। इन क्रान्तिकारी परिवर्तनों को धार्मिक दृष्टि से देखनेवाला भावुक सम्प्रदाय शास्त्रों के द्वारा

इनका समाधान करना चाहता है। उसे लगता है कि यह सब शास्त्रमर्यादा, जातिमर्यादा और धर्ममर्यादा के लुप्त हो जाने का परिणाम है। इसलिए "धर्म के नाम पर हरिजनों के साथ अमानुषिक व्यवहार किया जा रहा है, स्त्रियों को पैरों की जूतियों से भी अधम स्थान दिया जा रहा है, गरीब जनता के रक्तकणों का सत्त्व लाखों और करोड़ों में शुमार की जानेवाली सम्पत्ति मठों, मन्दिरों, तीर्थों और यज्ञों के रूप में स्वाहा की जा रही है न जाने क्या-क्या अनर्थ हो रहा है। धर्म के नाम हमने जो व्यवस्था कायम की थी, वह ढह चुकी है, बरबाद हो गयी है।" (वही, पृ० ११२)

इतिहास की प्राणधारा को नजरअन्दाज कर केवल भौगोलिक चौहद्दी को ही भारतीय संस्कृति मानकर प्रतीक पूजा करनवाले लोग ही 'संस्कृति' पर ज्यादा मुग्ध हैं। कदम-कदम पर उन्हें संस्कृति पर खतरा मँडराता नजर आता है। इस प्रकार के "भावुक विचार रखनेवाले समूह की एकमात्र सबसे प्यारी चीज अपनी संस्कृति है। देश विदेशी शासन से आक्रान्त है, होने दो, विदेशी मालों से बाजार पटा है, कुछ चिन्ता नहीं,... मगर रक्षा करो इस भारतीय संस्कृति की। देखो यह हिन्दू संस्कृति कहीं विदेशी संस्कृतियों से पतित न होने पावे। मकान चूता है, कुछ चिन्ता नहीं, पर देखना उसकी मरम्मत करने की झोंक में वह, ऊपर का मुँडेरा खराब न होने पाये। यही भर तो बच गया है। सब तो लुट चुका, इस तरह के विचार रखते हैं 'हिन्दू संस्कृति प्रेमी।" (कुटज, पृ० ११५) इसलिए आचार्य द्विवेदी संस्कृति को भावुक दृष्टि से न देखकर उसके मूलगामी सामाजिक परिवर्तन को महत्त्व देते हैं। यथास्थितिवादियों की प्रतिगामी दृष्टि को वे सामाजिक विकास के लिए अनर्थकारी मानते हैं। उनका कहना है कि "एक ओर जहाँ आमूल परिवर्तन की आवाज आ रही है वहीं दूसरी ओर परिवर्तन शब्द से ही लोहा लिये जाने की तैयारी हो रही है।" (कुटज, पृ० ११५) और यह देखकर सुखद आश्चर्य होता है कि यथास्थितिवादी इन संस्कृति-प्रेमियों को पहचाननेवाली यह मूलगामी सांस्कृतिक दृष्टि, मुक्तिबोध की दृष्टि से काफी मिलती-जुलती है। मुक्तिबोध ने लिखा है--"आज भारतीय संस्कृति का नारा उन लोगों का है जो जनता के क्रान्तिकारी दृष्टिकोण को रूसी दृष्टिकोण कहकर लोगों का ध्यान वर्तमान जनजीवन के यथार्थ के तकाजों से हटाते हुए उन पुराने मायालोकों में अटकाना चाहते हैं... जहाँ भूखी जनता को अनुशासन में रहने की, भारतीय संस्कृति के अनुसरण की दिन-रात नसीहत दी जाती है।" (मुक्तिबोध रचनावली खण्ड ५, पृ० २०४) आज जातिवाद उग्र रूप धारण करता जा रहा है। मध्ययुग में उसका स्वरूप धार्मिक एवं सामाजिक था। अब उसने सामाजिक और राजनैतिक रूप धारण किया है। लेकिन औद्योगिक सभ्यता के विकास और उसके प्रभाव के घनीभूत हो जाने के साथ ही जातिवाद की व्यवस्था भी टूटती जायेगी।

मध्ययुगीन सन्तों और सूफियों ने सामाजिक संस्कृति की नींव डाली थी। उन्होंने अपनी जाति-धर्म-निरपेक्ष विचारधारा का स्वर बुलन्द कर जिस 'मनुष्य सत्य' को

स्थापित किया था, वह सुधारवाद में परिवर्तित हो गया और पौराणिक धर्म से वर्णधर्म की रक्षा की गयी। आधुनिक नवजागरण में भी धार्मिक पुनरुत्थानवादी चेतना ने अनेक सुधारवादी आन्दोलनों को जन्म दिया जिन्होंने समाज की अनेक पेचीदा समस्याओं को सुलझाने की बजाय उलझाया ही अधिक। सब एक सम्प्रदाय बनकर रह गये। आचार्य द्विवेदी ने लक्ष्य किया था कि सुधारवादी आन्दोलनों से जातिवाद की समस्या को नहीं सुलझाया जा सकता। उन्होंने लिखा है--"इस देश में बहुत-से साधुमना व्यक्ति हैं, जो समझते हैं कि वेद पढ़ा देने या जनेऊ पहना देने से इन जातियों का उद्धार हो जायेगा। बहुत-से लोग इनका छुआ अन्न ग्रहण कर लेने के कारण अपने को बड़ा सुधारवादी समझते हैं। यह मनोवृत्ति उचित नहीं है। जन जागृति जिस दिन सचमुच होगी, उस दिन ऊँची मर्यादावाले इनका उद्धार नहीं करेंगे, ये स्वयं अपनी मर्यादा उच्च बनायेंगे। वह एक अपूर्व समय होगा जब शताब्दियों से पददलित, निर्वाक्, निरन्न जनता समुद्र की लहरियों के फूत्कार के समान गर्जन से अपना अधिकार माँगेगी। उस दिन हमारी सभी कल्पनाएँ न जाने क्या रूप धारण करेंगी, जिसे हम 'भारतीय सभ्यता', 'हिन्दू संस्कृति' आदि अस्पष्ट भुलानेवाले शब्दों से प्रकट किया करते हैं। ...निःसन्देह यह जागृति धर्म और समाज-सुधार का सहारा नहीं लेगी। वह आर्थिक और राजनीतिक शक्तियों पर कब्जा करेगी।" (अशोक के फूल, पृ० २६)

जाहिर है कि आचार्य द्विवेदी इतिहास की स्वाभाविक दिशा को पहचानते हुए 'भारतीय सभ्यता' और 'हिन्दू संस्कृति' के अस्पष्ट भुलानेवाले शब्दों का अतिक्रमण कर क्रान्तिकारी परिवर्तन के प्रति सच्चे हृदय से आस्थावान् हैं। उनके इस ओजस्वी वक्तव्य पर टिप्पणी करते हुए डॉ० शिवकुमार मिश्र ने लिखा है--"यह 'कम्युनिस्ट मेनिफेस्टो' का उद्धरण नहीं है, आचार्य द्विवेदी की वाणी है। इतिहास की भावी गतिविधि के प्रति आश्वस्त, जो सच्चाई को निर्भीकतापूर्वक कह सकने की क्षमता से ओतप्रोत है। ऐसी अकृत्रिम, निश्छल, सात्त्विक, सच्चाई की नोक पर टिकी, अपार संवेदनशील और उदात्त तथा ओजस्वी वाणी का धनी एवं उसे जन्म देनेवाली उतनी ही प्रखर मेधा, मनस्विता तथा क्रान्तिधर्मिता का स्वामी ही 'कबीर'-जैसी अग्निगर्भा पुस्तक लिख सकता है।" (दस्तावेज, हजारीप्रसाद द्विवेदी स्मृति अंक, पृ० १००)

आर्थिक स्रोतों और राजनीतिक शक्तियों पर कब्जा करने के प्रति आशान्वित और आश्वस्त होने के बावजूद आचार्य द्विवेदी यह मानते हैं कि समाजवादी क्रान्तिकारी आन्दोलन अभी आरम्भिक अवस्था में है क्योंकि 'उत्पादन के साधन कुछ थोड़े-से लोगों के हाथों में चले गये हैं' और 'उनके हथियाने में जिस बौद्धिक कौशल की आवश्यकता है', उसे मनुष्य एक स्वाभाविक प्रक्रिया के तहत उचित अवसर पर ही प्राप्त कर पाता है। उन दिनों प्रगतिशील चिन्तकों में कुछ ऐसे लोग भी थे जो मान रहे थे कि किसान और मजदूर वर्गचेतन हो गये हैं और सशस्त्र क्रान्ति के लिए तैयार हैं। आचार्य हजारीप्रसाद द्विवेदी उसे पेटेण्ट दवाइयों की तरह एक प्रोपेगण्डा मान रहे थे।

उनका तर्क था कि "अब भी हिस्टीरिया की दवा ओझे का डण्डा है, मलेरिया में अभी भी लोहबान और लाल मिर्च का धुआँ उपादेय समझा जाता है, गण्डे ताबीज की अमोघता में कोई अन्तर नहीं आया है।" (हजारीप्रसाद द्विवेदी ग्र० ९/४३१) इसी प्रकार तत्कालीन समाज में होनेवाले भयंकर क्रान्तिकारी परिवर्तन को लक्ष्य कर उन्होंने लिखा था--"अभी तक यह समाज इस क्रान्तिकारी विचार के महाभार को सम्हालने के योग्य नहीं हुआ है--उसके पैर लड़खड़ा रहे हैं। उसके कन्धे दुर्बल हैं, उसकी छाती धड़क रही है।" (वही, ९/४५९) जाहिर है कि आचार्य द्विवेदी किसानों-मजदूरों की क्रान्ति को एक स्वाभाविक प्रक्रिया के रूप में देखते हुए यह अनुभव कर रहे थे कि वर्ग-चेतना के अभाव में वर्ग-संघर्ष की बात करना एक राजनीतिक प्रोपेगण्डा मात्र है।

उस समय डॉ० रामविलास शर्मा ने आचार्य द्विवेदी के इस वक्तव्य में निराशावादी स्वर का सन्धान करते हुए टिप्पणी की थी--"जनता की क्रान्तिकारी फौज के लिए यह समझना कि उसके पैर लड़खड़ा रहे हैं और वह लड़ने के नाकाबिल है, यही मानत रखता है कि अभी कुछ दिन तक और हमें 'पण्डितों की पंचायत' में एकादशी के व्रत की चर्चा करनी चाहिए।" (प्रगति और परम्परा, प्र० सं०, पृ० १९४) प्रोपेगण्डा मार्क्सवादी रणनीति का आवश्यक अंग हो सकता है लेकिन 'पण्डितों की पंचायत' लिखनेवाले आचार्य द्विवेदी उसके कायल न थे। तब डॉ० शर्मा को जनता क्रान्तिकारी फौज लग रही थी और आचार्य द्विवेदी की दृष्टि में वह अपने दुर्बल कन्धों पर क्रान्तिकारी विचार के महाभार को सम्हाले लड़खड़ाते कदमों से चल रही थी। सामाजिक रूढ़ियों में जकड़ी हुई जनता की स्थिति और क्रान्तिकारी आन्दोलन के प्रति आचार्य द्विवेदी की दृष्टि कितनी साफ थी, समय की कसौटी पर उसकी सच्चाई आज स्पष्ट हो चुकी है। इसका कारण यह है कि आचार्य द्विवेदी में वर्तमान और भविष्य के विकासशील सम्बन्धों को ठीक से पहचानने की क्षमता थी। उनकी इस सन्तुलित दृष्टि के महत्त्व को पहचानते हुए डॉ० मैनेजर पाण्डेय ने लिखा है--"यह ठीक है कि वर्तमान की आँख से ही अतीत और भविष्य को देखते हैं, लेकिन नवीनता के नशे में झूमनेवाले ऐसे अन्धे आधुनिकतावादी नहीं हैं जिनका कोई कल (न बीता हुआ और न आनेवाला) नहीं होता, केवल वर्तमान होता है और वर्तमान का भी केवल क्षण होता है। द्विवेदी जी इतने उतावले क्रान्तिकारी भी नहीं हैं जो अतीत और वर्तमान को भूलकर केवल भविष्य के सपनों में खोया रहता है।" (आलोचना ४९-५०, पृ० ४७) यही कारण है कि आचार्य द्विवेदी, जीवन के गम्भीरतम समझे जानेवाले प्रश्नों से टकराते समय अतीत, वर्तमान और भविष्य के विकासशील सम्बन्धों को सदैव याद रखते हैं।

विश्व इतिहास की स्वाभाविक दिशा को पहचानने में आचार्य द्विवेदी अपने वर्तमान युग की सामाजिक-सांस्कृतिक समस्याओं पर विचार करते हैं और पाते हैं कि

पूर्व और पश्चिम के दोनों क्षेत्रों में जनता की शक्ति बढ़ी है और साम्राज्यवादी शक्तियाँ हतवीर्य होती गयी हैं। "इतिहास विधाता की योजना उन 'बुद्धिमानों' की योजना से बिलकुल भिन्न मालूम पड़ रही है, जो जनशक्ति को दबाकर मनमानी करना चाहते हैं। सम्पूर्ण जगत् की जनजागृति को देखकर जहाँ अपार आनन्द होता है, वहाँ दुश्चिन्ता अपनी ओर देखकर हो रही है। क्या हम जनजागृति को सहन करने योग्य शक्ति पा सके हैं?" (अशोक के फूल, पृ० १९) आचार्य हजारीप्रसाद द्विवेदी के सामने यह स्पष्ट हो चुका है कि व्यावसायिक युग के कमल को पुष्ट करनेवाली साम्राज्यवादी शक्तियाँ अब अपार जनशक्ति को दबाकर मनमानी नहीं कर सकतीं। 'काल्पनिक भारतमाता का जय निनाद' करनेवाले भोले लोगों के लिए भारतवर्ष अर्थविहीन एक शब्द मात्र रह गया है। वे यह समझने का प्रयत्न ही नहीं करते कि "भारतवर्ष उन करोड़ों दलित और मूक जनता से अभिन्न हैं, जिन्हें छूने से भी पाप अनुभव किया जाता है" (वही, पृ० २०) इसी मूक जनता की आवाज उठाना और दिल खोलकर उनका पक्ष प्रस्तुत करना, आचार्य द्विवेदी की सांस्कृतिक चेतना का मूल स्वर है।

सौन्दर्य-बोध

आधुनिक साहित्य, संस्कृति और कला-मूंल्यों से सम्बन्धित सवालों के परिप्रेक्ष्य में ही हजारीप्रसाद द्विवेदी ने मध्यकालीन साहित्य को ठीक से समझने-समझाने के लिए 'हिन्दी साहित्य की भूमिका', 'हिन्दी साहित्य का आदिकाल', 'सूर-साहित्य' और 'कबीर'-जैसी महत्त्वपूर्ण कृतियों की रचना की तो 'प्राचीन भारत के कलात्मक विनोद' और 'कालिदास की लालित्य योजना' के माध्यम से उन्होंने भारतीय कला-मूल्यों और सौन्दर्य-बोध के सांस्कृतिक धरातल को पहचानने का प्रयत्न किया। प्राचीन भारत के कलात्मक विनोद जो पहले 'भारत के कला-विलास' के नाम से लिखी गयी थी, न केवल हजारीप्रसाद द्विवेदी के परम्परा-बोध के उदय का प्रमाण है बल्कि भारतीय इतिहास में बोध की परम्परा के उदय की दृष्टि से भी महत्त्वपूर्ण है। ऐसा कहकर मैं अरविन्द और कुमार स्वामी के अवदान को नजरअन्दाज नहीं कर रहा हूँ। इन आचार्यों ने 'भारतीय कला-चिन्तन की विश्व-दृष्टि की आध्यात्मिक पृष्ठभूमि और उसके पारलौकिक दृष्टिकोण' पर बहुत विस्तार से विचार किया था और आचार्य द्विवेदी उससे अपरिचित नहीं थे। प्राचीन भारत के कला-विलास को तत्कालीन सामाजिक जीवन से जोड़कर देखने का प्रयास द्विवेदी जी की सन्तुलित दृष्टि और परम्परा के पुनर्मूल्यांकन का प्रस्थान बिन्दु है। आज कला और सौन्दर्य-बोध की संस्कृति का जो रूप हमारे सामने उपलब्ध है, द्विवेदी जी की दृष्टि में वह आर्य और आर्येतर जातियों के संघर्ष तथा उनकी सांस्कृतिक परम्पराओं के संश्रव का परिणाम है। द्विवेदी जी यह भी लक्षित करते हैं कि यह संश्रव कला के क्षेत्र में ज्यादा दिखायी पड़ता है।

भारतीय संस्कृति को वे मुख्यतः तीन संस्कृति मूलों--आर्य, द्रविड़ तथा नाग-यक्षों का महान् अवदान मानते हुए यह स्पष्ट करते हैं कि उसमें प्राप्त कला-सौन्दर्य के विकास में मुख्यतः नागों, यक्षों तथा द्रविड़ों का योगदान महत्त्वपूर्ण रहा है। परम्परा को शाश्वत और अखण्ड मानकर इकहरी दृष्टि से उसमें शुद्धता की तलाश करनेवाले संकीर्णतावादियों से टकराते हुए आचार्य द्विवेदी ने परम्परा का पुनर्मूल्यांकन कर यह निष्कर्ष निकाला कि "देश और जाति की विशुद्ध संस्कृति केवल बात-की-बात है। सब-कुछ में मिलावट है, सब-कुछ अविशुद्ध है।" (अशोक के फूल, पृष्ठ १४) "हमारे सामने समाज का आज जो रूप है, वह न जाने कितने ग्रहण और त्याग का

रूप है।" स्पष्टतः आचार्य द्विवेदी ने शुद्धता के नाम पर प्रचारित आर्य संस्कृति के संकीर्ण दृष्टिकोण के विरुद्ध आर्य-अनार्य तत्त्वों की द्वन्द्वात्मक परिस्थितियों के बीच से जिस गतिशील सांस्कृतिक प्राणधारा को रेखांकित किया, वह उनकी दृष्टि से उन्मेष की सर्जनात्मक परिणति है जिसे उन्होंने आर्येतर कला-संस्कृतियों के अध्ययन-क्रम में 'प्राचीन भारत के कलात्मक विनोद', 'कालिदास की लालित्य योजना' तथा साहित्यिक निबन्धों की साधना से अर्जित किया था। इसमें गुरुवर रवीन्द्र का 'महामानव', कालिदास का सौन्दर्य, शैवागमों का गतिशील चिन्तन-सिसृक्षा और लालित्य है तथा साथ ही द्विवेदी जी के लोक-जीवन, लोक-संस्कृति और लोक-परम्पराओं का जीवित अनुभव है। इन सबके आधार पर ही अपने ग्रहण और त्याग के विवेक से उन्होंने शुद्धता के नाम पर प्रतीक पूजा करनेवाली जड़ परम्परा के "वृथा मोहों को रौंदती चली आ रही मनुष्य की निर्मम जीवनी शक्ति को रेखांकित किया और आधुनिक समाज को अपनी गतिशील परम्परा का साक्षात्कार कराया। यह इसलिए भी आवश्यक था कि मध्यकालीन भक्ति साहित्य के मूल्यांकन में परम्परा-पूजा की दृष्टि से निर्गुण भक्ति-आन्दोलन को अवैदिक और परम्परा बाह्य तथा बृहत्त्रयी द्वारा समर्थित सगुण भक्ति काव्य को ही अपनी परम्परा के रूप में स्वीकारने की प्रवृत्ति दिखायी पड़ती है। इतना ही नहीं सगुण भक्ति काव्य में भी कृष्णभक्त कवियों के प्रेम और सौन्दर्य को सूफियों के प्रेम से प्रभावित अभारतीय प्रवृत्ति के रूप में देखा जा रहा था। आचार्य द्विवेदी ने इन सबका प्रत्याख्यान करते हुए हिन्दी भक्ति काव्य को अपनी ही परम्परा के स्वाभाविक विकास के रूप में एक जाति-धर्म-निर्विशेष आन्दोलन माना और सूरदास के सौन्दर्य-बोध को कालिदास की सौन्दर्य-चेतना 'प्रियेषु सौभाग्य फला हि चारुता' के अगले विकास के रूप में स्वीकार किया।

परम्परा के मूल्यांकन में आचार्य द्विवेदी द्वारा स्थापित सौन्दर्य-बोध की संस्कृति वस्तुतः जयशंकर प्रसाद की उस संस्कृति-परम्परा का अगला विकास है जिसमें उन्होंने सौन्दर्य-बोध के विकसित होने की परम्परा को ही संस्कृति के रूप में स्वीकार किया। डॉ० नामवर सिंह ने आचार्य द्विवेदी और जयशंकर प्रसाद की संस्कृति-सम्बन्धी व्याख्याओं से प्राप्त समानता-सूत्रों का विश्लेषण करते हुए यह निष्कर्ष निकाला है कि "हमारी परम्परा में जो भी सुन्दर है, वह आर्य नाम से प्रचारित मिथक से भिन्न है। इस मिथकीय आर्य से चिढ़ इसलिए है कि इसके ध्वजाधारियों को सुन्दर से परहेज है।" उनके अन्तर को स्पष्ट करते हुए वे आगे लिखते हैं--"नैतिकतावादियों को प्रत्युत्तर देने के लिए प्रसाद ने यदि सुन्दर की परम्परा को अपनी ही परम्परा के रूप में निरूपित करने का प्रयास किया तो हजारीप्रसाद द्विवेदी ने उसे अपनी ही परम्परा के अन्दर आर्येतर तत्त्वों के अभिन्न मिश्रण के रूप में विवेचित किया। एक की परम्परा और दूसरे की प्रतिपरम्परा दो दिशाओं से चलकर एक ही बिन्दु पर मिलती है--थोथे नैतिकतावाद के विरुद्ध सुन्दर की प्रतिष्ठा।" (दूसरी परम्परा की खोज : पृ० ९१)

जाहिर है कि भारतीय संस्कृति में जो कुछ 'सुन्दर' है, उसमें आर्येतर तत्त्वों का महत्त्वपूर्ण योगदान है इसलिए 'आर्य' मिथक से आक्रान्त जो लोग सुन्दर से आँखें चुराते हैं, वे अपनी ही कला-संस्कृति का अपमान करते हैं। शुद्धता के दम्भ और नैतिक थोथेपन से मुक्त होने के कारण एक सर्जक इतिहासकार की तरह आचार्य द्विवेदी उसके लोकव्यापी प्रभाव और साहित्यिक समृद्धि की अपेक्षा में उस कलात्मक सौन्दर्य की पहचान करते हैं। प्राचीन भारत के कलात्मक विनोद के आरम्भ में ही उन्होंने कलात्मक सौन्दर्य को उच्छृंखल सौन्दर्य से अलगाते हुए यह स्थापित किया कि प्रेम और सौन्दर्य में सामंजस्य होता है। उन्होंने लिखा है--"थोथी विलासिता में केवल भूख रहती है--नंगी बुभुक्षा पर कलात्मक विलासिता संयम चाहती है, शालीनता चाहती है। सो कलात्मक विलास किसी जाति के भाग्य में सदा सर्वदा नहीं जुटाता।" (वही : पृष्ठ २) यह बताने की आवश्यकता नहीं कि प्रेम और सौन्दर्य को भी विदग्ध विलास की वस्तु माननेवाले आचार्यों से द्विवेदी जी की दृष्टि कितनी भिन्न है। वे रीतिकालीन शृंगारिक से भिन्न विलासिता सूर और मीराँ के प्रेम की कलात्मकता को ठीक से पहचान पाते हैं और अपने उपन्यासों में क्लासिकी संयम से बँधे प्रेम के रोमाण्टिक आवेग को बड़ी ही कलात्मकता के साथ चित्रित करते हैं। उनके उपन्यास कलात्मक सौन्दर्य के प्रतिमान स्थापित करते जान पड़ते हैं। संयम और विवेक उस सामंजस्यपूर्ण सौन्दर्य को देखने-परखने के प्रतिमान हैं। सौन्दर्य का सृजन और उसका सम्मान वही कर सकता है जो अपनी मर्यादा को संसार की सारी सुख-सुविधाओं से श्रेष्ठ समझता हो। इसीलिए हजारीप्रसाद द्विवेदी पूरे विश्वास के साथ घोषित करते हैं कि "जो जाति सुन्दर की रक्षा और सम्मान करना नहीं जानती, वह विलासी भले ही हो ले, पर कलात्मक विलास उसके भाग्य में नहीं बदा होता।" (वही : पृष्ठ २)

इस कलात्मक सौन्दर्य में भी कामसूत्र की अश्लीलता ढूँढ़ निकालनेवाले थोथे नैतिकतावादियों को ही लक्ष्य कर मुक्तिबोध ने लिखा था "जो लोग रोमान्स को सामाजिक सम्बन्धों से हटाकर उसे मात्र व्यक्तिगत करार देते हैं, वे यह नहीं जानते कि रोमान्स का अर्थ मातृप्रधान समाज में कुछ भी नहीं था। उन दिनों उसका अधिक-से-अधिक यह अर्थ हो सकता था कि कुछ काल के लिए एक पुरुष एक स्त्री से अधिक हार्दिकता अनुभव करे। किन्तु उसका काम सम्बन्ध कितनों से ही एक साथ रह सकता था और उन दिनों उसका प्रेमी कदाचित् ही इस सम्बन्ध में कोई दूसरी राय रखे। सामाजिक नियम को भंग करनेवाले के लिए अपनी जान गँवाने का धोखा हमेशा रहता था और अगर प्रेमी कोई दूसरे विजातीय कबीले का हो तो लड़ाइयाँ छिड़ जाती थीं। उन दिनों सेक्स के जीवन-मूल्य अत्यन्त सुदृढ़ थे।" (मुक्तिबोध रचनावली : खण्ड ५ : पृष्ठ २८) मुक्तिबोध की इस मान्यता से स्पष्ट है कि एक वर्गविहीन समाज में 'रोमान्स' और 'सेक्स' के जीवन-मूल्य व्यक्तिगत नहीं सामाजिक थे। किन्तु आगे चलकर वर्ग-विभाजित समाज-व्यवस्था में शोषक-शोषित वर्ग के आपसी रिश्तों के

आधार पर निर्धारित होने के कारण, उन पर शोषक सत्ता का व्यक्तिगत आधिपत्य स्थापित हो गया। उनकी साहित्य-परम्परा समय-समय पर उसे पुष्ट करती रही तथा नैतिकता और मर्यादा के आधार पर वर्जनामूलक आचार-संहिता बनाती रही। टीकाएँ और भाष्य लिखे जाते रहे, पर मनुष्य की उस स्वाभाविक दुर्बलता को दबाया तो न जा सका, हाँ, व्यवस्था के क्रूर दमन के कारण जातीय परम्परा खण्डित होती रही और समाज में जाने-अनजाने वेश्यावृत्ति की एक नयी संस्कृति पनपने लगी जो आज के पूँजीवादी समाज में महानगरों और राजधानियों के आलीशान होटलों की छत्रच्छाया में निर्द्वन्द्व भाव से फूल-फल रही है। यदि नैतिकता और मर्यादा को स्थापित करनेवाला वर्जनशीलता का बन्धन इतना ही अमोघ होता तो महान् मर्यादावादी कवि गोस्वामी तुलसीदास की मर्यादा भक्ति को आगे चलकर रीतिकाल की श्रृंगारिक श्लीलता में नंगा न होना पड़ता। अतः भारतीय संस्कृति की विविधता और जटिलता की द्वन्द्वात्मक प्रक्रिया के ऐतिहासिक-सामाजिक सर्जनात्मक तत्त्वों को नजरअन्दाज कर यदि जातीय संस्कृति की व्याख्या की जाती रही तो परम्परा बार-बार खण्डित होती रहेगी और साहित्यिक प्रतिमान भी टूटते रहेंगे जिससे पृथक्तावाद को बढ़ावा मिलेगा और परम्परा प्रेमी, दार्शनिक की तटस्थ दृष्टि से इसका दोष समाजव्यापी स्वाभाविक प्रवृत्तियों के मत्थे मढ़ते रहेंगे।

यह आकस्मिक नहीं है कि विद्यापति की प्रेम-कविता में भक्ति अथवा श्रृंगार होने का निर्णय उनके वैष्णव अथवा शैव होने के आधार पर किया जाता है और वैष्णव कवि सूर की श्रृंगारिकता का समाधान करने के लिए आध्यात्मिक संगति लगानी पड़ती है। वस्तुतः प्रेम और सौन्दर्य का जीवन-मूल्य हमारी जातीय संस्कृति की परम्परा से जुड़ा हुआ मूल्य है इसलिए वैष्णव कवियों की प्रेम-कविता का मूल्यांकन करने के लिए अपनी संश्लिष्ट परम्परा का ज्ञान आवश्यक है। न तो परम्परा अखण्ड है और न साहित्यिक प्रतिमान ही शाश्वत है। मध्यकालीन लोक-जागरण की दिशा पहचानते हुए ही वल्लभ-जैसे वैष्णव आचार्यों ने पुरुषार्थ चतुष्टय के भीतर से 'प्रेमापुमर्थोमहान्' का उद्घोष अकारण नहीं किया था। वैष्णव कवियों का प्रेम वस्तुतः सामाजिक विद्रोह के रूप में ही व्यक्त हुआ था। आचार्य हजारीप्रसाद द्विवेदी ने प्रेम और सौन्दर्य को भारतीय साहित्य की स्वाभाविक परम्परा में विवेचित किया है। उनकी सौन्दर्य-बोध की अवधारणा का आधार कालिदास का साहित्य है। शकुन्तला और पार्वती का सौन्दर्य भोग और त्याग और सामंजस्यपूर्ण औदात्य की परम चरितार्थता है और यह सामंजस्यपूर्ण सौन्दर्य ही द्विवेदी जी की सौन्दर्य-चेतना में अनुस्यूत है। उन्होंने सौन्दर्य-बोध को लालित्य-बोध कहना उपयुक्त मानकर लालित्य तत्त्व की गहरी मीमांसा की है। इसके लिए उन्होंने चार मुख्य आधार स्वीकार किये हैं--मानव तत्त्व, लोक तत्त्व, मिथक तत्त्व और लालित्य तत्त्व। इस लालित्य तत्त्व के अन्तर्गत उन्होंने मनुष्य निर्मित सौन्दर्य की विवेचना की है। इस प्रकार उनके सौन्दर्य-बोध के शास्त्रीय

चिन्तन में कबीर-जैसे सन्तों की सहज-साधना, वैष्णव कवियों की रूपोपासना, कवीन्द्र रवीन्द्र का आध्यात्मिक मानवतावाद, 'फ्रेज़र' आदि का नृतत्वशास्त्रीय मानवतावाद, लोक-जीवन को अनुप्राणित करनेवाले--नृत्य, गीत, चित्र आदि कला रूपों तथा सांस्कृतिक सन्दर्भों से जुड़े मिथकों और भाषा के सामाजिक विकास के अन्तः-सम्बन्धों के निरूपण के साथ ही लोक-जीवन के अनुभव की स्वकीयता की सर्जनात्मक भूमिका महत्त्वपूर्ण है।

लालित्य-चिन्तन का मूल आधार आध्यात्मिक है जो शैवागम की ज्ञान, इच्छा और क्रिया शक्ति के रूपबन्ध की अपेक्षा में स्थिर किया गया है। इसका विवेचन करते हुए द्विवेदी जी ने लिखा है--"इच्छा अनन्त है, क्रिया सान्त है। इच्छा नाद है--कण्टिनुअम है, क्रिया बिन्दु है--क्वैण्टम है। इच्छा गति है, क्रिया स्थिति है। गति और स्थिति का यह द्वन्द्व चलता रहता है। इसी से रूप बनता है, छन्द बनता है, संगीत बनता है। नृत्य बनता है। इच्छा काल है, क्रिया देश है। इसी देश-काल के द्वन्द्व से जीवन रूप लेता है प्रवाह के रूप में। इसी से धर्माचरण बनता है। नैतिकता बनती है। इन सबको छापकर, सबको अभिभूत करके, सबको अन्तर्ग्रथित करके जो सामग्र्य भाव है वह सौन्दर्य का दूसरा रूप है। यह भाषा में, छन्द में, मिथक रूप में, नृत्य में, गीत में, मूर्ति में, चित्त में, सदाचार में अपने-आपको प्रकट करता है। एक प्राकृतिक सौन्दर्य है दूसरा मानवीय इच्छाशक्ति का विलास है। दूसरा सौन्दर्य प्रथम द्वारा चालित होता है, पर है मनुष्य के अन्तरतर की अपार इच्छाशक्ति को रूप देने का प्रयास। एक केवल अनुभूति देकर विरत हो जाता है दूसरा अनुभूति से उत्पन्न होकर अनुभूति परम्परा का निर्माण करता है।" (लालित्य तत्त्व : पृ० १४) दूसरे प्रकार का मानव निर्मित सौन्दर्य ही आचार्य द्विवेदी के अनुसार लालित्य तत्त्व है। यह व्यष्टि चित्त के समष्टि चित्त में समाहित होने के दार्शनिक आधार तथा व्यक्ति मुक्ति के स्थान पर सामाजिक मुक्ति के सामाजिक आधार को लेकर चलनेवाला उनके पाण्डित्य की लोकोन्मुखता का परिचायक है। उनका 'दलित द्राक्षा की भाँति निचोड़कर सर्व को दे देने' वाला प्रिय भाव सूत्र इसी में विन्यस्त है और यही उनके साहित्य सिद्धान्त में समाजवादी मानवतावाद के चिन्तन का प्रमुख आधार भी है। लालित्य ही मनुष्य के ललित भावों की अभिव्यक्ति करता है इसलिए द्विवेदी जी प्रेम और माधुर्य को सौन्दर्य विधायक तत्त्व मानते हैं उसे जन्म-जन्म के लालित्य-बन्धन के रूप में स्वीकार करते हैं। यह विश्वव्यापी सृजन शक्ति ललिता का व्यष्टि विग्रह है और ललिता शिव की क्रीड़ा-सखी है जो शिव की लीला-लालसा के समय विश्व को प्रभा-मण्डित करती है। इसी अर्थ में द्विवेदी जी मानव निर्मित सौन्दर्य को लालित्य कहते हैं। लालित्य चिन्तन में मिथक और यथार्थ की द्वन्द्वात्मक प्रक्रिया के सहारे द्विवेदी जी यह स्थापित करना चाहते हैं कि लोक की रचना शिव की इच्छाशक्ति ललिता तथा कला-सृष्टि के मूल में मनुष्य की इच्छाशक्ति है। इसलिए मनुष्य की रचनाएँ अपौरुषेय नहीं परिवर्तनशील

हैं। पुनर्नवा में चन्द्रमौलि (कालिदास) इसका प्रतिपादन करते हुए कहते हैं--"दो तरह की रचनाएँ होती हैं। एक तरह की रचनाएँ विधाता की सृष्टि हैं। दूसरी तरह की रचनाएँ मनुष्य की सृष्टि हैं। स्वयं मनुष्य पहली श्रेणी में आता है।" और आगे देवरात उस पर विचार करते हुए इस निष्कर्ष पर पहुँचते हैं कि "शास्त्रों में जो समाज-सन्तुलन की व्यवस्था है, वह मनुष्य की बनायी है, विधाता के इंगित पर नहीं बनी है। सारा अपौरुषेय समझा जानेवाला ज्ञान, विधि-विधान का अंग नहीं। मनुष्य के बनाये घर-द्वार और ईंट-पत्थर के समान वह भी आलोच्य और परिवर्तितव्य है।" (पुनर्नवा : पृष्ठ १४७) लोक में सुन्दर की रक्षा तभी सम्भव है, जब सामाजिक सन्तुलन बना रहे। इसलिए परिवर्तित सामाजिक परिस्थितियों में द्विवेदी के अनुसार निरन्तर संस्कार न होता रहा तो व्यवस्थाएँ तो टूटेंगी ही, धर्म को भी डुबो देंगी। आकस्मिक नहीं है कि हजारीप्रसाद द्विवेदी अशोभन को शोभन और असुन्दर को सुन्दर बनाना साहित्यकार का मूलभूत दायित्व मानते हैं।

आचार्य द्विवेदी का यह मानना है कि "जो जाति जितनी ही सौन्दर्य-प्रेमी होती है, उसमें मनुष्यता भी उतनी अधिक होती है।" सौन्दर्य-बोध की यह संस्कृति न केवल प्राचीन भारत के कलात्मक विनोद में ही निरूपित की गयी हैं 'बाणभट्ट की आत्मकथा', 'चारु चन्द्रलेख', 'पुनर्नवा' तथा 'अनामदास का पोथा'-जैसी सर्जनात्मक कृतियों में भी उसे स्थापित किया गया है। इन उपन्यासों में नारी-सौन्दर्य की कलात्मकता का चरम उत्कर्ष दिखायी पड़ता है और सभी उपन्यासों में नृत्य का अनिवार्य आयोजन तथा चित्रकला के मनोरम वर्णन द्विवेदी जी के सौन्दर्य-बोध के परिचायक हैं। बाणभट्ट की आत्मकथा में एक मूर्ति-चित्र का वर्णन है : "उनके अर्द्ध स्तिमित नयन के ऊपर मूलताएँ धारा यन्त्र की ऊर्ध्व-विक्षिप्त पयो-रेखाओं की वक्रता लिये हुए नहीं थीं, बल्कि इस प्रकार छायी हुई थीं कि वे नासावंश के छत्र का काम दे रही थीं। हाथ की अँगुलियाँ स्वाभाविक थीं। गुप्तों की मूर्तिकला के साथ उनका दूर का सम्बन्ध भी नहीं था। समाधि और निद्रा में एक भेद होता है। अधिकांश कुषाण मूर्तियाँ उसे भेद का स्मरण भी नहीं होने देतीं पर यह मूर्ति ऐसा ओज लिये हुए थी कि उसके रोम-रोम से जागरूकता प्रकट हो रही थी।" इस मूर्ति-चित्र में मुख्यत: ओज और जागरूकता को रेखांकित किया गया है पर ऐतिहासिक प्रक्रिया में किसी कालखण्ड की विकसित कला-सृष्टि और उसके सामंजस्यपूर्ण सौन्दर्य के रेखांकन में उपन्यासकार की सर्जनात्मकता अद्‌भुत है। इसी प्रकार नागरक अभिरुचि के द्योतक चारुस्मिता के मयूर और पद्म-नृत्य की चित्र प्रवणता तथा ताल-लय-समन्वित पद संचार की गतिशीलता का मोहक सौन्दर्य उरेहने के साथ ही उपन्यासकार ने लोक की प्राण-चेतना के प्रतीक आभीर युवतियों के समूह नृत्य की आवेगमयता तथा ताल और लय के समन्वित संयम को तोड़ देनेवाली काव्यमय उद्दामता का सौन्दर्य उपन्यासकार के कलात्मक सौन्दर्य और सहज सौन्दर्य के प्रतिमान हैं। कला, साहित्य और संस्कृति को शास्त्र और लोक के

सामंजस्य में देखना द्विवेदी जी के सौन्दर्य की विशेषता है। इस प्रकार नृत्य, गीत, चित्र आदि का कलात्मक सौन्दर्य उनके सभी उपन्यासों में दिखायी पड़ता है। बाणभट्ट की अलंकृत भाषा, प्राचीन साहित्य और मुख्यतः कालिदास के साहित्य में वर्णित प्राकृतिक सौन्दर्य तथा मानवीय सौन्दर्य को अपनी औपन्यासिक कृतियों में जिस सफलता के साथ आचार्य द्विवेदी ने पुनर्निर्मित करने का प्रयास किया है, वह उनकी महान् सृजनात्मक प्रतिभा का प्रमाण है।

आचार्य द्विवेदी के लालित्य की व्याख्या चाहे जितनी भी दार्शनिक और मिथकीय आवरण में लिपटी हुई हो, उसमें जीवन के यथार्थ अनुभव से अनुप्राणित सहज सौन्दर्य का अभाव नहीं है। ट्रेन से यात्रा करते समय भी इस सहज सौन्दर्य को देख लेना द्विवेदी जी की सहज दृष्टि के वैशिष्ट्य का प्रमाण है। वह लिखते हैं : "जब कोई ग्राम बधूटी--शायद वह तथाकथित छोटी जातियों की सन्तान थी--नीचे लाल घाघरा और ऊपर धानी रंग की चादर और उसके ऊपर भी मुलायम मधूक पुष्पों की टोकरी लिये दीख जाती थी और जब अपने 'भ्रूविलासानभिज्ञ' अपांगों से भागती हुई ट्रेन को निहार देती थी, तो हिन्दी के रीतिकालीन साहित्य का खोखलापन मेरे निकट मूर्तिमान् हो उठता था।" (कल्पलता : पृ० १०३) उपभोक्तावादी दृष्टिवाले रीतिकालीन कवियों ने नायिका-भेद का पाठ पुस्तकों से पढ़ा था, जीवन से नहीं। इसलिए उनके यहाँ विलासिता की बुभुक्षा तो दिखायी पड़ती है लेकिन वे श्रमशील किशोरी के 'भ्रूविलासानभिज्ञ' अपांगों का भोलापन अधिक-से-अधिक 'नीर भरी गगरी ढरकावै' की चमत्कारिक व्यंजना में ही देख पाते हैं। द्विवेदी जी की शालीन और संयमित दृष्टि ने श्रमशील किशोरी के भोले-भाले सौन्दर्य को जिस कलात्मकता के साथ प्रस्तुत किया है, उसे उत्पादयिता-दृष्टिवाला कोई सर्जक कलाकार ही कर सकता है। यह शालीन और संयमित दृष्टि महाप्राण निराला की 'सरोज-स्मृति' में तथा 'श्रमशील सहज सौन्दर्य' 'वह तोड़ती पत्थर'-जैसी रचनाओं में दिखायी पड़ती है। आचार्य द्विवेदी ने कालिदास के मेघदूत का पुनर्निर्माण किया है--मेघदूत एक पुरानी कहानी में प्रस्तुत है उसकी एक व्याख्या का अंश जिसमें उन्होंने कालिदास के पुष्पलावी सौन्दर्य को 'मधूक पुष्पों की टोकरी' वाली ग्राम बधूटी के सहज सौन्दर्य के संस्पर्श से और भी सर्जनात्मक बना दिया है। द्विवेदी जी की व्याख्या है--"सात्त्विक सौन्दर्य वहाँ है, जहाँ चोटी का पसीना एड़ी तक आता है और नित्य समस्त विकारों को धोता रहता है। पसीना बड़ा पावक तत्त्व है मित्र, जहाँ इसकी धारा रुद्ध हो जाती है वहाँ कलुष और विकार जमकर खड़े हो जाते हैं। विदिशा के प्रच्छन्न विलासियों में यह पावनकारी तत्त्व नहीं है। उनके चेहरों पर सात्त्विक तेज और उल्लसित करनेवाली दीप्ति नहीं रह गयी है। इसलिए मैं सलाह देता हूँ कि विश्राम करके आगे बढ़ना; क्योंकि प्रातःकाल निचली पहाड़ी के इर्द-गिर्द तुमको मनुष्य की सात्त्विक शोभा दिखायी देगी। वहाँ सबेरे सूर्योदय के साथ-ही-साथ तुम श्रम-जल-स्नात नारियों की दिव्य शोभा देख सकोगे

नागरिक लोगों के आनन्द और विलास के लिए कृषकों ने फूलों के अनेक बगीचे लगा रखे हैं। प्रातःकाल कृषक-वधुएँ फूल चुनने के लिए इन पुष्पोद्यानों में आती हैं, उस प्रदेश में इन्हें 'पुष्पलावी' कहते हैं। 'पुष्पलावी' अर्थात् फूल चुननेवाली। ये पुष्पलावियाँ घर का कामकाज समाप्त करके उद्यानों में आ जाती हैं और मध्याह्न तक फूल चुनती रहती हैं। सूर्य के ताप से इनका मुखमण्डल म्लान हो उठता है, गण्डस्थल से पसीने की धारा बह चलती है और इस स्वेदधारा के निरन्तर संस्पर्श से उनके कानों के आभरण रूप में विराजमान लील कमल मलिन हो उठते हैं। दिन भर की तपस्या के बाद वे इतना कमा लेती हैं कि किसी प्रकार उनकी जीवन-यात्रा चल सके। परन्तु तुमको यहीं सात्त्विक सौन्दर्य के दर्शन होंगे। उनके दीप्त मुखमण्डल पर शालीनता का तेज देखोगे, उनकी भ्रूभंग विलास से अपरिचित आँखों में सच्ची लज्जा के भार का दर्शन पाओगे और उनके उत्फुल्ल अधरों पर स्थिर भाव से विराजमान पवित्र स्मित-रेखा को देखकर तुम समझ सकोगे कि 'शुचिस्मिता' किसे कहते हैं। इस पवित्र सौन्दर्य को देखकर तुम निचली पहाड़ी की उद्दाम और उन्मत्त विलास-लीला को भूल जाओगे। वहाँ तुम संचय का विकार देखोगे और यहाँ आत्मदान का सहज रूप।" (मेघदूत--एक पुरानी कहानी, प्र० सं० पृष्ठ सं० ४५-४६) सामन्ती विलासिता के ईंधन इकट्ठा करने को अभिशप्त श्रम-जल-स्नात नारियों में दिव्य शोभा और सात्त्विक सौन्दर्य का सन्धान वही कर सकता है जिसमें असुन्दर को सुन्दर बनाने का सात्त्विक संकल्प हो, जो सामाजिक सन्तुलन के लिए सच्चे मन से चिह्नित हो तथा जिसकी साहित्य-साधना का लक्ष्य सामान्य मनुष्य हो। इस सौन्दर्य को स्थापित करनेवाली द्विवेदी जी की मानवतावादी दृष्टि उस उपभोक्तावादी संस्कृति का प्रत्याख्यान करती है जिसके भद्रलोक में एक श्रमिक का पसीना शोषकों के पाप से ज्यादा बदबूदार माना जाता है। कालिदास के सौन्दर्य के समानान्तर आधुनिक रचनाशीलता में ढला हुआ द्विवेदी जी का पुनर्निर्मित सौन्दर्य एक महान् सर्जक की सामर्थ्य का परिचायक है।

आचार्य द्विवेदी साहित्य-सर्जक की अपनी जमीन को अच्छी तरह पहचानते हैं तथा यह भी जानते हैं कि लोकमंगलकारी सुन्दर साहित्य की रचना एक जटिल साधना है। इसीलिए साहित्यकारों को सावधान करते हुए वे लिखते हैं--"साहित्य के उपासक अपने पैर के नीचे की मिट्टी की उपेक्षा नहीं कर सकते। हम सारे बाह्य जगत् को असुन्दर छोड़कर सौन्दर्य की सृष्टि नहीं कर सकते। सुन्दरता सामंजस्य का नाम है। जिस दुनिया में छोटाई और बड़ाई में, धनी और निर्धन में, ज्ञानी और अज्ञानी में, आकाश-पाताल का अन्तर हो, वह दुनिया बाह्य असुन्दरता के 'ढूह' में खड़े होकर आन्तरिक सौन्दर्य की उपासना नहीं कर सकती। हमें उस बाह्य सौन्दर्य को देखना ही पड़ेगा। निरन्न, निर्वसन जनता के बीच खड़े होकर आप परियों के सौन्दर्य लोक की कल्पना नहीं कर सकते।" (अशोक के फूल : पृष्ठ १६४) मनुष्य इसीलिए मनुष्य है

कि उसमें सिसृक्षा शक्ति है और इस सृजनात्मक शक्ति के कारण ही वह द्विवेदी जी के साहित्य, कला और संस्कृति के केन्द्र में स्थापित है।

'जनता का अन्तःस्पन्दन' शीर्षक निबन्ध में द्विवेदी जी ने साहित्य, संगीत, शिल्प और कला-मूल्यों की चर्चा को महत्त्वपूर्ण मानते हुए इसकी सोद्देश्य चरितार्थता का प्रश्न उठाया है। मनुष्य द्वारा मनुष्य-केन्द्रित चिन्तन की सार्थकता इस बात में है कि उसे साधारण जनता तक पहुँचाया जाय; लेकिन स्थिति यह है कि इन अभिराम प्रयत्नों का एक अंश भी साधारण जनता तक नहीं पहुँच पाता। इसलिए द्विवेदी जी की प्राथमिक चिन्ता यह है कि "कुछ ऐसा प्रयत्न होना चाहिए कि इस वंचित जनता के भीतर रस-ग्राहिका संवेदना उत्पन्न हो; वे भी 'सुन्दर' का सम्मान करना सीखें, 'सुन्दर' ढंग से जीवन बिताना सीखें, 'सुन्दर' को पहचानना सीखें।" (विचार-प्रवाह : पृ० २९०) जनता के इस अन्तःस्पन्दन पर इतना बल देने का कारण यह है कि द्विवेदी जी 'शून्य में मुक्का मारने को' पसन्द नहीं करते और 'अन्तःस्पन्दन'-जैसे शब्दों ने अपने इर्द-गिर्द जो वातावरण बना लिया है, उसका व्यवहार करनेवाले को वे कुछ ऐसे ही कौशल का प्रदर्शन करनेवाला स्वीकार करते हैं, क्योंकि 'जो वस्तु जनता के भीतर नहीं है, उसको उद्बुद्ध करने की चेष्टा बेकार है।' लेकिन उनका विश्वास है कि "जनता के भीतर वह वस्तु स्तब्ध पड़ी हुई है; उपयुक्त उद्दीपक के अभाव में वह स्पन्दित नहीं हो रही है। इस उद्दीपक वस्तु को समाज में प्रतिष्ठित करना वांछनीय है।" (विचार-प्रवाह : पृ० २९१) ऐसा करना इसलिए आवश्यक है कि उनकी दृष्टि में "जो जाति सुन्दर का सम्मान नहीं कर सकती वह यह भी नहीं जानती कि बड़े उद्देश्य के लिए प्राण देना क्या चीज है। वह छोटी-छोटी बातों के लिए झगड़ती है, मरती है और लुप्त हो जाती है।" (वही : पृ० २९१) लेकिन जनता को किसी बड़े उद्देश्य के प्रति विनियोजित करने के पहले वे उसकी सामाजिक-आर्थिक स्थिति का आकलन करते हैं और उन्हें लगता है कि जो जनता पेट-भर अन्न के लिए मुहताज है, वह सौन्दर्य की रक्षा कैसे कर सकती है?

आज के क्रान्तिकारी आन्दोलनों की संघर्षशील भूमिका की अपेक्षा में आचार्य द्विवेदी की सन्तुलित मानवतावादी दृष्टि का आकलन करते हुए डॉ० नामवर सिंह ने लिखा है--"यह दृष्टि उस विचारधारा से नितान्त भिन्न है जो जनता को तात्कालिक आर्थिक और राजनीतिक आवश्यकताओं की पूर्ति के लिए संघर्ष में उतारने के विश्वासी हैं। क्योंकि वहाँ यह समझ निहित है कि जनता के बोध का स्तर इतना ही नीचा है। जो जनता के 'अन्तःस्पन्दन' से अपरिचित हैं वे सारी शक्ति फौरी लड़ाइयों में क्षय करते हैं। कोई जाति क्रान्ति-जैसे बड़े उद्देश्य के लिए जान की बाजी लगाती है तो इसलिए कि वह सिर्फ जीना नहीं चाहती, बल्कि 'सुन्दर' ढंग से जीना चाहती है। कहने की आवश्यकता नहीं कि आज के अनेक राजनीतिक संगठन और आन्दोलन सिर्फ इसलिए असफल हो रहे हैं कि उनके सामने जीवन का यह बड़ा उद्देश्य नहीं है

और वे सुन्दर को एक अतिरिक्त या फालतू चीज समझते हैं।" (दूसरी परम्परा की खोज : पृ० ९४) आचार्य द्विवेदी शास्त्रीय दृष्टि से 'सुन्दर' को अतिरिक्त मानते हुए भी समाज-सापेक्ष क्रियाशील जीवन के लिए उसकी उपयोगिता को अस्वीकार नहीं कर पाते। क्योंकि उनका मानना है कि "जीवन को सुन्दर ढंग से बिताने के लिए भी जीवन का एक रूप होना चाहिए। बहुत-से लोग कुछ भी न करने को भलापन समझते हैं। यह गलत धारणा है। सुन्दर जीवन क्रियाशील होता है; क्योंकि क्रियाशीलता ही जीवन का रूप है। क्रियाशीलता को छोड़कर जीवन का 'सौन्दर्य' टिक नहीं सकता।" (विचार-प्रवाह : पृष्ठ २९२)

द्विवेदीजी मनुष्यता की कीमत पर किसी क्रान्तिधर्मी संघर्ष का समर्थन नहीं करते। इतिहास की सम्भावनाओं में विश्वास करने के कारण वे नींव की मजबूती को इसलिए महत्त्व देते हैं कि उनके सामने एक बड़ा उद्देश्य है जिसके लिए वे जनता के अन्तःस्पन्दन को आवश्यक मानते हैं। परम्परित जीवन-मूल्यों की अपेक्षा में वे वर्तमान का निर्माण करना चाहते हैं लेकिन स्वप्नदर्शी बनकर नहीं। उन्होंने लिखा है : "जो मनुष्य को उसकी सहज वासनाओं और अद्भुत कल्पनाओं के राज्य से वंचित करके भविष्य में उसे सुखी बनाने के सपने देखता है वह ठूँठ तर्कपरायण कठमुल्ला हो सकता है, आधुनिक बिलकुल नहीं। वह मनुष्य को समूचे परिवेश से विच्छिन्न करके हाड़-मांस का यन्त्र बनाना चाहता है। यह न तो सम्भव है, न वांछनीय।" (ग्रन्थावली ९/३६३) शास्त्र और लोक की परम्परा और आधुनिकता की द्वन्द्वात्मकता में ही वे अपने सामंजस्यपूर्ण सौन्दर्य की स्थापना करते हैं। इसके लिए वे समग्र मानव-मण्डली को मनुष्य की उच्चतर साधनाओं के प्रति संवेदनशील बनाना वांछनीय मानते हैं और साथ ही उनकी प्राथमिक आवश्यकताओं की पूर्ति पर भी बल देते हैं। उनके अनुसार "जो व्यक्ति इन दोनों बातों को स्वीकार करता है वह निष्क्रिय होकर नहीं रह सकता। उसे राजनीतिक और आर्थिक शक्तियों की गतिविधियों पर नजर रखनी ही होगी।" (विचार-प्रवाह : पृ० २६६) इस प्रकार जीवन का समग्र विकास ही सौन्दर्य है। परम्परित शब्दावली की शास्त्रीय व्याख्या के बावजूद उसकी जमीन मनुष्य और समाज है। लालित्य-चिन्तन पर आधारित द्विवेदी जी के सौन्दर्य-बोध को मार्क्सवादी सौन्दर्यशास्त्र का विजातीय नहीं कहा जा सकता।

•

साहित्य का गतिशील चिन्तन

पिछले डेढ़-दो सौ वर्षों से भारतीय चिन्तन में कला, संस्कृति और साहित्य-मूल्यों को लेकर गम्भीर वैचारिक मन्थन चल रहा है और इस क्रम में परम्परा के मूल्यांकन, पुनर्मूल्यांकन के अनेक दौर आते रहे हैं। बदली हुई सामाजिक परिस्थितियों और विश्व इतिहास के परिवर्तित मूल्यों ने इस प्रक्रिया को और तेज किया है। आधुनिक साहित्य के कला-मूल्यों और विचारधारात्मक अन्तर्विरोधों से गुजरते हुए आचार्य हजारीप्रसाद द्विवेदी ने अपनी परम्परा के भीतर से ही इन सवालों को सुलझाने का प्रयास किया है। जीवन के गम्भीरतम समझे जानेवाले प्रश्नों का साहित्य में समाधान खोजना एक आधुनिक प्रवृत्ति है और इसकी अपेक्षा में आचार्य हजारीप्रसाद द्विवेदी के समय-समय पर लिखे गये निबन्धों का सिलसिलेवार अध्ययन किया जाय तो लगेगा कि ये निबन्ध भारतीय परम्परा के मूल्यांकन के प्रामाणिक दस्तावेज हैं। 'अशोक के फूल', 'शिरीष के फूल', 'कुटज', 'देवदारु', 'आम फिर बौरा गये', 'मेरी जन्मभूमि', 'घर जोड़ने की माया', 'जिन्दगी' और मौत के दस्तावेज', 'भारतीय संस्कृति और हिन्दी का प्राचीन साहित्य', 'सभ्यता और संस्कृति', 'भारतीय संस्कृति की देन', 'भारतीय संस्कृति का स्वरूप', 'संस्कृति और साहित्य', 'संस्कृतियों का संगम', 'भारतवर्ष की सांस्कृतिक समस्या', 'हिन्दू संस्कृति के अध्ययन के उपादान', 'भीष्म को क्षमा नहीं किया गया', 'प्रायश्चित्त की घड़ी', 'धार्मिक विप्लव और शास्त्र', 'पण्डितों की पंचायत', 'जबकि दिमाग खाली है' आदि ऐसे निबन्ध हैं जिनके द्वारा उन्होंने सांस्कृतिक परम्परा के पुनर्मूल्यांकन और इतिहास की सही दिशा को समझने का प्रयास किया है। इनमें द्विवेदी जी ने मानव जाति के संघर्ष, विकास और उसकी संरक्षणशील परम्पराओं का इतिहास प्रस्तुत करते हुए अपनी जटिल एवं संश्लिष्ट संस्कृति की अवधारणा का विकास किया है जिससे उनकी सन्तुलित दृष्टि का परिचय मिलता है।

इसी प्रकार 'साहित्य का मर्म', 'साहित्य-सहचर', 'मनुष्य ही साहित्य का लक्ष्य है', 'साहित्य का नया कदम', 'साहित्य के नये मूल्य', 'आधुनिक साहित्य : नयी मान्यताएँ', 'साहित्य में मौलिकता का प्रश्न', 'समीक्षा में सन्तुलन का प्रश्न', 'साहित्य में व्यष्टि और समष्टि', 'साहित्य में सम्प्रेषणीयता', 'साहित्यकारों का दायित्व', 'आलोचना का स्वतन्त्र मान', 'परम्परा और आधुनिकता' आदि ऐसे साहित्यिक निबन्ध हैं जिनमें

उनके आलोचना-मूल्यों, विचारधारात्मक सन्तुलन, नयी रचना की खोज और पाण्डित्यपूर्ण प्रतिभा के लोकोन्मुखी विकास का परिचय मिलता है। उद्देश्य एक ही है--साहित्य को जीवन और समाज से जोड़कर मनुष्य को उसकी सम्पूर्णता में पहचानना तथा समाज-सापेक्षिक मानवतावादी मूल्यों की स्थापना। इतिहास, पुराण, प्राचीन साहित्य, धर्म, दर्शन के रचनात्मक व्याख्याता तथा राष्ट्रीय चेतना को विश्व-मानवतावाद के धरातल पर प्रतिष्ठित करनेवाले आलोचक हजारीप्रसाद द्विवेदी ने आधुनिक नवजागरण और प्रगतिशील आन्दोलन की सही दिशा को पहचानकर मनुष्य को साहित्य का लक्ष्य घोषित करते हुए लिखा--"मैं साहित्य को मनुष्य की दृष्टि से देखने का पक्षपाती हूँ। जो वाग्जाल मनुष्य को दुर्गति, हीनता और परमुखापेक्षिता से न बचा सके, जो उसकी आत्मा को तेजोद्दीप्त न बना सके, जो उसके हृदय को परदुःखकातर और संवेदनशील न बना सके, उसे साहित्य कहने में मुझे संकोच होता है।" (मनुष्य ही साहित्य का लक्ष्य है : हजारीप्रसाद द्विवेदी ग्रन्थावली, पृ० २४) यह मनुष्य साहित्य का लक्ष्य इसलिए है कि द्विवेदी जी उसे ही शाश्वत और सार्वभौम मानते हैं। परम्पराएँ लुप्त हो सकती हैं, साहित्य नष्ट हो सकते हैं लेकिन मनुष्य की जिजीविषा शक्ति अजेय है। इतिहास के प्रवाह में मनुष्य थका है, हारा है, पराजित हुआ है पर नष्ट कभी नहीं हुआ। साहित्य उस संघर्षशील मनुष्य की सृजनात्मक शक्ति को जानने का साधन है। इसलिए मनुष्य की इच्छा-आकांक्षा, जय-पराजय, शक्ति और दुर्बलता की सम्पूर्णता में उसे पहचानना तथा उसकी हीनता, दुर्बलता, परमुखापेक्षिता को आत्मविश्वास, आत्मगौरव और आत्मनिर्भरता से तेजोद्दीप्त करना ही साहित्य का लक्ष्य है।

द्विवेदी जी के साहित्य का लक्ष्य जाति धर्म निर्विशेष सामान्य मनुष्य है जो सुविधाभोगी समाज के अवसरवादी स्वार्थों के चलते वर्ग विभाजित समाज में शोषण, दमन और उपेक्षा से अभिशप्त है। उसे शाप-मुक्त कर राष्ट्र की मुख्य धारा से जोड़ना ही साहित्यकार का दायित्व है। आज की इस जटिल सामाजिक संरचना में इस दायित्व का निर्वाह करना और भी कठिन हो रहा है। कोई भी साहित्य मूल्यवान् और महान् तभी है, जब वह मनुष्य को सचेतन मनुष्य बनाये। मनुष्य अपने साहित्य और परम्परा को सही ढंग से जान और समझ सके तथा जीने की कला सीख सके। आज के साहित्यकार के सामने यह सबसे बड़ी समस्या है जिसे वह कल्पना-विलास से नहीं बल्कि अपने वर्तमान सामाजिक यथार्थ की चेतना से ही सुलझा सकता है। इसलिए द्विवेदी जी का मानना है कि "आज की सबसे बड़ी समस्या यह नहीं है कि अच्छी बात कैसे कही जाये, बल्कि यह है कि अच्छी बात को सुनने और मानने के लिए मनुष्य को कैसे तैयार किया जाये।" (वही : पृ० २५) लेकिन वे अति यथार्थवाद के नाम पर साहित्य में जुगुप्सावृत्ति के मनोरोग का प्रतिकार करते हुए मनुष्य के सामाजिक हित को ही अच्छे साहित्य की कसौटी मानते हैं और साहित्य की सामाजिक उपयोगिता पर बल देते हुए उसकी सोद्देश्यता को निर्दिष्ट करते हैं। इसी आधार पर वे लोक-जीवन से

जुड़े भक्तिकाव्य को महाभारत, रामायण और पूर्ववर्ती संस्कृत साहित्य की लोकोन्मुखता से जोड़ते हुए उसकी सामाजिक उपयोगिता और मानवीयता को महत्त्व देते हैं तथा उत्तरकालीन संस्कृत साहित्य तथा उत्तरकालीन हिन्दी रीतिकाव्य को इन गुणों के अभाव में, ह्रासोन्मुखी प्रवृत्ति और स्तब्ध चेतना का काव्य मानते हैं। इस प्रकार जीवन से विच्छिन्न साहित्य द्विवेदी जी के लिए महत्त्वहीन है।

आचार्य हजारीप्रसाद द्विवेदी साहित्य को तैयार माल न मानकर उसे लोक की अपेक्षा में उत्पादयिता की दृष्टि से देखते हैं तथा मनुष्य के बनते-बिगड़ते इतिहास के आलोक में परखते हैं। उनका कहना है कि "हम लोग नृतत्व के ग्रन्थ न पढ़ते हों, सो बात नहीं है, किन्तु जब हम देखते हैं कि ग्रन्थ पढ़ने के कारण हमारे घरों के निकट जो चमार, धीवर, कोइरी, कुम्हार लोग रहते हैं, उनके पूरे परिचय पाने के लिए हमारे हृदयों में जंरा भी उत्सुकता उत्पन्न नहीं होती, तब अच्छी तरह समझ में आ जाता है कि पुस्तकों के सम्बन्ध में हमें कितना अन्धविश्वास हो गया है, पुस्तकों को हम कितना बड़ा समझते हैं और पुस्तकें वस्तुतः जिनकी छाया हैं, उनको कितना तुच्छ मानते हैं।" (मनुष्य ही साहित्य का लक्ष्य है--हजारीप्रसाद द्विवेदी ग्रन्थावली, पृ० ३४) साहित्य को उपभोक्तावादी दृष्टि से देखनेवालों से द्विवेदी जी कितने भिन्न हैं और मनुष्य से बौद्धिक सहानुभूति के आधार पर भोगे हुए यथार्थ का डंका पीटनेवाले मनुष्यता की व्यावहारिक पहचान से कितनी दूर हैं; यह बताने की आवश्यकता नहीं। द्विवेदी जी समाज को, मनुष्य को और उसके जीवन को पुरातत्त्ववेत्ता की पैनी दृष्टि से देखते हैं और अपने साहित्य तथा इतिहास की सामग्री जीवन से ग्रहण करते हैं। उनका मानना है कि हमारे देश का वास्तविक इतिहास बड़े-बड़े ग्रन्थों से ही नहीं बल्कि लोक-परम्पराओं, लोकतत्त्वों और लोकचेतना के जीवित स्रोत के आधार पर ही समझा जा सकता है।

आचार्य हजारीप्रसाद द्विवेदी ऐसे सर्जक आलोचक हैं जो साहित्य को साधना से कम महत्त्वपूर्ण नहीं मानते और इस साधना को उन्होंने अपने प्राचीन साहित्य, इतिहास, पुराण, धर्म, दर्शन, ज्योतिष, पुरातत्त्व, काव्यशास्त्र, कला-विलास के गहन अध्ययन तथा आधुनिक नेतृत्व विज्ञान, भाषाविज्ञान, भौतिक विज्ञान आदि ज्ञान-विज्ञान के विविध अनुशासनों की अपेक्षा में अर्जित किया है। इसलिए समाज-शास्त्रीय औजारों के प्रयोग का दावा किये बिना भी उनकी साहित्य-साधना में एक विकासवादी दृष्टि मिलती है। आगे-पीछे देखकर वह वर्तमान में जीनेवाले साहित्यकार हैं इसलिए सामाजिक-आर्थिक परिवर्तनों की स्वाभाविक दिशा को पहचानने की कोशिश करते हैं। उन्होंने लिखा है कि "जमाना कोई पागल ऊँट नहीं है कि वह तेजी से भाग खड़ा होगा। आखिर जमाने के भागने का मतलब क्या है? मतलब बहुत स्पष्ट भी नहीं है। जीवन के विभिन्न मूल्यों में नित्य परिवर्तन हो रहे हैं। कल जिसको मनुष्य नगण्य समझता था, आज उसका दाम बढ़ गया है। सुसंस्कृत समझा जानेवाला

व्यक्ति वंश-विशेष में उत्पन्न दूसरे व्यक्ति को छू लेने पर गंगा स्नान करना आवश्यक समझता था, परन्तु आज ऐसा आचरण करनेवाला व्यक्ति असंस्कृत माना जाने लगा है।" ('साहित्य की साधना'--हजारीप्रसाद द्विवेदी ग्रन्थावली, पृ० ३९) इन बदलते हुए सामाजिक मूल्यों और उसकी भविष्योन्मुखी दिशा की अपेक्षा में ही वे अपने साहित्य का मूल्यांकन-पुनर्मूल्यांकन करते हैं। पुराने मूल्यों के विघटन और नये मूल्यों की स्वीकृति का द्वन्द्वात्मक विवेक उनकी साहित्य-साधना का आधार है।

आचार्य द्विवेदी के चिन्तन का मुख्य आयाम समाजवादी मानवतावाद है। उनके अनुसार मानवतावाद के दो प्रमुख लक्षण हैं--(१) "मनुष्य की महिमा और मानवीय मूल्यों में विश्वास" तथा (२) "मनुष्य के मर्त्यजीवन को किसी प्रकार के पाप-फल भोगने का परिणाम न समझकर इसे इसी दुनिया में दुःख-शोक से बचाना और दुनिया में सुख समृद्धि से युक्त करना।" (आधुनिक साहित्य : नयी मान्यताएँ : हजारीप्रसाद द्विवेदी ग्रन्थावली, पृ० ७८) इसी आधार पर द्विवेदी जी भक्तिकाव्य का युग सापेक्ष प्रगतिशीलता को स्वीकार करने के बावजूद उसमें आधुनिकता-बोध का अभाव पाते हैं, क्योंकि उसकी चेतना पारलौकिक है, और उसमें सचेत परिवर्तनेच्छा नहीं दिखायी पड़ती। इस प्रकार मध्यकालीन बोध से आधुनिकता-बोध को अलगाते हुए वे आधुनिक साहित्य की रचनाशीलता को सचेत परिवर्तनेच्छा का परिणाम मानते हैं और मनुष्य की सामाजिक मुक्ति को उसका लक्ष्य घोषित करते हैं--"सब प्रकार के सामाजिक, राजनैतिक और आर्थिक शोषणों से मनुष्य को मुक्त किया जाये, क्योंकि मनुष्य के जीवन का बड़ा मूल्य है। मनुष्य पर अखण्ड विश्वास इसका प्रधान सम्बल है।" (वही, पृ० ७९-८०) यह द्विवेदी जी का नवमानवतावाद या समाजवादी मानवतावाद है, किन्तु यही उनके चिन्तन की सीमा नहीं है। औद्योगिक सभ्यता के विकास के कारण पूँजीवादी समाज की जटिल संरचना में मनुष्य की सामाजिक तथा आर्थिक स्थिति और भी दयनीय हो उठी है, इससे द्विवेदी जी अच्छी तरह परिचित हैं। 'साहित्य का मर्म' शीर्षक लेख में उन्होंने लिखा है--"यन्त्रों के आविष्कार ने जहाँ जीवन की ऊपरी आवश्यकताओं की पूर्ति के लिए प्रचुर उत्पादन की व्यवस्था की है, वहाँ उससे वितरण और उपयोग की उतनी ही अच्छी व्यवस्था नहीं हो सकी है। क्योंकि उत्पादन के साधन कुछ थोड़े-से लोगों के हाथों में चले गये हैं, उनके हथियाने में जिस बौद्धिक कौशल की आवश्यकता है, वह मनुष्य अनायास ही उचित अवसर मिलने पर पा जाता है। परन्तु उससे उत्पादित सामग्री को सब तक पहुँचाकर सबके साथ मिलकर भोगने में जो मानसिक औदार्य और बौद्धिक निर्लिप्तता आवश्यक है, वह उतनी आसानी से नहीं मिलती।" (विचार-प्रवाह : पृ० १५२-५३) जाहिर है कि आचार्य द्विवेदी द्वन्द्वात्मक भौतिकवादी मुद्रा धारण किये बिना ही अपने भाववादी धरातल से यह लक्षित करते हैं कि समाज में पूँजी का असमान वितरण ही आर्थिक

विषमता का कारण है और सम्पत्ति पर कुछ थोड़े-से लोगों का एकाधिपत्य, छीन-झपट की एक बर्बर मनोवृत्ति है। 'उत्पादित सामग्री को सब तक पहुँचाकर सबके साथ मिलकर भोगने' की दूसरी मनोवृत्ति में आर्थिक समानता की बात बहुत स्पष्ट नहीं है लेकिन यह संकेत जरूर है कि वह उतनी आसानी से नहीं मिलती और उनका ख्याल है कि उसे मानसिक औदार्य और बौद्धिक निर्लिप्तता से अर्जित किया जा सकता है। लेकिन वे प्रगतिशील चिन्तन की उपलब्धियों और उसके सामाजिक प्रभाव से बेखबर नहीं हैं। वह स्पष्ट रूप से लक्षित करते हैं कि "इस नयी अवस्था ने संसार के सामने सैकड़ों समस्याएँ उपस्थित कर दी हैं। घिनौने युद्ध और भयंकर अकाल अब प्रकृति के कोप से नहीं होते, मनुष्य की दुर्ललित वासनाओं के कारण हो रहे हैं। जीवन एक सिरे से दूसरे सिरे तक इस प्रकार से झकझोर दिया गया है कि पुराने संचित संस्कार बुरी तरह झड़ गये हैं और एक-दूसरे से बुरी तरह उलझ गये हैं।" (साहित्य का मर्म--विचार प्रवाह : पृ० १५३) कौन कह सकता है कि शास्त्र-सम्बन्धी अध्ययन और परम्परा के पुनर्मूल्यांकन के प्रयास में उन्होंने अपने ढंग से इन संस्कारों को तोड़ने के लिए हथौड़े की चोट नहीं की है? उनके 'धार्मिक विप्लव और शास्त्र', 'प्रायश्चित्त की घड़ी', 'पण्डितों की पंचायत', 'जबकि दिमाग खाली है', 'घर जोड़ने की माया' आदि निबन्ध इस सन्दर्भ में विशेष उल्लेखनीय हैं। उनका यह कथन प्रगतिशील चिन्तन के सामाजिक प्रभाव को ही नहीं रेखांकित करता बल्कि गाँधीवादी 'हृदय परिवर्तन' के भाववाद का भी प्रत्याख्यान करता है। 'प्रायश्चित्त की घड़ी' शीर्षक निबन्ध में उन्होंने न केवल सुधारवादी आन्दोलन और समाज-सुधारकों की खिल्ली उड़ाकर पुनरुत्थानवाद का विरोध किया बल्कि लोक-जागरण में जन शक्ति की भूमिका को ही महत्त्वपूर्ण मानते हुए दृढ़ता के साथ घोषित किया कि "निःसन्देह यह जागृति धर्म और समाज-सुधार का सहारा नहीं लेगी। वह आर्थिक और राजनैतिक शक्तियों पर कब्जा करेगी।" (अशोक के फूल : पृ० २६) धार्मिक सुधार या भावनात्मक एकता के नारों से समाज में आर्थिक विषमता की समस्या को नहीं सुलझाया जा सकता। इसलिए द्विवेदी जी बड़ी स्पष्टता के साथ कहते हैं--"अगला कदम सामूहिक मुक्ति का है--सब प्रकार के शोषणों की मुक्ति का। अगली मानवीय संस्कृति मनुष्य की समता और सामूहिक मुक्ति की भूमिका पर खड़ी होगी।" (आधुनिक साहित्य : नयी मान्यताएँ : पृ० ८१) सोचने की बात है कि आचार्य द्विवेदी के चिन्तन का यह आयाम प्रगतिवादी चिन्तन से कितना और किस अर्थ में भिन्न है?

आचार्य हजारीप्रसाद द्विवेदी के चिन्तन की गतिशीलता को भाववाद या मानवतावाद के खाते में खतियाकर उनसे छुट्टी पा लेने का प्रयास निश्चय ही इकहरी दृष्टि का परिचायक है। मानवतावाद हो या प्रगतिवाद, किसी भी प्रकार की विचार-पद्धति को वे सन्तुलित विवेक से देखने के पक्षधर हैं। मानवीय मूल्य और सामाजिक मुक्ति की

कसौटी पर जाँचने-परखने के बाद ही बिना कोई निर्णय लादे अपनी बात रखते हैं। पुनरुत्थानवादी राष्ट्रीयता के प्रगतिशील पक्ष को स्वीकार करने के साथ ही वे अन्ध-राष्ट्रीयता और उसकी निष्क्रिय सामाजिकता तथा विकृत मानवतावाद का स्पष्ट प्रतिवाद करते हैं। उन्होंने लिखा है कि "हमारे देश के भी नये जीवन-साहित्य के स्पर्श से नवीन जीवन आदर्श जाग पड़े। मानवतावाद भी आया, दलितों और अध:पतितों के प्रति सहानुभूति का भाव भी आया और राष्ट्रीयता भी आयी। दोनों बातें एक साथ नहीं चल सकतीं। एक तरफ व्यक्ति मानव की महिमा पर अखण्ड विश्वास ने एक ही राष्ट्र में सुविधाभोगी व्यक्ति मानवों को बढ़ावा दिया, दूसरी तरफ राष्ट्रीयता की देवी युवावस्था की देहली पर पहुँचकर ऐसी ईर्ष्यालु रमणी साबित हुई जो सारे परिवार को ही ले डूबती है।" (आधुनिक साहित्य : नयी मान्यताएँ : हजारीप्रसाद द्विवेदी ग्रन्थावली, पृ० ८०) इसी के परिणामस्वरूप एक ओर राष्ट्रीयता ने सिर उठाया तो दूसरी ओर मानवतावाद के विकृत चिन्तन ने उस विकृत मतवाद को जन्म दिया जिसके अनुसार मनुष्य की भी उत्तम और निकृष्ट दो श्रेणियाँ हैं।

आचार्य द्विवेदी स्पष्टत: यह स्वीकार करते हैं कि सारे विश्व में मनुष्य की शक्ति बढ़ी है और साम्राज्यवादी शक्तियाँ हतवीर्य हुई हैं। उस विश्व-इतिहास की दिशा को पहचानते हुए द्विवेदी जी निष्क्रिय भावनात्मकता के आधार पर 'भारत माता' का जय-निनाद करनेवाली भावुक प्रवृत्ति को गलत मानते हैं, और सशस्त्र क्रान्ति को भी हवा में मुक्का ताननेवाली हरकत के रूप में स्वीकार करते हैं। उनकी दृष्टि में वही साहित्य महान् है जो समाज पर अच्छा प्रभाव डाले "समूची मनुष्यता जिससे लाभान्वित हो, एक जाति दूसरी जाति में घृणा न करके प्रेम करे, एक समूह दूसरे समूह को दूर रखने की इच्छा न करके पास लाने का प्रयत्न करे, कोई किसी का आश्रित न हो, कोई किसी से वंचित न हो, इस महान् उद्देश्य से ही हमारा साहित्य प्राणोदित होना चाहिए।" (साहित्यकारों का दायित्व : हजारीप्रसाद द्विवेदी ग्रन्थावली : पृ० १०१) वे समाज पर साहित्य के बुरे प्रभाव से अच्छी तरह परिचित हैं। इस पर विचार करते हुए उन्होंने आगाह किया है कि "संसार के कई देशों ने अपनी जातीय श्रेष्ठता का प्रतिपादन करने के उद्देश्य से साहित्य लिखा है और कोमल मस्तिष्कवाले युवकों की बुद्धि विषाक्त बना दी है। उसका परिणाम संसार को भोगना पड़ा है।" (वही : पृ० १०१) इसलिए द्विवेदी जी का कहना है कि साहित्यकार जब लिखने लगे तो उसके सामने केवल साहित्य के नियम और रूढ़ियाँ ही नहीं बल्कि उसकी दृष्टि मनुष्य के कल्याण की ओर भी होनी चाहिए लेकिन यह कल्याणवाद उसके लेखन के ऊपर-ऊपर उतराता ही न रहे, उस लेखन के प्रवाह में घुला-मिला होना चाहिए। इसलिए वे अनेक बार घोषित करते हैं कि वह शास्त्र, रस ग्रन्थ, कला, राजनीति, समाज-सुधार और पूजा-पाठ आदि निरर्थक हैं यदि उनसे मनुष्य का आत्यन्तिक कल्याण न होता हो। इसी तरह आधुनिक साहित्य के बारे में उनका कहना है कि "प्रधान बात है हमारी आधुनिक

समस्याएँ। साहित्य अगर उसके लिए उपयुक्त अध्ययन सामग्री नहीं उपस्थित करता तो वह बेकार है।" (वही : पृ० ११७)।

प्रगतिवादी चिन्तन और प्रगतिशील आन्दोलन को आचार्य द्विवेदी महान् आदर्शों से संचालित मानते थे, क्योंकि वह 'व्यष्टि मानव' के स्थान पर 'समष्टि मानव' की स्थापना का प्रयास करता है। आचार्य द्विवेदी ने उसे गहराई से समझने का प्रयास किया है। वे लिखते हैं : "प्रगतिवादी साहित्य मार्क्स के प्रचारित तत्त्व दर्शन पर आधारित है। इस मत को माननेवाला साहित्यिक रहस्यवाद में विश्वास नहीं कर सकता, प्रकृति या ईश्वर के निष्ठुर परिहास की बात नहीं सोच सकता, भाग्यवाद के ढकोसले को बर्दाश्त नहीं कर सकता। इस मत में समाज निरन्तर विकासशील संस्था है। आर्थिक विधानों के साथ-साथ समाज में भी परिवर्तन होता है। इस मत को स्वीकार करनेवाला साहित्यिक समाज की रूढ़ियों को सनातन से आया हुआ या ईश्वर की निर्भ्रान्त आज्ञाओं पर बना हुआ और ऊँच-नीच मर्यादा को अपरिवर्तनीय सनातन विधान नहीं मान सकता। वह समाज को बदल देने में विश्वास करता है।" (समीक्षा में सन्तुलन का प्रश्न : हजारीप्रसाद द्विवेदी ग्रन्थावली : पृ० १४४) मार्क्सवादी दर्शन के सूत्रों को पहचानते हुए वह यह भी लक्षित करते हैं कि इस वर्तमान समाज-व्यवस्था में पूँजीवाद एक 'निगेटिव' या प्रतिगामी शक्ति है क्योंकि यह असंख्य जनता के शोषण पर आधारित है। इसलिए प्रगतिशील आन्दोलन को केवल आर्थिक दृष्टि की उपज न मानकर वह लिखते हैं : "इसके महान् संकल्प और तितिक्षा की वृत्ति पर ध्यान दें तो स्पष्ट हो जायेगा कि इसमें एक बहुत बड़ी बात है जो केवल आर्थिक दृष्टि की उपज नहीं कही जा सकती। यह मनुष्य जीवन को कल्याण-मार्ग की ओर ले जाने के जीवन-दर्शन से अनुप्राणित है।" (वही : पृ० १४५) आगे अपनी स्थिति स्पष्ट करते हुए लिखते हैं : "मैं ऐसे संकल्प को जड़वादी और भौतिक कहने में हिचकता हूँ। साहित्य को महान् बनाने के मूल में साहित्यकार का महान् संकल्प होता है। वह संकल्प इस विचार-पद्धति के साथ है।" (वही) और अन्त में उसकी आध्यात्मिकता विरोधी दृष्टि से अपनी असहमति व्यक्त करते हुए कहते हैं : "मेरा विचार है कि अपने देश की विशाल आध्यात्मिक परम्परा मूलतः इसकी भावधारा से विरुद्ध नहीं पड़ती। यह और बात है कि इसका विनियोग सब समय ठीक रास्ते नहीं होता। मैं समझौते की दृष्टि से ऐसा नहीं कर रहा हूँ। मैं शुरू में ही इसका प्रत्याख्यान कर चुका हूँ। नये और पुराने विचारों का अन्तर मैं जानता हूँ।" (वही : पृ० १४५) महान् संकल्प से संचालित इस विचारधारा को द्विवेदी जी अपनी परम्परा के अनुभवों की अपेक्षा में देखने की सिफारिश करते हैं।

सहमति-असहमति का सवाल अपनी जगह, लेकिन मध्यकालीन बोध और आधुनिक बोध के अन्तर को द्विवेदी जी ने 'परम्परा और आधुनिकता' शीर्षक निबन्ध तथा 'हिन्दी साहित्य की भूमिका' में जितनी स्पष्टता के साथ व्यक्त किया है, उतनी

स्पष्टता उस समय तक बहुत-से प्रतिष्ठित आलोचकों में भी नहीं दिखायी पड़ती। प्रगतिवाद को लेकर आचार्य द्विवेदी किसी प्रकार के भ्रम में नहीं थे, उनके सामने उसका आदर्श स्पष्ट था। यही कारण है कि उन्होंने प्रगतिवादी आन्दोलन के मूल में किन्हीं क्रमागत विचारों को नहीं बल्कि तत्कालीन परिस्थितियों की भूमिका को ही महत्त्वपूर्ण माना है। ध्यान देने की बात है कि "प्रगतिवाद के आलोचकों ने प्रगतिवादी हिन्दी कविता को हिन्दी कविता का स्वाभाविक विकास मानने से इनकार किया था। उन आलोचकों के विपरीत द्विवेदी जी ने उसे हिन्दी कविता का स्वाभाविक विकास माना और यह लक्ष्य करने में सफल हुए कि उसके पहले दौर के कवि प्रायः हिन्दी के प्रतिष्ठित राष्ट्रीय कवि ही हैं। अब उनमें इतना भर फर्क आ गया था कि वे वर्ग-दृष्टि से तमाम चीजों को देखने का प्रयास कर रहे थे और उन्होंने राष्ट्रीयता या देशभक्ति का नया मतलब लगाया था--किसानों और मजदूरों को विषय बनाकर उनके पक्ष में कविताएँ लिखना।" (आलोचना, अप्रैल-जून, '७९, पृ० ९०) इसका कारण यह है कि आचार्य द्विवेदी अपनी परम्परा को सही ढंग से पहचानने के कारण किसी विचारधारा अथवा साहित्यिक प्रवृत्ति को केवल बाह्य राजनैतिक परिस्थितियों में न देखकर उसे तत्कालीन समाज के अन्तर्विरोधों की अपेक्षा में देखने का प्रयास करते हैं। अपने इस प्रखर इतिहास-बोध के कारण ही उन्होंने मध्यकालीन हिन्दी भक्तिकाव्य को भारतीय साहित्य की स्वाभाविक विकास-प्रक्रिया में देखने का प्रयास किया था, जबकि आलोचक उसे परम्परा बाह्य और राजनैतिक परिस्थितियों का परिणाम मान रहे थे।

इसलिए आचार्य द्विवेदी बड़ी दृढ़ता के साथ कहते हैं : "यह एक बिलकुल गलत धारणा है कि सभी प्रगतिवादी रचनाएँ मार्क्सवादी विचारधारा का समर्थन या प्रचार करती हैं।" (अशोक के फूल : पृ० ४०) द्विवेदी जी उन प्रगतिवादी रचनाओं को स्वीकार करते हैं जिनमें दुनिया को अपने आदर्श के अनुरूप ढाल लेने का संकल्प हो, लेकिन ऐसी रचनाओं को वे प्रगतिवादी मानने को तैयार नहीं हैं जो केवल आधुनिक विचारों को हवा में से पकड़कर लिखी गयी हैं। इस प्रकार प्रगतिवादी रचनाओं को द्विवेदी जी चयन की मूल्य-दृष्टि से स्वीकार या अस्वीकार करते हैं। प्रगतिवाद को भी वे ज्यों-का-त्यों न स्वीकार कर उसे आलोचनात्मक दृष्टि से देखते हैं। उसके सामाजिक कल्याण के महान् संकल्प से अत्यन्त प्रभावित हैं और प्रगतिवादी आन्दोलन का समर्थन करते हैं किन्तु लेखन के स्तर पर पार्टी के हस्तक्षेप को वे आन्दोलन के विकास में घातक मानते हैं। उनके अनुसार--"कम्युनिस्ट पार्टी से जिन साहित्यकारों का सम्बन्ध है उनको पार्टी के निर्देश पर चलना पड़ता है। पार्टी का इस प्रकार स्वतन्त्र चिन्तन के मार्ग में आना हितकर नहीं हो सकता। कई प्रगतिशील लेखक पार्टी के अंकुश को बर्दाश्त न कर सकने के कारण उससे अलग हो गये हैं। भविष्य में या तो पार्टी को अपना अंकुश उठा लेना पड़ेगा या प्रथम श्रेणी के साहित्यकारों से

वंचित रहना पड़ेगा।" (हिन्दी साहित्य : पृ० ४९९) पार्टी-प्रतिबद्ध लेखन की भविष्योन्मुखी दिशा की यह सही पहचान आज समय की कसौटी पर कितनी खरी उतरी है इस सन्दर्भ में डॉ० नन्दकिशोर नवल ने बहुत सही आकलन करते हुए लिखा है कि "साहित्य के क्षेत्र में पक्षधरता का अर्थ अब पार्टी की सदस्यता नहीं, बल्कि उसके घोषित मूल्यों में निष्ठा रखना समझा जाता है। इस देश का कम्युनिस्ट आन्दोलन और प्रगतिशील लेखन जब अपने आरम्भिक दौर में था, तो लेखन को पार्टी की कार्यनीति के अनुरूप ढालने पर जोर दिया जाता था। अब कम्युनिस्ट आन्दोलन के साथ-साथ प्रगतिशील लेखन भी अपनी प्रौढ़ावस्था से पहुँच चुका है। इस कारण अब लेखन को पार्टी लाइन पर ले चलने का आग्रह नहीं किया जाता।" (आलोचना, अप्रैल-जून, '७९/९२)।

प्रगतिवादी आन्दोलन को व्यापक परिप्रेक्ष्य में देखने के कारण आचार्य द्विवेदी उसमें सैद्धान्तिक आग्रह की बढ़ती प्रवृत्ति से चिन्तित थे और पार्टी की कार्यनीति निर्धारित करनेवाले सिद्धान्त-सूत्रों को आलोचना प्रतिमान के रूप में इसलिए मानने को तैयार नहीं थे कि इससे उन प्रगतिशील लेखकों और आलोचकों को इसमें नहीं समाहित किया जा सकता जिन्होंने मार्क्सवादी जीवन-दर्शन को पूर्ण रूप से नहीं अपनाया अथवा कुछ स्वतन्त्रता के साथ अपनाया। प्रगतिवादी आलोचक उन लेखकों को प्रतिगामी मानते थे जो अतीत के गौरवगान को रूपायित करनेवाले थे। अतीत के गौरवगान को द्विवेदी जी भी अच्छी प्रवृत्ति नहीं मानते थे और इसी आधार पर प्रेमचन्द की प्रशंसा करते हुए वे लिखते हैं : "उन्होंने अतीत गौरव का पुराना राग नहीं गाया। वे ईमानदारी के साथ अपनी वर्तमान अवस्था का विश्लेषण करते रहे।" (हिन्दी साहित्य की भूमिका : पृ० १३०) लेकिन इस आधार पर वे जयशंकर प्रसाद को प्रतिगामी मानने को तैयार नहीं हैं। उनका कहना है : "प्रसाद ने यद्यपि प्राचीन गौरव का अध्ययन और मनन बहुत अधिक किया था, परन्तु उन्होंने अपने समस्त अध्ययन को मनुष्य की दृष्टि से देखने का प्रयत्न किया। अध्ययन अध्ययन के लिए नहीं है, मनुष्य के उद्धार और उन्नयन के लिए है।" (वही : पृ० १३०) इसलिए एक सर्जक इतिहासकार-आलोचक की दृष्टि से देखते हुए द्विवेदी जी पाते हैं कि इस प्रकार की फार्मूलाबद्धता के कारण प्रगतिवादी आलोचना में साम्प्रदायिक संकीर्णता बढ़ती जायेगी जिसके चलते "प्रसाद जी प्रतिगामी होंगे, महादेवी जी अप्रगतिशील बन जायेंगी और राहुल सांकृत्यायन को भी जाति बहिष्कृत करना पड़ेगा।" (हिन्दी साहित्य : पृ० ५००) यदि अतीत गौरव, रहस्यवाद-अध्यात्मवाद के आधार पर प्रसाद को प्रतिगामी माना जा सकता है तो हमें यह भी सोचना पड़ेगा कि क्या निराला का काव्य रहस्यवाद-अध्यात्मवाद से पूरी तरह मुक्त है?

लेकिन प्रगतिवादी आलोचना के आरम्भिक दौर में ऐसे आलोचकों की कमी नहीं थी जो आलोचना में इस संकीर्णतावाद के विरोधी थे और साहित्य को कोरा सिद्धान्त-

प्रचार या मात्र विचार का वाहक मानने को तैयार नहीं थे। शिवदान सिंह चौहान का लेख 'साहित्य की परख' जो इस संकीर्णतावाद के विरुद्ध अभियान छेड़ने के कारण अत्यन्त विवादास्पद हो उठा, इसका सबसे बड़ा प्रमाण है। 'क्या साहित्य प्रोपेगण्डा है' शीर्षक एक अन्य लेख में शिवदान सिंह चौहान ने न केवल प्रगतिवाद के निन्दकों का जवाब दिया बल्कि इस तथ्य को भी प्रतिपादित किया कि "साहित्य प्रोपेगण्डा नहीं बल्कि सामाजिक प्रभाव का अस्त्र है।" आचार्य द्विवेदी संकीर्णतावाद से मुक्त ऐसे आलोचकों से बेखबर नहीं थे, इसलिए उन्होंने 'हिन्दी साहित्य' में यह स्वीकार किया है कि "सभी प्रगतिवादी अभी तक साम्प्रदायिक नहीं हुए हैं और वे विवेच्य का उचित विश्लेषण करके ही अपना मत दते हैं। विवेच्य के उचित विश्लेषण की क्षमता ही द्विवेदी जी की सर्जनात्मक आलोचना का प्रमाण है" जिसके चलते उन्होंने हिन्दी के आदिकालीन धार्मिक साहित्य का उचित मूल्यांकन करते हुए लिखा है--"धार्मिक साहित्य होने मात्र से कोई रचना साहित्यिक कोटि से अलग नहीं की जा सकती। यदि ऐसा समझ जाने लगे तो तुलसीदास का रामचरितमानस भी साहित्य क्षेत्र में अविवेच्य हो जायेगा और जायसी का पद्मावत भी साहित्य सीमा के भीतर नहीं घुस सकेगा।" (हिन्दी साहित्य का आदिकाल : पृ० ११) आचार्य द्विवेदी निश्चय ही साहित्य मूल्यांकन में दोहरे मानदण्डों का प्रयोग करनेवाले उन कतिपय प्रगतिवादी आलोचकों से भिन्न हैं जो प्रगतिशील रचनाओं के मूल्यांकन में विचारधारा की प्रतिबद्धता को महत्त्व देते हैं और तुलसी की वर्णाश्रम धर्मी विचारधारा की रक्षा के लिए मानवीय करुणा का सहारा लेकर उन्हें भौतिकवादी सिद्ध करने पर आमादा दिखायी पड़ते हैं।

आचार्य हजारीप्रसाद द्विवेदी प्रगतिशील आन्दोलन के महान् आदर्श उसकी भविष्योन्मुखी उपलब्धियों के प्रति कितने आशान्वित हैं, इसे उनके इस कथन से समझा जा सकता है : "प्रगतिशील आन्दोलन बहत महान् उद्‌देश्य से चालित है। इसमें साम्प्रदायिक भाव का प्रवेश नहीं हुआ तो इसकी सम्भावनाएँ अत्यधिक हैं। भक्ति के महान् आन्दोलन के समय जिस प्रकार एक अदम्य दृढ़ आदर्श निष्ठा दिखायी पड़ी थी, जो समाज को नये जीवन-दर्शन से संचालित करने का संकल्प वहन करने के कारण अप्रतिरोध्य शक्ति के रूप में प्रकट हुई थी, उसी प्रकार यह आन्दोलन भी हो सकता है।" (हिन्दी साहित्य : पृ० ५००-५०१) लेकिन इसके लिए वे आवश्यक मानते हैं कि जनता के अन्धविश्वासों, हीन मनोवृत्तियों और कुसंस्कारों को दूर कर उनमें आत्मविश्वास और आत्मगौरव का बोध जगाया जाये। जनता को तेजोद्‌दीप्त और जागरूक किये बिना जनता राज्य की बात करना द्विवेदी जी की दृष्टि में एक हवाई कल्पना है। वे प्रगतिशील आन्दोलन के आदर्श को महान् इसलिए मानते हैं कि वह शोषणमुक्त वर्गहीन समाज के निर्माण को महत्त्व देता है लेकिन जनता की जागरूक सक्रियता के बिना उस महान् लक्ष्य को पाना आसान नहीं है। वे लक्षित करते हैं कि देश की अशिक्षित जनता अभी भी अन्धविश्वासों में डूबी है, निरुपाय, निरन्न और

निर्वाक् है, गण्डे-ताबीज और लोहबान को ही अमोघ ओषधि मानती है। इसलिए 'गाँधी-मुकुटधारी' कोई समाजवादी उसे निर्वाचन के पहले जनता राज्य का सपना दिखाकर अपना राजनीतिक स्वार्थ भले सिद्ध कर ले, उससे जनता का कोई कल्याण नहीं होनेवाला। अपनी कतिपय सीमाओं के बावजूद प्रगतिशील आन्दोलन के प्रति द्विवेदी जी की समझ इकहरी नहीं है। वे उसकी शक्ति और विपुल सम्भावनाओं के प्रति आशान्वित और उसकी दुर्बलताओं के प्रति चिन्तित हैं तथा उसे अपने साहित्य के स्वाभाविक विकास के रूप में स्वीकार करते हैं। इसलिए प्रगतिशील आलोचना को विकसित करने में उनका योगदान महत्त्वपूर्ण है।

●

इतिहास-दृष्टि : उत्थानमूलक नैरन्तर्य

- आचार्य शुक्ल और आचार्य द्विवेदी का दृष्टि-भेद
- पाण्डित्य की लोकोन्मुखता : लोक और शास्त्र का द्वन्द्व
- काल-निर्धारण : मध्यकालीन बोध की आधुनिकता

आचार्य शुक्ल और आचार्य द्विवेदी का दृष्टि-भेद

आचार्य द्विवेदी के इतिहास-बोध पर विचार करते समय यह स्वाभाविक है कि उनके पूर्ववर्ती आलोचक-इतिहासकार आचार्य रामचन्द्र शुक्ल की इतिहास-दृष्टि को भी सामने रखा जाये ताकि उनके बीच सहमति-असहमति के बिन्दुओं के आधार पर आचार्य द्विवेदी के ऐतिहासिक नैरन्तर्य को स्पष्ट किया जा सके। ऐसा करना इसलिए भी आवश्यक हो जाता है, क्योंकि दोनों ही आचार्यों का इतिहास-लेखन लगभग एक-जैसी चुनौतियों का परिणाम है, जो अध्ययन-अध्यापन-सम्बन्धी कठिनाइयों के बीच से उनके सामने आ उपस्थित हुई थीं। अन्तर यह है कि जहाँ आचार्य रामचन्द्र शुक्ल काशी में रहकर, विश्वविद्यालय के छात्रों और अध्यापकों की समस्या से टकरा रहे थे, वहीं शान्ति निकेतन में बैठे आचार्य हजारीप्रसाद द्विवेदी एक ऐसे साहित्येतिहास की आवश्यकता महसूस कर रहे थे जो सम्पूर्ण भारतीय साहित्य से विच्छिन्न न हो ताकि अहिन्दीभाषी साहित्यिकों को भी हिन्दी साहित्य का परिचय कराया जा सके। कहना न होगा कि उद्देश्यगत सीमा-विस्तार के साथ ही काशी और शान्ति निकेतन के परम्परागत भाव-बोध का अन्तर भी इनकी इतिहास-दृष्टि के निर्माण में एक प्रभावी पक्ष रहा है।

यह आकस्मिक नहीं है कि कतिपय प्रतिष्ठित आलोचकों ने आचार्य द्विवेदी के इतिहास-लेखन को आचार्य शुक्ल के इतिहास-लेखन का पूरक प्रयास बताया है और उन्हें एक-दूसरे की सापेक्षिकता में देखने की आवश्यकता पर बल दिया है जिसे सर्वाङ्ग सत्य मान लेना बहुत उचित नहीं प्रतीत होता। यह सही है कि आचार्य शुक्ल छायावाद युग की रचनाशीलता से प्रभावित हैं और आचार्य द्विवेदी प्रगतिशील आन्दोलन से। लेकिन हमें यह भी देखना होगा कि छायावाद की रचनाशीलता सपाट नहीं, बल्कि अन्तर्विरोधों से युक्त है और आचार्य शुक्ल उन अन्तर्विरोधों को किस दृष्टि से देखते हैं? इसके साथ ही प्रेमचन्द की रचनाशीलता के परिप्रेक्ष्य में रखकर उनकी दृष्टिगत सीमा का मूल्यांकन किये बिना भक्ति-आन्दोलन के अन्तर्विरोधों को नजरअन्दाज कर इकहरी दृष्टि से देखना बेमानी होगा।

आचार्य रामचन्द्र शुक्ल की इतिहास-दृष्टि और उनके काव्य-विवेक को ठीक से समझने के लिए उनके इतिहास ग्रन्थ के आरम्भिक वाक्यों और इतिहास के प्रथम

संस्करण में 'वक्तव्य' की उन पंक्तियों को समझ लेना आवश्यक प्रतीत होता है जिसमें उन्होंने अपने इतिहास-लेखन का प्रारूप और उसके उद्देश्य को स्पष्ट किया है। अपने इतिहास के आरम्भ में ही वे लिखते हैं--"जबकि प्रत्येक देश का साहित्य वहाँ की जनता की चित्तवृत्तियों का संचित प्रतिबिम्ब होता है, तब यह निश्चित है कि जनता की चित्तवृत्ति के परिवर्तन के साथ-साथ साहित्य के स्वरूप में भी परिवर्तन होता चला जाता है।" जाहिर है कि आचार्य शुक्ल के इस प्रतिज्ञा-कथन में साहित्य की समाज-सापेक्षिकता और उसकी विकासमान् प्रक्रिया की ओर जो संकेत किया गया है, वह निश्चय ही उनके आधुनिक वैज्ञानिक दृष्टिकोण का परिचायक है। उनके काव्य-विवेक की सामाजिकता को प्रमाणित करने के लिए इन्हीं पंक्तियों को बार-बार उद्धृत भी किया जाता है। सवाल यह है कि आगे चलकर भक्ति-आन्दोलन के स्रोत-विवेचन तथा आदिकालीन एवं पूर्व मध्यकालीन कवियों के काव्य-मूल्यांकन में, इसका सम्यक् अनुपालन क्यों नहीं हो पाया?

इस प्रतिज्ञा-भंग का कारण उनकी मूल प्रतिज्ञा में बहुत स्पष्ट है। प्रथम संस्करण के वक्तव्य में उन्होंने लिखा है--"पाँच या छह वर्ष हुए, छात्रों के उपयोग के लिए मैंने कुछ संक्षिप्त नोट तैयार किये थे जिनमें परिस्थिति के अनुसार शिक्षित जनसमूह की बदलती हुई प्रवृत्तियों को लक्ष्य करके हिन्दी साहित्य के काल-विभाग और रचना की भिन्न-भिन्न शाखाओं के निरूपण का एक ढाँचा खड़ा किया गया था। 'हिन्दी शब्द सागर' समाप्त हो जाने पर उसकी भूमिका के रूप में भाषा और साहित्य का विकास देना भी स्थिर किया गया; अतः एक नियत समय के भीतर ही यह इतिहास लिखकर पूरा करना पड़ा।" इससे यह स्पष्ट हो जाता है कि छात्रों के लिए तैयार किये गये संक्षिप्त नोट के आधार पर जो कच्चा ढाँचा आचार्य शुक्ल ने बनाया था उसमें काल-विभाजन और विभिन्न शाखाओं की रचनाओं के मूल्यांकन का आधार परिस्थितियों के अनुसार शिक्षित जनसमूह की बदलती हुई प्रवृत्तियाँ थीं। आगे चलकर काव्य-मूल्यांकन में यही कच्चा ढाँचा प्रमुख आधार बना और 'हिन्दी शब्द सागर' के पूरा हो जाने पर उसकी भूमिका के लिए भाषा और साहित्य का विकास देना भी स्थिर किया गया तो एक निश्चित समय के भीतर ही आचार्य शुक्ल को इस कठिन चुनौती को स्वीकार करना पड़ा। उन्होंने ईमानदारी के साथ अपनी सीमा को स्पष्ट कर दिया है, लेकिन इसका दुष्परिणाम यह हुआ कि 'जनता की चित्तवृत्तियों का संचित प्रतिविम्ब' खण्डित हो गया और उसका सामाजिक प्रभाव भी दो टूक होकर 'शिक्षित' और 'अशिक्षित' जनता के दो वर्गों में विभक्त हो गया।

क्या कारण है कि आज के वस्तुवादी आलोचक एक स्वर से जिस क्रान्तदर्शी साहित्य को अपनी जनवादी परम्परा की कीमती विरासत समझते हैं और आचार्य हजारीप्रसाद द्विवेदी ने जिसे भारतीय चिन्ताधारा के स्वाभाविक विकास के रूप में महिमा-मण्डित किया है; वह आचार्य शुक्ल की शिक्षित जनता पर अपना कोई प्रभाव

नहीं छोड़ पाता? भाषा और साहित्य के विकास की दिशा को एक निश्चित समय के भीतर ही तय कर लेने की विवशता के कारण उनके स्वाभाविक विकास की द्वन्द्वात्मक प्रक्रिया को आचार्य शुक्ल नजरअन्दाज कर देते हैं और इतिहास के कच्चे ढाँचे में पूर्व निर्धारित प्रतिमान का सहारा लेकर सरलीकरण का मार्ग ग्रहण करने को विवश हो जाते हैं। फलस्वरूप तद्भवीकरण, जो भाषा विकास की स्वाभाविक प्रक्रिया है, तत्समीकरण में अवरुद्ध हो जाती है और 'जनता की चित्तवृत्तियों का संचित प्रतिबिम्ब' साहित्य भी भद्रलोक की शिक्षित जनता की रुचियों और संस्कारों तक सीमित हो जाता है। यही कारण है कि "संस्कृत बुद्धि, संस्कृत हृदय और संस्कृत वाणी का वह विकास इस शाखा (ज्ञानाश्रयी) में नहीं पाया जाता जो शिक्षित समाज को अपनी ओर आकर्षित करता।" (हिन्दी साहित्य का इतिहास : पृष्ठ ७३) और आगे उन्होंने कम-से-कम इतना तो स्वीकारा कि "अशिक्षित और निम्न श्रेणी की जनता पर इन सन्त-महात्माओं का बड़ा उपकार है।" सन्तों का यह उपकार क्या है और आचार्य शुक्ल की शिक्षित जनता कौन है? इसका उत्तर भी जायसी ग्रन्थावली की भूमिका में मिल जाता है। आचार्य शुक्ल कहते हैं--"सौ बरस पहले कबीरदास हिन्दू और मुसलमान दोनों के कट्टरपन को फटकार चुके थे। पण्डितों और मुल्लाओं की तो नहीं कह सकते, पर साधारण जनता राम और रहीम की एकता मान चुकी थी।" (जायसी ग्रन्थावली : भूमिका, पृ० १) उपकार का एक रूप तो यही है कि साधारण जनता हिन्दू-मुसलमान के जातिगत भेद-भाव को भुलाकर एक-दूसरे के सामने अपना-अपना हृदय खोलने लगी थी और न माननेवाले सम्भवतः पण्डित और मुल्ला थे जिनके हृदय अभी भी एक-दूसरे के सामने बन्द पड़े थे और इसी साम्प्रदायिक कट्टरता के चलते कबीरदास फटकार चुके थे। सवाल यह उठता है कि क्या साम्प्रदायिक कट्टरता को फटकारनेवाली बानी प्रतिक्रियावादी कही जा सकती है? लेकिन कबीर के क्रान्तिकारी विचार कितने ही बहुमूल्य क्यों न हों, जब भाषा ही सधुक्कड़ी और अटपटी हो तो 'पण्डिताऊ' भाषा के हिमायती, 'संस्कृत बुद्धि, संस्कृत हृदय' को वह कैसे प्रभावित कर सकता है?

सगुण भक्त कवियों के नूतन भक्ति मार्ग से आचार्य शुक्ल इतने आह्लादित क्यों हैं, इसे आसानी से समझा जा सकता है। वे लिखते हैं--"ऊपर जिस अवस्था का दिग्दर्शन हुआ है, वह सामान्य जनसमुदाय की थी। शास्त्रज्ञ विद्वानों पर सिद्धों और योगियों की बानियों का कोई असर न था।...ब्रह्मसूत्रों पर, उपनिषदों पर, गीता पर भाष्यों की परम्परा विद्वद् मण्डली के भीतर चली चल रही थी जिससे परम्परागत भक्ति मार्ग के सिद्धान्त-पक्ष का कई रूपों में नूतन विकास हुआ।" (हिन्दी साहित्य का इतिहास : पृ० ६४-६५) निष्कर्ष यह कि नाथों, सिद्धों और सन्त कवियों का साहित्य अशिक्षित-अर्द्धशिक्षित जनता या सामान्य जनसमुदाय की चित्तवृत्तियों को प्रतिबिम्बित करनेवाला है और शास्त्रों की रूढ़ियों, जातिवादग्रस्तता और बाह्याचारों पर

प्रहार करने के बावजूद उसमें विकास का कोई लक्षण नहीं दिखायी पड़ता और ब्रह्मसूत्र, उपनिषद् तथा गीता की भाष्य-परम्परा का शास्त्रीय आधार लेकर चलनेवाले सगुण काव्य में परम्परागत भक्ति मार्ग के सिद्धान्त पक्ष का नूतन विकास हुआ जिससे शास्त्रज्ञ विद्वान् मण्डली उल्लसित हो उठी। इसे नूतन विकास मान लेने का कारण यह है कि ब्रह्मसूत्र, उपनिषद् और गीता की वृहत्त्रयी का समर्थन पाकर यह श्रुतिसम्मत वैदिक मार्ग सिद्ध हो गया और निर्गुण भक्ति मार्ग को 'ज्ञानाश्रयी' शाखा नाम देकर आचार्य शुक्ल खुद चक्कर में पड़ गये हैं, क्योंकि उसमें ज्ञान के नाम पर जो थोड़ी-बहुत वेदान्त-चर्चा मिलती है, वह सुनी-सुनायी बातों पर आधारित होने के कारण अव्यवस्थित है और भक्ति भी जो नाममात्र की है, वह सूफियों से प्रभावित है। लिहाजा शुद्धता के अभाव में इस परम्परा बाह्य भक्ति को कैसे स्वीकार किया जा सकता है?

वैसे यह परम्परा पूजक शास्त्रज्ञों की बड़ी पुरानी समस्या है जिसकी कई जगहों पर आचार्य द्विवेदी ने विस्तृत चर्चा की है। बौद्ध धर्म के ह्रास और ब्राह्मण धर्म के पुनरुत्थान के समय किसी भी मतवाद को वेद बाह्य घोषित कर जनसमुदाय में उसकी हीनता को प्रमाणित करने की परम्परा रही है। पाशुपत मत को वेद बाह्य घोषित करनेवाले शंकर को बाद में 'प्रच्छन्न बौद्ध' ही कहा जाने लगा। इसलिए कबीर-जैसे शास्त्रज्ञान से वंचित सन्तों की अटपटी बानी में शास्त्रज्ञान की शुद्धता तलाश करनेवाले साम्प्रदायिक शास्त्रज्ञानियों का उत्तर देते हुए आचार्य द्विवेदी लिखते हैं--"साम्प्रदायिक शास्त्रज्ञान को अधिक महत्त्व देनेवाले पण्डितों को कभी-कभी कबीर की उक्तियों में उजड्डपन और ऊटपटाँग बातों का मिल जाना असम्भव नहीं है, पर अगर वे धीर भाव से विचार करते तो उन्हें मालूम होता कि उस युग में अर्थहीन जात-पाँत के ढकोसलों पर कड़े-से-कड़ा आघात करना लोक का अमंगल नहीं था। आज भी वह जंजाल वर्तमान है और आज का महापुरुष भी,--चाहे वह कोई हो--इस पर आघात करने को बाध्य है।" (भूमिका : ५४) यहाँ दोनों आचार्यों की विचारधारा और लोकमंगल-जैसे प्रतिमानों का दृष्टिगत भेद भी बहुत-कुछ स्पष्ट हो जाता है।

वस्तुतः आचार्य शुक्ल वर्तमान की मूल्य-दृष्टि से परम्परा को न देखकर, अतीत की दृष्टि से वर्तमान की व्याख्या करते हैं। यही कारण है कि समाजशास्त्रीय दृष्टिकोण के अभाव में वे परम्परा के स्वाभाविक विकास का सुसंगत मूल्यांकन नहीं कर पाते। भक्ति-आन्दोलन के उद्गम का कारण उस युग के सामाजिक-सांस्कृतिक अन्तर्विरोधों में न ढूँढ़कर, साम्प्रदायिक शास्त्रज्ञान के अतिरिक्त आग्रह के चलते वे केवल भक्ति के नूतन विकास सगुण भक्ति को ही विशेष महत्त्व देते हैं और उसकी पारम्परिक संगति बैठाने के लिए उसे हिन्दू-मुस्लिम संघर्ष का परिणाम मान लेते हैं। इस प्रकार बाहरी राजनैतिक परिस्थितियों को ही जिम्मेदार ठहराने के कारण आचार्य शुक्ल हिन्दी

भक्तिकाव्य के स्वाभाविक विकास की सही दिशा नहीं पकड़ पाते और यहीं उनकी इतिहास-दृष्टि की सीमा भी स्पष्ट हो जाती है। वे लिखते हैं--"देश में मुसलमानों का राज्य प्रतिष्ठित हो जाने पर हिन्दू जनता के हृदय में गौरव गर्व और उत्साह के लिए वह अवकाश न रह गया। इतने भारी राजनीतिक उलट-फेर के पीछे हिन्दू जनसमुदाय पर बहुत दिनों तक उदासी छायी रही। अपने पौरुष से हताश जाति के लिए भगवान् की शक्ति और करुणा की ओर ध्यान ले जाने के अतिरिक्त दूसरा मार्ग ही क्या था?" (हिन्दी साहित्य का इतिहास, पृ० ६३) इस इतिहास-दृष्टि के निर्माण में, शास्त्रज्ञान की आग्रही और सामन्ती आदर्श पर प्रतिष्ठित आचार्य शुक्ल की लोकमंगलकारी आलोचना-दृष्टि का बहुत बड़ा हाथ है जिसके चलते अपने युग को गौरवान्वित करनेवाला हिन्दी भक्तिकाव्य एक तो हिन्दू जाति की सम्पत्ति है और दूसरे वह हिन्दू-मुस्लिम संघर्ष की प्रतिक्रिया से उपजा जबदी हुई मानसिकता का काव्य है क्योंकि अपने पौरुष और शक्ति से निराश हिन्दू जाति के लिए भगवान् की गुहार करने के सिवा दूसरा विकल्प नहीं रह गया था। इसीलिए लोकरक्षा पर आधारित अवतारवाद का सहारा लेकर लिखे गये सगुण भक्तिकाव्य में भक्ति का नूतन सन्देश मिलता है और वही सच्चा काव्य है। उसमें भी लोकरक्षा के सुसंगत विकास के कारण तुलसी का काव्य लोकसंग्रही है और लोक-जीवन की मानवीय भावभूमि पर आधारित सूर के सूरसागर में लोकसंग्रह का अभाव है क्योंकि उन्होंने गीता-महाभारत के लोकरक्षक कृष्ण की शास्त्रीय प्रतिमा को बहुत-कुछ खण्डित कर डाला। अतः स्वाभाविक विकास का भी ह्रास दिखायी पड़ा और परम्परा बाह्य आचरण करने के कारण सूरदास को दण्ड मिलना ही चाहिए इसलिए उनके प्रेम को आचार्य शुक्ल ने लोक बाह्य घोषित कर दिया। सन्त कवियों के यहाँ सामन्ती आदर्श पर स्थापित न तो वह लोकसंग्रह है, न लोकमंगल क्योंकि वे लोकरक्षा विरोधी हैं। इसलिए परम्परागत भक्ति मार्ग का यह नूतन विकास अन्तर्विरोधों से मुक्त नहीं है और इसका समाधान आचार्य शुक्ल केवल तात्त्विक समीक्षा के द्वारा करना चाहते हैं।

भक्ति मार्ग के इस नूतन विकास की सुसंगत शास्त्रीय संगति तो वीरगाथात्मक रचनाओं से बनती नहीं इसलिए लोकरक्षा के शास्त्रीय प्रतिमान से उसकी ऐतिहासिक संगति बैठाते हुए आचार्य शुक्ल सामन्तों की चाटुकारिता में लिखी गयी चारणों की स्तुतिपरक रचनाओं को हिन्दी साहित्य में इसलिए स्वीकार कर लेते हैं कि उनमें उन्हें क्षात्र-धर्म, वीर-धर्म, राज-धर्म का तेजस्वी कर्म सौन्दर्य दिखायी पड़ता है जो आगे छलाँग लगाकर राम और कृष्ण के क्षात्र-धर्म को जगाकर उनके कर्म सौन्दर्य में अपना नूतन विकास पाता है और बीच में पड़नेवाली अपभ्रंश की रचनाएँ तथा नाथों-सिद्धों की बानियाँ अशिक्षित जनता की चित्तवृत्तियों को प्रभावित करने के कारण लोक-रक्षा के प्रतिमान से बाहर पड़ जाती हैं। कहना न होगा कि समाजशास्त्रीय विश्लेषण के अभाव में अपनी दृष्टिगत सीमा के कारण आचार्य शुक्ल काव्य-मूल्यांकन

में अपेक्षित तटस्थता नहीं बरत पाते इसलिए अनेक जगहों पर वे कठिनाई में पड़ जाते हैं।

आचार्य हजारीप्रसाद द्विवेदी की इतिहास-दृष्टि उनकी मानवतावादी चेतना से अनुप्राणित है। इसलिए उनकी इतिहास-यात्रा सामान्य मनुष्य की जय-यात्रा का उद्घोष है। शिक्षा का सवाल उनके सामने गौण है, मुख्य है--मनुष्यता। आचार्य द्विवेदी ने सिद्धों, नाथों और सन्तों के साहित्य को खोयी हुई परम्परा दी और विस्मृत परम्परा के पुनर्निर्माण द्वारा भारतीय अस्मिता की एकसूत्रता का सन्धान किया। सच पूछा जाये तो आचार्य शुक्ल ने अपने इतिहास ग्रन्थ के आरम्भ में साहित्य को परखने का जो सूत्र दिया था, वह उनके इतिहास-लेखन में केवल परिभाषा बनकर रह गया था। आचार्य हजारीप्रसाद द्विवेदी ने उसका सुसंगत अनुपालन ही नहीं किया बल्कि उसे पुनर्परिभाषित कर, उससे सर्वथा भिन्न इतिहास-दृष्टि का नव निर्माण किया। साम्प्रदायिक शास्त्रज्ञान के अतिरिक्त आग्रह और आभिजात्य संस्कारों के 'वृथा मोह' को रौंदता हुआ उनका पारदर्शी इतिहास-बोध 'मानव जाति की दुर्दम-निर्मम धारा के हजारों वर्ष का रूप' साफ-साफ देख लेता है तथा ग्रहण और त्याग की सन्तुलित दृष्टि से, मनुष्य, समाज, भाषा, साहित्य, संस्कृति, कलाभिरुचि, इतिहास और पुरातत्त्व की अपेक्षा में अपनी परम्परा का मानवतावादी मूल्यांकन करता है।

यही कारण है कि आचार्य हजारीप्रसाद द्विवेदी की इतिहास-दृष्टि में एक उत्थान-मूलक नैरन्तर्य है जिसके चलते वे हिन्दी भक्ति-आन्दोलन के सामाजिक अन्तर्विरोधों को ठीक से पहचानकर उसकी सुसंगत व्याख्या करते हैं। इतिहास को साम्प्रदायिक दृष्टि से देखनेवाले ब्रिटिश साम्राज्यवादी इतिहासकारों और जाने-अनजाने उनके मत को पुष्ट करनेवाले भारतीय इतिहासकारों का स्पष्ट विरोध करते हुए आचार्य द्विवेदी लिखते हैं-"दुर्भाग्यवश, हिन्दी साहित्य के अध्ययन और लोक चक्षु गोचर करने का भार जिन विद्वानों ने अपने ऊपर लिया है, वे भी हिन्दी साहित्य का सम्बन्ध हिन्दू जाति के साथ ही अधिक बतलाते हैं और इस प्रकार अनजान आदमी को दो ढंग से सोचने का मौका देते हैं-एक यह कि हिन्दी साहित्य एक हतदर्प पराजित जाति की सम्पत्ति है, इसलिए उसका महत्त्व उस जाति के राजनीतिक उत्थान-पतन के साथ अंगांगिभाव से सम्बद्ध है, और दूसरा यह कि ऐसा न भी हो तो भी वह एक निरन्तर पतनशील जाति की चिन्ताओं का मूर्त प्रतीक है, जो अपने-आपमें कोई विशेष महत्त्व नहीं रखता। मैं इन दोनों बातों का प्रतिवाद करता हूँ और अगर ये बातें मान भी ली जायें तो भी यह कहने का साहस करता हूँ कि फिर भी इस साहित्य का अध्ययन करना नितान्त आवश्यक है, क्योंकि दस सौ वर्षों तक दस करोड़ कुचले हुए मनुष्यों की बात भी मानवता की प्रगति के अनुसन्धान के लिए केवल अनुपेक्षणीय ही नहीं बल्कि अवश्य ज्ञातव्य वस्तु है। ऐसा करके मैं इस्लाम के महत्त्व को भूल नहीं रहा हूँ लेकिन जोर देकर कहना चाहता हूँ कि अगर इस्लाम नहीं आया होता तो भी इस साहित्य का बारह आना वैसा ही होता जो आज है।" (हिन्दी साहित्य की भूमिका, पृ० १३)

पहले तो आचार्य द्विवेदी ने मध्यकालीन भक्तिकाव्य को हतदर्प जाति का साहित्य मानने से इनकार किया और हिन्दी साहित्य को हिन्दू जाति के साथ सम्बद्ध करके देखनेवाली संकीर्ण दृष्टि का प्रतिवाद किया। उन्होंने इस अवधारणा का भी जोरदार खण्डन किया कि भक्तिकाव्य मुस्लिम आक्रमण की प्रतिक्रिया का परिणाम है। इसके लिए उनके पास ठोस आधार हैं। पहली बात तो यह कि "सूरदास और तुलसीदास आदि वैष्णव कवियों की समूची कविता में किसी प्रकार की प्रतिक्रिया का भाव नहीं है। जिस समाज को ये भक्तगण सुधारना चाहते थे उसमें विदेशी धर्म का कोई प्रभाव इन्होंने लक्ष्य नहीं किया था।" (हिन्दी साहित्य की भूमिका, पृ० ३७) और दूसरे यह कि यदि भक्ति-आन्दोलन को मुस्लिम आक्रमण की प्रतिक्रिया मान भी लिया जाये तो भक्ति का उदय उत्तर भारत में न होकर दक्षिण भारत में क्यों हुआ? इस सम्बन्ध में विचार करते हुए वे लिखते हैं--"यह बात अत्यन्त उपहासास्पद है कि जब मुसलमान लोग उत्तर भारत के मन्दिर तोड़ रहे थे तो उसी समय अपेक्षाकृत निरापद दक्षिण में भक्त लोगों ने भगवान् की शरणागति की प्रार्थना की। मुसलमानों के अत्याचार के कारण यदि भक्ति की भावना को उमड़ना था तो पहले उसे सिन्ध में और फिर उत्तर भारत में प्रकट होना चाहिए था, पर प्रकट हुई वह दक्षिण में।" (हिन्दी साहित्य : उसका उद्‌भव और विकास; संस्करण २००९, पृ० ८८-८९) यहीं यह भी पूछा जा सकता है कि यदि भक्तिकाव्य मुसलमानों के आक्रमण और उनके अत्याचार के कारण पराजित हिन्दू जनता का काव्य है तो गैर हिन्दू सूफी सन्त इसमें कैसे आ गये? यह सच है कि जब एक जीवित जाति किसी दूसरी जीवित जाति के सम्पर्क में आती है तो दोनों का एक-दूसरे से कुछ-न-कुछ प्रभावित होना स्वाभाविक है।

आचार्य द्विवेदी ने मुस्लिम प्रभाव को केवल प्रभाव के रूप में स्वीकार किया है, प्रतिक्रिया के रूप में नहीं। कबीर आदि निर्गुणिया सन्तों के जाति-पाँति विरोधी विचारों, अवतारवाद, मूर्तिपूजा आदि के खण्डन की चेष्टा को देखकर इसे मुसलमानी जोश बताया गया और कई बार तो उसे मुसलमानी धर्म के प्रचार का हथकण्डा भी कहा गया। आचार्य द्विवेदी ने इस भ्रम का निवारण करने के लिए हजारों वर्ष के इतिहास की छानबीन करते हुए उसे हिन्दी साहित्य के स्वाभाविक विकास के रूप में रेखांकित किया। उनके अनुसार निर्गुण सन्तों के उग्र विचार ही नहीं, उनकी सारी रीति-नीति, साधना-पद्धति, छन्द और भाषा भी भारतीय आचार्यों की देन है। उनका कहना है कि "जाति-वर्णन के भेद से जर्जरीभूत इस देश में जो कोई महासाधक आया है, उसे यह प्रथा खटकी है। ऐसे बहुत-से प्राचीन ग्रन्थ हैं जिनमें जाति-भेद को उड़ा देने पर जोर दिया गया है। पर संस्कृत की पुस्तकें साधारणतया ऊँची जातियों के लोगों द्वारा लिखी गयी होती हैं जिनमें लेखक केवल तटस्थ विचारक की भाँति रहता है। स्वयं नीच कहे जानेवाले वंश में उत्पन्न नहीं होने के कारण उनमें भुक्तभोगी की उग्रता और तीव्रता नहीं

होती। सहजयान और नाथ पन्थ के अधिकांश साधक तथाकथित नीच जातियों में उत्पन्न हुए थे, अतः उन्होंने इस अकारण नीच बनानेवाली प्रथा को दार्शनिक की तटस्थता के साथ नहीं देखा।" (हिन्दी साहित्य की भूमिका : पृ० ४०) 'इस अकारण नीच बनानेवाली' वर्ण-व्यवस्था के प्रति सात्त्विक रोष और उससे प्रभावित जनसमुदाय के प्रति आचार्य द्विवेदी की सहानुभूति उनकी उदारता और सहृदयता का स्पष्ट प्रमाण है। एक ओर तो इन रचनाकारों को शास्त्रज्ञानविहीन और सुने-सुनाये ज्ञान का आतंक जमानेवाला कहा गया है और दूसरी ओर उनकी रचनाओं में दार्शनिक चिन्तन का शुद्ध मतवाद ढूँढ़ने का प्रयत्न भी किया जाता रहा। इस विडम्बनापूर्ण स्थिति पर विचार करते हुए आचार्य द्विवेदी लिखते हैं--"कभी-कभी हास्यास्पद भाव से कबीरदास को शास्त्रज्ञानहीन, सुनी-सुनायी बातों का गढ़नेवाला आदि कह दिया जाता है, मानो उस युग में जुलाहे, मोची, धुनिये और अन्यान्य नीची कही जानेवाली जातियों के लिए शास्त्र और वेद का दरवाजा खुला था और कबीरदास आदि ने जान-बूझकर उनकी अवहेलना की थी।" (वही, पृ० ४४) जाहिर है कि ऐसा लिखते समय उनके सामने आचार्य शुक्ल तो थे ही 'साखी सबदी दोहरा, कहि कहनी उपखान। भगति निरूपहिं अधम कवि, निन्दहिं वेद पुरान' का उद्घोष करनेवाले गोस्वामी तुलसीदास भी रहे होंगे। कहना न होगा कि आचार्य द्विवेदी शास्त्रज्ञान और उसके तर्क-जाल से मुक्त होना, 'अनुभव-साँचा' सन्तों के लिए श्रेयस्कर मानते हुए लिखते हैं--"इन संस्कारों से वंचित रहने के कारण ही वे सब जगह से सहज सत्य को सहज ही ले सकते थे। वे रूढ़ियों और मिथ्या विश्वास के शिकार नहीं हुए। वे उस बेमतलब की निजत्व बुद्धि के भी शिकार नहीं हुए जो दूसरों की लिखी हुई बात को तोड़-मरोड़कर कहने में दूसरों से ग्रहण करने के महादोष से अपने को मुक्त समझती है। उनमें ग्रहण करने की भी शक्ति थी और कराने की भी शक्ति थी, इसलिए वे महान् थे।" (वही, पृ० ४४) ध्यान देने की बात है कि आचार्य द्विवेदी यहाँ सन्तों के, शास्त्रगत रूढ़ियों और मिथ्या विश्वास-विरोधी स्वर की गतिशीलता को रेखांकित करते हुए उन्हें महान् इसलिए स्वीकार करते हैं; क्योंकि उन्होंने अपने सामाजिक अनुभव के सहज विवेक से ही समय की सही दिशा पहचानकर अपनी लोकव्यापी विद्रोही चेतना के क्षरा, संग्राहकता की सर्जनात्मक शक्ति खो चुके शास्त्र मतों की लोकोन्मुखी प्रक्रिया को वेगवान् बनाने में महत्त्वपूर्ण योगदान दिया था। कहना न होगा कि आचार्य हजारीप्रसाद द्विवेदी ने सन्तों के इस नये मूल्यांकन के माध्यम से अपने ही पाण्डित्य की लोकोन्मुखता को प्रमाणित किया है।

हिन्दी साहित्य का आदिकाल आचार्य द्विवेदी के गहन अध्ययन और स्वतन्त्र चिन्तन का परिणाम है। आचार्य शुक्ल ने वीरगाथाओं को आदिकाल की प्रमुख प्रवृत्ति मानकर उसे वीरगाथा काल कहना ज्यादा उपयुक्त समझा था तथा नाथों-सिद्धों की बानियों को कोरी धर्मोपदेश की रचनाएँ बताकर उन्हें हिन्दी के अन्तर्गत स्वीकार नहीं

किया। आचार्य द्विवेदी ने 'वीरगाथा' कही जानेवाली रचनाओं का मूल चरित्र राजस्तुतिपरक बताया है क्योंकि उनकी लड़ाइयों, वैवाहिक कथाओं में तथ्य की अपेक्षा कल्पना ही अधिक है। उन्होंने राहुल सांकृत्यायन द्वारा सुझाये गये नाम 'सिद्ध सामन्तकाल' को इसलिए ज्यादा उपयुक्त बताया है कि उसमें सिद्धों की धार्मिक उपदेशवाली रचनाओं और सामन्तों की स्तुतिपरक रचनाओं को समाहित किया जा सकता है। आचार्य द्विवेदी ने अपने सृजनशील इतिहास-विवेक से नाथों-सिद्धों की रचनाओं को इसलिए साहित्य के अन्तर्गत स्त्रीकार किया कि एक तो वह क्रान्तिकारी सन्त साहित्य की सांस्कृतिक पृष्ठभूमि और विचारों की प्रेरणास्त्रोत है, दूसरे यह कि "इस अन्धकार-युग को प्रकाशित करने योग्य जो भी चिनगारी मिल जाये उसे सावधानी से जिलाये रखना कर्त्तव्य है, क्योंकि वह बहुत बड़े आलोक की सम्भावना लेकर आयी होती है, उसके पेट में केवल उस युग के रसिक हृदय की धड़कन का ही नहीं, केवल सुशिक्षित चित्त के संयत और सुचिन्तित वाक्पाटव का ही नहीं, बल्कि उस युग के सम्पूर्ण मनुष्य को उद्भासित करने की क्षमता छिपी होती है।" (हिन्दी साहित्य का आदिकाल, पृ० २५) निःसन्देह हजारीप्रसाद द्विवेदी यहाँ साहित्य को नये सिरे से परिभाषित करते हैं। साहित्य 'केवल सुशिक्षित चित्त के संयत और सुचिन्तित वाक्पाटव' की अभिव्यक्ति नहीं है और न ही उसमें केवल 'रसिक हृदय की धड़कन' सुनायी पड़ती है बल्कि सच्चा साहित्य वह है जिसमें 'उस युग के सम्पूर्ण मनुष्य को उद्भासित करने की क्षमता' होती है। आचार्य द्विवेदी की साहित्य-दृष्टि में परम्परा-बोध, इतिहास-विवेक, सांस्कृतिक चेतना और लोकधर्मी भावभूमि को जो महत्त्व दिया गया है, वह निश्चय ही आचार्य शुक्ल की साहित्य-दृष्टि से भिन्न--नवीन और सृजनशील है। परम्परा के भीतर से सम्भावनाओं की तलाश करनेवाली यह ऐसी सन्तुलित और उदार दृष्टि है जिसके केन्द्र में 'सम्पूर्ण मनुष्य' है और वह आचार्य शुक्ल के 'संस्कृत बुद्धि' और 'संस्कृत हृदय' से कहीं ज्यादा सार्थक और महान् है। यह वह दृष्टि है जो साहित्य को मात्र काव्यशास्त्रीय दृष्टि से देखने के विरुद्ध, उसे समाज की अपेक्षा में देखने की सिफारिश करती है। मध्यकालीन कविता को देखने का यह एक नया प्रतिमान है जो आचार्य द्विवेदी की काव्य-समीक्षा में सर्वतोभावेन विद्यमान है।

आचार्य शुक्ल की दृष्टिगत संकीर्णता को लक्ष्य कर डॉ० नामवर सिंह ने लिखा है, "जो 'सुसंस्कृत' है उसकी गाली भी साहित्यिक है लेकिन जो असंस्कृत है उसकी डाँट-फटकार भी असाहित्यिक है। तुलसीदास यदि अलख जगानेवालों को 'नीच' कहें तो वह काव्य है, लेकिन कबीर का यह कथन अशिष्ट गाली है : "पाँड़े कौन कुमति तोहें लागी। तू राम न जपहि अभागी।" इस मान्यता के चलते एक की दार्शनिक उक्तियाँ काव्य हैं और दूसरे की साम्प्रदायिक शिक्षामात्र। क्या इसलिए कि एक प्रभुवर्ग की 'संस्कृति' के पक्ष में बोलता है और दूसरा उस संस्कृति का विरोध करता है?" (दूसरी परम्परा की खोज, पृ० १०३-१०४) यही कारण है कि आचार्य हजारीप्रसाद

द्विवेदी प्रभुवर्गीय संस्कृति का प्रत्याख्यान करनेवाले नाथो-सिद्धों की रचनाओं को कोरा 'धार्मिक उपदेश' या 'साम्प्रदायिक शिक्षामात्र' कहे जाने का स्पष्ट विरोध करते हैं। उन्होंने अपनी विवेकसम्मत सन्तुलित दृष्टि से कोरे धार्मिक उपदेशवाली रचनाओं से उन रचनाओं को अलगाया है जिनमें धर्म एक प्रेरक शक्ति के रूप में काम करता है। उनके अनुसार--"जिस साहित्य में केवल धार्मिक उपदेश हों उससे यह साहित्य निश्चित रूप से भिन्न है जिसमें धर्म-भावना प्रेरक शक्ति के रूप में कार्य कर रही हो। इस दृष्टि से अपभ्रंश की कई रचनाएँ जो मूलतः जैन धर्म-भावना से प्रेरित होकर लिखी गयी हैं; निःसन्देह उत्तम काव्य हैं।" (हिन्दी साहित्य का आदिकाल, पृ० ११) यह आकस्मिक नहीं है कि आचार्य द्विवेदी धर्म की इस प्रेरक शक्ति को ही मध्यकालीन कविता की 'प्राणधारा' के रूप में स्वीकार करते हैं। इसीलिए उनका कहना है कि धार्मिक साहित्य होने मात्र से किसी रचना को साहित्य से बाहर नहीं किया जा सकता क्योंकि ऐसा करने से न केवल आदिकाल से हमें हाथ धोना पड़ेगा, बल्कि रामचरितमानस और पद्मावत भी साहित्य-सीमा में नहीं घुस पायेंगे और कबीर की रचनाओं को भी नमस्कार कर देना होगा।

आचार्य रामचन्द्र शुक्ल ने सूफी कवियों के सामाजिक महत्त्व को रेखांकित करते हुए विशेष रूप से पद्मावत के काव्य-सौन्दर्य को जिस तन्मयता के साथ उद्घाटित किया है, उस पर आचार्य द्विवेदी मुग्ध हैं। शुक्ल जी के प्रति श्रद्धाभिभूत होकर वह लिखते हैं--"इन कवियों में सर्वश्रेष्ठ पद्मावतकार मलिक मुहम्मद जायसी हैं, जिनके काव्य-सौन्दर्य को चमत्कारिक रूप से उद्घाटन करने का श्रेय हिन्दी के प्रसिद्ध आलोचक पं० रामचन्द्र शुक्ल को है। पद्मावत की प्रस्तावना में आपने जैसी काव्य-मर्मज्ञता दिखायी है, वैसी हिन्दी तो क्या अन्य आधुनिक भारतीय भाषाओं में कम ही मिलेगी। यह प्रस्तावना अपने-आपमें एक अत्यधिक महत्त्वपूर्ण साहित्यिक कृति है।" (हिन्दी साहित्य की भूमिका : पृ० ६१) आचार्य शुक्ल के काव्य-विवेक की प्रशंसा करने के साथ ही द्विवेदी जी की दृष्टि काव्य-परम्परा के मूल्यांकन पर टिकी हुई है। उनकी दृष्टि में इन सूफी कवियों का महत्त्व विशेष रूप से इस बात में है कि 'इन साधकों ने हिन्दी में एक विशेष प्रकार के साहित्य को लुप्त होने से बचा लिया।' निश्चय ही एक टूटी हुई लोक-परम्परा को जोड़नेवाले साहित्य का ऐतिहासिक महत्त्व है। आचार्य द्विवेदी ने सूफी काव्य-परम्परा को व्यवधान-युग के जन-साहित्य का स्वाभाविक विकास मानते हुए लिखा है--"जनसाधारण का एक और विभाग जिसमें धर्म का स्थान नहीं था, जो अपभ्रंश साहित्य के पश्चिमी आकार से सीधे चला आ रहा था, जो गाँवों की बैठकों में कथानक रूप से और गान रूप से चल रहा था, उपेक्षित होने लगा था। इन सूफी साधकों ने पौराणिक आख्यानों के बदले इन लोक-प्रचलित कथानकों का आश्रय लेकर ही अपनी बात जनता तक पहुँचायी।" (हिन्दी साहित्य की भूमिका : पृ० ६०)

जो लोग यह समझते हैं कि दोहा-चौपाई में प्रबन्ध काव्य लिखने की परम्परा सूफियों की देन है, उनके भ्रम का निवारण करते हुए आचार्य द्विवेदी उसका उत्स सहजयानी सिद्धों की रचनाओं और अपभ्रंश-काव्य के छन्दों में तलाशते हैं और इस प्रकार उसे परम्परा के स्वाभाविक विकास के रूप में देखते हैं। कहने की आवश्यकता नहीं कि आचार्य शुक्ल ने न केवल निर्गुणिया सन्तों के प्रेम को सूफियों से प्रभावित बताया था बल्कि सूरदास के प्रेम पर भी सूफी प्रभाव को देखते हुए उसे लोक बाह्य घोषित किया था। आचार्य हजारीप्रसाद द्विवेदी ने सन्तों, सूफियों और कृष्ण काव्य की प्रेम-पद्धति को अपनी ही परम्परा के स्वाभाविक विकास के रूप में स्वीकार किया है। इसके लिए उन्हें आगम ग्रन्थों, तन्त्र-साधना और अपभ्रंश की लोक-परम्परा की गहरी छानबीन करनी पड़ी है।

इस प्रकार हम देखते हैं कि शास्त्र-परम्परा की रूढ़ियों से मुक्त लोक-धर्म और लोक-परम्परा की भावभूमि पर आधारित हिन्दी भक्तिकाव्य हमारी जातीय साहित्य की परम्परा की कीमती विरासत है, उसमें पराजित और निराश हिन्दू जनता की कुण्ठा का कोई चिह्न नहीं मिलता। दरअसल पराजय और निराशा का सम्बन्ध वर्णाश्रम धर्म के विनाश की चिन्ता से चिन्तित हिन्दू शास्त्रकारों, धार्मिक अन्धविश्वासों और रूढ़ियों को साधारण जनता के विरुद्ध इस्तेमाल करनेवाले कुछ पढ़े-लिखे साम्प्रदायिक बुद्धिजीवियों तथा इन सबको संरक्षण देनेवाले सामन्तों एवं उनके सहायकों से रहा है जिनकी सुख-सुविधा, ऐश्वर्य-वैभव में अवश्य कमी आयी थी। इनकी उदासी के राजनैतिक कारण हो सकते हैं किन्तु बहुसंख्यक जनसमुदाय के दुःख का कारण तो मुख्यतः सामाजिक अन्तर्विरोधों में विद्यमान था जिसकी व्यापक छानबीन आचार्य हजारीप्रसाद द्विवेदी ने की है।

इतना तो डॉ० रामविलास शर्मा भी स्वीकार करते हैं कि साधारण जनता के दुःख कुछ और थे। इस सन्दर्भ में विचार करते हुए वे लिखते हैं--"देश में विदेशी जातियों का आक्रमण और उनका शासन भी एक कारण था। लेकिन वास्तविकता यह है कि सत्ता में सहायक और भाग लेनेवाले देशी सामन्त भी थे, उन सामन्तों के देशी सहायक पण्डे और पुरोहित भी थे।" लेकिन उन्हें सहसा ज्ञानोदय होता है कि शुक्ल जी की सहानुभूति तो सामन्तों के साथ जा रही है, ऐसी स्थिति में उन्हें दरबारी कवि याद आते हैं जिन्हें शुक्ल जी ने चुन-चुनकर सुनायी है। डॉ० रामविलास शर्मा यह भूल जाते हैं कि आचार्य शुक्ल रीतिकालीन कवियों की घोर शृंगारिकता और उन्हें आश्रय देनेवाले सामन्तों की विलासिता को इसलिए फटकारते हैं कि सामन्त अपने राजधर्म, वीरधर्म, क्षात्रधर्म और वर्णधर्म की रक्षा के दायित्व से च्युत होकर लोकधर्म से विहीन रचनाकारों को प्रश्रय देते है, यह दृष्टि सामन्तवाद विरोधी कैसे हो गयी? इससे डॉ० शर्मा ने यह सिद्ध किया कि "उनकी सहानुभूति देशरक्षा के इन ठेकेदारों के साथ न थी। फिर भी उनके विवेचन में देशी सामन्तों की भूमिका हर जगह स्पष्ट नहीं

है, इसलिए उन्होंने निराशा का कारण मुस्लिम शासन बताया है।" (आचार्य रामचन्द्र शुक्ल और हिन्दी आलोचना : पृ० ९५) शुक्ल जी के विवेचन में देशी सामन्तों की भूमिका हर जगह स्पष्ट क्यों नहीं है, इसे तो डॉ० रामविलास शर्मा ही जानें, सामन्तवाद के सम्बन्ध में शुक्ल जी के विचार बहुत स्पष्ट हैं। समाज में बढ़ते हुए पूँजीवादी प्रभाव से चिन्तित आचार्य शुक्ल सामन्ती-पुरोहिती प्रभामण्डल के विनाश से दुःखी होकर लिखते हैं--"राजधर्म, वीरधर्म, सब पर सोने का पानी फिर गया, सब टका धर्म हो गये। धन की पैठ मनुष्य के सब क्षेत्रों से करा देने से ब्राह्मणधर्म और क्षात्रधर्म का लोप हो गया; केवल वणिग्धर्म रह गया।" (चिन्तामणि, भाग-१, पृ० ५१) पूँजीवादी युग को ह्रास का युग मानते हुए आचार्य शुक्ल उसके विकास की दिशा भी स्पष्ट कर देते हैं--"जब तक यह व्यापारोन्माद दूर न होगा तब तक इस पृथ्वी पर सुख-शान्ति न होगी। दूर वह अवश्य होगा। क्षात्रधर्म की संसार में एक बार फिर प्रतिष्ठा होगी, चोरी का बदला डकैती से लिया जायेगा।" (वही : पृ० ५१) वर्णधर्म के संरक्षक क्षात्रधर्म की अन्तरराष्ट्रीय प्रतिष्ठा का स्वप्न देखनेवाले आचार्य शुक्ल का मोहभंग जल्द ही हो जाता है, जब वह देखते हैं कि वणिग्धर्म और क्षात्रधर्म में आपसी गठबन्धन हो गया। आचार्य शुक्ल क्षुब्ध होकर किंचित् आश्चर्य के साथ लिखते हैं--"इस सार्वभौम वणिग्वृत्ति से उतना अनर्थ कभी न होता यदि क्षात्रवृत्ति उसके लक्ष्य से अपना लक्ष्य अलग रखती। पर इस युग में दोनों का विलक्षण सहयोग हो गया है।" (वही : पृ० ८९) इस पर टिप्पणी करते हुए नीलकान्त ने उचित ही लिखा है--"इस 'विलक्षण-सहयोग' की व्याख्या के लिए पुरोहिती भाववाद के पास ऐतिहासिक और सामाजिकार्थिक कारणों की जानकारी का घोर अभाव है।... इसलिए वणिग्वर्ग के प्रति आचार्य शुक्ल ने मिश्र भाव बना लेना उचित समझा, एक साथ ही उसके प्रति धिक्कार और धन्यवाद का भाव प्रकट करके, अन्तर्द्वन्द्व के बोझ से अपना हृदय हल्का कर लिया--आखिर वणिग्धर्म भी तो एक धर्म है, सभी धर्मों का धारण करनेवाला विश्वात्मा तो एक ही है।" (प्रतिज्ञा : पृ० ४७)

ध्यान देने की बात है कि आचार्य शुक्ल के समकालीन कथाकार प्रेमचन्द ने विश्व-इतिहास की सही और स्वाभाविक दिशा को पहचानते हुए धर्म को 'स्वार्थ संगठन' कहकर अनेक प्रकार से उस पर प्रहार किया था। १९२१ में जहाँ प्रेमचन्द यह घोषणा कर रहे थे कि अब मैं लगभग 'बोल्शेविक' वसूलों का कायल हो चुका हूँ वहीं आचार्य शुक्ल १९२१ में ब्रिटिश साम्राज्यवादी प्रभुओं द्वारा स्थापित नरेन्द्र मण्डल की प्रशंसा में 'क्षात्रधर्म का सौन्दर्य' जैसा मानववाद विरोधी लेख लिख रहे थे। रूसी क्रान्ति के विरोधी और लेनिन के महात्मापन का मखौल उड़ानेवाले आचार्य शुक्ल को लग रहा था कि "ऊँची श्रेणियों के कर्त्तव्य की पुष्ट व्यवस्था न होने से ही यूरोप में नीची श्रेणियों में ईर्ष्या, द्वेष और अहंकार का प्राबल्य हुआ, जिससे लाभ उठाकर लेनिन अपने समय का महात्मा बना रहा।" (आचार्य रामचन्द्र शुक्ल और हिन्दी आलोचना, पृ० ११० पर उद्धृत)

आचार्य शुक्ल यह समझते हैं कि भारत की वर्ण-व्यवस्था में अधिकारसम्पन्न ऊँची श्रेणियों के कर्त्तव्य की जैसी पुष्ट व्यवस्था है, वैसी यूरोप के समाज में न होने के कारण ही साधारण जनता के आन्दोलन को दबाया न जा सका और लेनिन अपने समय का महात्मा बन बैठा। सामन्ती-पुरोहिती गठबन्धन के दमन, उत्पीड़न, शोषण और अत्याचार को ऊँची श्रेणियों में कर्त्तव्य की पुष्ट व्यवस्था के रूप में गौरवान्वित करना किस प्रगतिशीलता के अन्तर्गत आता है? दूसरी बात यह कि लेनिन के नेतृत्व में संगठित रूसी जनता के क्रान्तिकारी मुक्ति-संघर्ष में नीची श्रेणियों की हीन-भावना, ईर्ष्या, द्वेष और अहंकार का प्राबल्य ढूँढ़ना पुरोहिती भाववादी दृष्टि का ही परिचायक है क्योंकि वह वर्ग चेतन जनता का सकारात्मक वर्ग-संघर्ष था।

दु:ख तो तब होता है जब आचार्य शुक्ल की विरासत को मार्क्सवादी समीक्षा में विकसित करनेवाले डॉ० रामविलास शर्मा इस पर टिप्पणी करते हुए कहने लगते हैं कि "शुक्ल जी ने ये शब्द आवेश में लिखे हैं, इस आवेश के कारण, तुलसी के महत्त्व का गलत प्रतिपादन करने के जोश में, वह अनेक असंगतियों में फँस गये हैं।" (आचार्य रामचन्द्र शुक्ल और हिन्दी आलोचना, पृ० ११०) डॉ० शर्मा ने यह तो नहीं बताया कि जोश मजहबी जोश था या उससे भिन्न कुछ और था? उनके विवेचन से यह भी नहीं स्पष्ट होता कि तुलसी के महत्त्व का गलत प्रतिपादन करते हुए अनेक असंगतियों में फँसनेवाले आचार्य शुक्ल निष्कर्ष में सही निर्णय तक कैसे पहुँच गये? जहाँ तक मैं समझता हूँ, 'आवेश' और 'जोश' में कही हुई बात में कोई तर्क नहीं होता और ऐसी कोई भी अभिव्यक्ति प्रतिक्रियावादी होती है। सोचने की बात है कि आचार्य शुक्ल-जैसा बौद्धिक और सजग आलोचक ऐसी बातें आवेश में कैसे कह सकता है? मेरी समझ में आचार्य शुक्ल की कमजोरी पर लीपा-पोती करने के कारण डॉ० शर्मा का अर्थापन स्वयं कमजोर पड़ गया है। सच तो यह है कि आचार्य शुक्ल ने 'कबीर' और 'लेनिन' की प्रतिभा को ठीक पहचाना था, लेकिन वह नहीं चाहते थे कि लेनिन की प्रतिभा और क्रान्तिकारिता ने रूस में जो चमत्कार किया, वहाँ नाई, बढ़ई आदि नीची श्रेणियों का प्रभुत्व स्थापित हुआ और साहित्य में गुणात्मक परिवर्तन आया, वैसा कुछ परिवर्तन हिन्दुस्तान में भी हो।

दरअसल अचार्य शुक्ल जनता को दो वर्गों (शिक्षित और अशिक्षित) में बाँटकर देखते हैं, इसलिए तुलसी के महत्त्व का गलत प्रतिपादन करने के कारण अनेक असंगतियों में फँस गये हैं। पढ़ी-लिखी जनता के प्रति उनकी पक्षधरता और अशिक्षित जनता के प्रति उपेक्षा स्पष्ट है और यह विभाजन उच्चवर्गीय और निम्नवर्गीय से बहुत भिन्न नहीं है। डॉ० शर्मा आचार्य शुक्ल को व्यवस्थावादी, हिन्दू धर्म का प्रचारक और कर्मकाण्ड का पक्षधर मानने से इनकार करते हैं किन्तु मुक्तिबोध की स्थापनाएँ उनसे भिन्न हैं। निर्गुण-सगुण भक्ति-आन्दोलन का अन्तर स्पष्ट करते हुए वे लिखते हैं--"निर्गुण मत के विरुद्ध सगुण मत का संघर्ष निम्नवर्गों के विरुद्ध उच्चवर्गीय

संस्कारशील अभिरुचिवालों का संघर्ष था।" (नयी कविता आत्म संघर्ष, पृ० १००) आगे भक्ति-आन्दोलन के अन्तर्विरोध की चर्चा करते हुए मुक्तिबोध लिखते हैं--"एक बार भक्ति-आन्दोलन में ब्राह्मणों का प्रभाव जम जाने पर वर्णाश्रम धर्म की पुनर्विजय की घोषणा में कोई देर नहीं थी। ये घोषणा तुलसीदास ने की थी।" (वही, पृ० १०१) इसलिए "पण्डित रामचन्द्र शुक्ल जो निर्गुण मत को कोसते हैं, वह यों ही नहीं। इसके पीछे उनकी सारी पुराणमतवादी चेतना बोलती है।" (वही, पृ० १०२) आचार्य शुक्ल के प्रति 'मुक्तिबोध' के मन में कम आदर भाव नहीं है किन्तु वस्तुस्थिति की सच्चाई को सच्चाई के रूप में पाठकों के सामने रखना किसी भी जन पक्षधर रचनाकार और आलोचक की ईमानदारी का तकाजा है।

आचार्य शुक्ल ने 'गोस्वामी तुलसीदास' के माध्यम से कबीर के जनवादी संघर्ष को पुरोहिती-सामन्ती समाज-व्यवस्था के लिए खतरे की घण्टी के रूप में सुना था, इस तथ्य को नकारना बेमानी होगा। आचार्य शुक्ल समाज में किसी तात्कालिक परिवर्तन के विरुद्ध हैं, इसलिए बेहतर समाज-व्यवस्था के परिवर्तन का भी कबीर, निराला और प्रेमचन्द उनके लिए उतने प्रिय नहीं हैं जितने वर्ण-व्यवस्था के पोषक गोस्वामी तुलसीदास।

ध्यान देने की बात है कि आम आदमी की पक्षधर प्रगतिशील चेतना जब भी सक्रिय हुई है उसके समानान्तर प्रति आन्दोलन खड़ा करके प्रतिक्रियावादी ताकतें सुधारवाद के नाम पर उसे दबाने का सुनियोजित षड्यन्त्र रचती आयी हैं। हिन्दी आलोचना इस ऐतिहासिक सच्चाई को नजरअन्दाज कर दिशाहीन हो सकती है, इस खतरे को लक्ष्य कर प्रगतिवादी आलोचकों को आगाह करते हुए मुक्तिबोध को लिखना पड़ा था "आश्चर्य की बात है कि आजकल प्रगतिवादी क्षेत्रों में तुलसी के सम्बन्ध में जो कुछ लिखा गया है, उसमें जिस सामाजिक-ऐतिहासिक प्रक्रिया के तुलसीदास जी अंग थे, उनको जान-बूझकर भुलाया गया है। पण्डित रामचन्द्र शुक्ल की वर्णाश्रमधर्मी जातिवादग्रस्त सामाजिकता और सच्चे जनवाद को एक-दूसरे से ऐसे मिला दिया गया है मानो शुक्ल जी (जिनके प्रति हमारे मन में अत्यन्त आदर है) सच्ची जनवादी सामाजिकता के पक्षपाती हों।" (वही, पृ० १०४) जाहिर है कि मुक्तिबोध ने न केवल तुलसी की पुराण मतावलम्बी समन्वयवादी दोहरी परम्परा का विरोध किया है बल्कि उसे पुष्ट करनेवाले 'पण्डित रामचन्द्र शुक्ल की वर्णाश्रम-धर्मी जातिवादग्रस्त सामाजिकता' और 'सच्ची जनवादी सामाजिकता' में सामंजस्य स्थापित करनेवाली प्रगतिवादी समीक्षा के प्रति अपना आश्चर्य भी प्रकट किया है। कारण यह है कि तुलसी के मूल्यांकन में एक ऐतिहासिक सच्चाई को जान-बूझकर भुला दिया गया है। इस प्रकार मुक्तिबोध तुलसी के मूल्यांकन में, आचार्य रामचन्द्र शुक्ल और डॉ० रामविलास शर्मा दोनों से असहमत हैं। मुक्तिबोध की स्थापना का निष्कर्ष यह है कि "निचली जातियों के बीच से पैदा होनेवाले सन्तों के द्वारा निर्गुण भक्ति के रूप में

भक्ति-आन्दोलन एक क्रान्तिकारी आन्दोलन के रूप में पैदा हुआ किन्तु आगे चलकर ऊँची जातिवालों ने इसकी शक्ति को पहचानकर इसे अपनाया और क्रमश: उसे अपने विचारों के अनुरूप ढालकर कृष्ण और राम की सगुण भक्ति का रूप दे डाला जिससे उसके क्रान्तिकारी दाँत उखाड़ लिये गये। इस प्रक्रिया में कृष्ण भक्ति में तो कुछ क्रान्तिकारी तत्त्व बचे रह गये लेकिन राम भक्ति में जाकर तो रहे-सहे तत्त्व भी गायब हो गये।" (दूसरी परम्परा की खोज : पृ० ८३ : डॉ० नामवर सिंह)

यह आकस्मिक नहीं है कि गढ़ों और मठों को तोड़ने के लिए अभिव्यक्ति का खतरा उठाने का आह्वान करनेवाले मुक्तिबोध की स्थापनाएँ आचार्य हजारीप्रसाद द्विवेदी के ज्यादा निकट हैं। भारतीय साहित्य और शास्त्र ग्रन्थों का आलोड़न उन्होंने 'चिन्ता-पारतन्त्र्य' से मुक्त स्वतन्त्र चिन्तन के आधार पर किया था। यही कारण है कि अपनी अनुभवसम्मत विवेकपूर्ण सन्तुलित दृष्टि के आधार पर उसके ग्राह्य-अग्राह्य तत्त्वों का विश्लेषण करते हुए 'मनुष्य सत्य' के मारनेवाले शास्त्रों को उन्होंने 'वंचक' घोषित किया। यही 'मनुष्य सत्य' उनकी समूची साहित्य साधना के केन्द्र में स्थापित है। क्या अभिव्यक्ति का यह मौन खतरा उठाने के कारण ही उन्हें आजीवन संघर्ष नहीं करना पड़ा? शास्त्र-ज्ञानसम्पन्न परम विद्वान् और ज्योतिषाचार्य होने के बावजूद वे शास्त्रज्ञ पण्डितों के लिए कभी स्वीकार्य क्यों नहीं हुए? वे कौन-से ऐसे कारण थे जिनके चलते उन्हें 'शूद्र ब्राह्मण' होने का एहसास बार-बार झेलना पड़ा? अस्तु, यदि भाववाद की कोई क्रान्तिकारी भूमिका हो सकती है तो आचार्य हजारीप्रसाद द्विवेदी के रचनात्मक-आलोचनात्मक संघर्ष को नजरअन्दाज नहीं किया जा सकता।

हिन्दी साहित्य को आचार्य हजारीप्रसाद द्विवेदी की सबसे बड़ी देन यह है कि उन्होंने हिन्दी आलोचना को एक उदार मानवतावादी वैज्ञानिक दृष्टि दी है। उनके इतिहासकार और आलोचक परस्पर ऐसे घुल-मिल गये हैं कि उन्हें एक-दूसरे से अलगाया नहीं जा सकता। स्वतन्त्र चिन्तन, समाजशास्त्रीय विश्लेषण, परम्परा के मूल्यांकन का सन्तुलित विवेक, गहरी कलात्मक अभिरुचि आदि उनके इतिहासकार-आलोचक की प्रेरक शक्ति हैं। अपनी इन्हीं विशेषताओं के कारण वे अपने पूर्ववर्ती आलोचकों की अपेक्षा, हिन्दी साहित्य के मूल्यांकन में कहीं अधिक तटस्थ और सन्तुलित दिखायी देते हैं। अपनी दार्शनिक विचारधारा और वैष्णव संस्कारों के चलते आचार्य रामचन्द्र शुक्ल लोकमंगल के सामन्ती आदर्श में विश्वास करनेवाले रसवादी आलोचक थे। गोस्वामी तुलसीदास को केन्द्र में रखकर, उनके आदर्श के आधार पर ही उन्होंने हिन्दी आलोचना के विविध प्रतिमानों का निर्माण किया था।

आचार्य हजारीप्रसाद द्विवेदी के साहित्येतिहास-लेखन की प्रमुख विशेषता यह है कि उनके मूल्यांकन के केन्द्र में कोई रचनाकार नहीं, मुख्य है परम्परा और उसकी जीवन्त पृष्ठभूमि। इसीलिए वे लिखते हैं--"साहित्य का इतिहास ग्रन्थों और ग्रन्थकारों के उद्‌भव और विलय की कहानी नहीं है, वह काल स्रोत से बहे आते हुए जीवन्त

समाज की विकास कथा है। ग्रन्थकार और ग्रन्थ उस प्राणधारा की ओर सिर्फ इशारा करते हैं, वही मुख्य नहीं है। मुख्य है वह प्राणधारा जो नाना परिस्थितियों से गुजरती हुई आज हमारे भीतर अपने-आपको प्रकाशित कर रही है।" (कल्पलता : पृ० १६८) यह बताने की आवश्यकता नहीं कि आचार्य द्विवेदी ऐतिहासिक स्रोत में प्रवाहित जीवन्त समाज की विकसनशील प्राणधारा के तटस्थ द्रष्टा नहीं, बल्कि उसे आत्मसात् कर अपने वर्तमान के लिए उसका पुनर्निर्माण करनेवाले विकासवादी इतिहासकार और आस्थावान् आलोचक हैं।

इतिहास आचार्य द्विवेदी के लिए केवल तथ्यों और ब्यौरों का संग्रह अथवा घटनाओं का कालक्रम संयोजन नहीं है, वह मनुष्य की 'जय-यात्रा' का उद्घोष करनेवाला कालदेवता, इतिहासविधाता है। आचार्य द्विवेदी ने पहली बार इतिहास को अनाहत एवं अविच्छिन्न प्राणधारा के रूप में देखने की वह दृष्टि प्रदान की है, जो पूर्ववर्ती इतिहास-लेखकों में देखने को नहीं मिलती। आचार्य रामचन्द्र शुक्ल के इतिहासकार पर उनका आलोचक इतना हावी है कि आदिकालीन लोकभाषा-काव्य के मूल्यांकन में अविच्छिन्न ऐतिहासिक परम्परा बराबर उपेक्षित रह गयी है। मोटे तौर पर शुष्क घटनाओं और तिथियों को ही इतिहास मानकर रासो की प्रामाणिकता के विवाद में उलझे हुए आचार्य शुक्ल की दृष्टिगत सीमा का प्रत्याख्यान करते हुए आचार्य द्विवेदी लिखते हैं--"खेद की बात है उस दृष्टि की प्रतिष्ठा जो शुष्क घटनाओं और तिथियों को ही इतिहास समझती है। इसी का यह परिणाम हुआ है कि देश की अन्य महत्त्वपूर्ण परिस्थितियाँ उपेक्षित रह गयी हैं। यदि इतिहास का अर्थ मनुष्य-जीवन के अखण्ड प्रवाह का अध्ययन हो तो हिन्दी साहित्य के आदिकाल का इतिहास एकदम उपेक्षणीय नहीं है।" (कल्पलता : पृ० १८५) निश्चय ही आचार्य द्विवेदी के लिए शुष्क घटनाओं और तिथियों की अपेक्षा वे परिस्थितियाँ ज्यादा महत्त्वपूर्ण हैं जो एक युग के मनुष्य-जीवन के अखण्ड प्रवाह का अध्ययन करने में सहायक सिद्ध होती हैं।

यही कारण है कि आचार्य हजारीप्रसाद द्विवेदी ने उस युग के साहित्य को केवल रसपरक साहित्यिक दृष्टि से न देखकर, उसके अध्ययन की आवश्यकता पर इसलिए जोर दिया है क्योंकि वही साहित्य हमें इतिहास के अन्धकार-युग की टूटी हुई सांस्कृतिक परम्परा को जोड़ने में एकमात्र आधार प्रदान करता है। तन्त्र-साधना, सिद्ध-नाथ-परम्परा, लोकभाषाकाव्य की शोधपरक छान-बीन के पीछे उस मूल्यवान् सांस्कृतिक विरासत की खोजपूर्ण दृष्टि है; जो इतिहास के तिमिराच्छन्न कुहासे में अपने समूचे युग के मनुष्य की सामाजिक विकास गाथा के साथ गुमशुदा परम्परा की पहचान कराती है। जहाँ इतिहास मौन है, साहित्य लुप्त है और परम्परा खण्डित है, वहाँ व्यापक जनसमुदाय की रीति-नीति, आचार-विश्वास, भाषा, व्यवहार आदि विभिन्न जीवन-पद्धतियों के बीच अन्तर्प्रवाहित उस प्रेरक शक्ति की खोज आवश्यक

हो जाती है जिसकी मदद से इतिहास के मौन को तोड़ा जा सकता है, और परम्परा को विकलांग होने से बचाया जा सकता है। इसलिए आचार्य द्विवेदी लोकभाषा, लोक-गाथा, लोकगीत-परम्परा, कहावतों, लोकोक्तियों आदि के समाजशास्त्रीय अध्ययन पर जोर देते हैं और उस तथाकथित अन्धकार-युग के साहित्य की प्रकृति को पहचानने के लिए उस युग के अन्तर्प्रान्तीय भाषा-साहित्य के परिप्रेक्ष्य में उस खोयी हुई अस्मिता की तलाश करते हैं। क्योंकि उनका विश्वास है महामानव समुद्र के रूप में फैला हुआ आज का भारतीय समाज नाना जातियों, धर्मों, सम्प्रदायों और मतवादों के संघर्ष और सृजन का वर्तमान स्वरूप है। इसलिए यदि अपनी परम्परा का सांस्कृतिक इतिहास जानना है और हिन्दी साहित्य का अध्ययन करना है तो अपने पड़ोसी साहित्यों- 'बँगला, उड़िया, मराठी, गुजराती' आदि के लिखित-अलिखित पुराने साहित्य का अध्ययन आवश्यक है, क्योंकि "हमारे देश का सांस्कृतिक इतिहास इस मजबूती के साथ अदृश्य कालविधाता के हाथों सी दिया गया है कि प्रान्तीय सीमाओं में बाँधकर सोचा ही नहीं जा सकता। उसका एक टाँका यदि काशी में मिल गया तो दूसरा बंगाल में, तीसरा उड़ीसा में और चौथा महाराष्ट्र में मिलेगा और यदि पाँचवाँ मालाबार या सीलोन में मिल जाये तो आश्चर्य करने की कोई बात नहीं है।" (कल्पलता : पृष्ठ १८८)

ध्यान देने की बात है कि इस सांस्कृतिक परम्परा को जानने के लिए आचार्य द्विवेदी प्रामाणिक स्रोत के रूप में देशी भाषा, लोक कथाओं और किंवदन्तियों को महत्त्वपूर्ण मानते हैं, संस्कृत के साहित्य ग्रन्थों अथवा देशी भाषा-साहित्य को नहीं।

क्रान्तिकारी भक्ति-आन्दोलन की जीवन्त सांस्कृतिक पृष्ठभूमि के इस समाजशास्त्रीय विश्लेषण का मूल उद्देश्य यह है कि आचार्य द्विवेदी हिन्दी साहित्य को भारतीय चिन्ताधारा का स्वाभाविक विकास मानते हैं और आदिकाल के लोकभाषा-साहित्य को उसकी सामाजिक-सांस्कृतिक भूमि और प्रेरक शक्ति के रूप में स्वीकार करते हुए मध्यकालीन हिन्दी साहित्य की परम्परा को एक उत्थानमूलक ऐतिहासिक नैरन्तर्य प्रदान करते हैं। अपने इस महत्त्वपूर्ण प्रयास से वे निश्चय ही हिन्दी साहित्य का सांस्कृतिक इतिहास लिखनेवाले पहले इतिहासकार सिद्ध होते हैं। यह आचार्य शुक्ल की इतिहास-दृष्टि का पूरक प्रयास ही नहीं बल्कि उससे भिन्न नवनिर्माण की अगली सार्थक उपलब्धि है। सच पूछा जाये तो आचार्य रामचन्द्र शुक्ल का इतिहास हिन्दी साहित्य की 'भूमिका' प्रस्तुत करता है और आचार्य द्विवेदी की 'भूमिका' हिन्दी साहित्य का सांस्कृतिक इतिहास।

आश्चर्य है कि मार्क्सवादी समाजशास्त्रीय समीक्षा के उन्नायक श्रद्धेय डॉ० रामविलास शर्मा को, मानवतावादी समाजशास्त्रीय समीक्षा के धनी आचार्य हजारीप्रसाद द्विवेदी की यह महत्त्वपूर्ण स्थापना न जानें क्यों रास नहीं आती। अपनी

महत्त्वपूर्ण पुस्तक 'आचार्य रामचन्द्र शुक्ल और हिन्दी आलोचना' में सन्त साहित्य में योगियों की भूमिका पर विचार करते हुए वे लिखते हैं--"भारत का विराट् जनवादी सांस्कृतिक आन्दोलन, जिसे हम भक्ति-आन्दोलन के नाम से जानते हैं, इन कनफटे योगियों और वामाचारी सिद्धों की प्रेरणा का मोहताज न हो सकता था।" (पृ० ५२) आचार्य शुक्ल ने रसवादी दृष्टि से नाथों और सिद्धों की धार्मिक-साम्प्रदायिक रचनाओं को हिन्दी साहित्य से निकाल बाहर किया और उन्हीं का अनुसरण करते हुए डॉ० शर्मा ने न जाने किस मार्क्सवादी नजरिये से 'विराट् जनवादी सांस्कृतिक आन्दोलन' की प्रेरक सांस्कृतिक पृष्ठभूमि को एक वाक्य में दर किनार करते हुए भारत की उस महान् सांस्कृतिक परम्परा को ही विकलांग बना दिया।

माना कि ये कनफटे योगी और वामाचारी सिद्ध एक प्रकार के कर्मकाण्ड का खण्डन करके एक दूसरी तरह की कृच्छ्र साधनाजनित पाखण्ड के शिकार हो रहे थे। पाखण्ड किसी भी तरह का हो, गर्हित और त्याज्य है किन्तु क्या ये योगी और सिद्ध अशिक्षित, अर्द्धशिक्षित या सामान्य जनसमुदाय पर केवल अपनी सिद्धई की धाक ही जमा रहे थे, अथवा उनका या उनकी परम्परा का उस समाज पर कुछ सकारात्मक प्रभाव भी पड़ रहा था? मसलन जाति-पाँति, ऊँच-नीच के भेद-भाव के सुदृढ़ आधार पर खड़ी, प्रभुवर्गीय सामन्ती पुरोहिती हितों को पुष्ट करनेवाली वर्ण-व्यवस्था पर लगातार प्रहार करने से सामान्य जनसमुदाय में कुछ-न-कुछ आत्मगौरव का भाव तो जगा ही होगा क्योंकि जिन कारणों से सन्तों की सामाजिक भूमिका को प्रगतिशील माना जाता है, सिद्धों-नाथों में उनका सर्वथा अभाव नहीं है।

दूसरी बात यह कि भक्ति-आन्दोलन किसी भी सामाजिक-सांस्कृतिक आधार पर मोहताज था या नहीं? हिन्दी भक्ति-आन्दोलन महाराष्ट्र और बंगाल के भक्ति-आन्दोलन से मूलतः भिन्न क्यों है? इन पर डॉ० शर्मा ने विचार न कर आचार्य द्विवेदी की सांस्कृतिक स्थापनाओं की मनमानी व्याख्या कर ली है। द्विवेदी जी ने दक्षिण से चलनेवाले भक्ति-आन्दोलन के विकास पर विचार करते हुए बताया है कि भिन्न-भिन्न स्थानों में पहुँचकर वहाँ की क्षेत्रीय सामाजिक-सांस्कृतिक परिस्थितियों के परिप्रेक्ष्य में उसका अलग-अलग विकास हुआ। हिन्दी भक्ति-आन्दोलन दो भागों में कैसे और क्यों विभक्त हो गया? रामानन्द की वैष्णव धारा कबीर और तुलसी में अलग-अलग रूप क्यों ग्रहण कर लेती है? आरम्भ का संघर्षशील स्वर रक्षा के स्वर में क्यों परिवर्तित हो गया? इस अन्तर्विरोध की सच्चाई पर परदा डालकर भक्ति-आन्दोलन और भक्तिकाव्य का सही मूल्यांकन कर पाना कठिन है। मैं यह नहीं कहता कि आचार्य द्विवेदी जी ने हिन्दी भक्तिकाव्य के इस अन्तर्विरोध को स्पष्ट किया है, किन्तु उनके इतिहास ग्रन्थों और 'कबीर', 'नाथ सम्प्रदाय', 'मध्यकालीन धर्म-साधना', 'सूर-साहित्य'-जैसी महत्त्वपूर्ण पुस्तकों के समग्र अध्ययन से यह स्पष्ट हो जाता है कि उनकी पक्षधरता लोकधर्मी सिद्धों, नाथों, सन्तों-सूफियों और सूर के प्रति अधिक

है। तुलसी की लोकधर्मी भक्ति और उनके साहित्य के वे प्रशंसक हैं किन्तु उनकी विचारधारा के प्रति तटस्थ। उनकी दृष्टि में तुलसीदास "लोक में वर्णाश्रम-व्यवस्था के पक्के समर्थक थे, पर उपासना के क्षेत्र में जात-पाँत की मर्यादा को व्यर्थ समझते थे।" (हिन्दी साहित्य की भूमिका, पृ० ५५) इसलिए ऐसा भी नहीं कहा जा सकता कि आचार्य द्विवेदी ने उस अन्तर्विरोध को नजरअन्दाज़ कर दिया है। दक्षिण के वैष्णव आचार्यों के मतों के आधार पर ही सूर और तुलसी की भक्ति का मूल्यांकन करनेवाले आचार्यों से अपनी स्पष्ट असहमति व्यक्त करते हुए वे लिखते हैं--"जो लोग कुछ दाक्षिणात्य आचार्यों के दार्शनिक और धार्मिक मतों का अध्ययन करके ही तुलसीदास और सूरदास के रहस्यों का उद्घाटन करते हैं, वे लोकमत के साथ अविचार करते हैं।" (सूर साहित्य : पृ० ८३) इसलिए राम और रहीम की एकता स्थापित कर राष्ट्रीय एकता और अखण्डता के लिए सुदृढ़ आधार प्रदान करनेवाले साहित्य की सामाजिक-सांस्कृतिक भूमिका को नजरअन्दाज कर केवल साहित्यिक प्रतिमानों के आधार पर उन्हें हिन्दी साहित्य के इतिहास से बेदखल करना अथवा उनकी उपेक्षा करना बेमानी होगा। ऐसा करके हम न केवल अपने साहित्य की सीमा को संकुचित कर लेंगे, बल्कि उससे अपनी परम्परा का स्वाभाविक विकास भी खण्डित हो जायेगा। आचार्य हजारीप्रसाद द्विवेदी की साहित्य-साधना का मूल लक्ष्य, मानव-जीवन की विकास-कथा कहनेवाली उस महान् भारतीय परम्परा को विकलांग होने से बचाने का सकारात्मक प्रयास है।

●

पाण्डित्य की लोकोन्मुखता : लोक और शास्त्र का द्वन्द्व

मध्यकालीन भारत का इतिहास वस्तुतः वर्ण-संघर्ष के साथ ही विभिन्न धर्मों और सम्प्रदायों के परस्पर संघर्ष का इतिहास है। यह एक कड़वी सच्चाई है कि मध्यकालीन समाज-व्यवस्था जिस पुरोहिती-सामन्ती दमन-चक्र के नीचे पिसकर धार्मिक-आर्थिक शोषण के कारण जर्जर और खोखली हो गयी थी उसकी प्रतिक्रिया शताब्दियों पहले से भक्ति-आन्दोलन की पृष्ठभूमि बना रही थी। अकबर के समय तक आते-आते उसका रूप काफी उग्र हो चुका था। आचार्य द्विवेदी लक्ष्य करते हैं कि हमारे इतिहास में यह समय एक प्रकार से संस्कृति और राजनीति के पराभूत होने का काल है किन्तु पूरे देश पर विदेशी शक्तियों का वर्चस्व स्थापित हो जाने के बावजूद भारत की अस्मिता निस्तेज नहीं हुई थी। पन्द्रहवीं-सोलहवीं शताब्दी में ही आधुनिक भारत का नया नक्शा बन रहा था। उनका विश्वास है कि "इन दो शताब्दियों को छोड़ दिया जाये तो हिन्दी साहित्य में कुछ रह ही नहीं जाता। यह एक अद्भुत विरोधाभास है, पर है सच।" (हजारीप्रसाद द्विवेदी ग्रन्थावली, खण्ड ४, पृ० ५२) जाहिर है कि यह घोषणा करते समय उनके सामने भारतेन्दु, प्रेमचन्द, निराला और प्रसाद भी रहे होंगे, तो क्या यह उनकी गर्वोक्ति मात्र है? मेरी समझ में आचार्य द्विवेदी आधुनिक नवजागरण की पृष्ठभूमि के रूप में मध्ययुगीन लोकजागरण को रेखांकित करते हुए इन आधुनिक रचनाकारों की कीमती विरासत को ही महिमान्वित कर रहे हैं जिसे प्रतिक्रिया में लिखा गया हतदर्प जाति की सम्पत्ति घोषित कर दिया गया था।

सच तो यह है कि मुसलमानी आक्रमण के पहले जितनी भी विदेशी जातियाँ भारत में आयीं, भारतीय वर्ण-व्यवस्था को तहस-नहस करने के बावजूद वे उसी में समा गयीं क्योंकि उनके पास अपनी कोई सुसंगत सांस्कृतिक परम्परा नहीं थी। भारतीय समाज में इनके घुल-मिल जाने के फलस्वरूप उत्पन्न विविध समस्याओं का समाधान करने के लिए हिन्दू शास्त्रकारों ने नयी-नयी स्मृतियों और पुराणों की रचना की। पुराने पुराणों के स्तूपीभूत संग्रह से समय-सापेक्ष विधिव्यवस्थाओं की खोज शुरू हुई जिसके फलस्वरूप टीकाकारों, भाष्यकारों और निबन्ध ग्रन्थों की बाढ़-सी आ

गयी। इसीलिए आचार्य द्विवेदी इस जटिल और विषम हो उठी सामाजिक परिस्थिति के काल को 'टीका-युग' के नाम से सम्बोधित करते हैं। इस विषम परिस्थिति का ठीक-ठीक अनुमान न कर पाने के कारण टीका-युग के पण्डित यह समझते रहे कि लगातार अनियन्त्रित होती जा रही समाज-व्यवस्था और भयंकर उथल-पुथल के लिए मूलतः आक्रान्ता मुसलमान ही जिम्मेदार हैं। धर्म और शास्त्र को राजनीतिक हथकण्डे के रूप में इस्तेमाल करनेवाले, इकहरी समझ के इन विद्वानों ने समाज के अन्तर्विरोधों को देखने का प्रयास नहीं किया। यही कारण है कि हिन्दू संस्कृति के वास्तविक स्वरूप को बचा रखने के लिए 'सभी विद्वान् मानो हिन्दू शास्त्रों की सारी शक्ति समेटकर विदेशी शक्ति का सामना' करने के लिए आकाश-पाताल एक किये दे रहे थे। "इससे बढ़कर उपहासास्पद बात और क्या हो सकती है कि मुसलमान तो गदा के आघात से सोमनाथ की मूर्ति को चूर्ण-विचूर्ण करते रहें और हिन्दू इस आक्रमण से रक्षा पाने के लिए 'मिताक्षरा' लिखा करें।" (सूर साहित्य : पृष्ठ ४५-४६) यह है--मुस्लिम आक्रमण से पराजित आचार्य शुक्ल की उदास और निराश हिन्दू जाति का वास्तविक स्वरूप।

निश्चय ही यह जटिल समस्या मुस्लिम आक्रमण के पहले से भारतीय समाज में विद्यमान थी और इस शास्त्रीय समस्या का कारण सामाजिक और धार्मिक था। मुसलमानों के प्रतिष्ठित होने के बहुत पहले ही बौद्ध धर्म पुनरुज्जीवित हिन्दू धर्म में घुल-मिल रहा था। बौद्ध धर्म की अनेक विशेषताएँ जैसे दुःखवाद, वैराग्य, मूर्ति-पूजा आदि हिन्दू धर्म में बाह्याचारों का स्तूपीभूत प्रतीक मात्र रह गया था, धर्म की अन्तर्वस्तु से वह क्रमशः दूर होता जा रहा था। भारतीय इतिहास का यह वह समय है जब पूर्वी और उत्तरी भारत का समाज शास्त्रीय रूढ़ियों के विरोधी नाथपन्थी योगियों के प्रभाव में पूरी तरह आ चुका था। आचार्य द्विवेदी के अनुसार ये लोग बौद्ध धर्म की महायानी शाखा के उत्तराधिकारी थे और अपने परिवर्तित रूप में इन्होंने बुद्ध के स्थान पर 'शिव' के अधिकार को स्वीकार कर लिया था। इसी समय पश्चिम से आनेवाली बे-शरा (अशास्त्रीय) सूफी साधना ने भी भारतीय हृदय पर अपना अधिकार जमाया और भारतीय साधना-पद्धति के विरोधी न होने के कारण, हिन्दू घरों की प्रेम कहानियों को आधार बनाकर अपना शुद्ध प्रेम सन्देश साधारण जन तक पहुँचाने में इन्हें अद्‌भुत सफलता मिली। किन्तु टीका-युग के आचारप्रधान धर्म से इनका तालमेल न हो सका। यही कारण है कि 'आचारप्रधान वर्णाश्रम धर्म के नीचे गुप्त रूप से' प्रवाहित हो रही निरंजनपन्थी और नाथपन्थी साधना इनके संयोग से और भी वेगवान् हो उठी।

आचार्य हजारीप्रसाद द्विवेदी ने 'हिन्दी साहित्य की भूमिका' में बड़े विस्तार के साथ बौद्ध धर्म के सामाजिक रूपान्तरण की प्रक्रिया पर विचार करते हुए यह स्थापित किया है कि बौद्ध धर्म बड़े व्यापक स्तर पर मध्यकालीन भारतीय चिन्ता-धारा को

प्रभावित करता रहा है। समाज के बुद्धिजीवियों और उपरले स्तर के लोगों के मन पर उसके तत्त्ववाद का प्रभाव तो पड़ा था, जिसे बाद में चलकर शंकर, कुमारिल और उदयन-जैसे वेदान्तिकों और मीमांसक आचार्यों ने निरस्त कर दिया किन्तु भक्तिवाद के वे कायल नहीं थे। दूसरी ओर साधारण जनता इस तत्त्ववाद से प्राय: अपरिचित रही। आगे चलकर राजाश्रय में स्थापित बौद्ध मठों के उजड़ जाने से उसे निचले स्तर के लोगों को आकर्षित करना पड़ा और बड़े-बड़े बौद्ध मठ क्रमशः शैव मठों में रूपान्तरित होने लगे। आठवीं-नवीं शताब्दी में बौद्धों की महायान शाखा और उसके तन्त्र, मन्त्र, जादू, टोना और ध्यान-धारणा आदि ने बड़े व्यापक रूप से भारतीय जनमानस को आकर्षित किया था। आठवीं शताब्दी में बंगाल के पाल शासकों के संरक्षण में पलता हुआ बौद्ध धर्म नेपाल और तिब्बत में विकसित होता रहा। आचार्य द्विवेदी का विश्वास है कि हिन्दी साहित्य के जन्म के समय बंगाल, बिहार और उड़ीसा में अनेक बड़े बौद्ध मठ विद्यमान थे और उड़ीसा का महिमा सम्प्रदाय, बंगाल के रमाई पण्डित का शून्य पुराण, वीर भूमि में पायी जानेवाली धर्म पूजा आदि इन प्रदेशों में बौद्ध धर्म के भग्नावशेष हैं। इसलिए आचार्य द्विवेदी का निष्कर्ष है कि "जिन दिनों बौद्ध धर्म उत्तरोत्तर लोकधर्म में घुल-मिल रहा था उन्हीं दिनों ब्राह्मण धर्म उत्तरोत्तर अलग होता जा रहा था।" (पृ० २१) जाहिर है कि ब्राह्मण धर्म अपनी आन्तरिक प्रेरक शक्ति खो चुका था और बाह्याचारों का प्रतीक बनकर लोक-जीवन की प्राणधारा से अलग-थलग पड़ता जा रहा था। आगे इस अलगाव की दिशा को स्पष्ट करते हुए द्विवेदी जी लिखते हैं--"मूल ग्रन्थों की टीकाएँ, उनकी भी टीकाएँ, इस तरह कभी-कभी छह-छह, आठ-आठ पुश्त तक टीकाओं की परम्परा चलती गयी।" (वही, पृ० २१) जाहिर है कि चिन्ता-पारतन्त्र्य ही इन टीकाओं का मूल स्वर है और स्वतन्त्र चिन्तन के अभाव में इस युग की पाण्डित्य-परम्परा प्रत्यक्ष जीवन से और भी दूर हटती जा रही थी। यह बात दूसरी है कि कभी-कभी स्वतन्त्र मत-प्रतिपादन के लिए भी निबन्ध ग्रन्थ लिखे जाते रहे हैं।

आचार्य हजारीप्रसाद द्विवेदी की दृढ़ मान्यता है कि "यह चिन्ता-पारतन्त्र्य मुसलमानी धर्म के जन्म के बहुत पहले सिर उठा चुका था और परवर्ती हिन्दी साहित्य में इसके उग्र रूप को देखकर यह कहना कि यह विदेशी शासन की प्रतिक्रिया थी, बिलकुल गलत होगा।" (वही, पृ० २०) यद्यपि यहाँ आचार्य द्विवेदी ने परवर्ती हिन्दी साहित्य की स्पष्ट व्याख्या नहीं की है किन्तु टीकाकारों के चिन्ता-पारतन्त्र्य के उनके विवेचन से यह समझा जा सकता है कि भक्ति-आन्दोलन के अन्तिम दौर में पौराणिक आख्यानों के शास्त्रीय मतवाद के आग्रह से गुजरती हुई रीतिकालीन लक्षण-ग्रन्थों में चिन्ता-पारतन्त्र्य की उग्रता स्पष्ट दिखायी पड़ती है जिसमें उत्तरकालीन संस्कृत साहित्य के पुनर्निर्माण का भोंड़ा प्रयास किया गया है। कहना न होगा कि आचार्य हजारीप्रसाद द्विवेदी की इतिहास-दृष्टि ऐतिहासिक नैरन्तर्य को महत्त्व देनेवाली एक विकासवादी

दृष्टि है जिसके आधार पर वे लोक और शास्त्र के द्वन्द्वात्मक सम्बन्धों की अपेक्षा में अपनी परम्परा के स्वाभाविक विकास का सही मूल्यांकन कर सके हैं।

लोकधर्मी भक्तिकाव्य की सामाजिक भूमि पर गहराई से विचार करते हुए वे लिखते हैं--"इस प्रकार महायान सम्प्रदाय या यों कहिये कि भारतीय बौद्ध सम्प्रदाय, सन् ईस्वी के आरम्भ से ही लोकमत की प्रधानता स्वीकार करता गया, यहाँ तक कि अन्त में जाकर लोकमत में घुल-मिलकर लुप्त हो गया। सन् ईस्वी के हजार वर्ष बाद तक यह अवस्था सभी सम्प्रदायों, शास्त्रों और मतों की हुई। मुसलमानी संघर्ष से उसका कोई सम्पर्क नहीं है। हजार वर्ष पहले से वे ज्ञानियों और पण्डितों के ऊँचे आसन से नीचे उतरकर अपनी असली प्रतिष्ठा भूमि लोकमत की ओर आने लगे। उसी की स्वाभाविक परिणति इस रूप में हुई। उसी स्वाभाविक परिणति का मूर्त प्रतीक हिन्दी साहित्य है।" (हिन्दी साहित्य की भूमिका : पृ० १८) यह बताने की आवश्यकता नहीं कि आचार्य द्विवेदी लोक-जीवन को ही धर्मों, सम्प्रदायों, मतों और शास्त्रों की प्रकृत भूमि मानते हैं क्योंकि ये लोक-धारा से कटकर न केवल अपनी लोकमंगलकारी सामाजिक भूमिका की सार्थकता खो देते हैं, बल्कि मन्दिरों, मठों और विहारों में सीमित होकर एक ऐसी रूढ़िवादी अन्तर्धारा का निर्माण करते हैं जो व्यापक जनसमुदाय के बीच प्रवाहित होनेवाली लोकधर्मी प्राणधारा के स्वाभाविक विकास में गत्यवरोध उत्पन्न करती है।

आचार्य हजारीप्रसाद द्विवेदी मुस्लिम संघर्ष से हजार साल पहले भारत की लोकोन्मुखी चिन्ताधारा को ठीक से पहचानते हुए, हिन्दी साहित्य को उसका स्वाभाविक विकास मानते हैं और इसी रास्ते उसे देखने का प्रस्ताव करते हैं--"मतों, आचार्यों, सम्प्रदायों और दार्शनिक चिन्ताओं के मानदण्ड से लोकचिन्ता को नहीं मापना चाहता बल्कि लोकचिन्ता की अपेक्षा में उन्हें देखने की सिफारिश कर रहा हूँ।" (वही, पृ० १८)

ध्यान देने की बात है कि मतों, संम्प्रदायों और दार्शनिक चिन्ताओं के मापदण्ड से हिन्दी भक्तिकाव्य को मापनेवाले आचार्य रामचन्द्र शुक्ल के लोकधर्म और आचार्य द्विवेदी के लोकधर्म का अन्तर भी यहाँ स्पष्ट हो जाता है। आचार्य शुक्ल का लोकधर्म वस्तुतः 'आर्य शास्त्रानुमोदित' वर्णाश्रम धर्म है जिसकी वर्जनामूलक आचार संहिता का अनुपालन करनेवाला सीमित समाज ही आचार्य शुक्ल का 'लोक' है और उसकी रक्षा करना लोकधर्म है। पौराणिक आख्यान, अवतारवाद, क्षात्रधर्म, लोकमंगल और कर्म सौन्दर्य उसके प्रभामण्डल का सामाजिक विस्तार करनेवाले प्रतिमान हैं। यही कारण है कि जात-पाँत और ऊँच-नीच के भेद-भाव पर आधारित वर्ण-व्यवस्था का विरोध कर व्यापक जनसमुदाय की चित्तवृत्तियों को प्रभावित करनेवाले तथा मनुष्यमात्र के लिए एक जाति धर्म निर्विशेष मार्ग की तलाश करनेवाले तथाकथित नीची जातियों के निर्गुणपन्थी भक्त कवि आचार्य शुक्ल की दृष्टि से लोकविरोधी इसलिए सिद्ध हो

जाते हैं, क्योंकि वे 'भक्ति के नाम पर वेद शास्त्रों की निन्दा' तथा 'आर्य धर्म के सामाजिक तत्त्व को न समझकर लोगों में वर्णाश्रम धर्म के प्रति अश्रद्धा' उत्पन्न करते थे।

आचार्य हजारीप्रसाद द्विवेदी के लोकधर्म की अवधारणा कोरी बौद्धिक अवधारणा नहीं है। उसके केन्द्र में वह 'सम्पूर्ण मनुष्य' है जिसकी विकास-गाथा हजारों वर्ष के सुदीर्घ इतिहास तक फैली हुई नाना जातियों, धर्मों, सम्प्रदायों, मतवादों और उनकी विभिन्न साधना-उपासना-पद्धतियों, विश्वासों-अन्धविश्वासों का अक्षय स्रोत है। एक वर्ग विभाजित समाज में प्रभुवर्गीय हितों का पोषण करनेवाली तथा सामाजिक-आर्थिक विकास की गति को अवरुद्ध करनेवाली वर्णाश्रम-व्यवस्था पर प्रहार करने की लम्बी परम्परा रही है। अतः इस व्यवस्था के विरोध की परम्परा ही विकासवादी परम्परा है जिसके कारण संघर्षशील चेतना की साहसिक अभिव्यक्ति करनेवाले भक्त कवियों को लोकवादी और उदार कहा जाता है। आचार्य शुक्ल के लोकधर्म के प्रतिमान तुलसी हैं तो आचार्य द्विवेदी के लोकधर्म के प्रतिमान कबीर और सूर हैं। सूर ने शास्त्रीय वैष्णव मत से प्रेरणा वहीं तक ली है जहाँ तक वह भक्ति में घुल-मिल सकता था और तुलसी ने भक्ति को उसी सीमा तक स्वीकार किया है जहाँ तक वह शास्त्र मत के अनुकूल पड़ सकती थी।

निःसन्देह आचार्य हजारीप्रसाद द्विवेदी ने पहली बार हिन्दी भवित-आन्दोलन को एक 'विराट् जन आन्दोलन' घोषित करते हुए लोक और शास्त्र के द्वन्द्वात्मक सम्बन्धों की इतिहाससम्मत व्याख्या प्रस्तुत की। उनका निष्कर्ष है कि "भारतीय पाण्डित्य ईसा की एक सहस्राब्दी बाद आचार-विचार और भाषा के क्षेत्र में स्वभावतः ही लोक की ओर झुक गया था; यदि अगली शताब्दियों में भारतीय इतिहास की अत्यधिक महत्त्वपूर्ण घटना अर्थात् इस्लाम का प्रमुख विस्तार न भी घटी होती तो भी वह इसी रास्ते जाता। उसके भीतर की शक्ति उसे इसी स्वाभाविक विकास की ओर ठेले लिये जा रही थी।" (हिन्दी साहित्य की भूमिका : पृ० २३) जाहिर है कि लोकशक्ति के बढ़ते हुए दबाव के कारण शास्त्र को लोक की ओर झुकने के लिए बाध्य होना पड़ा था और यह प्रक्रिया इस्लामी प्रभाव के बहुत पहले से चली आ रही थी, अतः इसे स्वाभाविक विकास के रूप में ही लेना चाहिए, बाहरी प्रभाव के रूप में नहीं क्योंकि उसके भीतर लोकशक्ति के रूप में समाज की वह प्रेरक शक्ति काम कर रही थी जो अभी निस्तेज नहीं हुई थी। यही कारण है कि आचार्य द्विवेदी इस हजार वर्ष की साहित्यिक चेतना को 'अस्वाभाविक अधोगति' के रूप में नहीं, बल्कि 'जाति की स्वाभाविक चेतना के रूप में' देखने का प्रस्ताव करते हैं जो निश्चय ही उत्थानमूलक नैरन्तर्य को रेखांकित करनेवाली एक वैज्ञानिक दृष्टि है।

वस्तुतः हिन्दू शास्त्रकारों और उनके समर्थक बुद्धिजीवियों का समुदाय मुसलमानों के आने से स्तब्ध रह गया तो इसलिए कि उनके पास एक सुसमृद्ध सांस्कृतिक

परम्परा ही नहीं थी, बल्कि आचार्य हजारीप्रसाद द्विवेदी के अनुसार 'उसमें भारतीय संस्कृति के विरोधी उपादान भी थे।' इसलिए हिन्दू शास्त्रकारों के सम्मुख बड़ी ही जटिल समस्या उत्पन्न हो गयी थी जिसे सुलझाने का कोई कारगर उपाय उन्हें नहीं दिखायी दे रहा था। बहुत-से इतिहासकारों ने इसका कारण मुसलमान बादशाहों द्वारा मन्दिरों-मूर्तियों का तोड़ा जाना, तीर्थों को भ्रष्ट करना, भोली-भाली जनता को मुसलमान बनाना तथा हिन्दू भले घरों की बहू-बेटियों का सतीत्व नष्ट करना आदि बताकर केवल आंशिक सत्य का उद्घाटन किया है, अधिकांशतः उनकी दृष्टि साम्प्रदायिकतावादी ही रही है। माना कि औरंगजेब-जैसे मुसलमान शासकों की दमनकारी प्रवृत्ति कुछ ज्यादा ही उग्र रही है लेकिन हमें यह न भूलना चाहिए कि दमन और अत्याचार में देशी सामन्तों की भूमिका कुछ कम महत्त्वपूर्ण नहीं थी। इतना तो साम्प्रदायिक इतिहासकार भी स्वीकार करेंगे कि अकबर के समय तक आते-आते अत्याचार और दमन का वही स्वरूप नहीं रह गया था, जैसा पहले कभी रहा होगा। अन्य मुसलमान बादशाहों की तुलना में अकबर बहुत-कुछ उदार और सहिष्णु शासक रहा है। उसने सभी धर्मों और सम्प्रदायों के प्रतिनिधियों को आमन्त्रित कर परस्पर विचार-विनिमय के द्वारा धार्मिक कट्टरता को कम करने और साम्प्रदायिक सद्भाव बनाने की दिशा में एक प्रयास तो किया ही, असफलता के बावजूद मेरी समझ में दीन-ए-इलाही की स्थापना, इस दिशा में एक सकारात्मक कदम था। यही नहीं, उसने हिन्दू सामन्तों के साथ केवल मेल-जोल ही नहीं बढ़ाया बल्कि अपने घनिष्ठ पारिवारिक सम्बन्ध भी स्थापित किये लेकिन अकबर का यह गतिशील प्रयास कट्टरपन्थी मुसलमानों और हिन्दुओं को रास नहीं आया।

यह अकारण नहीं है कि दीन-ए-इलाही का सर्वाधिक विरोध मुल्ला-मौलवियों और अभिजातकुलीय मुसलमानों ने किया था और हिन्दू साम्प्रदायिकता ने भी उसके प्रति अपनी उपेक्षा दिखायी। सूर, तुलसी और कुम्भनदास की अकबर से भेंट-सम्बन्धी किंवदन्तियाँ, इसका प्रमाण हैं। यह बात दूसरी है कि हम अपनी साम्प्रदायिक भावना को छिपाने के लिए बड़े गर्व के साथ यह प्रचार करते फिरें कि वे भक्त कवि इतने स्वाभिमानी थे कि उन्होंने अकबर के निमन्त्रण को ठुकरा दिया और राजसत्ता का विरोध किया। 'सन्तन को कहा सीकरी सों काम'-जैसी उक्तियों की मूल ध्वनि सत्ता और सत्ता-केन्द्रों के प्रति उनकी उदासीनता है क्योंकि अकबर ने उन्हें आमन्त्रित किया होगा तो मज़हबी एकता का कोई मार्ग ढूँढ़ने में मदद देने के लिए, न कि कोई बड़ा पुरस्कार प्रदान करने के लिए। अकबर की नियति पर बहुतों को सन्देह हो सकता है कि राजसत्ता के विस्तार और प्रशासन तन्त्र को मजबूत बनाने के लिए यह उसकी एक कूटनीतिक चाल थी, इस सन्दर्भ में निवेदन यह है कि अकबर के मन में दीन-ए-इलाही की योजना तब आयी जब उसकी राजसत्ता काफी सुदृढ़ हो गयी थी, और किसी प्रकार के खतरे की कोई आशंका नहीं रह गयी थी। साम्प्रदायिक इतिहासकारों

की दृष्टि-सीमा यह है कि वे अपने वर्गीय हितों के चलते ऐतिहासिक घटनाओं का ऊपरी विवेचन तो करते हैं किन्तु समाजशास्त्रीय विश्लेषण की गहराई में जाने से कतराने लगते हैं। उनकी सारी शक्ति इस विवाद में जाया हो जाती है कि 'ताजमहल' का निर्माण शाहजहाँ ने करवाया अथवा अपने मूल रूप में वह किसी हिन्दू शासक का राजमहल था? उस निर्माण के पीछे की कड़वी सच्चाई को या तो वे देख नहीं पाते, या देखकर अनदेखा कर देते हैं कि आधुनिक साधनों के अभाव में मकराना के सफेद संगमरमर के पत्थर कैसे लाये गये होंगे? इस प्रक्रिया में कितने मजदूर बेघर-बार हो गये होंगे? कितने ही स्वयं नींव के पत्थर बन गये होंगे? उन बेचारे गरीब मजदूरों और कामगारों को कहाँ मालूम था कि जिस सामन्ती प्यार की यादगार को वे सँवार रहे हैं, वह उन्हीं की विपन्नता का सबसे खूबसूरत स्मारक बन जायेगा। ताजमहल का कलात्मक सौन्दर्य हमारी कीमती विरासत है, उस पर हमें गर्व है किन्तु विडम्बना तो यह है कि हम एक साथ ही उसे प्यार भी करते हैं और उसकी नींव में प्रच्छन्न रूप से दफ़न सामन्ती क्रूरता के प्रति हमारे मन में सात्त्विक घृणा का भाव भी उत्पन्न होता है। हिन्दी की साहित्य-यात्रा में इस तरह के भव्य ताजमहल दिखायी पड़ेंगे किन्तु देखना यह है कि क्या हम उसके बाह्य सौन्दर्य और भव्यता से ही अभिभूत होकर रह जाते हैं अथवा नींव में बन्द करुण गाथा को भी जानने की जिज्ञासा हमारे मन में उत्पन्न होती है? इसी के परिप्रेक्ष्य में किसी वस्तुवादी दृष्टि की अपनी पहचान बन सकती है।

अतः जो इतिहासकार भक्ति-आन्दोलन के लिए मूलतः मुसलमान बादशाहों के अत्याचार को ही उत्तरदायी ठहराते हैं, वे एक तरफ तो ऐतिहासिक सच्चाई पर परदा डालना चाहते हैं और दूसरी ओर उनके समर्थक किंवदन्तियों और कुछ उद्धरणों के आधार पर तुलसी को राजसत्ता का विरोधी घोषित कर द्वन्द्वात्मक भौतिकवाद की संगति बैठाने का भ्रम भी उत्पन्न करते हैं क्योंकि मध्ययुगीन समाज-व्यवस्था का मुख्य अन्तर्विरोध राजसत्ता और साधारण जनता का द्वन्द्व था ही नहीं। आगरा-दिल्ली-जैसे सत्ता-केन्द्रों से सन्तों और भक्तों को कुछ लेना-देना नहीं था इसलिए उसके प्रति उनके मन में उपेक्षा-भाव ही दिखायी पड़ता है। जनता के बीच अन्तर्विरोध तो दूसरा ही था। इसका विवेचन करते हुए डॉ० नामवर सिंह ने लिखा है--"साधारण जनता के जिन दुःखों से भक्त कवि दुःखी थे उनका सीधा सम्बन्ध आगरा या दिल्ली के तख्त पर बैठे बादशाह से उतना न था, जितना अपने गाँव के उस समाज से जिसका नियमन जाति-धर्म के परम्परागत नियमों से होता था तथा जिसमें राजसत्ता के स्थानीय प्रतिनिधि गाँव के मालिकों के सहयोग से दमनकारी भूमिका निभाते थे। इस ग्रामीण व्यवस्था में, जहाँ परम्परागत जाति-धर्म जीवन के समस्त क्रियाकलापों का नियामक था, सरकार की हैसियत एक बाहरी लुटेरे से अधिक न थी, जिसे बहुत-कुछ अनावश्यक या फालतू मानकर भी काम चलाया जा सकता था। ऐसी स्थिति में

सरकार का विरोध विशेष अर्थ नहीं रखता। मुख्य शत्रु जबकि अपने अन्दर ही हो तो विरोध का लक्ष्य स्वभावतः वही होगा और चूँकि यह जाति-व्यवस्था धार्मिक विधि-विधानों के रूप में ही समाज का नियमन करती रही है; इसलिए दलित जातियों का असन्तोष और आक्रोश भी प्रायः धर्म के रूप में प्रकट होता रहा है।" (दूसरी परम्परा की खोज : पृ० ५६)

समाज पर भक्ति-आन्दोलन के प्रभाव की चर्चा करते हुए, इतना तो आचार्य रामचन्द्र शुक्ल भी स्वीकार करते हैं कि पण्डितों और मुल्लाओं की तो नहीं कह सकते लेकिन साधारण जनता राम और रहीम की एकता की कायल हो चुकी थी। तात्पर्य यह है कि साधारण जनता निर्गुण आन्दोलन की जाति-धर्म निरपेक्ष विचारधारा से पूरी तरह प्रभावित थी किन्तु साम्प्रदायिक तत्त्वों और अभिजात वर्ग के लोगों ने उसे अस्वीकार करते हुए सगुण भक्ति के रूप में अपना प्रति आन्दोलन खड़ा कर लिया। इस प्रक्रिया में मुस्लिम अभिजात वर्गीयों ने 'कृष्ण-भक्ति शाखा' तक तो साथ दिया किन्तु 'राम-भक्ति शाखा' तक आते-आते उन्होंने पूरी तरह साथ छोड़ दिया क्योंकि यहाँ दोनों की धार्मिक अहम्मन्यता ने एक-दूसरे का साथ देना स्वीकार नहीं किया। ध्यान देने की बात है कि भक्ति-आन्दोलन के प्रति मुस्लिम विकर्षण का मूल कारण धार्मिक है। कृष्ण भक्ति में उसकी भागीदारी का कारण यह है कि उसमें शास्त्र मत का दुराग्रह नहीं था क्योंकि उसने 'वैष्णव मत' से प्रेरणा अवश्य ली थी किन्तु उसकी आत्मा बौद्ध धर्मानुमोदित लोकधर्मी चेतना से अनुप्राणित रही है। इसके अलावा कबीर और जायसी के जाति-धर्म निरपेक्ष निर्गुण आन्दोलन से भी वह प्रभावित था। दूसरी ओर शुद्धता की तलाश में उत्तरोत्तर अलग पड़ता जा रहा ब्राह्मण धर्म टीकाकारों की चिन्ता से चिन्तित 'नाना पुराण निगमागम सम्मत' बनकर अपनी जड़ें जमा चुका था इसलिए मुस्लिम रचनाकारों का उसके साथ तालमेल न हो सका।

क्या यह महज आकस्मिक संयोग है कि निर्गुण आन्दोलन का विरोध करनेवाली शक्तियाँ ही अकबर द्वारा प्रवर्तित दीन-ए-इलाही की असफलता के लिए भी जिम्मेदार हैं? यदि यह सच है तो फर्क सिर्फ इतना है कि एक का नेतृत्व हिन्दू साम्प्रदायिकता ने किया तो मुसलमानों ने कुछ दूर तक साथ दिया तथा दूसरे का विरोध मुस्लिम साम्प्रदायिकता ने किया तो हिन्दुओं ने प्रायः अपनी उदासीनता दिखायी। यहाँ दीन-ए-इलाही में निर्गुण आन्दोलन का प्रभाव या विकास ढूँढ़ना मेरा उद्देश्य नहीं है, मैं कहना सिर्फ यह चाहता हूँ कि इन दोनों का विरोध करनेवाले मुख्यतः हिन्दू-मुस्लिम पुरोहित और सामन्त रहे हैं और अकबर कहीं-न-कहीं पश्चिमोत्तर से लेकर उत्तर भारत तक फैली हुई नामदेव, तुकाराम, नानक, कबीर, जायसी आदि की जाति-धर्म निरपेक्ष सन्त-परम्परा के साथ दिखायी पड़ता है, चाहे जाति-धर्म निरपेक्ष सामाजिक दबाव के कारण, चाहे अपनी तनिक भी उदारता के कारण अथवा शुद्ध रूप से अपनी प्रशासनिक कूटनीति के कारण। कारण जो भी हो पर इतना तो स्पष्ट है कि जनसाधारण

से उसका कोई सीधा विरोध नहीं था, क्योंकि मध्ययुगीन भारतीय समाज का मुख्य अन्तर्विरोध राजसत्ता और जनता के बीच न होकर लोकधर्म और शास्त्र के द्वन्द्व के रूप में दिखायी पड़ता है।

समाज के इस अन्तर्विरोध की तर्कसंगत व्याख्या सबसे पहले आचार्य हजारीप्रसाद द्विवेदी ने प्रस्तुत की। इस क्रम में उन्होंने आर्य ग्रन्थों के साथ ही आर्येतर कला-संस्कृतियों का गहन अध्ययन किया तथा पालि, प्राकृत एवं अपभ्रंश साहित्य की पूरी छानबीन करते हुए आचार्य रामचन्द्र शुक्ल की इतिहास-दृष्टि को विकसित किया है। जो लोग यह समझते हैं कि आचार्य द्विवेदी शुक्ल जी से आक्रान्त हैं अथवा उन्होंने अपनी मौलिकता का परिचय दिये बिना उनकी सारी सामग्री बटोरकर उस पर पच्चीकारी मात्र की है, उन्हें कम-से-कम आचार्य द्विवेदी के 'साहित्य में मौलिकता का प्रश्न' शीर्षक निबन्ध का पारायण जरूर करना चाहिए। "परम्परा के प्रति या समाज के विकासमान् व्यक्तित्व के प्रति विद्रोह ही मौलिकता नहीं है और परम्परागत विषयवस्तु का विन्यास मौलिकता का विरोधी भी नहीं है। मौलिकता परम्परा-प्राप्त विचारों की इस प्रकार की सजावट में है जो साधारण पाठक को सामाजिक मंगल के स्वरूप को अधिक स्पष्ट और ग्रहणीय बना सके।" (विचार-प्रवाह, पृ० २०१) इसलिए प्रतिक्रियात्मक मानसिकता के चलते यह न केवल जल्दबाजी में लिया गया निर्णय है बल्कि आचार्य द्विवेदी को प्रगतिशील आलोचना की धारा से निकालकर किनारे खड़ा कर देने की ओर संकेत भी करता है।

रही बात आचार्य शुक्ल का नाम लेने, न लेने या कम लेने की तो क्या इसी को किसी परवर्ती आलोचक या इतिहासकार की मौलिकता को जाँचने का एकमात्र मौलिक प्रतिमान माना जा सकता है? यदि गोस्वामी तुलसीदास और महाकवि सूरदास के 'बाल वर्णन' सम्बन्धी एकाधिक पदों को एक-दूसरे के समान्तर रखकर देखा जाये तो पर्याप्त समानता के बावजूद क्या गोस्वामी जी की मौलिकता सन्दिग्ध हो जायेगी? इसलिए यहाँ मैं केवल इतना ही कहना चाहता हूँ कि आचार्य शुक्ल के बाद आचार्य द्विवेदी ने ही साहित्येतिहास-लेखन की परम्परा को आगे बढ़ाया। 'हिन्दी साहित्य की भूमिका', 'हिन्दी साहित्य का आदिकाल' तथा 'हिन्दी साहित्य : उसका उद्‌भव और विकास' आदि इतिहास-ग्रन्थों में आचार्य द्विवेदी की विकसित इतिहास-दृष्टि का परिचय मिलता है। लोक-जीवन की भावभूमि पर आधारित उनकी लोकधर्म और शास्त्र की द्वन्द्वात्मक व्याख्या निश्चय ही आचार्य शुक्ल से भिन्न इतिहास-दृष्टि है जो हमारी जातीय साहित्य की परम्परा की पहचान कराती है। मुक्तिबोध ने इस परम्परा को पहचाना और वस्तुवादी दृष्टि से उसकी पुष्टि की तथा अन्ततः डॉ० नामवर सिंह को भी 'दूसरी परम्परा की खोज' करनी पड़ी।

आचार्य हजारीप्रसाद द्विवेदी ने लोकधर्म को मध्यकालीन भारतीय समाज की 'प्राणधारा' के रूप में रेखांकित करते हुए यह स्पष्ट किया कि पन्द्रहवीं-सोलहवीं

शताब्दी के दो सौ वर्षों के इतिहास में टीकाओं और भाष्यों की भरमार क्यों हो गयी? क्या इसलिए नहीं कि लोकधर्म की 'प्राणधारा' की बाढ़ में वर्ण-व्यवस्था के पूरी तरह डूब जाने का खतरा पैदा हो गया था और टीकाकारों का राहत-कार्य भी बाढ़-पीड़ित वर्ण-व्यवस्था के लिए बहुत कारगर सिद्ध नहीं हो रहा था? इस स्थिति का जायजा लेते हुए आचार्य द्विवेदी लिखते हैं--"देश में पहली बार वर्णाश्रम-व्यवस्था को इस विकट परिस्थिति का सामना करना पड़ रहा था। अब तक वर्णाश्रम-व्यवस्था का कोई प्रतिद्वन्द्वी नहीं था। आचार-भ्रष्ट व्यक्ति समाज से अलग कर दिये जाते थे और वे एक नयी जाति की रचना कर लेते थे। इस प्रकार सैकड़ों जातियों-उपजातियों की सृष्टि होते रहने पर भी वर्णाश्रम-व्यवस्था एक तरह से चलती ही जा रही थी। इसमें अगर कभी विद्रोह हुआ था तो यह वैराग्यप्रधान साधु-पन्थों के द्वारा। परन्तु अबकी बार समस्या बड़ी टेढ़ी हो चली। सामने ही एक विराट् शक्तिशाली प्रतिद्वन्द्वी समाज था, घर में ही वैराग्यप्रधान साधुओं का भारी विद्रोह था; ये दो बातें ही वर्णाश्रम-व्यवस्था को हिला देने के लिए काफी थीं। परन्तु तीसरी शक्ति तो और भी विचित्र और अद्भुत थी। निम्न श्रेणी के साधक अपनी महिमाशालिनी प्रतिभा और साधना के बल पर ब्राह्मण से लेकर शूद्र तक के गुरु बन रहे थे और सो भी न तो समाज से निकलकर और न वैराग्य की धूनी रमाकर। इस विकट परिस्थिति को सम्हालना शास्त्र के लिए असम्भव हो उठा था। टीकाकारों ने बहुत प्रयास किया, पर व्यर्थ।" (हजारीप्रसाद द्विवेदी ग्रन्थावली : ४; पृ० ५५)

आचार्य द्विवेदी के इस विवेचन से स्पष्ट है कि शोषित-पीड़ित मानवता के अधिकारों का हनन करनेवाली वर्णाश्रम-व्यवस्था के कठोर नियम और आचार-विचार की रूढ़िवादिता के परिणामस्वरूप नाना जातियों-उपजातियों का एक विशाल समाज चुनौती के रूप में उसके सामने खड़ा था और ब्राह्मण से लेकर शूद्र तक के गुरु बननेवाले सन्तों का निर्गुण आन्दोलन अपने अनुभव ज्ञान के आधार पर समाज से सामंजस्य स्थापित करने के साथ ही समाज को भ्रमित करनेवाले शास्त्रों के विरुद्ध संघर्ष भी कर रहा था। इस अवधारणा को और स्पष्ट करते हुए मुक्तिबोध लिखते हैं--"महत्त्व की बात यह है कि समाज के भीतर मानव-सम्बन्धों की जो अवस्था है, वह अवस्था अर्जित ज्ञान-परम्परा या भाव-परम्परा में ही अपने-आपको उद्बुद्ध और सचेत पाती है। मध्ययुग में निम्नवर्ग से आये सन्त और कवि इस अर्जित ज्ञान-परम्परा या भाव-परम्परा में ही कुछ फेर-फार करके अपने को उद्बुद्ध और सचेत पाते हैं। इस अर्जित ज्ञान-परम्परा या भाव-परम्परा के ही कुछ तत्त्वों को (भक्ति तत्त्व को) अपने लिये उपयुक्त समझ, उसके आधार पर अपनी स्थिति संगठित करते हैं फिर इन तत्त्वों के अनुसार, जो बातें समाज में नहीं हैं, या उसके बिलकुल विरुद्ध जाती हैं, उनका खण्डन करते हैं, अथवा ऐसी जीवन्त पद्धति या भाव-पद्धति का निर्माण करते हैं जिनसे वे प्रतिकूल बातें खण्डित हों। इस प्रकार वे, एक ओर, समाज के साथ

सामंजस्य, तो, दूसरी ओर, उसके साथ द्वन्द्व--इन दोनों का निर्माण करते हैं। समाज के साथ सामंजस्य और द्वन्द्व की यह युगपत् प्रक्रिया हमें भक्ति-आन्दोलन में परिलक्षित होती है।" (मुक्तिबोध रचनावली : ५; पृ० १०३) किन्तु आगे चलकर द्वन्द्व की यह प्रक्रिया 'समन्वय की विराट् चेष्टा' में खो गयी और वर्ण-व्यवस्था की जिस नींव पर 'रामचरितमानस' का भव्य ताजमहल खड़ा किया गया, उसकी बाहरी चमक-दमक में लंका-दहन की भीषणतम आगजनी और क्रूरतम नरसंहार की करुण गाथा भी खो गयी।

इन्हीं दो विरुद्धों के बीच से फूट पड़ा है राम का उज्ज्वल 'कर्म-सौन्दर्य', अधर्म और अमंगल की घटा को फाड़ती हुई धर्म और मंगल की ज्योति बनकर अर्थात् 'धर्म की जय और अधर्म के नाश' का उद्घोष करती हुई 'कर्म-सौन्दर्य' की यह छटा नाना घटनाओं और विविध क्रिया-व्यापारों के माध्यम से बाह्य जगत् में प्रसार पाती है। इसीलिए जय का सौन्दर्य कर्म-सौन्दर्य का नियामक बन जाता है और आचार्य रामचन्द्र शुक्ल यह आशा करते हैं कि "विरुद्धों का यही सामंजस्य कर्म-क्षेत्र का सौन्दर्य है जिसकी ओर आकर्षित हुए बिना मनुष्य का हृदय नहीं रह सकता।" (चिन्तामणि भाग-१ : पृ० १७४) वस्तुतः भारतीय संस्कृति की ऐतिहासिक परम्परा में धर्म और अधर्म, मंगल और अमंगल, पुण्य और पाप, स्वर्ग और नरक, ब्राह्मण और बौद्ध, आर्य और अनार्य आदि ऐसे जुड़वाँ शब्द हैं जो हमारी जातीय परम्परा का निर्माण करते हैं। इनके बीच सामंजस्य और द्वन्द्व की एक युगपत् प्रक्रिया सतत क्रियाशील रहती है जिसे खण्डित कर देने से हम आधा सत्य ही देख पाते हैं। इसलिए धर्म और मंगल के आलोक में जगमगाते हुए कर्म-सौन्दर्य को तो हम देख लेते हैं लेकिन अधर्म और अमंगल के अन्धकार में प्रच्छन्न उसका एक हिस्सा हमारी आँखों से ओझल ही रह जाता है।

यह एक कड़वी सच्चाई है कि सामाजिक स्थिति प्राप्त किये बिना कोई भी शक्ति साहित्यिक एवं सांस्कृतिक वर्चस्व स्थापित नहीं कर सकती। अतः एक वर्ग विभाजित समाज में साहित्यिक एवं सांस्कृतिक रूप से समृद्ध सत्ताधारी वर्ग की यह बराबर कोशिश होती है कि अधिकार वंचित शोषित शक्तियाँ समाज में प्रतिष्ठित न हो सकें क्योंकि उससे उनकी सत्ता के लिए खतरा पैदा हो जाने की सम्भावना बनी रहती है। यही कारण है कि सत्ता के उस खतरे को अन्धविश्वासी जनसाधारण के बीच धर्म और संस्कृति के खतरे के रूप में प्रचारित किया जाता है। आर्यधर्म की दुहाई देकर पुराणों की भाषा में आर्येतर शक्तियों को अत्याचारी, अधर्मी, राक्षस आदि कहना 'जयकाव्यों' की परम्परा रही है। इसके 'जस्टीफिकेशन' के लिए अपहरण की किसी घटना की कल्पना भी आवश्यक हो जाती है। 'महाभारत' में बाणासुर-कृष्ण संघर्ष हो, अथवा 'रामायण' में रावण-राम संघर्ष--दोनों में यही प्रक्रिया काम करती है। इन संघर्षों के पीछे अपहरण की घटना तो पारिवारिक और प्रासंगिक है किन्तु व्यापक

सामाजिक-ऐतिहासिक परिप्रेक्ष्य में देखा जाये तो मुख्य कारण है--शैव और द्रविड़ अथवा अनार्य शक्तियों का नृशंसतापूर्वक दमन।

वस्तुतः शैव मतावलम्बी अनार्य द्रविड़ शक्ति को आर्य धर्मानुमोदित वैष्णव परम्परा के विरुद्ध एक प्रतिपरम्परा के रूप में खड़ा किया गया है और उसके ऊपर परम्परा की विजय दिखलाकर पुराण मतावलम्बी गोस्वामी जी ने ईश्वरीय चमत्कार से आक्रान्त जनता पर अपना शास्त्रानुमोदित निर्णय लाद दिया है। यह प्रतिपरम्परा वस्तुतः निर्गुण आन्दोलन की वही गतिशील परम्परा है जो बौद्ध धर्म से अनुबोधित तथा शैवों और भागवतों की संयुक्त जुझारू शक्ति से अनुप्राणित होकर शास्त्र की प्रवंचनाओं के विरुद्ध संघर्ष कर रही थी। गोस्वामी तुलसीदास ने वर्णाश्रम-व्यवस्था के वर्गीय हितों के रक्षार्थ उसे अपने अनुरूप ढालकर अत्याचारी रावण के मिथक के साथ जोड़ते हुए पुराने धार्मिक संघर्ष और तत्कालीन विचारधारात्मक समस्याओं का समाधान ढूँढ़ लिया। यह सच है कि गोस्वामी जी ने निम्नवर्गीय भक्ति स्वीकार की लेकिन अपनी शर्तों पर निम्नवर्गीय जनता की सामाजिक सीमा निर्धारित करते हुए उन्होंने स्पष्ट कर दिया कि यद्यपि राम के सामने सभी बराबर हैं, फिर भी वर्णाश्रम-व्यवस्था और जातिवाद के शास्त्रीय विधि-विधान को तो स्वीकार करना ही पड़ेगा क्योंकि ईश्वर ने ही समाज को उत्पन्न किया है। इस प्रकार ईश्वर के अवतारी मिथक का इस्तेमाल करते हुए ईश्वरकृत समाज का भ्रम उत्पन्न कर गोस्वामी जी ने जनसाधारण में जो आत्महन्ता आस्था पैदा की, वह आज भी अबोध बच्चे के हाथ में पकड़ायी हुई तलवार सिद्ध हो रही है।

गोस्वामी तुलसीदास ने उस आत्महन्ता आस्था को इतना पोख्ता बना दिया है कि वर्तमान समाज-व्यवस्था में भी 'राजभक्ति' और "स्वामिभक्ति का वह नुस्खा सत्ता-व्यवस्था की रक्षा के लिए एक कारगर हथियार सिद्ध हो रहा है। चुनाव का मौसम आते ही सत्ता के बड़े-बड़े दावेदार " 'शबरी' के आदिवासी इलाकों और 'निषाद' के गाँवों में अपनी सहानुभूति बाँटकर" मत बटोरने के लिए पहुँच जाया करते हैं। संयोगवश यदि चुनाव-क्षेत्र अनाथ लगनेवाले किसी युवा प्रत्याशी का हुआ तो वहाँ सहानुभूति बाँटने की भी आवश्यकता नहीं रह जाती क्योंकि बेसहारा जिन्दगी के खट्टे-मीठे अनुभव रखनेवाली जनसाधारण की करुणा 'मत' बटोरने के लिए किसी 'कल्पवृक्ष' से ज्यादा महत्त्वपूर्ण हो उठती है।

दरअसल ऐतिहासिक सच्चाई पर परदा डालने के लिए व्यवस्था बराबर मिथकीय अवधारणाओं का सहारा लेती रहती है। यही कारण है कि "सामन्तवाद को पुरोहितवाद के हितों में अधिसंख्य मिथक गढ़े और प्रचारित किये गये। अक्सर वर्ग-वर्ण घृणा और एक-दूसरे को नीचा दिखाने के क्रम में अपने नायक को स्थापित किया गया। 'चातुर्वर्णं मया सृष्टम्' या शूद्र ब्रह्मा के पैर से निकले बताये गये। मनु से लेकर व्यास और तुलसीदास तक जाने-अनजाने इसके पृष्ठ पोषक रहे। फल यह हुआ कि नारी और

अन्त्यजों का मनोबल हमेशा रौंदा जाता रहा। सीता, द्रौपदी आदि की विसंगतियाँ और हनुमान-जैसे वीर भी रामचन्द्र के गुलाम? गार्गी के और प्रश्न करने पर शिरोच्छेद की धमकी और एकलव्य का अँगूठा कटवा लेना तथा शम्बूक का शिरोच्छेद।" ('सारिका' : मिथकीय कहानियाँ और आधुनिक सन्दर्भ; वर्ष २५, अंक ३९० : अक्टूबर, '८५ : पृष्ठ १२) जिस प्रकार साहित्य शिष्ट समुदाय की भावनाओं और प्रवृत्तियों का पोषक तथा उसके वर्गीय हितों का रक्षक हुआ करता है, उसी प्रकार जनसाधारण की भावनाएँ उनके श्रमजीवियों द्वारा रचित लोकगीतों में व्यक्त होती आयी हैं। इस प्रकार लोकगीत जनसाधारण के सुख-दुःख, हास-परिहास, संघर्ष-सृजन तथा करुण व्यथा को व्यक्त करनेवाले कथा-काव्य हुआ करते हैं और उनमें मिथकीय अवधारणाओं का बाहुल्य होता है।

गोस्वामी तुलसीदास ने 'रामचरितमानस' के मृगया प्रसंग 'जे मृग राम बाण के मारे, ते तन तजि सुरलोक सिधारे' के माध्यम से सामन्ती हिंसा को जिस प्रकार महिमा-मण्डित किया है, उसका प्रतिरोध करती हुई लोकगीतों की मिथकीय अवधारणा अवधी के इस 'सोहर गीत' में करुण कथा बनकर फूट पड़ी है--

"छापक पेड़ छिउलिया कि पतवन गहबर हो,
तेहिं तर ठाढ़ हिरनियाँ मनइ मन अनमन हो।"

छिउली पेड़ की घनी छाँव के तले खड़ी हिरणी अनमनी है। हिरण पूछता है--"क्या तालाब सूख गये हैं, चरागाह सूख गये हैं, आखिर इस अनमनेपन की वजह?" हिरणी कहती है कि न तालाब सूखे हैं, न चरागाह, उदासी की वजह यह है कि कल राजा जी के लड़के की छठ है और वे तुम्हें मार डालेंगे? हिरण मारा जाता है। दुःखी हिरणी मचिया पर बैठी माँ कौशल्या से प्रार्थना करती है कि मांस तो रसोई में पकेगा, मेरे हिरण की खाल ही मुझे दे दें, देख-देखकर मन को समझा लूँगी कि मेरा हिरण अभी भी जीवित है। रानी कौशल्या इनकारती हैं कि तुम्हें हिरण की खाल भी नहीं मिलेगी, उससे तो मैं खँझड़ी मढ़वाऊँगी, मेरा राजकुमार उससे खेलेगा। हिरणी अब भी खड़ी है उस छिउली की घनी छाँव में, मगर शोकविह्वल होकर असहाय भाव से महज बिसूर रही है, खँझड़ी की आवाज हैं पर उसकी पूरी दुनिया सूनी है। इस मिथक में स्पष्ट इंगित है कि सामन्तवाद का पूरा अस्तित्व, उसका आमोद-प्रमोद, निम्नवर्ग के शोषण पर आधारित है। यह छोट-सा मिथक गीत सोहर के रूप में इतनी महान् रचना है कि राम-कथा के सारे तामझाम-भरे साहित्य को बौना सिद्ध कर देता है।" (वही : पृ० १३)।

मिथकीय अवधारणाओं से भरी हुई लोकगीतों की यह विनम्र विरोधवाली जीवन्त परम्परा लोकधर्म की भावभूमि पर आधारित भक्त कवियों की प्रेमकाव्य-परम्परा में विकसित हुई है जिसे आचार्य रामचन्द्र शुक्ल ने हीनतर बताते हुए आनन्द की सिद्धावस्था के खाते में डाल रखा है। भक्ति के आवरण में मुख्यतः ये शृंगारिक

रचनाएँ हैं तथा प्रेम और सौन्दर्य उनका मूल चरित है। लेकिन सामन्ती विलासिता का आख्यान करनेवाली दरबारी कवियों की श्रृंगारिक रचनाओं के साथ 'सूरसागर'-जैसी जातीय साहित्य की महान् रचना को रखना, सामाजिक विद्रोह की अभिव्यक्ति करनेवाले उसके उन्मुक्त प्रेम और कलात्मक सौन्दर्य का अपमान करना होगा। यही नहीं 'मीराँ' और 'विद्यापति' की रचनाएँ भी व्यापक सामाजिक प्रभाव और ऐतिहासिक परम्परा की दृष्टि से कहीं ज्यादा महत्त्वपूर्ण हैं। रुग्ण मानसिकतावाली रीतिकालीन श्रृंगारिक रचनाओं को आचार्य शुक्ल ने स्वयं जी भरकर कोसा है। इतना ही नहीं, आचार्य शुक्ल के वर्गीकरण के परिणामस्वरूप 'पृथ्वीराज रासो'; 'पद्मावत' और यहाँ तक कि 'हम्मीर रासो' को भी 'सूरसागर' से श्रेष्ठतर स्वीकार करना किसी भी प्रकार न्यायसंगत नहीं कहा जा सकता।

सच तो यह है कि तुलसीदास और उनके 'रामचरितमानस' से आक्रान्त होने के कारण आचार्य रामचन्द्र शुक्ल सूरदास के विवेचन में अनेक अन्तर्विरोधों से ग्रस्त हैं। गोपियों के रोमाण्टिक प्रेम को पक्षियों के समान स्वच्छन्द और जीवनोत्सव के रूप में स्वीकार करने के बावजूद उसे एकान्तिक और लोक-बाह्य मानने के पीछे, मूल कारण क्या सूरसागर में लोक संग्रह का अभाव है अथवा आचार्य शुक्ल की 'लोक' सम्बन्धी सीमित अवधारणा? लोक संग्रह का प्रतिमान कर्म-सौन्दर्य एक सामन्ती प्रवृत्ति है जिसका विकास मृगया आखेट, हिंसा, युद्ध आदि प्रसंगों में होता है। राम के उज्ज्वल चरित्र का सबसे जीवन्त रूप 'वनवास', वनवासियों से भेंट, निषाद-मिलन तथा शबरी के आतिथ्य-जैसे मानवीय प्रसंगों में दिखायी पड़ता है जिनकी मूल भावभूमि लोक-जीवन और लोकधर्म है। इस दृष्टि के सूरसागर बहुत समृद्ध है। हाँ, उसमें अवतारवादी सामन्ती कर्म-सौन्दर्य का अभाव अवश्य है किन्तु यह उसका गुण है, दुर्गुण नहीं। सूरदास ने 'महाभारत', 'भागवत' और 'गीता' के ईश्वरीय और अवतारी मिथकों को अधिकांशतः तोड़ते हुए प्रायः कृष्ण को मानवीय धरातल पर उतारकर अपनी जिस प्रगतिशीलता का परिचय दिया है; ऐतिहासिक-सामाजिक विकास-प्रक्रिया में इसे एक सकारात्मक प्रयास कहा जा सकता है। इस प्रकार आचार्य शुक्ल का 'लोक' तुलसीदास का वही सीमित लोक वर्णाश्रम-धर्म है जिसकी रक्षा के लिए राम को अवतार लेना पड़ता है। दूसरी बात यह कि 'लोक संग्रह' के होने या कम होने की जाँच-पड़ताल का ठोस आधार होगा--उस रचना की लोक ग्राह्यता और उस दृष्टि से कृष्ण कथा राम कथा की तुलना में राष्ट्रीय स्तर पर जनता की चित्तवृत्तियों को प्रतिबिम्बित करने के कारण कहीं ज्यादा व्यापक और लोकप्रिय है। इसलिए आचार्य हजारीप्रसाद द्विवेदी गोपियों के प्रेम को लोकवादी स्वीकार करते हुए अपने सही इतिहास-बोध और विवेचन की वैज्ञानिक दृष्टि का ही परिचय देते हैं।

डॉ० नामवर सिंह के अनुसार "जिस प्रेम को शुक्ल जी लोक-बाह्य कहते हैं, वह दरअसल एक निश्चित सीमा में जकड़े हुए लोक से बाहर है--निष्प्राण नियमों

और रीति-रिवाजों में बँधे हुए समाज से बाहर निकलने का प्रयास है! उस प्रेम की एकान्तिकता ही उसकी लोकोन्मुखता है और वैयक्तिकता ही सामाजिकता; जैसा कि हर रोमाण्टिक विद्रोह में होता है।" (दूसरी परम्परा की खोज : पृष्ठ ६५) यह आकरण नहीं है कि मानव-मन की मूल वृत्ति और उसका स्वभाव प्रेम, हिन्दू शास्त्रों और टीकाकारों का सर्वाधिक कोप भाजन रहा, क्योंकि वह शास्त्रों के निष्प्राण नियमों और वर्जनाओं की बन्दिश तोड़कर उन्मुक्त रूप से अभिव्यक्त होता आया है। यदि वर्जना का 'सीमित लोक' सचमुच शक्तिशाली होता, तो गोस्वामी तुलसीदास न तो भक्ति-आन्दोलन के अन्तिम कवि सिद्ध होते और न ही रीतिकालीन शृंगारिकता को पनपने का अवसर मिलता।

समाजशास्त्रीय विश्लेषण और व्यापक ऐतिहासिकता परम्परा को उतना महत्त्व न देने के कारण ही आचार्य शुक्ल की 'लोक'-सम्बन्धी अवधारणा शास्त्र और काव्यशास्त्र की सीमाओं के बहुत बाहर नहीं जा पाती। इसलिए भौगोलिक दूरी को ही प्रमुख आधार मान लेने के कारण 'नागमती' और 'सीता' की विरह वेदना तो उन्हें ग्राह्य हो जाती है किन्तु गोपियों की विरह-व्यथा 'बैठे ठाले का रोना' प्रतीत होती है। कहना न होगा कि भौगोलिक दूरी के इस यान्त्रिक प्रतिमान से गोपियों के वियोग की उस ऐतिहासिक दूरी को नहीं मापा जा सकता 'जो चरागाही संस्कृति' से 'सामन्ती संस्कृति' तक का फैलाव लिये हुए महाकवि सूरदास के 'सूर सागर' में सिमट आयी है। हम कभी उसे 'नास्टेल्जिया' और कभी 'यूटोपिया' के रूप में पहचानने की कोशिश करते चले आ रहे हैं। कृष्ण से गोपियों का वियोग केवल पति-पत्नी अथवा प्रेमी-प्रेमिका का वियोग नहीं, एक पूरे समुदाय का अपने मार्गद्रष्टा लोकनायक से वियोग है। कृष्ण का मथुरा प्रवास वस्तुतः उनके वर्गीय चरित्र का परिवर्तन है और गोपियों का वियोग पूरे ब्रज का वियोग है। सब मिलाकर ब्रज की 'चरागाही संस्कृति' के उजड़ने और मथुरा की 'सामन्ती संस्कृति' में रूपान्तरित हो जाने का दुःख भी कहीं-न-कहीं उसमें निहित है। माना कि ब्रज और मथुरा के बीच उतनी दूरी नहीं है जितनी दण्डकारण्य और लंका अथवा चित्तौड़ और सिंहलद्वीप के बीच है किन्तु क्या जरूरी है कि दूरी के साथ 'नास्टेल्जिया' भी घटती-बढ़ती जाये? मैं 'सूरसागर' से केवल एक उदाहरण लेना चाहूँगा--

ऊधो! मोहिं ब्रज बिसरत नाहीं।
हंस-सुता की सुन्दर कगरी अरु कुंजन की छाँहीं।

वैभव और ऐश्वर्य से सम्पन्न राजधानी की सहज सुलभ सुविधाओं के बीच पल रहे कृष्ण को 'ब्रज' इतना 'हाण्ट' क्यों करता है? क्या इसलिए नहीं कि उनके जीवन के सर्वोत्तम क्षणों की धड़कन वहाँ कैद है? क्या इसलिए नहीं कि 'ब्रज' उनके लिए महज एक शब्द नहीं बल्कि जीवन का एक समूचा परिवेश, एक मुकम्मल संस्कृति और एक भरा-पूरा कुटुम्ब है? क्या इसलिए नहीं कि वहाँ प्राण-धारा 'यमुना' है,

करील-कुंजों की सघन छायावाले कगार की स्वच्छन्द प्राकृतिक छटा-कृष्ण की रंगभूमि, लीलाभूमि और कर्मभूमि है। क्या इसलिए नहीं कि वहाँ ग्वालबालों के साथ गाय और बछड़े हैं, यशोदा और नन्द हैं, राधा और गोपियाँ हैं? पूर्वानुभूत जीवन की एक जीती-जागती जिन्दगी के प्रति ऐसी हुड़क और कसक, ऐसी टीस और चुभन की स्वस्थ करुण वेदना कहाँ मिलेगी--किस 'रामचरितमानस' या पद्मावत में, जो सारे चमक-दमक से भरे हुए सामन्ती छल-छद्म और कृत्रिमता को नंगा कर रख देती हो? गोपियों की 'संस्कृति' में मथुरा ही परदेस (विदेश?) है।

लेकिन अब इसका क्या कीजियेगा कि आचार्य रामचन्द्र शुक्ल को महज एक तुलसीदास की 'सीता' का प्रेम छोड़कर, 'विद्यापति', 'मीराँ' और सूर आदि सभी का प्रेम एकान्तिक और लोक-बाह्य प्रतीत होने लगता है। इस सन्दर्भ में मुक्तिबोध ने लिखा है--"सीता के प्रति राम के प्रेमवाली पद्धति को उन्होंने (आचार्य शुक्ल ने) अत्यन्त उत्कृष्ट बतलाया है। किन्तु सूक्ष्म दृष्टि से सीता की जीवन-गाथा को देखने पर यह ज्ञात होता है कि इस साध्वी नारी को सामाजिक नियम-विधानों के कारण कितना दुःख और कष्ट उठाना पड़ा।" (मुक्तिबोध रचनावली : ५ : पृष्ठ २९) जाहिर है कि मुक्तिबोध इस प्रेम-पद्धति को सीता की जीवन-गाथा के पूरे ऐतिहासिक-सामाजिक परिप्रेक्ष्य में देखते हैं और इस प्रक्रिया में उनके सामने आदिकवि वाल्मीकि के 'रामायण' तथा भवभूति के 'उत्तर रामचरितम्' की महामानुषी सीता की करुण जीवन-गाथा भी है जिसे पूरी मानवीयता के साथ उन्होंने दुलारा है। व्यवस्था के पक्ष में अनेक मौलिक उद्भावनाएँ करनेवाले गोस्वामी जी मानवीय करुणा के उस मार्मिक प्रसंग को साफ बचा गये हैं। सीता का चरित्र राम से कम उज्ज्वल नहीं है लेकिन उनकी करुणा का सारा स्रोत ईश्वर के प्रतिनिधि राम के पक्ष में उमड़ पड़ा है। आधुनिक हिन्दी साहित्य में पहली बार वाल्मीकि और भवभूति की मानवीय करुणा कुछ ज्यादा चमकदार बनकर महाप्राण 'निराला' की 'सरोज-स्मृति', 'विधवा', 'वह तोड़ती पत्थर'-जैसी रचनाओं में तथा किसान जीवन के महान् कथाकार 'प्रेमचन्द' के 'गोदान' में किसान जीवन की करुण महागाथा बनकर फूट पड़ी है।

काल-निर्धारण : मध्यकालीन बोध की आधुनिकता

आचार्य हजारीप्रसाद द्विवेदी की दृष्टि में आचार्य शुक्ल ऐसे पहले इतिहासकार हैं जिन्होंने एक निश्चित इतिहास-दृष्टि के आधार पर प्रथम बार हिन्दी साहित्य के इतिहास को 'कविवृत्त संग्रह' की पिटारी से बाहर निकालकर जीवन्त मानव-विचार के प्रवाह की गतिशीलता को रेखांकित किया है। किन्तु इसका यह तात्पर्य नहीं कि आचार्य द्विवेदी ने उसे सर्वथा निर्दोष मानकर आचार्य शुक्ल के इतिहास-दर्शन से अपना मतभेद व्यक्त किये बिना ज्यों-का-त्यों स्वीकार कर लिया है, अथवा उसे पूरी तरह नकार दिया है। इस सम्बन्ध में आचार्य द्विवेदी ने अपनी इतिहास-सृष्टि और मूल्यांकन के निर्भ्रान्त आधार को स्पष्ट करते हुए लिखा है--"न तो हमें परम्परा से प्रचलित बातों को सहज ही अस्वीकार कर देना चाहिए और न उनकी परीक्षा किये बिना उन्हें ग्रहण ही कर लेना चाहिए।" (हिन्दी साहित्य का आदिकाल : पृ० २५) कहना न होगा कि आचार्य रामचन्द्र शुक्ल के ऐतिहासिक काल-विभाजन और उनके साहित्यिक मूल्यांकन के प्रति ग्रहण और त्याग का यह सन्तुलित विवेक आचार्य द्विवेदी के इतिहास-ग्रन्थों और महत्त्वपूर्ण समीक्षा-पुस्तकों का प्रमुख आधार है।

आचार्य रामचन्द्र शुक्ल ने अपने हिन्दी साहित्य के इतिहास में दसवीं से चौदहवीं शताब्दी की कालावधि को आदिकाल और साहित्यिक प्रवृत्ति के आधार पर उसे 'वीरगाथा काल' नाम दिया है। इस कालावधि और परम्परा प्रचलित 'आदिकाल' को तो द्विवेदी जी ने सहज ही स्वीकार कर लिया है किन्तु प्रवृत्तिमूलक 'वीरगाथा' शब्द उनके परीक्षण-निकष पर खरा नहीं सिद्ध हो सका। इसी प्रकार आचार्य शुक्ल ने ग्रन्थों की संख्या और उनकी लोक-प्रसिद्धि को अपने काल-विभाजन सिद्धान्त का आधार बताया है और वीरगाथात्मक प्रवृत्ति के महत्त्व की ओर संकेत करते हुए लिखा है--"आदिकाल की इस दीर्घ परम्परा के बीच प्रथम डेढ़ सौ वर्ष के भीतर तो रचना की किसी विशेष प्रवृत्ति का निश्चय नहीं होता है--धर्म, नीति, शृंगार, वीर सब प्रकार की रचनाएँ दोहों में मिलती हैं। इस अनिर्दिष्ट लोक प्रवृत्ति के उपरान्त जब से मुसलमानों की चढ़ाइयों का आरम्भ होता है तब से हम हिन्दी साहित्य की प्रवृत्ति एक

विशेष रूप से बँधती हुई पाते हैं। राजाश्रित कवि और चारण जिस प्रकार नीति, शृंगार आदि के दोहे राजसभाओं में सुनाया करते थे उसी प्रकार अपने आश्रयदाता राजाओं के पराक्रमपूर्ण चरित्रों या गाथाओं का वर्णन भी किया करते थे। यही प्रबन्ध परम्परा 'रासो' के नाम से पायी जाती है।" (हिन्दी साहित्य का इतिहास, पृ० ७) आचार्य रामचन्द्र शुक्ल आदिकाल के आरम्भिक डेढ़ सौ वर्ष के भीतर दोहों में लिखी गयी, लोक-परम्परा की विभिन्न प्रवृत्तियोंवाली रचनाओं में किसी विशिष्ट प्रवृत्ति को निर्दिष्ट न कर पाने के कारण उन्हें अनिर्दिष्ट छोड़कर यह मान बैठते हैं कि मुसलमानों की चढ़ाइयों के कारण साहित्य के स्वरूप में परिवर्तन आ गया और फुटकल दोहों में लोकप्रवृत्तियों की अभिव्यक्ति करनेवाले राजाश्रित चारण कवियों के सामन्ती गुणगान के माध्यम से रातोंरात रासो की प्रबन्ध-परम्परा विकसित हो गयी।

वस्तुतः आचार्य शुक्ल ने देखा कि हिन्दी साहित्य का आरम्भिक काल भारतीय इतिहास का वह युग है जिसमें युद्धरत सामन्त अपनी वीरता के प्रदर्शन में गौरव का अनुभव करते थे और राजाश्रित चारण राजस्तुतिमूलक अपनी रचनाओं से उन्हें प्रसन्न करने की चेष्टा करते थे। वह यह भी लक्षित करते हैं कि पश्चिमी भारत सामन्ती सभ्यता के बल-वैभव का केन्द्र हो रहा था; कन्नौज, दिल्ली और अजमेर-जैसी बड़ी-बड़ी राजधानियाँ उधर ही स्थापित थीं तथा उन्हीं की भाषा शिष्ट भाषा मानी जाती थी। इस प्रकार आचार्य शुक्ल की दृष्टि में पश्चिमी भारत की ये बड़ी-बड़ी राजधानियाँ लोकरक्षा के सक्रिय प्रतिरोध के पुण्य कार्य में लगी होने के कारण भारतीय सभ्यता के गौरव का केन्द्र बन गयी थीं। यही कारण है कि लोकगाथाओं और चरितकाव्यों की शैली पर आधारित रासो काव्यों में वीरगाथात्मक प्रवृत्ति लक्षित कर आचार्य शुक्ल ने उन्हें हिन्दी की प्रतिनिधि रचनाओं के रूप में स्वीकार कर लिया और उन सत्ता-केन्द्रों के बाहर फैले हुए साधारण जनसमुदाय की चित्तवृत्तियों को प्रभावित करनेवाली जैनियों के धार्मिक उपदेशवाली अपभ्रंश रचनाएँ तथा सामाजिक रूढ़ियों का विरोध करनेवाली सिद्धों-नाथों की बानियाँ, साम्प्रदायिक शिक्षामात्र होने के कारण शुद्ध साहित्य की सीमा से बाहर पड़ गयीं।

कहने की आवश्यकता नहीं कि हिन्दी साहित्य की प्रवृत्तियों और उसकी विभिन्न धाराओं को बाह्य राजनैतिक परिस्थितियों के कार्य-करण सम्बन्धों की अपेक्षा में देखने के कारण आचार्य शुक्ल एक सरलीकृत मार्ग का अनुसरण करते हैं जिसके चलते आदिकालीन साहित्य की समाज-सापेक्ष रचनाशीलता का सुसंगत मूल्यांकन नहीं हो पाता। क्या कारण है कि आचार्य रामचन्द्र शुक्ल सिद्धों-नाथों की धार्मिक रचनाओं को भक्ति मार्ग की सीमा में समाहित नहीं कर पाते और सगुण कवियों की धार्मिक रचनाओं में उन्हें भक्ति मार्ग का नूतन विकास दिखायी पड़ता है? क्या इसलिए नहीं कि सिद्धों, नाथों और सन्तों की बानियाँ शास्त्रीय रूढ़ियों और बाह्याचारों की विरोधी हैं तथा सगुण भक्ति काव्य ब्रह्मसूत्र, उपनिषद् और गीता की भाष्य परम्परा का शास्त्रीय

आधार लेकर विकसित हुआ है? दो भिन्न कालों की एक ही प्रवृत्ति की रचनाओं के मूल्यांकन के लिए दोहरा मानदण्ड स्थापित कर शास्त्रीय आधार को विशेष महत्त्व देना, आचार्य शुक्ल के साम्प्रदायिक आग्रह का परिणाम है। इसी प्रकार आदिकाल की दो तरह की रचनाएँ एक ही समाज से उद्भूत दो भिन्न मानसिकता की रचनाएँ हैं; एक का सम्बन्ध सामन्त वर्ग से है और दूसरी का सामान्य जनसमुदाय से। सामन्तवर्गीय रचनाओं को आचार्य शुक्ल ने हिन्दी साहित्य में स्थान दिया है और सामान्य जनसमुदाय से सम्बद्ध रचनाओं का विस्तृत विवेचन और मूल्यांकन आचार्य द्विवेदी ने किया है।

आचार्य हजारीप्रसाद द्विवेदी ने आदिकाल की मूल प्रवृत्ति को वीरगाथात्मक नहीं माना क्योंकि ये रचनाएँ वीरगाथा उतनी नहीं हैं जितनी राजस्तुति। उनकी दृष्टि में दसवीं से चौदहवीं शताब्दी के काल का साहित्य अपभ्रंशप्रधान साहित्य है। अपभ्रंश के इस बढ़ाव को कुछ लोग उत्तरकालीन अपभ्रंश और कुछ लोग पुरानी हिन्दी कहते हैं। यही कारण है कि आचार्य हजारीप्रसाद द्विवेदी ने केवल घटनाओं और तिथियों के आधार पर ऐतिहासिकता और प्रामाणिकता के अनावश्यक विवाद से पृथ्वीराज रासो को बाहर निकाला और अपने स्वतन्त्र चिन्तन और गहन अध्ययन के द्वारा भाषा, समाज और परम्परा की अपेक्षा में उसका महत्त्वपूर्ण साहित्यिक मूल्यांकन प्रस्तुत किया। इस क्रम में लोकगाथाओं एवं चरितकाव्यों की परम्परा काव्य रूपों तथा कथानक रूढ़ियों का विकास और भाषा, शैली, छन्द आदि का विस्तृत विवेचन करते हुए उन्होंने उस लुप्त होती हुई लोक-परम्परा को सूफी प्रेमाख्यानक परम्परा से जोड़कर लोकधर्मी हिन्दी साहित्य के स्वाभाविक विकास को रेखांकित किया। कहना न होगा कि आचार्य शुक्ल के हिन्दी साहित्य के इतिहास के फुटकल खाते में पड़े हुए विद्यापति की कीर्तिलता का साहित्यिक मूल्यांकन प्रथम बार आचार्य द्विवेदी ने किया।

'वीरगाथा' को आदिकाल की प्रमुख प्रवृत्ति मान लेने से एक तो उन रचनाओं का मूल चरित्र अनिर्दिष्ट रह जाता है, दूसरे उस युग की अन्य रचनाएँ उसकी सीमा से बाहर रह जाती हैं। इसलिए आचार्य हजारीप्रसाद द्विवेदी आदिकाल की रचनाओं के न्यायसंगत मूल्यांकन की दृष्टि से राहुल सांकृत्यायन द्वारा सुझाये गये 'सिद्ध सामन्तकाल' को ज्यादा उपयुक्त मानते हैं। आचार्य रामचन्द्र शुक्ल ने ग्रन्थों की संख्या और लोक-प्रसिद्धि को अपने काल-विभाजन का आधार बताया था। द्विवेदी जी उससे असहमत होते हुए लिखते हैं--"वस्तुतः काल प्रवृत्ति का निर्णय प्राप्य ग्रन्थों की संख्या द्वारा नहीं हो सकता, बल्कि उस काल की मुख्य प्रेरणादायक वस्तु के आधार पर ही हो सकता है। प्रभाव उत्पादक और प्रेरणा संचारक तत्त्व ही साहित्यिक काल के नामकरण का उपयुक्त निर्णायक हो सकता है।" (हिन्दी साहित्य का आदिकाल : पृ० २३) यही कारण है कि आचार्य द्विवेदी ने आचार्य शुक्ल द्वारा अस्वीकृत आदिकाल की उन धार्मिक रचनाओं को, विशुद्ध साहित्य न मानते हुए भी, इसलिए महत्त्व दिया है कि उनमें धर्म प्रेरक शक्ति के रूप में प्राप्त है जिससे उस युग के सामाजिक स्वरूप और

सामान्य मनुष्य की साहित्यिक प्रवृत्ति को समझने में पर्याप्त सहायता मिलती है। इसलिए आचार्य द्विवेदी उन रचनाओं को प्रकाश की अनन्त सम्भावना से भरी हुई अन्धकार-युग की चिनगारी मानकर उन्हें जिलाये रखना कर्त्तव्य समझते हैं। निश्चय ही समाज की प्रेरणादायक वस्तु और प्रभावोत्पादक भविष्योन्मुखी सम्भावनाओं की तलाश करनेवाली इतिहास-दृष्टि उस सतही दृष्टि से सर्वथा भिन्न है--सन्तुलित और व्यापक है जो एक समूचे युग के मूल्यांकन के लिए केवल ग्रन्थों की प्रचुरता और लोक प्रसिद्धि का सहारा लेती हो। यह सही है कि लोक-प्रसिद्धि भी साहित्यिक मूल्यांकन का एक आधार है पर उससे समाज के वास्तविक स्वरूप का मूल्यांकन सम्भव नहीं है।

आचार्य रामचन्द्र शुक्ल ने अपने हिन्दी साहित्य के इतिहास के प्रथम वक्तव्य में काव्यधारा की विभिन्न शाखाओं के मूल्यांकन और काल-विभाजन के सैद्धान्तिक आधार को स्पष्ट करते हुए लिखा है--"शिक्षित जनता की जिन-जिन प्रवृत्तियों के अनुसार हमारे साहित्य के स्वरूप में जो-जो परिवर्तन होते आये हैं, जिन-जिन प्रभावों की प्रेरणा से काव्यधारा की भिन्न-भिन्न शाखाएँ फूटती रही हैं, उन सबके सम्यक् निरूपण तथा उनकी दृष्टि से किये हुए सुसंगत काल-विभाग के बिना साहित्य के इतिहास का सच्चा अध्ययन कठिन दिखायी पड़ता था।" और इसमें सन्देह नहीं कि आदिकाल और पूर्व मध्यकाल की रचनाओं के मूल्यांकन में यह सिद्धान्त-सूत्र निर्णायक भूमिका अदा करता है। इस सिद्धान्त से अपना विचारधारात्मक मतभेद व्यक्त करते हुए द्विवेदी जी ने लिखा है--" 'वृत्त संग्रह' की परम्परा उसमें समाप्त नहीं हुई है और साहित्य को मानव-समाज के सामूहिक चित्त की अभिव्यक्ति के रूप में न देखकर शिक्षित समझी जानेवाली जनता की प्रवृत्तियों के परिवर्तन-विवर्तन के निर्देशक के रूप में रखा गया है।" (हिन्दी साहित्य का आदिकाल, पृ० २) दोनों आचार्यों का यह 'सैद्धान्तिक मतभेद' उनकी भिन्न इतिहास-दृष्टि का प्रतिमान है। प्राय: उनके काव्य-मूल्यांकन को एक-दूसरे का पूरक बताते समय इस मतभेद को नजरअन्दाज कर दिया जाता है जिसके चलते आचार्य शुक्ल की दृष्टिगत सीमा और उनके अन्तर्विरोध अनिर्दिष्ट रह जाते हैं तथा समान तत्त्वों के आधार पर भक्ति-आन्दोलन का मूल्यांकन करने के कारण उस प्राणधारा के बीच प्रवाहित अन्तर्धारा का भी सुसंगत मूल्यांकन नहीं हो पाता।

आचार्य हजारीप्रसाद द्विवेदी ने मध्यकालीन बोध के स्वरूप पर विचार करते हुए मध्ययुगीनता और आधुनिकता की ऐसी नवीन अवधारणाओं का विकास किया है, और इन दोनों को सापेक्षिक सम्बन्धों में देखने की वह वैज्ञानिक दृष्टि दी है जिसके चलते साहित्येतिहास-लेखन और काव्य-मूल्यांकन सम्बन्धी कई पेचीदी समस्याओं को सुलझाने में मदद मिलती है। मध्ययुगीनता न तो सर्वथा व्यतीत परम्परा है और न आधुनिकता मध्ययुगीनता से पूरी तरह मुक्त। इसलिए जब आचार्य द्विवेदी कहते हैं कि

'खड़ा पैर परम्परा है, चलता पैर आधुनिकता' तो इससे उनके सन्तुलित विवेक का परिचय मिलता है। आचार्य द्विवेदी अपने अतीत में ही सब-कुछ देखनेवाले न तो ऐसे भारत व्याकुल परम्परा पूजक हैं, जिन्हें अच्छी-से-अच्छी बातों का भी ग्रहण करने से परहेज है और न ऐसे उत्साही आधुनिकतावादी हैं जिनके लिए परम्परा केवल मृत विचारों का स्तूपीभूत संग्रह है। अपने ग्रहण और त्याग के द्वन्द्वात्मक विवेक से वे परम्परा को सतत गतिशील एक जीवन्त प्रक्रिया मानते हैं जो एक लम्बे संघर्ष और सृजन का परिणाम है। क्योंकि आचार्य द्विवेदी मानते हैं कि परम्परा इतिहास नहीं है; इतिहास चाहे और किसी क्षेत्र में अपने को भले दुहराता हो लेकिन 'विचारों के क्षेत्र में जो गया सो गया'। उनमें निष्क्रिय संस्कारों से मुक्त होने का विवेक है तो अगले कदम को स्वीकार करने का साहस भी है।

'सचेत परिवर्तनेच्छा' उनकी 'आधुनिकता' की अवधारणा का आधुनिकता-बोध है। आधुनिक युग के साहित्यकार की सचेत परिवर्तनेच्छा को सकारात्मक दिशा की ओर संकेत करते हुए आचार्य द्विवेदी ने लिखा है--"आधुनिक समाज ने निश्चित रूप से मनुष्य की महिमा स्वीकार कर ली है। अगला कदम सामूहिक मुक्ति का है--सब प्रकार के शोषणों से मुक्ति का। अगली मानवीय संस्कृति मनुष्य की समता और सामूहिक मुक्ति की भूमिका पर खड़ी होगी।" (हजारीप्रसाद द्विवेदी ग्रन्थावली, खण्ड ९, पृ० ३६०) उनकी दृष्टि में आधुनिक युग के साहित्यकार की प्रमुख विशेषता यह है कि उसके लेखन में सामाजिक-साहित्यिक परिवर्तन के प्रति एक सचेतन संकल्प होता है। उसमें अपने समाज के अशोभन और असुन्दर को शोभन और सुन्दर में बदल डालने की व्याकुलता होती है। वह मध्ययुगीन रचनाकारों की तरह परम्परा-प्राप्त विचारों को प्राप्त प्रमाण मानकर उसकी पुनर्व्याख्या करना ही अपना दायित्व नहीं मान लेता बल्कि अपनी वर्तमान रचनाशीलता की अपेक्षा में उनका पुनर्मूल्यांकन कर उसे भविष्योन्मुखी दिशा देता है।

काल-निर्णय की दृष्टि से मोटे तौर पर 'मध्यकाल' या 'मध्ययुग' को प्राचीन काल के बाद का समय अथवा 'आधुनिक युग' के पहले का समय मान लिया जाता है। 'मध्ययुगीनता' की अवधारणा वस्तुतः यूरोपीय इतिहास के मध्यकाल के ह्रासोन्मुखी मनोवृत्ति से सम्बद्ध है। आचार्य द्विवेदी यूरोपीय इतिहास की उस कालावधि को ज्यों-का-त्यों भारतीय इतिहास के उसी कालखण्ड पर लागू करने को असंगत मानते हैं क्योंकि भारतीय इतिहास में वह समय नवीन उल्लास और नयी उमंग का संकेत देता है। ईसवी सन् की चौथी और पाँचवीं शताब्दी का समय गुप्त और वाकाटक सम्राटों का काल है जिसमें साहित्य और कला का विकास चरमोत्कर्ष पर पहुँचा हुआ माना जाता है। भारतीय इतिहास में अन्धकार-युग की कल्पना भी यूरोपीय इतिहासकारों के दिमाग की उपज है। इसलिए आचार्य हजारीप्रसाद द्विवेदी सन् इसवी की लगभग सातवीं-आठवीं शताब्दी तक के समय को भारतीय साहित्य का समृद्ध काल मानते हैं।

वस्तुतः 'मध्ययुग' का प्रयोग काल के अर्थ में उतना नहीं होता जितना 'पतनोन्मुख और जबदी हुई मनोवृत्ति' के रूप में होता है। यही कारण है कि द्विवेदी जी भारतीय इतिहास के उस काल को 'पतनोन्मुख और जबदी हुई मनोवृत्ति' का काल नहीं मानते। भारतीय साहित्य के इतिहास की मध्ययुगीनता को ठीक से समझने-समझाने के लिए उन्होंने युग-विभाजन की भारतीय परम्परा पर भी विस्तार के साथ विचार किया है। उनके अनुसार धार्मिक मनोवृत्ति की प्रबलता या क्षीणता के विश्वास पर आधारित कृत (सत्य) युग, द्वापर, त्रेता और कलियुग के रूप में प्राचीन युग-विभाजन को उत्थान-पतन और आशा-निराशा के ऐसे परिवर्तन चक्र के रूप में देखा गया है जो अनन्तकाल से चलता चला आ रहा है और अनन्तकाल तक चलता रहेगा। इन चार युगों के विश्वास के मूल में एक ऐसी निराशावादी मनोवृत्ति है जो यह मानती है कि मनुष्य नैतिक दृष्टि से क्रमशः पतन की ओर बढ़ता जा रहा है। यह भी माना गया है कि सत्ययुग में धर्म की पूर्ण स्थिति थी, त्रेता में तीन-चौथाई और द्वापर में केवल आधी। कलियुग में धर्म का प्रभाव पर्याप्त क्षीण हो गया और वह एक चरण पर खड़ा रह गया। इसके समय के बारे में अनेक मतभेद हैं किन्तु द्विवेदी जी महाभारत के साक्ष्य पर कलियुग का आरम्भ श्रीकृष्ण अथवा द्रौपदी के तिरोभाव के बाद स्वीकार करते हैं। कलियुग को पतनोन्मुख मनोवृत्ति का युग माना गया है जिससे यह अनादरसूचक घृणा का प्रतीक बनकर रह गया है। प्रायः सभी पुराणों में कलियुग के नैतिक ह्रास और चारित्रिक पतन का बड़ा ही निराशाजनक वर्णन किया गया है। द्विवेदी जी ने लिखा है--"प्रायः हर पुराण में बताया गया है कि इस युग में लोगों का नैतिक चरित्र पतित हो जायेगा। श्रुति-स्मृति में जिस आचार का निर्देश है, वह मिटने लगेगा। वर्णाश्रम-व्यवस्था में गड़बड़ी आ जायेगी। शूद्र लोग संन्यास लेकर उच्चवर्णों को उपदेश देने का ढोंग रचेंगे।" (आचार्य हजारीप्रसाद द्विवेदी ग्रन्थावली : खण्ड ५, पृ० २०-२१) ऐतिहासिक दृष्टि से विचार करनेवाले विद्वानों के साक्ष्य के आधार पर द्विवेदी जी का विश्वास है कि बौद्ध धर्म के अभ्युत्थान के बाद ऐसे विचार बने होंगे।

कहने की आवश्यकता नहीं कि भविष्य-कथन की शैली में वर्णित कलियुगी अव्यवस्था और वर्ण-धर्म की रक्षा के लिए ईश्वर के अवतार पहले ही हो चुके होते हैं। इस प्रकार जब भी सामाजिक परिवर्तन की प्रक्रिया तेज हुई है, जाति-पाँति, ऊँच-नीच, भेद-भाव के विरुद्ध आवाज उठी है, शास्त्रीय रूढ़ियों और बाह्याचारों का विरोध हुआ है, उसे वर्णाश्रम धर्म का खतरा और कलियुगी प्रभाव बताकर पौराणिक आख्यानों के माध्यम से धर्म की रक्षा के लिए भगवान् की गुहार लगायी गयी है। यह परम्परा गोस्वामी तुलसीदास तक जाती है। उन्हें कलियुग के अधम कवियों का पता था। उसमें 'साखी, सबदी दोहरा' वाले निर्गुनियाँ सन्त तो थे ही, 'कहनी, उपखान' के द्वारा प्राकृत जन गुनगान करनेवाले सूफी, जैन कवि और सम्भवतः विद्यापति भी थे।

किन्तु तुलसीदास की विशेषता यह है कि टीकाकारों की चिन्ता से चिन्तित होने के बावजूद वे 'चिन्ता-पारतन्त्र्य' के शिकार नहीं हुए। उन्होंने उस चिन्ता को भक्ति का सहारा लेकर, अपनी कल्पना शक्ति और महान् प्रतिभा के द्वारा एक कलात्मक मोड़ दे दिया।

आचार्य द्विवेदी का मानना है कि पुराणों में वर्णित कलिकाल-सम्बन्धी मान्यताओं के बद्धमूल होने में कुछ और समय लगा होगा पर इसकी उग्रता नवीं-दसवीं शताब्दी में स्पष्ट दिखायी देती है। सातवीं शताब्दी के उत्तरवर्ती साहित्य में अपने सुनहले अतीत के गौरवगान और भविष्य को अन्धकारमय समझने-समझाने की प्रवृत्ति बढ़ने लगती है। इस प्रकार ह्रासोन्मुखी कलियुग की निराशा भरी कल्पना को तेजी से फैलने का अवसर मिलता है। इसलिए द्विवेदी जी की मान्यता है कि "यदि मध्यकाल का अर्थ स्तब्ध मनोवृत्ति का काल है तो उसका ठीक-ठीक आरम्भ भारतवर्ष में कलिकाल के इसी आखिरी रूप से मानना चाहिए।...स्वतन्त्र चिन्तन और आत्मविश्वास का ऐसा अभाव कभी नहीं हुआ जैसा सातवीं-आठवीं शताब्दी के बाद देखने को मिलता है।" (हजारीप्रसाद द्विवेदी ग्रन्थावली, खण्ड ५, पृ० २३) आठवीं शताब्दी को भारतीय साहित्य के चरमोत्कर्ष की सीमा-रेखा माना जाता है और यही द्विवेदी जी के विवेचन के अनुसार कलिकाल के बद्धमूल होने का समय भी है। इसलिए भारतीय साहित्य के इतिहास के मध्ययुग को वे आठवीं शताब्दी से अठारहवीं शताब्दी तक मानते हैं। इसके बाद वे आधुनिक युग मानते हैं क्योंकि आधुनिक युग विज्ञान की देन है। मशीनों के आने के बाद उत्पाद सम्बन्धों में गुणात्मक परिवर्तन आ जाता है। समाज में मनुष्य की प्रतिष्ठा होती है। आधुनिकता के विकास को लक्षित करते हुए द्विवेदी जी लिखते हैं--"प्रत्येक व्यक्ति सामाजिक-राजनीतिक दृष्टि से स्वतन्त्र होता जा रहा है, परन्तु उसकी योग्यता और स्वाधीनता बाजार के मूल्यों द्वारा नियन्त्रित होती है। इसके पहले व्यक्ति या तो मालिक होता था, नौकर होता था, दास होता था, मित्र होता था, कवि होता था या आश्रयदाता होता था।" इस प्रकार 'मध्ययुगीनता' के भीतर से 'आधुनिकता' का विकास होता है।

'मध्ययुगीनता' में भी 'आधुनिकता' के लक्षण दिखायी पड़ सकते हैं किन्तु आचार्य द्विवेदी उसे 'आधुनिकता' के अर्थ में आधुनिक नहीं मानते। हिन्दी भक्ति-आन्दोलन के सन्दर्भ में विचार करते हुए वे लिखते हैं--"सचेत परिवर्तनेच्छा आधुनिक युग की विशेषता बतायी जाती है। इस दृष्टि से देखा जाये तो हमारे आलोच्य काल के भक्ति साहित्य में इस प्रकार की व्याकुलता प्रचुर मात्रा में मिलती है। फिर भी वह आधुनिक इसलिए नहीं कही जाती कि उसका अनुध्यात आदर्श परलोक में मनुष्य को मुक्त करना है। इसी लोक में, इसी मर्त्य जगत् को सुन्दर और शोभन बनाने के उद्देश्य से वह नहीं लिखा गया। भक्ति साहित्य संसार के बाह्य रूप को यथास्थित छोड़कर व्यक्ति मानव के चित्त में परिवर्तन लाने पर अधिक जोर देता है।" (हजारीप्रसाद

द्विवेदी ग्रन्थावली : खण्ड ५, पृ० २४) यह बताने की आवश्यकता नहीं कि आचार्य हजारीप्रसाद द्विवेदी ऐसे पहले आलोचक हैं जिन्होंने भक्ति-आन्दोलन को विराट् जन-आन्दोलन और हिन्दी भक्तिकाव्य को जन साहित्य घोषित किया था और आज उसे महान् जन संस्कृति और लोकजागरण कहनेवालों की संख्या कम नहीं है; आधुनिकता को ग्यारहवीं-बारहवीं शताब्दी तक खींच ले जानेवाले लोगों का अभाव भी नहीं है, किन्तु इससे आचार्य द्विवेदी की उस मौलिक उद्घोषणा पर कोई फर्क नहीं पड़ता। 'मध्ययुगीनता' और 'आधुनिकता' की निश्चित समझ तथा दोनों के पार्थक्य को स्पष्ट करनेवाले अपने निर्भ्रान्त विवेक के चलते आचार्य हजारीप्रसाद द्विवेदी उस महान् जन-आन्दोलन और उसके लोकसाहित्य की इतनी सुसंगत व्याख्या कर पाने में पूरी तरह सफल रहे हैं जबकि इन दोनों अवधारणाओं की निश्चित समझ के अभाव में अनेक महान् आलोचकों ने भी भूलें की हैं।

मध्यकालीन बोध आचार्य द्विवेदी की रचना और इतिहास-दृष्टि का केन्द्र बिन्दु है और 'लोकचिन्ता' से उद्भूत लोकधर्म मध्यकालीन हिन्दी कविता की केन्द्रीय प्रवृत्ति। यही कारण है कि रीतिकाव्य जिसे आचार्य द्विवेदी 'पतनोन्मुख जबदी हुई मनोवृत्ति' का कुण्ठाग्रस्त काव्य मानते हैं; लोकचिन्ता के स्वाभाविक विकास की प्रक्रिया में उसे प्राकृतों की परम्परा से जोड़कर देखते हैं। मध्ययुग और उसके साहित्य के प्रति आचार्य द्विवेदी का आलोचनात्मक रवैया बहुत स्पष्ट है। यही कारण है कि मध्यकालीन युग की अनेक अन्तर्धाराओं के बीच से उस विकसनशील, उदार और कल्याणकारी मूलधारा को पहचानने में उन्हें कठिनाई नहीं होती। मानव-जीवन और समाज को आशाओं और सम्भावनाओं के अनुरूप बनाना ही उनका लक्ष्य है। उनके मध्यकालीन बोध के निर्माण में निश्चय ही शान्ति निकेतन की उदार और व्यापक दृष्टि तथा प्रगतिशील आन्दोलन के गहरे प्रभाव का महत्त्वपूर्ण योगदान रहा है।

●

चिन्तन का लोकपक्ष और स्त्री-अस्मिता की खोज

- आधुनिकता-बोध
- उपन्यासों में स्त्रीत्व का मानचित्र

आधुनिकता-बोध

परम्परा का पुनर्मूल्यांकन हजारीप्रसाद द्विवेदी की साहित्य-साधना का केन्द्रीय स्वर है तो विषम परिस्थितियों में भी समझौता न करनेवाला, कुटज-धर्मा जीवन-संघर्ष उनके व्यक्तित्व की खास पहचान है। पुनर्मूल्यांकन के दौरान उन्होंने जाना कि परम्परा नहीं परम्पराएँ, एक नहीं अनेक। अत: एक की केन्द्रीयता को विखण्डित कर अनेक के विमर्श द्वारा परम्परा को सतत पुनर्नवा बनाने की वैचारिक प्रक्रिया में ही उन्होंने अपने आधुनिकता-बोध को अर्जित किया है जिसके विकास में शान्ति निकेतन के दो आचार्यों--रवीन्द्रनाथ ठाकुर और क्षितिमोहन सेन के गहरे प्रभाव तथा प्रगतिवादी आन्दोलन की महत्त्वपूर्ण भूमिका रही है। एक ओर जहाँ उन्हें क्षितिमोहन सेन से मध्यकालीन बोध को समझने की दृष्टि मिली, वहीं दूसरी ओर रवीन्द्रनाथ ठाकुर से 'महामानव' की अवधारणा, व्यापक इतिहास-दृष्टि तथा सौन्दर्य-बोध का एक नया आयाम मिला जो साहित्य-चिन्तन, साहित्येतिहास-लेखन और कला-संस्कृतियों के मूल्यांकन-पुनर्मूल्यांकन का आधार बना। शान्ति निकेतन में रहते हुए दो विभिन्न घटना-प्रसंगों में गुरुदेव रवीन्द्रनाथ के दो वाक्यों ने हजारीप्रसाद द्विवेदी के मानस को झकझोरकर रख दिया। पहला वाक्य विधवा के नान्दी श्राद्ध के प्रसंग में कहा गया था 'क्या पूर्व पक्ष के ऋषि उत्तर पक्ष के ऋषियों से कम महत्त्वपूर्ण हैं? अभी तक उत्तर पक्ष के ऋषियों के वर्चस्ववादी विचारों की सर्व-स्वीकृति को ही महत्त्वपूर्ण मानते आये आचार्य द्विवेदी के लिए यह एक नया अनुभव था। पूर्व पक्ष के ऋषियों की जिस प्रतिपरम्परा में उन्हें विधवा के नान्दी श्राद्ध करने की समस्या का समाधान मिला था, स्त्री हितों और अधिकारों के प्रति अपेक्षाकृत अधिक मानवीय होने के कारण, वह सहसा चमकदार लगने लगी। अकारण नहीं है कि उनके सभी उपन्यासों में स्त्री पात्र ही सबसे जीवन्त और महत्त्वपूर्ण चरित्र हैं जिनके प्रति लेखक के मन में अधिक आत्मीयता और सम्मान का भाव दिखायी देता है। इस दृष्टि के उन्मेष ने आचार्य द्विवेदी को आर्येतर कला-संस्कृतियों, आगमिक, बौद्ध और जैन परम्पराओं के साथ ही प्राकृत, पालि और अपभ्रंश भाषा-साहित्य की विकासमान् परम्परा के अध्ययन की ओर उन्मुख किया और हिन्दी आलोचना में अकारण खारिज कर दी गयी सिद्धो-नाथों की बानियों और अपभ्रंश के जैन कवियों की रचनाओं का पुनर्मूल्यांकन कर उन्होंने परम्परा और प्रतिपरम्परा की द्वन्द्वात्मक विकास-प्रक्रिया को विकलांग होने से बचा लिया।

गुरुदेव के दूसरे वाक्य का सम्बन्ध व्योमकेश शास्त्रीवाली उस घटना से है जिसके अनुसार अपने ज्योतिषाचार्य गुरु के मत का खण्डन करते हुए हजारीप्रसाद द्विवेदी ने व्योमकेश शास्त्री के छद्म नाम से एक लेख लिखा था जो प्रकाशित होने के बाद बहु-प्रशंसित भी हुआ। लेकिन संकट तब खड़ा हुआ जब विद्वानों की सभा में व्योमकेश शास्त्री को सम्मान के साथ आमन्त्रित किया गया। पोल खुल जाने की आशंका से भयभीत द्विवेदी जी जब समाधान के लिए गुरुदेव के पास पहुँचे तो उन्होंने कहा--"तुम्हारे भीतर सच को स्वीकार करने का साहस नहीं है, मत जाओ।" इससे समस्या का तात्कालिक समाधान तो हो गया लेकिन साहस को चुनौती देनेवाला गुरुदेव का यह वाक्य द्विवेदी जी के अन्तर्मन को बराबर उद्वेलित करता रहा। शान्ति निकेतन में लिखी गयी अनेक पुस्तकों में से सबसे महत्त्वपूर्ण--'हिन्दी साहित्य की भूमिका', 'कबीर' और 'बाणभट्ट की आत्मकथा' में भाषा-शैली का बदला हुआ मिजाज, नया तेवर, गजब का आत्मविश्वास, दो-टूक स्पष्टता, समाजशास्त्रीय विश्लेषण और दृष्टि का नवोन्मेष कहीं-न-कहीं उस चुनौती से टकराते हुए ही अर्जित किया गया है। क्या उस चुनौती को आत्मसात् किये बिना कबीर के अस्वीकार के अदम्य साहस को पहचाना जा सकता था और दोनों हाथ उठाकर यह चौंकानेवाली घोषणा की जा सकती थी कि हजार साल के इतिहास में कबीर-जैसा महिमाशाली व्यक्तित्त्व कोई दूसरा नहीं पैदा हुआ। 'बाणभट्ट की आत्मकथा' में की गयी यह घोषणा--"देख रे, तेरे शास्त्र तुझे धोखा देते हैं। जो तेरे भीतर सत्य है, उसे दबाने को कहते हैं, जो तेरे भीतर मोहन है, उसे भुलाने को कहते हैं, जिसे तू पूजता है उसे छोड़ने को कहते हैं", सच को सच और झूठ को झूठ कहने और साहसपूर्वक सच को स्वीकारने की ही घोषणा है और है एक शास्त्रज्ञ विद्वान् का अपने ही पाण्डित्य को लोकोन्मुख बनाने का आत्मसंघर्ष। यह लोकवादी सूर के आलोचनात्मक शास्त्र-मत का पुनर्पाठ भी है--'नैननि मूँदि-मूँदि किन देख्यो, बँध्यौ ज्ञान पोथी को।' लेकिन अन्धविश्वास और पाखण्ड की शिकार जनता को इस सच से अवगत कराकर जागरूक बनाना कितना कठिन है, इस तथ्य को लोक जगानेवाले कबीर से बेहतर और कौन समझ सकता है--'साँच कहे जग मारन धावे, झूठ कहे पतियाना।' अपनी अगली पीढ़ी और भयग्रस्त जनता के लिए आचार्य द्विवेदी का सबसे कीमती सन्देश है--निर्भय होने का गुरुमन्त्र--'किसी से न डरना, गुरु से भी नहीं, मन्त्र से भी नहीं, लोक से भी नहीं, वेद से भी नहीं।' कबीर के 'अनभै-साँचा' में ढला हुआ यह ऐसा अमोघ मन्त्र है जिसे हर पीढ़ी लेना चाहेगी और पीढ़ी-दर-पीढ़ी अपनी अगली पीढ़ियों तक पहुँचाना चाहेगी। आज पूरी मानवता चारों ओर भय से घिरी हुई है--आतंकवाद का भय, साम्प्रदायिक दंगों का भय, अकारण पुलिस उत्पीड़न का भय, माफिया तन्त्र का भय, अपहरण, बलात्कार और हत्या का भय, यानी घर से बाहर तक भय-ही-भय! इसलिए यह मन्त्र ऐसे डरे-सहमे समाज के लिए भय के आतंक से मुक्ति का आश्वासन है। भय और आतंक लगातार बढ़ता ही जा रहा है। कदम-कदम पर मारे जाने के भय से उत्तरशती भयभीत और चिन्तित हैं--'सबसे बड़ा अपराध है, इस समय/निहत्थे और

निरपराध होना/जो अपराधी नहीं होंगे/मारे जायेंगे/--(राजेश जोशी) इसलिए निरपराध और निहत्थे होने के कारण लाखों की संख्या में किसान मारे जा रहे हैं, नव साम्राज्यवादी युग में हत्यारे की शिनाख्त कठिन है इसलिए हत्या को आत्महत्या कहकर प्रचारित किया जा रहा है। जरूरत है--असली अपराधी के शिनाख्त की और उसके विरुद्ध संघर्ष छेड़ने की। माँगने से न न्याय मिलता है, न अधिकार, इसलिए 'न्याय जहाँ से भी मिले, वहाँ से बलपूर्वक खींच लाओ।' न्याय न तो सांस्कृतिक राष्ट्रवाद का अजपाजाप करने से मिलेगा और न आर्थिक उदारीकरण के स्तुति-गान से। इसकी आशा छोड़ो, निर्भय होने का गुरुमन्त्र पाकर मृत्यु का भय कैसा? 'न्याय के लिए प्राण देना सीखो, सत्य के लिए प्राण देना सीखो। अमृत के पुत्रो मृत्यु का भय माया है।' ध्यान रहे, यह निर्भय होने का मन्त्र है, डरने या डराने का नहीं। अतः किसी से न डरो, न गुरु से, न मन्त्र से और न गुरु-मन्त्र से।

ग्रहण और त्याग का सन्तुलित विवेक उनके परम्परा-बोध और आधुनिकता-बोध का वह विचार-सूत्र है जिसके आधार पर ही वह किसी परम्परा या विचारधारा का मूल्यांकन कर उसे स्वीकार या अस्वीकार करते हैं। किसी विचार-पद्धति से सहमति या असहमति के सवाल पर वे समझदार असहमति को नासमझ सहमति से कहीं ज्यादा महत्त्वपूर्ण मानते हैं। उनके अनुसार--'न तो हमें परम्परा-प्रचलित बातों को सहज ही अस्वीकार कर देना चाहिए और न उनकी परीक्षा किये बिना उन्हें ग्रहण ही कर लेना चाहिए' (हिन्दी साहित्य का आदिकाल : पृ० २५)। पाण्डित्य की लोकोन्मुखता उनके समाजशास्त्रीय विश्लेषण का वह विचार-सूत्र है जिसे उन्होंने हिन्दी साहित्य की स्वाभाविक विकास-प्रक्रिया को ठीक से पहचानने के लिए लोक और शास्त्र के द्वन्द्वात्मक विवेक से स्वतः अर्जित किया है। उनका मानना है कि 'ईसवी सन् के आरम्भ से हजार साल के बीच बौद्ध मत सहित अन्य सभी मत, सम्प्रदाय और शास्त्रज्ञानियों और पण्डितों के ऊँचे आसन से नीचे उतरकर अपनी असली प्रतिष्ठा-भूमि लोकमत की ओर आने लगे थे। उसी स्वाभाविक परिणति का मूर्त प्रतीक हिन्दी साहित्य है। मैं इसी रास्ते सोचने का प्रस्ताव करता हूँ। मतों, आचार्यों, सम्प्रदायों और दार्शनिक चिन्ताओं के मानदण्ड से लोकचिन्ता को नहीं मापना चाहता बल्कि लोक-चिन्ता की अपेक्षा में उन्हें देखने की सिफारिश कर रहा हूँ' (हिन्दी साहित्य की भूमिका, पृ० १८)। कारण यह कि भक्ति-आन्दोलन को पहली बार विराट् जनान्दोलन घोषित करनेवाले आचार्य द्विवेदी भक्ति साहित्य को लोकचिन्ता से उद्भूत लोकसाहित्य मानते हैं। यह भक्ति-काव्य के सुसंगत मूल्यांकन के लिए आलोचना का नया प्रतिमान है जो काव्यशास्त्र के स्थान पर समाजशास्त्र की माँग करता है और आलोचना में दार्शनिक मतों और पौराणिक मतवाद की केन्द्रीयता को विखण्डित कर लोकचिन्ता का विमर्श प्रस्तुत करता है--'उसके पेट में केवल उस युग के रसिक हृदय की धड़कन का ही नहीं, केवल सुशिक्षित चित्त के संयत और सुचिन्तित वाक्-पाटव का ही नहीं बल्कि उस युग के सम्पूर्ण मनुष्य को उद्भासित

करने की क्षमता छिपी होती है' (हिन्दी साहित्य का आदिकाल, पृ० २५)। इसके साथ ही उन्होंने सिद्धों-नाथों की बानियों को अन्धकार-युग को प्रकाशित करने योग्य चिनगारी मान उसे सावधानी से जिलाये रखना परम कर्त्तव्य समझा।

आचार्य रामचन्द्र शुक्ल का लोक आर्य-शास्त्रानुमोदित 'संस्कृत बुद्धि, संस्कृत हृदय, संस्कृत वाणी' वाले शिक्षित समाज का सीमित लोक है; पौराणिक मत ही लोकमत है, वर्णधर्म ही लोकधर्म है और पौराणिक अवतारवाद (पुनरुत्थान) का सुसंगत स्वीकार ही लोक-संग्रह का प्रतिमान है। लोकमंगल का प्रतिमान भी सामन्ती आदर्श पर गढ़ा गया है जिसका मूलाधार वीरधर्म, क्षात्रधर्म और राजधर्म है। ये सारे प्रतिमान, प्रभुवर्गीय संस्कृति और वर्चस्ववादी विचारों के संरक्षण और यथास्थितिवाद को बनाये रखनेवाले पौराणिक प्रतिमान हैं जो प्रतिरोध की संस्कृति और शास्त्र-निरपेक्ष विचारधारा का निर्माण करनेवाले जात-पाँत विरोधी निर्गुण सन्तों की रचनाओं पर लागू नहीं होते और हठात् लागू करने पर उल्टा परिणाम देने लगते हैं, जिसके चलते 'वर्णाश्रम के प्रति अश्रद्धा' पैदा करने के कारण वर्ण-धर्म विरोधी कबीर लोकधर्म विरोधी लगने लगते हैं। दोष दर्पण में नहीं, दृष्टि में है। दृष्टि लोकजागरण पर नहीं पुनरुत्थान पर टिकी है। इसी प्रकार पौराणिक अवतारवाद का उद्देश्य चरितार्थ करने में 'सूर की वृत्ति लीन नहीं हुई।' सूर के कृष्ण तो अपना पौराणिक पाठ ही भूल गये जिसका पुनर्पाठ बेचारे तुलसीदास को करना पड़ा--'जब जब होंहि...।' इसलिए सूर के कृष्ण में राम-जैसे वीरधर्म, क्षात्रधर्म और राजधर्म की तेजस्विता का विकास भी नहीं हो पाया। इस प्रकार लोक-संग्रह के प्रतिमान पर अकेले तुलसीदास ही खरे साबित हो पाते हैं। तुलसीदास जितने पुनरुत्थानवादी थे उससे कहीं ज्यादा पुनरुत्थानवादी सिद्ध करते हुए आचार्य शुक्ल ने एक बड़े लोकधर्मी कवि को हिन्दुत्ववादियों के हवाले करके ही दम लिया अन्यथा तुलसीदास जितना उनके काम के हैं, उससे कहीं ज्यादा हमारे काम के। पौराणिक मतवाद और काव्यशास्त्रीय प्रतिमानों के प्रति आग्रह के चलते आचार्य शुक्ल की आलोचना में तुलसी के प्रति अतिरिक्त प्रेमभाव और निर्गुण मत के प्रति उपेक्षा का भाव स्पष्ट है। इसी को देखते हुए मुक्तिबोध ने अपने महत्त्वपूर्ण लेख 'मध्यकालीन भक्ति-आन्दोलन का एक पहलू' में लिखा था कि 'पण्डित रामचन्द्र शुक्ल निर्गुण मत को यों ही नहीं कोसते, इसके पीछे उनकी सारी पुराणमतवादी चेतना बोलती है।' आकस्मिक नहीं है कि भक्ति-आन्दोलन और काव्य-मूल्यांकन में मुक्तिबोध की स्थापनाएँ, बहुत-कुछ हजारीप्रसाद द्विवेदी से मिलती-जुलती हैं।

आचार्य हजारीप्रसाद द्विवेदी का लोक, लोकधर्म और लोकमत आचार्य शुक्ल से बिलकुल भिन्न है। उनके अनुसार 'लोक शब्द का अर्थ जनपद या ग्राम्य नहीं है बल्कि नगरों और ग्रामों में फैली हुई वह समूची जनता है जिसके व्यावहारिक ज्ञान का आधार पोथियाँ नहीं हैं। ये लोग नागर में परिष्कृत, रुचि-सम्पन्न तथा सुसंस्कृत समझे

जानेवाले लोगों की अपेक्षा अधिक सरल और अकृत्रिम जीवन के अभ्यस्त होते हैं और परिष्कृत रुचिवाले तमाम लोगों की विलासिता और सुकुमारिता को जीवित रखने के लिए जो भी वस्तुएँ आवश्यक होती हैं उन्हें उत्पन्न करते हैं' (जनपद, अंक-१, वर्ष-१)। लोक की इसी जमीन से कबीर ने पोथी-पण्डितों को और सूर की गोपियों ने अपने व्यावहारिक ज्ञान से उद्धव के शास्त्र को चुनौती दी थीं--'परमारथी पुराननि लादे, ज्यों बनजारे टाँड़े।' इसी कड़ी में जीव गोस्वामी के सैद्धान्तिक कठमुल्लेपन और उनके पुरुष-दम्भ को चुनौती देनेवाली मीराँबाई को भी शामिल किया जा सकता है। निर्गुण भक्ति-आन्दोलन की शास्त्र-निरपेक्ष विचारधारा और लोकजागरण की चेतना का विकास सूर और मीराँ तक तो स्पष्ट दिखायी देता है लेकिन आगे चलकर तुलसीदास के यहाँ पुनरुत्थान की चेतना में रूपान्तरित हो जाता है। कबीर, मीराँ और सूर की गोपियों की कतार एक ओर जहाँ निर्गुण-सगुण के कृत्रिम विभाजन को तोड़ती हैं वहीं शास्त्रों में पशुओं की कतार में खड़े किये गये शूद्र और नारी की प्रताड़ना के विरुद्ध दलित और स्त्री का नया पाठ रचती हैं।

हजारीप्रसाद द्विवेदी ने भक्त कवियों की भाषा और रचना में निहित जनतान्त्रिक स्वरूप को ठीक से पहचानते हुए अपने लोकवादी प्रतिमानों से हिन्दी आलोचना को भी लोकतान्त्रिक बनाने का प्रयास किया है। उत्तर-आधुनिक विमर्शकारों की तरह द्विवेदी जी के लिए समालोचना निर्णय या फैसला नहीं, बल्कि विमर्श है, बातचीत है। वह आचार्य शुक्ल से बातचीत करते हैं, विमर्श करते हैं, और कुछ प्रश्न उठाते हैं। उनकी आलोचना-भाषा प्रायः विमर्श की भाषा है--'मैं इसी रास्ते सोचने का प्रस्ताव करता हूँ' या फिर 'लोकचिन्ता की अपेक्षा में उन्हें देखने की सिफारिश कर रहा हूँ।' जहाँ पर किंचित् निर्णयात्मक स्वर सुनायी भी पड़ता है, वहाँ भी विमर्श की गुंजाइश बराबर बनी रहती है। इसलिए द्विवेदी जी मूलतः विमर्शकार आलोचक हैं, सिद्धान्तकार नहीं। पाण्डित्य की लोकोन्मुखता, उनके चिन्तन का ऐसा सूत्र है जो उनकी रचना और आलोचना दोनों को प्रभावित करता है। 'अनामदास का पोथा' तो जैसे इसी को चरितार्थ करने के लिए लिखा गया है। औषस्तिपाद और भगवती ऋतम्भरा ज्ञान के ऊँचे आसन से नीचे उतरकर लोकमत के कायल हो चुके हैं और घूम-घूमकर लोकजागरण के अभियान में लगे हुए हैं। गाड़ी के नीचे बैठकर तपस्या करनेवाले फक्कड़ ऋषि रैक्व तो चिन्तन और व्यवहार दोनों में पूरे लोकवादी हो चुके हैं। उनकी गाड़ी शुभा की गाड़ी बन जाती है और फिर लोकसेवा में लगकर पूरे गाँव की गाड़ी बन जाती है। रैक्व का मन अब तपस्या में नहीं लगता, अकालपीड़ित जनता की सहायता के लिए साग-पात का गट्ठर ढोनेवाले मामा के साथ काम करने में उन्हें सुख मिलने लगा है। पहले उनकी समाधि, पीठ की खुजली के कारण भंग होती थी और अब रोते-कलपते बच्चों की चीख-पुकार के कारण। इसी तरह 'पुनर्नवा' में लेखक की सहानुभूति लोकमत के प्रवक्ता सुमेर काका के साथ है, शास्त्रमत के प्रवक्ता आचार्य देवरात के साथ नहीं। शास्त्र और लोक के द्वन्द्व में आचार्य द्विवेदी बराबर लोकमत के

पक्ष में खड़े दिखायी देते हैं, लेकिन शास्त्रों के प्रति उनकी दृष्टि नकारवादी नहीं, विकासवादी है। शास्त्र की रूढ़ियों और पुराने पड़ चुके मूल्य-मानों को तोड़ते हैं तो तोड़ने के लिए नहीं बल्कि कुछ नया जोड़ने के लिए, पुनर्नवता प्रदान कर उसको लोकोन्मुखी बनाने के लिए।

मध्यकालीन बोध की आधुनिकता की पहचान, हजारीप्रसाद द्विवेदी के आधुनिकता-बोध का प्रस्थान बिन्दु है, इतिहास-बोध और काव्य-बोध दोनों स्तरों पर। इस सन्दर्भ में 'हिन्दी साहित्य की भूमिका', 'हिन्दी साहित्य का आदिकाल', 'मध्यकालीन बोध का स्वरूप'-जैसे महत्त्वपूर्ण ग्रन्थों तथा 'परम्परा और आधुनिकता'-जैसे लेखों की निर्णायक भूमिका है। पहले तो आचार्य द्विवेदी ने लक्ष्य किया कि मध्यकाल की अवधारणा यूरोपीय इतिहास की अवधारणा है और मध्यकाल का प्रयोग काल के अर्थ में उतना नहीं जितना जबदी हुई मनोवृत्ति के रूप में होता है। वहाँ इसका समय चौथी शताब्दी में रोमन-साम्राज्य के पतन से लेकर चौदहवीं शताब्दी में इटली के नवजागरण के बीच का समय है, जिसे वहाँ अन्धकार-युग कहा जाता है। आचार्य द्विवेदी का मानना है कि यूरोपीय इतिहास के इस कालखण्ड को भारतीय इतिहास पर ज्यों-का-त्यों लागू नहीं किया जा सकता, क्योंकि चौथी से आठवीं शताब्दी का कालखण्ड भारतीय साहित्य का समृद्ध काल है। चौथी और पाँचवीं शताब्दी का समय गुप्त और वाकाटक सम्राटों का समय है जिसमें साहित्य और कला का विकास चरमोत्कर्ष पर पहुँचा हुआ माना जाता है। इसलिए आचार्य द्विवेदी भारतीय इतिहास में मध्यकाल को आठवीं शताब्दी से अठारहवीं शताब्दी तक स्वीकार करते हैं, पर उसे अन्धकार-युग नहीं मानते। क्योंकि इसी में सामाजिक रूपान्तरण के संकल्प से संचालित हमारा भक्ति-आन्दोलन आता है जो सामाजिक-सांस्कृतिक धरातल पर नवीन उल्लास और नयी उमंग का संकेत देता है। मध्यकाल में शास्त्रमत और लोकमत के अन्तर्विरोध को ठीक से पहचानने के कारण ही आचार्य द्विवेदी ने मध्यकाल को टीका-युग भी कहा है। 'चिन्ता-पारतन्त्र्य' के शिकार टीका-युग के पण्डित शास्त्रों की लोकोन्मुखी प्रवृत्ति को न पहचान पाने और लोकमत की उपेक्षा करने के कारण अपनी परम्परा के स्वाभाविक विकास की लय पकड़ पाने में असफल रहे। अतः द्विवेदी जी का मानना है कि हमारे इतिहास में भारतीय मनीषा इतनी स्तब्ध और विजड़ित कभी नहीं हुई जितनी मध्यकाल में। जाति-पाँत विरोधी भक्ति-आन्दोलन की आँधी ने वर्णाश्रम-व्यवस्था को एक बार फिर छिन्न-भिन्न कर दिया था और इस नयी परिस्थिति से स्तब्ध मध्यकालीन मनीषा ने स्मृतियों और पुराणों से नजीरें ढूँढ़-ढूँढ़कर शास्त्रों की संगति लगाते हुए उसे पुनर्व्यवस्थित करना चाहा, लेकिन उस आँधी को रोक न सके। इसे वे कलियुग का प्रभाव और धर्म की मर्यादा नष्ट हो जाने का परिणाम मान रहे थे पर यह उनकी समझ से बाहर की चीज थी कि धर्म की रक्षा शास्त्रों की संगति लगाने से नहीं होती, वह होती है--व्यवस्था में सतत परिष्कार और सुधार से। अतः जबदी हुई

मनोवृत्ति, पराजय और निराशा का भाव यदि कहीं दिखायी देता है तो वह टीका-युग के पण्डितों में जो मौलिक प्रतिभा और स्वतन्त्र चिन्तन के अभाव में टीकाओं-पर-टीकाएँ और भाष्य-पर-भाष्य लिखते हुए उस विषम परिस्थिति का समाधान करना चाह रहे थे। तुलसीदास टीकाकारों की चिन्ता से कम चिन्तित नहीं थे पर उनकी विशेषता यह थी कि वे 'चिन्ता-पारतन्त्र्य' के शिकार नहीं हुए। उन्होंने लोकमत को स्वीकारते हुए शास्त्रानुकूल भक्ति के सहारे उसे सामंजस्यमूलक एक कलात्मक मोड़ दे दिया।

आचार्य हजारीप्रसाद द्विवदी ने मध्ययुगीनता-बोध और आधुनिकता-बोध के अन्तर और उनके अन्तःसम्बन्धों को रेखांकित करते हुए यह स्पष्ट किया कि मध्ययुगीनता न तो सर्वथा व्यतीत परम्परा है और न आधुनिकता मध्ययुगीनता से पूरी तरह मुक्त। उनके अनुसार 'सचेत परिवर्तनेच्छा' आधुनिकता-बोध का प्रमुख लक्षण है और मध्ययुगीनता में इसका अभाव है। मध्ययुगीनता में भी आधुनिकता के लक्षण मिलते हैं पर आचार्य द्विवेदी उसे आधुनिकता के अर्थ में आधुनिक नहीं मानते। भक्ति काव्य के सन्दर्भ में विचार करते हुए वह लिखते हैं--'सचेत परिवर्तनेच्छा' आधुनिक युग की विशेषता बतायी जाती है। इस दृष्टि से देखा जाये तो हमारे आलोच्य काल में इस प्रकार की व्याकुलता प्रचुर मात्रा में मिलती है। फिर भी वह आधुनिक इसलिए नहीं कही जाती कि उसका अनुध्यात आदर्श परलोक में मनुष्य को मुक्त करना है। इसी लोक में, इसी मर्त्य जगत् को सुन्दर और शोभन बनाने के उद्देश्य से वह नहीं लिखा गया। भक्ति साहित्य संसार के बाह्य रूप को यथास्थिति छोड़कर व्यक्ति-मानव के चित्त में परिवर्तन लाने पर अधिक जोर देता है।' (ह०प्र०द्वि० ग्रन्थावली, खण्ड-५, पृ० २४) कहने को आवश्यकता नहीं कि मध्ययुगीनता के भीतर से अर्जित यह नया आधुनिकता-बोध ऐसे तमाम आधुनिकतावादियों को दिशा एवं दृष्टि प्रदान करता है जो मध्ययुगीनता से काटकर आधुनिकता को समझना चाहते हैं। आगे 'सचेत परिवर्तनेच्छा' को और स्पष्ट करते हुए वह लिखते हैं--'आधुनिक समाज ने निश्चित रूप से मनुष्य की महिमा स्वीकार कर ली है। अगला कदम सामूहिक मुक्ति का है--सब प्रकार के शोषणों से मुक्ति का। अगली मानवीय संस्कृति मनुष्य की समता और सामूहिक भूमिका पर खड़ी होगी।' (ह०प्र०द्वि० ग्रन्थावली, खण्ड ९, पृ० ३६०) क्या यह बताने की आवश्यकता है कि यहाँ हजारीप्रसाद द्विवेदी प्रगतिवादी आन्दोलन के उद्देश्य को ही रेखांकित कर रहे हैं? और उसकी सफलता के प्रति आशान्वित भी हैं। क्या यह महज आकस्मिक संयोग है कि भक्ति-आन्दोलन की किंचित् आधुनिकता को रेखांकित करते समय द्विवेदी जी प्रगतिवादी अन्दोलन तक पहुँच जाते हैं और उससे एक कदम आगे नयी कविता से आत्मसंघर्ष करते हुए मुक्तिबोध को 'मध्यकालीन भक्ति-आन्दोलन का एक पहलू' बड़ी शिद्दत से याद आता है? कहाँ 'नयी कविता का आत्म-संघर्ष' और कहाँ उसके बीच दबा पड़ा भक्ति-आन्दोलन पर एक लेख?

क्या क्रान्तिकारी निर्गुण भक्ति-आन्दोलन और उसके क्रान्तिदूत कबीर दोनों के प्रिय नहीं हैं? मुक्तिबोध जिस गढ़ और मठ को तोड़ने और अभिव्यक्ति का खतरा उठाने का आह्वान करते हैं क्या बहुत पहले कबीर ने अपने ढंग से सामन्ती-पुरोहिती गढ़ और मठ को तोड़ने का खतरा नहीं उठाया था? धूमिल अपने समय-समाज के जिस तीसरे आदमी की तलाश 'संसद् से सड़क तक' बड़ी बेचैनी से कर रहे हैं, क्या कबीर ने अपने समय समाज को बाँटनेवाले उस असली अपराधी की शिनाख्त बहुत पहले नहीं कर ली थी? और तो और उत्तरशती के बहुचर्चित कथाकार काशीनाथ सिंह अपने संस्मरणों का शीर्षक चुनने के लिए बार-बार कबीर के पास ही क्यों जाते हैं? जाहिर है कि सांस्कृतिक जनवाद की अपनी कीमती विरासत के साथ कबीर न केवल आधुनिक प्रतीत होता है बल्कि मुक्तिबोध, धूमिल और काशीनाथ सिंह का समकालीन भी है और बगलगीर भी। कभी-कभी तो लगता है कि मध्यकाल में कबीर का पैदा होना एक ऐतिहासिक भूल थी। ऐसे क्रान्तिकारी कबीर हजारीप्रसाद द्विवेदी के 'हीरो' हैं जिनके साथ वह अपनी भाववादी सीमा का उल्लंघन कर, कब प्रेमचन्द, निराला और मुक्तिबोध की दुनिया में प्रवेश कर जाते हैं, पता ही नहीं चलता। यह सींग कटाकर बछड़ा बनने-जैसी कोई बात नहीं बल्कि यही कि उनमें जहाँ अँधेरे की चिनगारी को ढूँढ़ निकालने की खोजी दृष्टि थी तो प्रकाश की सम्भावना को पकड़ लेने की क्षमता भी।

हर बड़े आलोचक का कोई-न-कोई प्रिय रचनाकार है। रामचन्द्र शुक्ल के प्रिय तुलसीदास हैं तो हजारीप्रसाद द्विवेदी के कबीर, रामविलास शर्मा के प्रिय निराला हैं तो नामवर सिंह के मुक्तिबोध। तुलसीदास, रामचन्द्र शुक्ल, रामविलास शर्मा और निराला को जोड़नेवाला एक मजबूत तार है, इनका वेदान्त प्रेम जो वर्चस्ववादी विचार-संस्कृति का संरक्षण भी करता है और वेदान्त-विरोधी बेसुरे तारों से टकराता भी है। कबीर, हजारीप्रसाद द्विवेदी, नामवर सिंह और मुक्तिबोध के बीच यह तार जरा ढीला-ढाला है और बार-बार दूसरे तारों के हस्तक्षेप से कमजोर भी पड़ गया है। पर इन दोनों तरह के 'तारों' के बीच वाद-विवाद और सार्थक संवाद से जिस आलोचना-परम्परा का विकास हुआ, उसने चीजों को उनके सही नाम से पहचानने की समझ पैदा की। आदिकाल और भक्तिकाल की कविता के मूल्यांकन में आचार्य शुक्ल ने अलख जगानेवालों और 'सबदी-साखी दोहरा' कहनेवालों को तुलसीदास की आँख से देखा तो डॉ० रामविलास शर्मा भी प्रायः शुक्ल जी को दोहराते हुए प्रतीत होते है। यहाँ पता नहीं क्यों मुझे उनके चेहरे में स्वामी दयानन्द सरस्वती का चेहरा नजर आने लगता है जिन्होंने सामाजिक समस्याओं को जितना सुलझाया, उससे कम उलझाया भी नहीं। बकौल भारतेन्दु हरिश्चन्द्र स्वामी जी ने जाल से जाल को काटना चाहा तो उसे और उलझा दिया जबकि केशवचन्द्र सेन ने जाल को छुरी से काटकर मार्ग प्रशस्त किया। कम-से-कम सिद्धों-नाथों की परम्परा के मूल्यांकन में तो यही दिखायी देता है।

उनके अनुसार सिद्धई की धाक जमानेवाले इन कनफटे योगियों का हिन्दी साहित्य पर कोई प्रभाव न पड़ा। क्या उनके जाति-पाँति विरोधी सामाजिक चिन्तन का भी नहीं, जिसके चलते निर्गुण भक्ति-आन्दोलन और कबीर में उन्हें प्रगतिशीलता दिखायी देती है? वैदिक पौराणिक परम्परा और बौद्ध परम्परा के द्वन्द्व में दृष्टि विकास की ओर नहीं परम्परा की रक्षा पर टिकी हुई है। हमें यह न भूलना चाहिए कि परम्परा की रक्षा परम्परा से नहीं बल्कि प्रगति से ही हो सकती है। परम्परा की रक्षा के नाम पर यह नव परम्परावाद है जिसकी धार्मिक संकीर्णता के जाल में डॉ० शर्मा अन्त तक उलझे रहे, जबकि हजारीप्रसाद द्विवेदी ने सिद्धों-नाथों के माध्यम से परम्परा का पुनर्मूल्यांकन करते हुए इस जाल को छुरी से काटकर हिन्दी आलोचना का मार्ग प्रशस्त किया। यही कारण है कि डॉ० शर्मा को छोड़कर प्राय: सभी मार्क्सवादी आलोचक इस छुरी की धार को तेज करते दिखायी देते हैं और इसे द्विवेदी जी की बड़ी उपलब्धि भी मानते हैं।

कुछ लोगों के अनुसार आचार्य हजारीप्रसाद द्विवेदी का इतिहास-लेखन और आलोचना-कर्म आचार्य शुक्ल का पूरक प्रयास है। क्या द्विवेदी जी की इस उपलब्धि को पूरक प्रयास (सप्लीमेण्ट्री वर्क) कहा जा सकता है? क्या पूरक प्रयास का मतलब बस इतना भर है कि शुक्ल जी ने वीरगाथाओं का मूल्यांकन किया तो द्विवेदी जी ने सिद्धों-नाथों की बानियों का, एक ने सगुण धारा का मूल्यांकन किया तो दूसरे ने निर्गुण धारा का, एक ने तुलसी पर पुस्तक लिखी, तो दूसरे ने कबीर पर? सवाल यह है कि क्या आचार्य शुक्ल ने पहले ही तय कर लिया था कि मुझे किस पर लिखना है और क्या छोड़ देना है? या द्विवेदी जी ने प्रायोजित ढंग से उसी पर लिखने का निश्चय किया जो शुक्ल जी से छूट गया था? पूरक प्रयास का मतलब यदि विकास से है तो आचार्य द्विवेदी शुद्धतावाद और यथास्थितिवाद के समर्थक आचार्य शुक्ल की धार्मिक संकीर्णता और उनकी सीमाओं का विकास कर रहे थे या फिर संरक्षणशील वर्चस्ववादी विचार-परम्परा को तोड़कर प्रतिपरम्पराओं के बिमर्श से सर्वथा नये मूल्य-मानों की खोज कर रहे थे। चाहे भक्ति-आन्दोलन के उद्‌भव और विकास सम्बन्धी अन्तर्विरोधों की खोज हो या सिद्धों-नाथों और निर्गुण भक्तिधारा का पुनर्मूल्यांकन, सभी में द्विवेदी जी का सन्तुलित परम्परा-बोध, चिन्तन की गतिशीलता और प्रगतिशील दृष्टि का परिचय मिलता है। माना कि हजारीप्रसाद द्विवेदी शुक्ल जी के परवर्ती हैं और प्रगतिवादी आन्दोलन से प्रभावित भी, और यह भी कि शुक्ल जी गाँधी-युग की देन हैं। लेकिन यह कैसे माना जा सकता है कि आचार्य शुक्ल की सीमा गाँधी-युग की सीमा थी? यदि ऐसा ही था तो उसी युग के महान् कथाकार प्रेमचन्द उस युग-सीमा को अतिक्रमित कैसे कर गये? जिस समय धर्मसंघों पर चोट करते हुए प्रेमचन्द यह घोषित कर रहे थे कि अब मैं लगभग बोलशेविक वसूलों का कायल हो गया हूँ, उस समय आचार्य शुक्ल ब्रिटिश प्रभुओं द्वारा स्थापित 'नरेन्द्र मण्डल' की प्रशंसा में क्षात्र-

धर्म पर लेख लिख रहे थे और मान रहे थे कि भारत-जैसी कर्त्तव्य की पुष्ट व्यवस्था (वर्ण-व्यवस्था) न होने के कारण लेनिन रूसी जनता के बीच महात्मा बन बैठा। एक ही युग के महान् कथाकार और महान् आलोचक की विश्व-दृष्टि में इतना अन्तर क्यों है? एक रूसी क्रान्ति से प्रेरणा ले रहा है तो दूसरा परम्परा की रक्षा और यथास्थितिवाद को बनाये रखने के लिए प्रगति को नकार रहा है।

आचार्य हजारीप्रसाद द्विवेदी ने आधुनिक साहित्य पर भले बहुत कम या न के बराबर लिखा हो, पर जो भी दो-चार पंक्तियाँ लिखी गयी हैं, उनसे यह पता चलता है किसी साहित्यकार की मौलिक प्रतिभा, मूल शक्ति और उसकी सकारात्मक दृष्टि को पहचानने में उन्होंने कोई गलती नहीं की हे। स्वयं रामचन्द्र शुक्ल की आलोचकीय प्रतिभा से अभिभूत द्विवेदी जी लिखते हैं--"भारतीय काव्यालोचन शास्त्र का इतना गम्भीर और स्वतन्त्र विचारक हिन्दी में तो दूसरा हुआ ही नहीं, अन्यान्य भारतीय भाषाओं में भी हुआ है या नहीं, ठीक नहीं कह सकते। शायद नहीं हुआ।" (हिन्दी साहित्य की भूमिका, पृ० १२९) आचार्य शुक्ल की प्रशंसा में लिखी गयी इन पंक्तियों के सन्दर्भ में डॉ० शर्मा की शैली का प्रयोग करना तो हिमाकत होगी कि 'कबीर की प्रशंसा में लिखी गयी शुक्ल जी की ये पंक्तियाँ एक तरफ कबीर पर लिखी गयी तमाम पुस्तकें दूसरी तरफ' लेकिन यह जरूर कहना चाहूँगा कि शुक्ल जी की जिन पंक्तियों की तुला पर डॉ० शर्मा ने 'कबीर' के जिस लेखक को तौल दिया था वही यहाँ एक भारतीय आलोचक के सामने नत-मस्तक है तो अतिरिक्त शुक्ल-प्रेम के कारण नहीं बल्कि अकुण्ठ भाव और पूरी ईमानदारी के साथ; एक बड़े सच को स्वीकार करने के कारण। क्या यह सच नहीं है कि कविता की जैसी सही समझ आचार्य शुक्ल में है, वैसी तो सचमुच नामवर सिंह को छोड़ किसी और बड़े आलोचक में नहीं है। इस सच्चाई को स्वीकार करने के साथ ही आचार्य द्विवेदी की विश्व-दृष्टि, आचार्य शुक्ल की विश्व-दृष्टि से भिन्न, प्रेमचन्द की विश्व-दृष्टि से मिलती-जुलती है जो उनके आधुनिकता-बोध को जनवादी-बोध के निकट ले जाती है।

आकस्मिक नहीं है कि जिन दिनों प्रेमचन्द को घृणा का प्रचारक और ब्राह्मण-विरोधी कहकर उन पर अनेक आरोप-प्रत्यारोप लगाये जा रहे थे, उन दिनों की परिस्थितियों का आकलन करते हुए द्विवेदी जी ने प्रेमचन्द की रचनात्मक शक्ति को पहचाना और 'प्रेमचन्द का महत्त्व' शीर्षक लेख लिखा। यह बात दूसरी है कि बाद में प्रेमचन्द और उनके युग की पड़ताल करनेवालों की कोई कमी न रही। प्रेमचन्द के कथा-साहित्य में हाशिये के समाज की केन्द्रीयता है–किसान, मजदूर, दलित और स्त्रियाँ। यही सामान्य मनुष्य मध्यकालीन ईश्वर को अपदस्थ कर प्रेमचन्द के कालजयी उपन्यासों 'गोदान' और 'रंगभूमि' में नायकत्व का गौरव भी अर्जित करता है। यही हाशिये का समाज हजारीप्रसाद द्विवेदी के उपन्यासों में भी केन्द्रीयता प्राप्त करता है लेकिन वह प्रेमचन्द की तरह स्पष्ट नहीं है। उसे विषय-विस्तार नहीं बल्कि चरित्र-

निर्माण के परिप्रेक्ष्य में बिखरे पड़े घटना-सूत्रों की सहायता से समझा जा सकता है। सामान्य मनुष्य के वर्ग से आये पात्रों के प्रति ही द्विवेदी जी की आत्मीयतापूर्ण सच्ची सहानुभूति दिखायी देती है। द्विवेदी जी की दृष्टि में प्रेमचन्द का महत्त्व इसलिए है कि 'उन्होंने अतीत गौरव का पुराना राग नहीं गाया। वे ईमानदारी के साथ अपनी वर्तमान अवस्था का विश्लेषण करते रहे।' (हिन्दी साहित्य की भूमिका, पृ० १३०) लेकिन अतीत का गौरव गान करने के कारण जयशंकर प्रसाद को उन्होंने औरों की तरह पुनरुत्थानवादी नहीं माना। उनके अनुसार 'प्रसाद ने यद्यपि प्राचीन गौरव का अध्ययन और मनन बहुत अधिक किया था, परन्तु उन्होंने अपने समस्त अध्ययन को मनुष्य की दृष्टि से देखने का प्रयत्न किया। अध्ययन, अध्ययन के लिए नहीं है, मनुष्य के उद्धार और उन्नयन के लिए है। (वही, पृ० १३०) जाहिर है कि द्विवेदी जी में पुनरुत्थान के नकारात्मक और सकारात्मक पक्ष के प्रति गहरी समझ थी। पुनरुत्थान, पुनर्जागरण और नवजागरण यद्यपि अलग-अलग प्रत्यय हैं और उनके निहितार्थ भी किंचित् भिन्न हैं किन्तु स्वाधीनता-आन्दोलन के दौरान इन सबकी भूमिका एक ही लक्ष्य से संचालित थी। आत्मगौरव की पहचान और औपनिवेशिक दासता से मुक्ति।

राष्ट्रीय जागरण के उस काल में जयशंकर प्रसाद का राष्ट्र-प्रेम यदि उन्हें अतीत के गौरव-गान की ओर उन्मुख करता है तो उसके दोहरे निहितार्थ हैं, एक तो राष्ट्रीय मुक्ति के संघर्ष के लिए अपने गौरवशाली अतीत से प्रेरणा ग्रहण करना और दूसरे उन साम्राज्यवादी इतिहासकारों को मुँहतोड़ जवाब देना जो हमारी संस्कृति और सभ्यता को हीनतर साबित करने के लिए भारतीय इतिहास को तोड़-मरोड़कर पेश कर रहे थे। क्या उस समय हमारे राष्ट्रवादी इतिहासकार संस्कृति और सभ्यता के मोर्चे पर साम्राज्यवादी इतिहासकारों से लोहा नहीं ले रहे थे? क्या लम्बी पराधीनता के दौरान हम अपने सुनहले अतीत को, राष्ट्रीय गौरव को, अपनी सभ्यता और संस्कृति को और यहाँ तक कि स्वयं अपने को भी नहीं भूल गये थे? 'हम कौन थे, क्या हो गये हैं और क्या होंगे अभी' की चिन्ता क्या उस पूरे युग की चिन्ता नहीं थी? द्विवेदी-युग से लेकर छायावादी-युग तक फैली राष्ट्रीय धारा की कविताओं में क्या यही स्वर देशभक्ति के रूप में और प्रगाढ़ नहीं हो गया है? और यह भी कि क्या औपनिवेशिक दासता से मुक्ति का यही राष्ट्रवादी स्वर आगे चलकर प्रगतिवादी काव्यधारा में एक व्यापक धरातल पर मानव-मुक्ति के स्वर में रूपान्तरित नहीं हो गया है? जाहिर है कि जयशंकर प्रसाद के पुनरुत्थानवाद के सकारात्मक पक्ष की यह सही पहचान, राष्ट्रीय जागरण और आधुनिक काव्यधारा के स्वाभाविक विकास को रेखांकित करने में सहायक है।

राष्ट्रीय जागरण और आधुनिक काव्यधारा की स्वाभाविक विकास-प्रक्रिया को पहचानने में हजारीप्रसाद द्विवेदी से कोई चूक नहीं हुई जबकि बड़े आलोचकों से भी गलतियाँ हुई हैं। जिन दिनों बाहरी विचारधारा के प्रभाव में लिखी गयी कविता मानकर

प्रगतिवादी काव्यधारा पर चौतरफा हमला हो रहा था उन दिनों हजारीप्रसाद द्विवेदी ने उसे अपनी ही जमीन से उपजी भारतीय काव्य-परम्परा का स्वाभाविक विकास माना और यह भी माना कि प्रगतिवाद के आरम्भिक दौर के कवि प्रायः राष्ट्रीय धारा के कवि रहे जो पहले देशभक्ति की कविताएँ लिखते थे और बाद में किसानों, मजदूरों को विषय बनाकर उनके पक्ष में कविताएँ लिखने लगे। अकारण नहीं है कि राष्ट्रीय धारा के प्रतिष्ठित कवि माखनलाल चतुर्वेदी की कविता में प्रगतिवादी स्वर भी सुनायी पड़ते हैं। राष्ट्रीय काव्यधारा से प्रगतिवादी काव्यधारा को जोड़कर विकासमान् काव्य-परम्परा पर विचार करते समय द्विवेदी जी यह लक्ष्य करना नहीं भूलते कि 'राष्ट्रीय भाव के कवियों में से अधिकांश ने भारत माता के स्थान पर किसानों और मजदूरों का स्तव-गान आरम्भ किया है' (भूमिका, पृ० १२३) ऐसी निर्भ्रान्त दृष्टि और स्पष्टता उसी आलोचक में हो सकती है जो भारतीय चिन्ताधारा के स्वाभाविक विकास को पहचानता हो, जो हिन्दी भाषा-साहित्य को भारतीय भाषा-साहित्य का स्वाभाविक विकास मानता हो, जिसमें शृंखला की टूटी हुई कड़ियों को जोड़नेवाली सर्जनात्मक प्रतिभा हो और सबसे बडी बात यह कि जिसके पास दृष्टि-दोष मुक्त एक तीसरी आँख हो, ग्रहण और त्याग का सन्तुलित विवेक हो जिससे वह इतिहास के उत्थानमूलक नैरन्तर्य को ठीक से पहचान सके। परम्परा की 'अविच्छिन्नता' और इतिहास के नैरन्तर्य को रेखांकित करनेवाला यह नया आधुनिकता-बोध द्विवेदी जी के इतिहास-बोध की मौलिक पहचान है जो उन्हें उन आधुनिकतावादियों से अलगाती है जिनके अनुसार इतिहास तिथियों और घटनाओं का संग्रह मात्र है। उन्नीसवीं शताब्दी के सांस्कृतिक पुनर्जागरण ने अनेक सुधारवादी आन्दोलनों को जन्म दिया जिन्होंने अपनी किंचित् प्रगतिशीलता के बावजूद, समाज की अनेक पेचीदा समस्याओं को सुलझाने के बजाय उलझाया ही ज्यादा। जातिवाद की समस्या का समाधान करने के लिए आर्यसमाज ने कई अनूठे प्रयोग किये-जैसे ब्राह्मण पुरोहित का बहिष्कार और आर्यसमाजी पद्धति से विवाह सम्पन्न कराना; पर यह उनकी समझ से परे था कि पुरोहित की जाति बदल देने से या पुरोहितवाद से पुराहितवाद का मकड़-जाल नहीं काटा जा सकता। इसी प्रकार पिछड़ी जातियों को जनेऊ पहनाकर रातोंरात श्रेष्ठता की ऊँचाई पर पहुँचा देने का कितना सरल और चमत्कारिक नुस्खा आजमाया था आर्यसमाज ने; सबको श्रेष्ठ बना दो, सबको बराबर कर दो। समाज में केवल ऊपर का एक वर्ण रह जाये तो तीनों वर्णों का अस्तित्त्व अपने-आप समाप्त हो जायेगा। पता नहीं यह कोई समाधान था या ब्राह्मण-श्रेष्ठता के प्रचार का कोई नया हथकण्डा! बात जो भी हो पर द्विवेदी जी इस पाखण्ड को अच्छी तरह समझते थे और मानते थे कि जनता की सामाजिक समस्याओं का समाधान जनसंघर्ष और क्रान्ति से ही सम्भव है, सुधारवादी आन्दोलनों से नहीं। इसीलिए उन्होंने लिखा-'इस देश में बहुत-से साधुमना व्यक्ति हैं, जो समझते हैं कि वेद पढ़ा देने या जनेऊ पहना देने से इन जातियों का उद्धार हो जादेगा। बहुत-से लोग

इनका छुआ अन्न ग्रहण कर लेने के कारण अपने को बड़ा सुधारवादी समझते हैं। यह मनोवृत्ति उचित नहीं है। जनजागृति जिस दिन सचमुच होगी, उस दिन ऊँची मर्यादावाले इनका उद्धार नहीं करेंगे, ये स्वयं अपनी मर्यादा उच्च बनायेंगे। वह एक अपूर्व समय होगा जब शताब्दियों से पद-दलित, निर्वाक्, निरन्न जनता समुद्र की लहरियों के फूत्कार के समान गर्जन से अपना अधिकार माँगेगी। उस दिन हमारी सभी कल्पनाएँ न जाने क्या रूप धारण करेंगी, जिसे हम 'भारतीय सभ्यता', 'हिन्दू संस्कृति' आदि अस्पष्ट भुलानेवाले शब्दों से प्रकट किया करते हैं।... निःसन्देह यह जागृति धर्म और समाज सुधार का सहारा नहीं लेगी। वह आर्थिक और राजनीतिक शक्तियों पर कब्जा करेगी।' (अशोक के फूल, पृ० २६) सच्चे जनतन्त्र के प्रति ऐसी निश्छल आस्था और अपूर्व आत्मविश्वास के साथ की गयी यह घोषणा, भाववादी जमीन पर चुपचाप खड़े द्विवेदी जी को सुसंगत भौतिकवादी चिन्तकों की कतार में ला खड़ा करती है। भाषा-शैली, लहजा और तेवर सब-कुछ बदला हुआ है।

जाहिर है कि आचार्य द्विवेदी भारतीय समाज की विकासमान् धारा की सही पहचान करते हुए 'भारतीय सभ्यता' और 'हिन्दू संस्कृति' के खोखले नारों से 'सांस्कृतिक राष्ट्रवाद' का छद्म रचनेवाले हिन्दुत्व-प्रेमियों की खबर भी लेते हैं और समाज में होनेवाले क्रान्तिकारी परिवर्तनों के प्रति सच्चे हृदय से आस्थावान् भी हैं। इतिहास की प्राणधारा को नजरअन्दाज कर देश की भौगोलिक चौहद्दी की प्रतीक-पूजा करनेवाला भावुक समुदाय ही संस्कृति पर ज्यादा मुग्ध है। वर्चस्ववादी संस्कृति की रक्षा में ही उन्हें देश और समाज का भविष्य दिखायी देता है। अतः कदम-कदम पर उन्हें भारतीय संस्कृति पर खतरा मँडराता नजर आता है और सत्ता व्यवस्था के खतरे को संस्कृति के खतरे के रूप में प्रचारित किया जाता है। ऐसे संरक्षणशील लोगों को सम्बोधित कर द्विवेदी जी ने लिखा है-'भावुक विचार रखनेवाले समूह की एकमात्र सबसे प्यारी चीज अपनी संस्कृति है। देश-विदेशी शासन से आक्रान्त है, होने दो, विदेशी मालों से बाजार पटा है, कुछ चिन्ता नहीं... मगर रक्षा करो इस भारतीय संस्कृति की। देखो यह हिन्दू संस्कृति कहीं विदेशी संस्कृतियों से पतित न होने पावे। मकान चूता है, कुछ चिन्ता नहीं, पर देखना उसकी मरम्मत करने की झोंक में वह ऊपर का मुँडेरा खराब न होने पाये। यही भर तो बच गया है। सब तो लुट चुका, इस तरह के विचार रखते हैं 'हिन्दू संस्कृति प्रेमी' (कुटज, पृ० ११५)। इसलिए आचार्य द्विवेदी संस्कृति को भावुक दृष्टि से न देखकर उसके मूलगामी सामाजिक परिवर्तन की भूमिका को महत्त्व देते हैं, क्योंकि संस्कृति उनके लिए सामाजिक रूपान्तरण का आधारभूत उपादान है। यथास्थितिवादियों की प्रतिगामी दृष्टि को वह सामाजिक विकास के लिए अनर्थकारी मानते हैं। परस्पर-विरोधी स्थितियों को रेखांकित करते हुए वह कहते हैं-'एक ओर जहाँ आमूल परिवर्तन की आवाज आ रही है वहीं दूसरी ओर परिवर्तन शब्द से ही लोहा लिये जाने की तैयारी हो रही है।' (वही, ११५) यह देखकर सुखद आश्चर्य

होता है कि इन यथास्थितिवादी संस्कृति-प्रेमियों को पहचाननेवाली मूलगामी सांस्कृतिक दृष्टि मुक्तिबोध की दृष्टि से काफी मिलती-जुलती है। मुक्तिबोध ने लिखा है–'आज भारतीय संस्कृति का नारा उन लोगों का है जो क्रान्तिकारी दृष्टिकोण को रूसी दृष्टिकोण कहकर लोगों का ध्यान वर्तमान जन-जीवन के यथार्थ के तकाजों से हटाते हुए उन पुराने मायालोकों में अटकाना चाहते हैं... जहाँ भूखी जनता को अनुशासन में रहने की, भारतीय संस्कृति के अनुसरण की दिन-रात नसीहत दी जाती है।' (मुक्तिबोध रचनावली, खण्ड ५, पृ० २०४) जाहिर है कि इन दोनों चिन्तकों के लिए संस्कृति साध्य नहीं बल्कि सामाजिक रूपान्तरण का साधन है। भूखी जनता की चिन्ता मुक्तिबोध को भी है और हजारीप्रसाद द्विवेदी को भी। द्विवेदी जी के साहित्य-चिन्तन में नंगी, भूखी और फटेहाल दलित जनता के लिए 'निर्वस्त्र, निरन्न और निर्वाक्' प्रत्यय बार-बार आता है जो हाशिये के समाज के प्रति लेखक की आत्मीयता और चिन्तन में उसकी केन्द्रीयता को प्रमाणित कर आलोचना का लोकतन्त्र रचता है।

आचार्य हजारीप्रसाद द्विवेदी के सांस्कृतिक चिन्तन की सबसे महत्त्वपूर्ण विशेषता यह है कि वे शुद्धतावाद की धुरी पर वर्जनाओं और संकीर्णताओं से घिरी वर्चस्ववादी संस्कृति की केन्द्रीयता को विखण्डित कर विकेन्द्रीकृत बनाते हुए संस्कृति की स्वायत्तता (रूपवाद) के विरुद्ध आर्येतर कला-संस्कृतियों का अन्तर्पाठ प्रस्तुत करते हैं। आज भी आर्य-संस्कृति के शुद्धतावादी मिथ थे आक्रान्त यथास्थितिवादियों की संकीर्णता पर वह झुँझला उठते हैं और विशुद्ध संस्कृति की बात को हवा में उड़ा दते हैं–"देश और जाति की विशुद्ध संस्कृति केवल बात-की-बात है। सब-कुछ में मिलावट है, सब-कुछ अविशुद्ध है। शुद्ध है केवल मनुष्य की जिजीविषा। वह गंगा की अबाधित अनाहत धारा के समान सब-कुछ हजम करने के बाद भी पवित्र है।" (अशोक के फूल, पृ० १४) रक्त-गोत्र की शुद्धता से लेकर भाषा, साहित्य, संस्कृति और विचार तक में शुद्धता की तलाश करनेवाले रूपवादियों को लक्ष्य कर दिया गया यह वक्तव्य शुद्धतावादी विचारधारा को विखण्डित कर मनुष्य की जिजीविषा का प्रश्न उठाता है और विभिन्न संस्कृतियों के सामंजस्य से विकसित और सतत प्रवहमान् प्राणधारा को रेखांकित करता है। आचार्य द्विवेदी संस्कृति को न तो जातिगत और देशगत संस्कारों का संग्रह मानते हैं और न देश-विशेष या जाति-विशेष की मौलिकता। इसलिए वह भारतीय परिप्रेक्ष्य में सांस्कृतिक एकसूत्रता की खोज करते हुए लिखते हैं–"हमारे देश का सांस्कृतिक इतिहास इस मजबूती के साथ अदृश्य कालविधाता के हाथों सी दिया गया है कि उसे प्रान्तीय सीमाओं में बाँधकर सोचा ही नहीं जा सकता। उसका एक टाँका यदि काशी में मिल गया तो दूसरा बंगाल में, तीसरा उड़ीसा और चौथा महाराष्ट्र में मिलेगा और यदि पाँचवाँ मालाबार या सीलोन में मिल जाये तो आश्चर्य करने की कोई बात नहीं।" (कल्पलता, पृ० १८८)

हजारीप्रसाद द्विवेदी की संस्कृति-चिन्ता केवल भारतीय संस्कृति में एकसूत्रता की खोज तक ही सीमित नहीं है बल्कि अन्तरराष्ट्रीय धरातल पर भी वह विश्व-संस्कृति

की सम्भावना तलाशते हैं–"मेरे विचार से सारे संसार के मनुष्यों की एक सामान्य मानव–संस्कृति हो सकती है। यह दूसरी बात है कि व्यापक संस्कृति अब तक सारे संसार में अनुभूत और अंगीकृत नहीं हो सकी है।" (अशोक के फूल, पृ० ६९) निश्चय ही सांस्कृतिक सम्बन्धों में अन्तरराष्ट्रीय सम्भावना की तलाश एक बड़ा लेखक ही कर सकता है, जिसके पास एक व्यापक और उदार मानवीय दृष्टि हो। प्रेमचन्द और हजारीप्रसाद द्विवेदी–दोनों के पास एक विश्व–दृष्टि भी थी और एक बड़ा स्वप्न भी। किसी बड़े स्वप्न के अभाव में कोई बड़ा लेखक हो भी कैसे सकता है? यदि भाववाद की कोई क्रान्तिकारी भूमिका हो सकती है तो मुझे लगता है कि अपनी तमाम सीमाओं के बावजूद हजारीप्रसाद द्विवेदी 'सारे संसार के मनुष्यों की एक सामान्य मानव–संस्कृति' के स्वप्न के साथ, मार्क्स की अन्तरराष्ट्रीय सर्वहारा संस्कृति का पीछा करते प्रतीत होते हैं जो दूर कहीं जलती मशाल की टिमटिमाहट बनकर उन्हें लुभा रही है। द्विवेदी जी की विश्व–संस्कृति की अवधारणा सारे संसार में अनुभूत एवं अंगीकृत भले न हो सकी हो लेकिन उन्होंने स्वयं उसे अनुभूत और अंगीकृत कर लिया था। 'बाणभट्ट की आत्मकथा' में उसका एक कच्चा ढाँचा भी मौजूद है और उसको जाँचने–परखने का सूत्र भी–"बाणभट्ट केवल भारत में ही नहीं होते, इस नरलोक से किन्नरलोक तक एक ही रागात्मक हृदय व्याप्त है।"

अतः यदि 'देरिदा' और 'फूको' के विखण्डनवाद से प्रभावित उत्तर–आधुनिकता आलोचना को विमर्श या बातचीत मानती है, निर्णय या फैसला नहीं, वर्चस्ववादी विचारों और संस्कृति की केन्द्रीयता को विखण्डित कर विकेन्द्रीयतावाद को प्रश्रय देती है, साहित्यशास्त्र की जगह समाजशास्त्र की माँग करती है, साहित्य की स्वायत्तता के विरुद्ध अन्तर्पाठ को स्वीकार करती है, शुद्धतावाद की वर्जनाओं से घिरी सीमाओं को तोड़ती है तथा चालू विमर्श से प्रश्न करने के साथ ही पहले उठाये गये प्रश्नों पर भी प्रश्न खड़ा करती है तो क्या भारतीय साहित्य और चिन्तन की परम्परा में प्रश्नोत्तेजित विमर्श की इस व्याकुलता का सर्वथा अभाव है? क्या कबीर की कविता प्रश्न पूछने की कविता नहीं है? क्या वह शुद्धतावाद की वर्जनशील संकीर्णता पर प्रश्नों की झड़ी नहीं लगा देता? क्या वह 'कागद की लेखी' के विरुद्ध 'आँखिन देखी' का और भाषा की वर्चस्ववादी स्वायत्तता के विरुद्ध 'भाषा बहता नीर' का विमर्श नहीं खड़ा करता? इसी तरह हजारीप्रसाद द्विवेदी की विमर्शकारी आलोचना हिन्दी आलोचना में वैदिक–पैराणिक केन्द्रीयता को विखण्डित कर शास्त्रमत के विरुद्ध लोकमत का विमर्श खड़ा करती है और भक्तिकाव्य के मूल्यांकन के लिए काव्यशास्त्रीय प्रतिमानों के विरुद्ध समाजशास्त्रीय प्रतिमानों की माँग करती है। क्योंकि उनके अनुसार भक्ति–साहित्य मूलतः लोक–साहित्य है। इस दृष्टि से देखा जाये तो 'हिन्दी साहित्य की भूमिका' समाजशास्त्रीय आलोचना–पद्धति का प्रस्थान–बिन्दु है। अतः विखण्डन को एकदम नयी सैद्धान्तिकी मानकर विमर्श के सूत्र तलाशना एक बात है और भारतीय चिन्तन–

परम्परा की सापेक्षिकता में उसे जाँचना-परखना, बिलकुल दूसरी बात। हमारे यहाँ तो केन्द्रीयता को विखण्डित कर विकेन्द्रित करने की लम्बी परम्परा रही है, चाहे वह प्राचीन भौतिकवादी चिन्तकों का हस्तक्षेप हो या बौद्ध दार्शनिकों का, हिन्दी के सिद्धों-नाथों का हस्तक्षेप हो या निर्गुण-धारा के कबीर का। लेकिन हमारे यहाँ का विखण्डनवाद केवल विखण्डन नहीं करता बल्कि परम्परा को द्वन्द्वात्मक और विकासमान् बनाता है। अतः उत्तर-आधुनिकता के विमर्शकारी सूत्रों को भारतीय चिन्तन-परम्परा के परिप्रेक्ष्य में देखा जाये तो हिन्दी में कबीर को पहला रचनाकार और हजारीप्रसाद द्विवेदी को पहला आलोचक माना जाना चाहिए।

प्रगतिवादी चिन्तन और प्रगतिशील आन्दोलन को आचार्य द्विवेदी महान् आदर्शों से संचालित मानते थे क्योंकि वह 'व्यष्टि मानव' के स्थान पर 'समष्टि मानव' की बात करता है और शोषणविहीन समाज-निर्माण के संकल्प से संचालित है। इसलिए उसके सकारात्मक पक्ष को ठीक से पहचानते हुए वह लिखते हैं-"प्रगतिवादी साहित्य मार्क्स के प्रचारित तत्त्व दर्शन पर आधारित है। इस मत को माननेवाला साहित्यिक रहस्यवाद में विश्वास नहीं कर सकता, प्रकृति या ईश्वर के निष्ठुर परिहास की बात नहीं सोच सकता, भाग्यवाद के ढकोसले को बर्दाश्त नहीं कर सकता। इस मत में समाज निरन्तर विकासशील संस्था है। आर्थिक विधानों के साथ-साथ समाज में भी परिवर्तन होता है। इस मत को स्वीकार करनेवाला साहित्यिक समाज की रूढ़ियों को सनातन से आया हुआ या ईश्वर की निर्भ्रान्त आज्ञाओं पर बना हुआ और ऊँच-नीच मर्यादा को अपरिवर्तनीय सनातन विधान नहीं मान सकता। वह समाज को बदल देने में विश्वास करता है।' (समीक्षा में सन्तुलन का प्रश्न, हजारीप्रसाद द्विवेदी ग्रन्थावली, पृ० १४४) इसलिए मार्क्सवादी दर्शन के सूत्रों को पहचानते हुए जहाँ वह प्रगतिशील आन्दोलन की प्रशंसा करते हैं वहीं प्रगतिवादी लेखन में पार्टी के अंकुश को उचित नहीं मानते और पार्टी की कार्यनीतियों से संचालित होने के कारण उसकी आलोचना भी करते हैं क्योंकि वे आन्दोलन के विकास में पार्टी के हस्तक्षेप को घातक मानते हैं। क्रान्तिकारी आन्दोलनों के प्रति आस्थावान् होने के बावजूद आचार्य द्विवेदी यह मानते थे कि वह अभी आरम्भिक अवस्था में है-'क्योंकि उत्पादन के साधन कुछ थोड़े-से लोगों के हाथों में चले गये हैं, उनके हथियाने में जिस बौद्धिक कौशल की आवश्यकता है, वह मनुष्य अनायास ही उचित अवसर मिलने पर पा जाता है। परन्तु उससे उत्पादित सामग्री को सब तक पहुँचाकर सबके साथ मिलकर भोगने में जो औदार्य और बौद्धिक निर्लिप्तता आवश्यक है, वह उतनी आसानी से नहीं मिलती।' (विचार-प्रवाह, पृ० १५२-५३) उन दिनों प्रगतिवादी चिन्तकों में कुछ ऐसे लोग भी थे जो मान रहे थे कि किसान और मजदूर क्रान्ति के लिए तैयार खड़े हैं। हजारीप्रसाद द्विवेदी उसे पेटेण्ट दवाइयों की तरह एक प्रोपेगण्डा मान रहे थे। उनका तर्क था-'अब भी हिस्टीरिया की दवा ओझे का डण्डा है, मलेरिया में अभी भी लोहबान और लाल मिर्च का धुआँ

उपादेय समझा जाता है, गण्डे और ताबीज की अमोघता में कोई भी अन्तर नहीं आया है।' (ह०प्र०द्वि० ग्रं०, खण्ड ९, पृ० ४३१) जाहिर है कि द्विवेदी जी समझ रहे थे कि अन्धविश्वासों में जकड़ी हुई जनता अभी जागरूक नहीं हो पायी है। अतः क्रान्तिकारी परिवर्तन को लक्ष्य कर उन्होंने लिखा था–"अभी तक यह समाज क्रान्तिकारी विचार के महाभार को सम्हालने योग्य नहीं हुआ है–उसके पैर लड़खड़ा रहे हैं। उसके कन्धे दुर्बल हैं, उसकी छाती धड़क रही है।' (वही, पृ० ४५९) मार्क्सवादी शब्दावली का प्रयोग किये बिना भी द्विवेदी जी कहना तो यही चाह रहे हैं कि जनता के वर्ग–चेतन हुए बिना वर्ग–संघर्ष की बात करना एक राजनीतिक 'प्रोपेगण्डा' मात्र है, लेकिन उस समय डॉ० रामविलास शर्मा ने द्विवेदी जी के इस वक्तव्य को निराशावादी ठहराते हुए बड़ी तीखी टिप्पणी की थी–'जनता की क्रान्तिकारी फौज के लिए यह समझना कि उसके पैर लड़खड़ा रहे हैं और वह लड़ने के नाकाबिल हैं, यही मायने रखता है कि अभी कुछ दिन तक और हमें पण्डितों की पंचायत में एकादशी के व्रत की चर्चा करनी चाहिए।' (प्रगति और परम्परा, प्र०सं०, पृ० १९४) 'प्रोपेगण्डा' मार्क्सवादी रणनीति का आवश्यक अंग हो सकता है लेकिन 'पण्डितों की पंचायत' लिखनेवाले हजारीप्रसाद द्विवेदी उसके कायल न थे। तब डॉ० रामविलास शर्मा को जनता क्रान्तिकारी फौज ला रही थी और द्विवेदी जी की दृष्टि में वह अपने दुर्बल कन्धों पर क्रान्तिकारी विचार के महाभार को सँभाले लड़खड़ाते कदमों से चल रही थी। क्रान्ति की यूटोपिया में मग्न होना एक बात है लेकिन सामाजिक यथार्थ से गुजरते हुए निष्पक्ष भाव से उसे पहचानने की कोशिश करना, बिलकुल दूसरी बात। सामाजिक रूढ़ियों में जकड़ी हुई जनता की यथार्थ स्थिति और क्रान्तिकारी आन्दोलन के प्रति द्विवेदी जी की दृष्टि कितनी साफ थी, समय की कसौटी पर उसकी सच्चाई आज स्पष्ट हो चुकी है। अतः द्विवेदी जी का आधुनिकता–बोध, जनवादी–बोध से बहुत भिन्न नहीं है।

आचार्य शुक्ल के प्रति द्विवेदी जी के मन में सम्मान का भाव कम न था, लेकिन अपने अतिरिक्त शुक्ल–प्रेम के कारण द्विवेदी जी के घोर विरोधी डॉ० रामविलास शर्मा किसी समय उनकी ईमानदारी के कायल भी थे। 'शास्त्र और समाज' शीर्षक अपने एक लेख में उन्होंने लिखा है–'द्विवेदी जी ईमानदारी से कहते हैं कि आज की स्थिति उसी समृद्ध मध्यकालीन सभ्यता का परिणाम है जिसमें एक ओर शासक वर्ग के लिए रमणी के स्पर्श मात्र से अशोक खिल उठते थे, भूर्जपत्रों पर उसके लिए किन्नर वधुएँ अनंग लेख लिखती थीं लेकिन दूसरी ओर उसके जनपद पंगु थे।' इससे थोड़ा और आगे पुनः लिखते हैं–'इस ईमानदारी के सामने हम सिर झुकाते हैं।' (प्रगति और परम्परा, पृ० १९२–९३) हिन्दी आलोचना के शिखर–पुरुष को नत–मस्तक कर देनेवाली यह ईमानदारी कोरी ईमानदारी नहीं है, इसमें समझदारी भी है। लेकिन किसी की समझदारी के सामने सिर झुकाना तो डॉ० शर्मा ने जाना ही नहीं, वह भी हजारीप्रसाद द्विवेदी के सामने? अब, यह आशा तो की जा सकती है कि किसी की

ईमानदारी के सामने सिर झुकानेवाले में समझदारी को स्वीकार करनेवाली ईमानदारी भी हो। इस वक्तव्य में वर्ग-विभाजित समाज के सामाजिक-आर्थिक अन्तर्विरोधों को रेखांकित करनेवाली वस्तुवादी समझदारी भी है जो सामन्ती विलासिता और पंगु जनपद की अभावग्रस्तता के द्वन्द्वात्मक सम्बन्धों को ठीक से पहचानती है और लेखक की सहानुभूति पंगु जनपद के साथ है। यह पहली बार नहीं है कि द्विवेदी जी इस अन्तर्विरोध को पहचान रहे हैं बल्कि वह तो सामन्ती विलासिता और सच्ची कला-विलासिता का अन्तर भी बखूबी समझते हैं।

'प्राचीन भारत के कलात्मक विनोद' के आरम्भ में ही दूसरे पृष्ठ पर इस अन्तर को स्पष्ट करते हुए द्विवेदी जी ने लिखा है-'थोथी विलासिता में केवल भूख रहती है-नंगी बुभुक्षा पर कलात्मक विलासिता संयम चाहती है, शालीनता चाहती है। सो कलात्मक विलास किसी जाति के भाग्य में सदा सर्वदा नहीं जुटता।' कहने की आवश्यकता नहीं कि द्विवेदी जी की यह कला-सौन्दर्य की दृष्टि उन थोथे नैतिकवादियों की दृष्टि से कितनी भिन्न है जो कभी-कभी प्रेम और सौन्दर्य को भी विदग्ध विलास मान लेने की भूल कर बैठते हैं। सौन्दर्य का सृजन और सम्मान वही कर सकता है जो अपनी मर्यादा को संसार की सारी सुख-सुविधाओं से श्रेष्ठ समझता हो। इसलिए द्विवेदी जी पूरे विश्वास के साथ घोषित करते हैं-"जो जाति सुन्दर की रक्षा और सम्मान करना नहीं जानती, वह विलासी भले ही हो ले पर कलात्मक विलास उसके भाग्य में नहीं बदा होता।' (वही, पृ० २) हजारीप्रसाद द्विवेदी की यह स्थापना 'नये साहित्य का सौन्दर्यशास्त्र' लिखनेवाले मुक्तिबोध के विचारों से बहुत-कुछ मिलती-जुलती है। दोनों इसे व्यक्तिगत सम्बन्धों में न देखकर जाति समुदाय के व्यापक परिप्रेक्ष्य में देखते हैं। कलात्मक सौन्दर्य में भी कामसूत्र की अश्लीलता ढूँढ़ लेनेवाले थोथे नैतिकवादियों को ही लक्ष्य कर मुक्तिबोध ने लिखा था-'जो लोग रोमान्स को सामाजिक सम्बन्ध से हटाकर उसे मात्र व्यक्तिगत करार देते हैं वे यह नहीं जानते कि रोमान्स का अर्थ मातृप्रधान समाज में कुछ भी नहीं था। उन दिनों इसका अधिक-से-अधिक यह अर्थ हो सकता था कि कुछ काल के लिए पुरुष एक स्त्री से अधिक हार्दिकता अनुभव करे। किन्तु उसका काम सम्बन्ध कितनों से ही एक साथ रह सकता था और उसका प्रेमी कदाचित् ही इस सम्बन्ध में कोई दूसरी राय रखे। सामाजिक नियम को भंग करनेवाले के लिए अपनी जान गँवाने का धोखा हमेशा रहता था और अगर प्रेमी कोई दूसरे विजातीय कबीले का हो तो लड़ाइयाँ छिड़ जाती थीं। उन दिनों सेक्स के जीवन-मूल्य अत्यन्त सुदृढ़ थे।' (मुक्तिबोध रचनावली, खण्ड ५, पृ० २८) मुक्तिबोध की इस मान्यता से स्पष्ट है कि एक वर्गविहीन समाज में 'रोमान्स' और 'सेक्स' के जीवन-मूल्य व्यक्तिगत नहीं सामाजिक थे। किन्तु आगे चलकर वर्ग-विभाजित समाज-व्यवस्था में शोषक-शोषित वर्ग के आपसी रिश्तों के आधार पर निर्धारित होने के कारण उन पर शोषक सत्ता का व्यक्तिगत आधिपत्य स्थापित हो गया।

आचार्य द्विवेदी का यह भी मानना है कि जो जाति जितनी ही सौन्दर्य-प्रेमी होती है, उसमें मनुष्यता भी उतनी अधिक होती हैं। इस मनुष्यता की पहचान वही कर सकता है जो स्वयं मनुष्यता का धनी हो, बड़ा लेखक हो। बड़ा लेखक होना बड़ी बात है, पर वे जितने बड़े लेखक थे उतने ही बड़े मनुष्य भी थे। उनके समग्र चिन्तन में मनुष्य की केन्द्रीयता है। मनुष्य ही साहित्य का लक्ष्य है तो यही सम्पूर्ण मनुष्य (जनता) इतिहास का उपजीव्य है और स्वयं इतिहास उनकी दृष्टि से इसी मनुष्य की जय-यात्रा का उद्घोष। सामान्य मनुष्य ही द्विवेदी जी का लक्षीभूत श्रोता भी है। उनका विश्वास है कि सभ्यताओं के संघर्ष में समाज नष्ट हुआ है, देश नष्ट हुआ है, सभ्यताएँ नष्ट हुई हैं किन्तु मनुष्य कभी नष्ट नहीं हुआ। इतिहास की यात्रा में वह थका है, हारा है, लहूलुहान भी हुआ है पर अपूर्व संघर्ष-क्षमता और अदम्य जिजीविषा-शक्ति के कारण वह नष्ट कभी नहीं हुआ। अतः क्रियाशील जीवन को वह सुन्दरता का वाहक मानते हैं और श्रमशील सौन्दर्य के प्रति आस्थावान् हैं। ट्रेन से यात्रा करते समय भी वे इस सहज सौन्दर्य को देख लेते हैं–'जब कोई ग्राम-बधूटी–शायद वह तथाकथित छोटी जातियों की सन्तान थी–नीचे लाल घाघरा और ऊपर धानी रंग की चादर और उसके ऊपर भी मुलायम मधूक-पुष्पों की टोकरी लिये दीख जाती थी और जब अपने भ्रूविलासानभिज्ञ अपांगों से भागती हुई ट्रेन को निहार देती थी, तो रीतिकालीन साहित्य का खोखलापन मेरे निकट मूर्तिमान् हो उठता था।' उपभोक्तावादी दृष्टिवाले रीतिकालीन कवियों ने नायिका भेद का पाठ पुस्तकों से पढ़ा था, जीवन से नहीं, इसलिए उनके यहाँ विलासिता की नंगी बुभुक्षा तो दिखायी पड़ती है लेकिन वे श्रमशील किशोरी के 'भ्रूविलासानभिज्ञ अपांगो' का भोलापन अधिक-से-अधिक 'सखि नीर भरी गगरी ढरकावै' की चमत्कारिक व्यंजना में ही देख पाते हैं। द्विवेदी जी की शालीन और संयमित दृष्टि ने श्रमजीवी किशोरी के भोले-भाले सौन्दर्य को जिस कलात्मकता के साथ चित्रित किया है, उसे कोई लोकवादी सर्जक कलाकार ही कर सकता है। यह शालीन और संयमित दृष्टि महाप्राण निराला की 'सरोज-स्मृति' में तथा सहज श्रमशील सौन्दर्य 'वह तोड़ती पत्थर'-जैसी रचनाओं में और भी संजीदगी के साथ व्यक्त हुई है।

यह श्रमशील सौन्दर्य कालिदास के मेघदूत में 'पुष्पलावी' सौन्दर्य की याद दिलाता है जिसे 'मेघदूत-एक पुरानी कहानी' में द्विवेदी जी ने पुनर्सृजित किया है। समाजशास्त्रीय आधार पर लोकवादी दृष्टि से किंचित् लम्बी व्याख्या करते हुए वे लिखते हैं–'सात्त्विक सौन्दर्य वहाँ है, जहाँ चोटी का पसीना एड़ी तक आता है और नित्य समस्त विकारों को धोता रहता है। पसीना बड़ा पावक तत्त्व है मित्र, जहाँ इसकी धारा अवरुद्ध हो जाती है वहाँ कलुष और विकार जमकर खड़े हो जाते हैं। विदिशा के प्रच्छन्न विलासियों में यह पावनकारी तत्त्व नहीं है। उनके चेहरे पर सात्त्विक तेज और उल्लसित करनेवाली दीप्ति नहीं रह गयी है।' और आगे विदिशा के प्रच्छन्न विलास के

कण्ट्रास्ट में, पुष्पोद्यान में काम करनेवाली श्रम-जल-स्नात, कृषक-वधुओं के सात्त्विक सौन्दर्य को रचा गया है। प्रातःकाल जो कृषक-वधुएँ फूल चुनने के लिए इन पुष्पोद्यानों में आती हैं, उस प्रदेश में इन्हें 'पुष्पलावी' कहते हैं। 'पुष्पलावी' अर्थात् फूल चुननेवाली। ये पुष्पलावियाँ घर का काम-काज समाप्त करके उद्यानों में आ जाती हैं और मध्याह्न तक फूल चुनती रहती हैं। सूर्य के ताप से इनका मुखमण्डल म्लान हो उठता है, गण्डस्थल से पसीने की धारा बह चलती है और इस स्वेद धारा के निरन्तर संस्पर्श से उनके कानों के आभरण रूप में विराजमान लील-कमल मलिन हो उठते हैं। दिन भर की तपस्या के बाद वे इतना कमा लेती हैं कि किसी प्रकार उनकी जीवन-यात्रा चल सके। परन्तु तुमको यहीं सात्त्विक सौन्दर्य के दर्शन होंगे। उनके दीप्त मुखमण्डल पर शालीनता का तेज देखोगे, उनकी भ्रूभंग-विलास से अपरिचित आँखों में सच्ची लज्जा के भार का दर्शन पाओगे और उनके उत्फुल्ल अधरों पर स्थिर भाव से विराजमान पवित्र स्मित-रेखा को देखकर तुम समझ सकोगे कि 'शुचिस्मिता' किसे कहते हैं। इस पवित्र सौन्दर्य को देखकर तुम निचली पहाड़ी की उद्दाम और उन्मत्त विलास-लीला को भूल जाओगे। वहाँ तुम संचय का विकार देखोगे और यहाँ आत्मदान का सहज रूप।" (मेघदूत-एक पुरानी कहानी, प्र०सं०, पृ० ४५-४६)।

अपना खून-पसीना गलाकर सामन्ती-विलासिता के लिए सुख-सुविधा जुटानेवाली पुष्पलावियों के 'आत्मदान का सहज रूप' भला आत्मदानी मेघ से बेहतर और कौन समझ सकता है जो स्वयं अपने को गलाकर संसार को हरा-भरा बनाता है। इसलिए तो यक्ष ने निर्देश देने के साथ ही अपनी छाया द्वारा पुष्पलावियों का पसीना सुखाने का अनुरोध भी किया था। वैसे, पसीना सुखाने का काम तो मूलतः 'शिप्रा-वात' का है, अब वह तो यहाँ आने से रहा। उसे उज्जयिनी की रति-श्रान्ता नागरिकाओं के शरीर का प्रस्वेद-बिन्दु सुखाने से फुर्सत मिले तब न, रस-लम्पट जो ठहरा। इस तरह श्रमजीवी के पसीने को 'पावक तत्त्व' के रूप में रेखांकित कर, इस सात्त्विक सौन्दर्य को स्थापित करनेवाली द्विवेदी जी की मानवतावादी दृष्टि उस उपभोक्तावादी संस्कृति का प्रतिरोध करती है जिसके भद्र लोक में एक श्रमिक का पसीना शोषकों के पाप से भी ज्यादा बदबूदार माना जाता है। कालिदास के सौन्दर्य के समानान्तर जन-संस्कृति की रचनाशीलता में ढला हुआ द्विवेदी जी का पुनर्निर्मित निश्छल सौन्दर्य एक महान् सर्जक की जनपक्षधरता और उसकी लोकवादी दृष्टि का परिचायक है जो एक ओर मध्यकालीन श्रमजीवी सन्तों के कर्म-सौन्दर्य से जुड़ता है तो दूसरी ओर श्रमजीवी कर्म-सौन्दर्य को रेखांकित करनेवाली प्रगतिवादी कविताओं से। क्रियाशील जीवन जीनेवाले सन्तों ने अपने पसीने से सोने की चमक पैदा कर कर्म-सौन्दर्य का जो नया अध्याय लिखा, वह क्षात्र-धर्म, वीर-धर्म और राज-धर्म के सामन्ती कर्म-सौन्दर्य से कहीं ज्यादा चमकदार और लोकवादी है। निराला की तरह प्रगतिवादी कवि भी शोषक और शोषित के द्वन्द्वात्मक तनाव में पसीना बहाकर पत्थर तोड़नेवाले, लोहा पीटनेवाले और बोझा

ढोनेवाले श्रमिक की अदम्यता से अपना रागात्मक सम्बन्ध स्थापित करते हैं। संघर्षशील श्रमजीवी वर्ग का यही सामान्य मनुष्य हजारीप्रसाद द्विवेदी की रचना और आलोचना का प्रमुख प्रेरणा–स्रोत है।

हजारीप्रसाद द्विवेदी ने आधुनिक नवजागरण और प्रगतिशील आन्दोलन की सही दिशा पहचानते हुए मनुष्य को साहित्य का लक्ष्य घोषित किया और लिखा–'मैं साहित्य को मनुष्य की दृष्टि से देखने का पक्षपाती हूँ जो वाग्जाल मनुष्य को दुर्गति, हीनता और परमुखापेक्षिता से न बचा सके, जो उसकी आत्मा को तेजोद्दीप्त न बना सके, जो उसके हृदय को परदु:खकातर और संवेदनशील न बना सके, उसे साहित्य कहने में मुझे संकोच होता है।' (मनुष्य ही साहित्य का लक्ष्य है–ह०प्र०द्वि० ग्रं०, पृ० २४) यह मनुष्य साहित्य के केन्द्र में इसलिए है कि सुविधाभोगी समाज के वर्चस्ववादी तन्त्र और अवसरवादी स्वार्थों के चलते यह शोषण, दमन और उत्पीड़न का शिकार है। उसकी सामाजिक-आर्थिक समस्याओं को सुलझाने और उसे संघर्षशील बनाने के लिए उसकी चेतना को स्पन्दित करना आवश्यक है। इसलिए उसको आत्मविश्वास, आत्मगौरव और आत्मनिर्भरता से तेजोद्दीप्त करना साहित्य का लक्ष्य भी है और साहित्यकार का दायित्त्व भी। साहित्यकार को उसके उसी दायित्त्व की याद दिलाते हुए द्विवेदी जी ने लिखा है–'साहित्य के उपासक अपने पैर के नीचे की मिट्टी की उपेक्षा नहीं कर सकते। हम सारे बाह्य जगत् को असुन्दर छोड़कर सौन्दर्य की सृष्टि नहीं कर सकते। सुन्दरता सामंजस्य का नाम है। जिस दुनिया में छोटाई और बड़ाई में, धनी और निर्धन में, ज्ञानी और अज्ञानी में, आकाश और पाताल का अन्तर हो वह दुनिया बाह्य असुन्दरता के 'ढूह' में खड़े होकर आन्तरिक सौन्दर्य की उपासना नहीं कर सकती। हमें उस बाह्य सौन्दर्य को देखना ही पड़ेगा। निरन्न, निर्वसन जनता के बीच खड़े होकर आप परियों के सौन्दर्य–लोक की कल्पना नहीं कर सकते।' (अशोक के फूल, पृ० १६४) सुसंगत भौतिकवादी औजारों का प्रयोग किये बिना भी आचार्य द्विवेदी बड़ी स्पष्टता के साथ सामाजिक–आर्थिक अन्तर्विरोधों की चर्चा करते हैं और सामाजिक–आर्थिक गैर बराबरी को मिटाने की चिन्ता से चिन्तित 'निरन्न, निर्वसन' जनता के पक्ष में मजबूती के साथ खड़े हैं।

●

उपन्यासों में स्त्रीत्व का मानचित्र

अपने समय-समाज के विकास की दिशा और साहित्य की रचनाशीलता के परिप्रेक्ष्य में प्रागैतिहासिक और मध्ययुगीन भारतीय समाज की सांस्कृतिक परम्परा के भीतर से सर्जनात्मक जीवन-मूल्यों की तलाश करना हजारीप्रसाद द्विवेदी के ऐतिहासिक उपन्यासों की प्रमुख विशेषता है। यह आवश्यक नहीं कि आचार्य द्विवेदी का सत्य सार्वजनिक सत्य हो, किन्तु इस प्रकार की औपन्यासिक रचनाशीलता के लिए जिस गहरे इतिहास-बोध और परम्परा-ज्ञान की आवश्यकता होती है, उस ओर से निश्चय ही उनके ऐतिहासिक उपन्यास हमें आश्वस्त करते हैं। पाण्डित्य की लोकोन्मुखता उनकी आलोचना ही नहीं रचना का भी प्रमुख विचार-सूत्र है। ऐतिहासिक उपन्यास केवल तिथियों और घटनाओं के संग्रहमात्र नहीं होते बल्कि उनमें रचनाकार अपनी सर्जनात्मक कल्पना और यथार्थ-बोध की द्वन्द्वात्मक प्रक्रिया में उस युग के सम्पूर्ण मनुष्य के सामाजिक सम्बन्धों की गतिशील परम्परा का विश्वसनीय चित्र प्रस्तुत करता है। इसी परिप्रेक्ष्य में उपन्यासकार के स्त्री-पात्रों के सामाजिक सम्बन्धों और विकासमान् जीवन-मूल्यों के प्रति उसकी स्त्री-दृष्टि की नवीनता और विचार-बोध की आधुनिकता का आकलन किया जा सकता है।

उनके उपन्यासों में स्वकीया के स्थान पर परकीया प्रेम का विस्तृत फलक वस्तुतः सामाजिक जीवन में स्त्री-पुरुष की समानता और स्वतन्त्रता की आत्म-स्वीकृति है क्योंकि विवाह तो नारी-पराधीनता का अमोघ बन्धन है। द्विवेदी जी की दृष्टि में, जगह-जगह स्थापित वेश्यालय, विधवाश्रम तथा गुप्त प्रजनन-केन्द्र तो मानो विवाह नामक संस्था की असफलता के तुमुल उद्घोष हैं। 'अनामदास का पोथा' में विवाह की स्थिति यदि बनती भी है तो कथा-नायक रैक्व विवाह के स्थान पर उद्वाह को ही स्वीकार करते हैं क्योंकि ऋजुका के वैवाहिक जीवन की त्रासदी ने उनके मन-मस्तिष्क को झकझोर दिया है। शास्त्रों में स्त्री-देह को पाप-समुच्चय और नरक का द्वार कहकर स्त्री को अपमानित किया गया है और उपन्यासकार इसका प्रतिरोध करते हुए स्त्री-देह को देव-मन्दिर के समान पवित्र मानता है। स्त्री के अपमान को सम्मान में रूपान्तरित करने की यह प्रक्रिया परम्परा के पुनर्मूल्यांकन से अर्जित सर्वथा नयी स्त्री-दृष्टि है जो वर्तमान स्त्री-विमर्श के देहवादी विवाद से कहीं-न-कहीं अपना संवाद भी स्थापित करती है।

'दलित द्राक्षा की तरह निचोड़कर दे देना' उपन्यासकार का अत्यन्त प्रिय भावसूत्र है जिसका विनियोग सभी उपन्यासों में किया गया है; कहीं ज्यादा, कहीं कम। यह सूत्र आरम्भ के दोनों उपन्यासों में 'ज्ञान, इच्छा और क्रिया' की प्रतीक कथा में सबसे जीवन्त स्त्री-पात्रों, निपुणिका और मैना के अपघात में भले सहायक सिद्ध हो किन्तु परकीया प्रेम के स्वाभाविक विकास में तो यह बाधा ही उत्पन्न करता है। 'बाणभट्ट की आत्मकथा' में अदृप्त और निगूढ़ बनकर रह जाता है तो 'चारु चन्द्रलेख' में और भी संश्लिष्ट एवं जड़ीभूत हो गया है। किन्तु प्रतीक कथा से मुक्त होने के कारण 'पुनर्नवा' के त्रिकोणीय प्रेम का विकास सहज और स्वाभाविक है। सच तो यह है कि 'पुनर्नवा' के स्त्री-पात्र ऐसे अनेक सवाल उठाते हैं जो आज के स्त्री-विमर्श में उठाये जानेवाले स्त्री-अधिकारों और अस्मिता सम्बन्धी सवालों के मेल में दिखायी पड़ते हैं। अतः 'पुनर्नवा' को समकालीन कथा-साहित्य के स्त्री-विमर्श का प्रस्थान-बिन्दु माना जा सकता है।

बाणभट्ट की आत्मकथा के सभी नारी-पात्र उपन्यासकार की आत्मीयता के भागीदार हैं और अपने व्यक्तित्व की विशिष्ट पहचान के साथ चित्रित किये गये हैं। भट्टिनी, महामाया, निउनिया और सुचरिता सभी किसी-न-किसी प्रकार की सामाजिक विडम्बना और उत्पीड़न की शिकार हैं; या तो उनका अपहरण किया गया है अथवा घर-परिवार और समाज के दमघोंटू वातावरण से ऊबकर वे स्वयं घर से भागी हुई हैं। बाहर से देखने पर उनकी अमानवीय समस्याएँ अलग दिखायी पड़ती हैं पर भीतर से उनमें एकसूत्रता है। अलगाववाद पर आधारित पुरुष सत्तात्मक सामन्ती समाज-व्यवस्था में न तो नारी के हित सुरक्षित थे और न ही उनके अधिकार। यही कारण है कि तत्कालीन समाज के खोखलेपन पर ये स्त्रियाँ ही सर्वाधिक प्रहार करती हैं, उनमें भी विशेष रूप से महामाया और निउनिया। इन स्त्री-पात्रों की सामाजिक उत्पीड़न से उपजी समस्याएँ आज भी समाज में न केवल मौजूद हैं बल्कि कहीं ज्यादा व्यापक और जटिल हो गयी हैं। लगभग रोज स्त्रियों के अपहरण और बलात्कार से लेकर प्रेमी-प्रेमिकाओं के भागने, परिवारजनों द्वारा उनके उत्पीड़न और कभी-कभी निर्मम हत्याओं के समाचार, टी०वी० चैनलों और समाचार-पत्रों में छाये रहते हैं। इस प्रकार देखें तो उपन्यासकार ने अपने समय-समाज में उठ खड़े हुए स्त्री-प्रश्नों के आलोक में सातवीं शताब्दी के भारतीय समाज के भीतर से ही इस मूलगामी समस्या को अपने स्त्री-चरित्रों के माध्यम से उठाया है। यही हजारीप्रसाद द्विवेदी के चिन्तन और उनकी स्त्री-दृष्टि की आधुनिकता है।

पतनोन्मुखी सामन्ती विलासिता के आवर्त में फँसी भट्टिनी का बाणभट्ट से प्रथम परिचय 'असुर गृह में कैद लक्ष्मी' और 'अशोक वन की सीता' के रूप में कराया गया है जिसके उद्धार के लिए बाणभट्ट को नियोजित कर, आजीवन अभिनय करनेवाली कुशल अभिनेत्री निउनिया ने एक महान् सिद्धि के लिए अपनी सिद्धि को

सोपान मान लिया। बड़े सत्य के लिए छोटे सत्य को अविरोधी बना देना निउनिया के मानवीय चरित्र की अपनी निजी विशेषता है। यही कारण है कि बाणभट्ट और भट्टिनी के बीच अंकुरित होते 'यूटोपियायी' प्रेम के लिए उसने बाणभट्ट के प्रति अपने प्रेम को अवरोधक नहीं बनने दिया। अभिनय करके जिसे पाया था अभिनय करके ही उसे खो दिया। अपनी सिद्धि को सोपान बना देने का संकल्प और उसकी साधना पूरी हुई, साथ ही जीवन-लीला भी। राष्ट्रीय उद्धार के बड़े उद्देश्य के लिए निउनिया का यह त्याग उपन्यासकार के प्रिय भावसूत्र 'अपने को दलित द्राक्षा की तरह निचोड़कर दूसरे को तृप्त कर देने से विन्यस्त है। भट्टिनी द्वारा पूछे गये प्रश्न का उत्तर देती हुई महामाया कहती हैं--"जहाँ कहीं अपने-आपको उत्सर्ग करने की, अपने-आपको खपा देने की भावना प्रधान है, वहीं नारी है।

जहाँ कहीं दुःख-सुख की लाख-लाख धाराओं में अपने को दलित द्राक्षा के समान निचोड़कर दूसरे को तृप्त करने की भावना प्रबल है, वहीं 'नारी-तत्त्व' है या शास्त्रीय भाषा में कहना हो, तो 'शक्ति-तत्त्व' है। वह आनन्द भोग के लिए नहीं आती, आनन्द लुटाने के लिए आती है।" (बाणभट्ट की आत्मकथा, पृ० १५६) इस शास्त्रीय व्याख्या में तो स्त्री के अस्तित्व का ही नकार है, उसके जीवन में आनन्द के लिए कोई अवकाश नहीं। फिर नारी-जीवन की सार्थकता क्या है? महामाया के पास इसका भी बहुत गोल-मटोल उत्तर है--"स्त्री की सफलता पुरुष को बाँधने में है, किन्तु सार्थकता पुरुष की मुक्ति में है।" निउनिया ने स्वयं बाणभट्ट के सामने नारी-जीवन की सार्थकता का प्रश्न उठाया है--"मेरी ही शपथ करके तुम सत्य-सत्य कहो आर्य, मेरा कौन-सा ऐसा पाप चरित्र है जिसके कारण मैं आजीवन दुःख की निदारुण भट्टी में जलती रही, क्या स्त्री होना ही मेरे अनर्थों की जड़ नहीं है?" (वही, पृ० २२५) इस धारदार प्रश्न के भीतर का प्रश्न ही उसका प्रामाणिक उत्तर है--"क्या स्त्री होना ही मेरे अनर्थों की जड़ नहीं है?" शास्त्रों की रटी-रटायी भाषा बोलनेवाली भैरवी महामाया के उत्तर से सर्वथा भिन्न, यह कदम-कदम पर दारुण दुःख की आँच में तपती हुई एक युवा विधवा का ही नहीं, पूरी नारी-जाति का अनुभव सच है। हिन्दू समाज में वैसे तो स्त्री होकर जीना ही कठिन था और वर्जनाओं से भरा हुआ विधवा-जीवन तो और भी कठिन था। आज परिस्थितियाँ बदल गयी हैं, फिर भी कभी-कभी ऐसा कारुणिक दृश्य देखने को मिल ही जाता है, जब शादी-विवाह के मांगलिक अवसर पर घर की किसी विधवा को कोई निर्जन-सा कोना पकड़ लेना पड़ता है। अपनी ही बेटी की विदायी अथवा नवागता बहू के स्वागत से वह वंचित कर दी जाती है।

निउनिया का प्रश्न बाणभट्ट को विचलित कर देता है। उसके वैधव्य जीवन की त्रासद स्थितियों पर विचार करते हुए वह कहते हैं--"निपुणिका में इतने गुण हैं कि वह समाज और परिवार की पूजा का पात्र हो सकती थी, पर हुई नहीं! इतने दिनों से

साथ हूँ, उसके चरित्र में कोई कलुष नहीं देखा। वह हँसमुख है, कृतज्ञ है, मोहिनी है, लीलावती है--ये क्या दोष हैं? मेरा चित्त कहता है कि दोष किसी और वस्तु में है जो इन सारे सद्गुणों को दुर्गुण कहकर व्याख्या करा देती है।" (बाणभट्ट की आत्मकथा, पृ० २५५) जाहिर है कि दोष निउनिया में नहीं, मनुष्य के सामाजिक सम्बन्धों की जड़ ही दोषपूर्ण है। झूठ पर आधारित समाज-व्यवस्था ही दोषपूर्ण है। लेखक की जो आत्मीयता निउनिया के चरित्र-सृजन में दिखायी पड़ती है वैसी किसी अन्य पात्र के सृजन में नहीं। सोलह साल की एक युवा विधवा जिस तरह से वैधव्य जीवन की सारी वर्जनाओं को पैरों तले रौंदकर, लोकनिन्दा और कटूक्तियों की परवाह किये बिना, घर-परिवार छोड़कर बाणभट्ट की नाटक-मण्डली में शामिल होती है और नये सिरे से स्वतन्त्र जीवन जीने का मार्ग ढूँढ़ लेती है, वह उसके साहस और निर्भीकता का परिचायक है। वह बाणभट्ट और भट्टिनी, दोनों की प्रेरक शक्ति थी। निपुणिकाविहीन भट्टिनी की कल्पना स्वयं बाणभट्ट को जड़ीभूत कर देती है। भट्टिनी बड़ी शिद्दत के साथ यह महसूस करती है कि उसने प्रेम की दो दिशाओं को एकाकार कर दिया। उसने बार-बार भट्ट की जड़ता को तोड़ा था। उसके सामने उनके पुरुषत्व का गर्व, पाण्डित्य का गर्व और कौलीन्य का गर्व कितनी ही बार भरभराकर गिर चुका था। इसीलिए निउनिया, नगर की प्रसिद्ध एवं सम्मानित राजनर्तकी चारुस्मिता की दृष्टि में स्त्री-जाति की शृंगार थी, सतीत्व की मर्यादा थी, उन्मार्गगामिनी नारियों की मार्गदर्शिका थी। वह जड़ीभूत समाज की स्पन्द-चेतना थी, लीलावती थी, मोहिनी थी, सद्गुणों की खान थी और सबसे बढ़कर भट्टिनी के उद्धार के माध्यम से राष्ट्रीय उद्धार की संयोजिका-शक्ति थी।

किन्तु सवाल केवल एक भट्टिनी के उद्धार का नहीं है। सवाल केवल छोटे राजकुल के अवरोध-गृह में कैद उन अनगिनत स्त्रियों का भी नहीं है जिन्हें हठात् अपहत कर लिया गया है, बल्कि सबसे बड़ा सवाल लाखों-करोड़ों की संख्या में अकारण दण्डित उस मानवता का है जो सामन्ती-पुरोहिती समाज-व्यवस्था की दमन-चक्की के नीचे पिस रही है। इन सवालों से टकराते तो बाणभट्ट भी हैं किन्तु प्रभावशाली ढंग से इस बड़े सवाल को उठाया है भैरवी महामाया ने जो स्वयं राजकुल के अन्तःपुर की कैद से मुक्त होकर भी सामाजिक मुक्ति के लिए अशान्त बनी हुई हैं। प्रश्न को एक व्यापक सामाजिक सन्दर्भ देती हुई महामाया कहती हैं--"इस उत्तरापथ में लाख-लाख निरीह बहुओं और बेटियों के अपहरण और विक्रय का व्यवसाय क्या नहीं चल रहा है? क्या निरीह प्रजा की बेटियाँ उनकी नयनतारा नहीं हुआ करतीं? क्या राजा और सेनापति की बेटियों का खो जाना ही संसार की दुर्घटनाएँ हैं? कहना न होगा कि महामाया द्वारा उठाये गये ये प्रश्न आज भी न केवल प्रासंगिक बने हुए हैं बल्कि और भी तीखे बनकर हमारे सामने उपस्थित हैं। अपहरण, बलात्कार, हत्या, फिरौती-जैसी घटनाएँ निरन्तर बढ़ती जा रही हैं। अपहरण तो व्यवसाय का रूप लेता जा रहा

है। आगे प्रश्न की धार को और तेज करती हुई महामाया ने अपने को उन लाखों निरीह बहू-बेटियों की कतार में खड़ी कर प्रश्न को और भी विश्वसनीय और प्रभावशाली बना दिया है--"मैं तुम्हारे देश की लाख-लाख अवमानित, लांछित और अकारण दण्डित बेटियों में से एक हूँ। कौन नहीं जानता कि इस घृणित व्यवसाय के प्रधान आश्रय सामन्तों और राजाओं के अन्त:पुर हैं? आपमें से किसको नहीं मालूम कि महाराजाधिराज की चामरधारिणियाँ और करंकवाहिनियाँ इसी प्रकार भगायी हुई और खरीदी हुई कन्याएँ हैं?" (बाणभट्ट की आत्मकथा, पृ० २०२-२०३) महामाया ने अच्छी तरह समझ लिया है कि सामन्ती व्यवस्था की जड़ों में घुन लग गया है, वह खोखली और जर्जर हो गयी है। अतः हतवीर्य राजाओं-महाराजाओं की आशा छोड़ो! उनकी वेतनभोगी सेना म्लेच्छवाहिनी का सामना नहीं कर सकती आर्य सभासदो! सब मिलकर एक हो जाओ।

और फिर 'अमृत-पुत्रों' को सम्बोधित उनका रोमांचकारी उद्‌बोधन कथा की रोमाण्टिक काव्य-संवेदना को 'जागो फिर एक बार' की ओजस्विता में ढाल देता है। 'अमृत के पुत्रो! मृत्यु का भय माया है' की ओजस्वी झनकार बहुत देर तक सभा-मण्डप में गूँजती रहती है और उसकी अनुगूँज स्थाणीश्वर की दुर्भेद्य प्रस्तर-भित्तियों को चीरकर, सभागार से बाहर गली-कूचों में फैलती गवाक्षों से टकराने लगती है--'अमृत के पुत्रो! मृत्यु का भय माया है, न्याय के लिए प्राण देना सीखो, सत्य के लिए प्राण देना सीखो, धर्म के लिए प्राण देना सीखो, अमृत के पुत्रो! मृत्यु का भय माया है।' भीड़ बढ़ने लगती है, पट-मण्डप उस स्फीत जन-सम्मर्द को धारण करने में असमर्थ हो जाता है और हजार-हजार कण्ठों से दीर्घ-दीर्घायित स्वर प्रतिध्वनित हो उठता है--'मृत्यु का भय माया है।' तथाकथित म्लेच्छवाहिनी का सामना करने के लिए जिस अपेक्षित एकजुटता और जन-संगठनात्मक क्षमता की अपेक्षा होती है, वह न तो राजाओं की वेतनभोगी सेना में है और न ही विभिन्न स्तर-भेदों में विभाजित खोखले समाज में। धर्म की नपुंसकता, धर्माचार्यों के ढोंग-पाखण्ड और आपसी ईर्ष्या-द्वेष, सामन्तों की लम्पट विलासिता और पतनोन्मुखी सामन्ती-व्यवस्था की जड़ता पर अत्यन्त तीखा प्रहार करते हुए महामाया ने जीवन के गम्भीरतर सवालों को उठाया है जो आधुनिक नवजागरण के पुनरुत्थानवादी राष्ट्रीय स्वर से काफी मिलते-जुलते हैं।

फिर भी यह सवाल तो शेष रह ही जाता है कि क्या महामाया का सत्य अविभाजित मनुष्य का सत्य है? इस सन्दर्भ में गम्भीरता से विचार करते हुए भट्टिनी ने महामाया के वक्तव्य में निहित शुद्धतावादी पौराणिक स्वर की ओर इशारा कर महामाया के सत्य को अर्द्धसत्य के रूप में ही स्वीकार किया है। वह कहती हैं--"यह क्या सत्य नहीं है कि यवन-कन्या भी मनुष्य है और ब्राह्मण-युवा भी मनुष्य है। महामाया जिन्हें म्लेच्छ कह रही हैं, वे भी मनुष्य हैं। भेद इतना ही है कि उनमें

सामाजिक ऊँच-नीच का ऐसा भेद नहीं है।" (बाणभट्ट की आत्मकथा, पृ० २७१) सामाजिक स्तर-भेदों की जटिलता को आगे और स्पष्ट करती हुई वह कहती हैं--"भारतवर्ष में जो ऊँचे हैं वे बहुत ऊँचे हैं जो नीचे हैं उनकी निचाई का कोई आर-पार नहीं; परन्तु उनमें सब समान हैं। उनकी स्त्रियों में रानी से लेकर परिचारिका तक के और गणिका से लेकर वार-विलासिनी तक के सैकड़ों के भेद नहीं हैं। वे सब रानी हैं, सब परिचारिका हैं।" (वही, पृ० २७१) इस समस्या के समाधान के बारे में बाणभट्ट से विचार-विमर्श करती हुई भट्टिनी कहती हैं--"भट्ट ऐसा क्या नहीं हो सकता है कि ऊँची भारतीय साधना उन तक पहुँचायी जा सके और निकृष्ट सामाजिक जटिलता यहाँ से हटायी जा सके। जब तक ये दोनों बातें साथ-साथ नहीं हो जातीं तब तक शाश्वत शान्ति असम्भव है।" (वही, पृ० २७१) यह भट्टिनी का पूरा सच है जो महामाया के आधे सच से कहीं ज्यादा महत्त्वपूर्ण और सार्थक है, क्योंकि यह राष्ट्रीयता को अतिक्रमित कर अन्तरराष्ट्रीय धरातल पर एक सामान्य विश्व-संस्कृति की सम्भावनाओं की खोज पर आधृत है।

जाहिर है कि भट्टिनी भारतीय समाज में व्याप्त ऊँच-नीच के भेदों की विषमता और उसके सामाजिक दुष्प्रभाव को एक दार्शनिक की तटस्थ दृष्टि से न देखकर मानवीय करुणा की दृष्टि से देखती हैं जिसमें उनकी पीड़ा का आत्मसत्य भी छिपा हुआ है। इस प्रकार भट्टिनी सामाजिक-सांस्कृतिक अन्तर्विरोधों की मूलगामी चेतना का विश्लेषण करते हुए 'नरलोक से लेकर किन्नरलोक तक एक ही रागात्मक हृदय' की बात करती हैं क्योंकि बाणभट्ट केवल भारतवर्ष में ही नहीं पाये जाते। इसी विश्वास के आधार पर वे पूरे विश्व में सांस्कृतिक एकरूपता के प्रति आशावान् हैं। अच्छे उद्‌देश्यों से संचालित होने के कारण भट्टिनी की मानवतावादी विश्व-संस्कृति की अवधारणा, निःसन्देह महत्त्वपूर्ण भी है और मूल्यवान् भी। इसकी व्यावहारिक चरितार्थता का सवाल फिर भी बना रह जाता है जिसका हल न तो भट्टिनी के पास है और न बाणभट्ट के पास। इसके प्रचार-प्रसार के लिए भट्टिनी को बाणभट्ट की कविता पर विश्वास है लेकिन बाणभट्ट को सन्देह है कि जो काम महाकवि कालिदास न कर सके, वह मैं कैसे कर पाऊँगा। हल तो हजारीप्रसाद द्विवेदी के पास भी नहीं है लेकिन विश्व-संस्कृति की अपनी महत्त्वाकांक्षी अवधारणा पर उन्हें भट्टिनी की तरह पूरा विश्वास है।

अन्यत्र वे लिखते हैं--"मैं संस्कृति को किसी देश-विशेष या जाति-विशेष की मौलिकता नहीं मानता। मेरे विचार से सारे संसार के मनुष्यों की एक सामान्य मानव-संस्कृति हो सकती है। यह दूसरी बात है कि वह व्यापक संस्कृति अब तक सारे संसार में अनुभूत और अंगीकृत नहीं हो सकी है।" (अशोक के फूल, पृ० ६९) इस अर्थ में यदि भट्टिनी को हजारीप्रसाद द्विवेदी के मानवतावादी सांस्कृतिक विचारों की प्रवक्ता कहा जाय तो गलत न होगा।

सुचरिता और बाणभट्ट के लम्बे संवाद के माध्यम से प्रेम-सम्बन्धी विभिन्न गुत्थियों को सुलझाया गया है। स्त्री-पुरुष के प्रेम-सम्बन्धों पर शास्त्रों के नकारवादी रवैये और भोगवादी दृष्टि का प्रत्याख्यान कर उसे मानव-मन की स्वाभाविक वृत्ति के रूप में रेखांकित करते हुए लोकवादी धरातल पर व्याख्यायित किया गया है। सामन्ती हितों को पुष्ट करनेवाली शास्त्र-परम्परा विधि-निषेध की विभाजक रेखा खींचकर पाप-पुण्य और स्वर्ग-नरक का विधान करती है, नरक के भय और शाप के दण्ड से मनुष्यों को आतंकित करती है तथा नारी के शरीर को पाप-समुच्चय और नरक का द्वार बताती आयी है। बाबा अघोर भैरव ने शास्त्रों के इस पाखण्ड से बाणभट्ट को सावधान किया था--"देख रे तेरे शास्त्र तुझे धोखा देते हैं। जो तेरे भीतर सत्य है, उसे दबाने को कहते हैं, जो तेरे भीतर मोहन है, उसे भुलाने को कहते हैं, जिसे तू पूजता है, उसे छोड़ने को कहते हैं।" (बाणभट्ट की आत्मकथा, पृ० ८२) बाबा ने यहाँ जिस सत्य का उद्घाटन किया है, वह स्पन्द-चेतना का सत्य है, सामान्य मनुष्य में आत्मविश्वास पैदा करनेवाला और अज्ञानता से मोह-भंग का सत्य है। इस सत्य को आत्मसात् कर लेने के बाद सुचरिता का मोह-भंग होता है और उसमें साहस के साथ सच को स्वीकार करने का आत्मविश्वास पैदा होता है--"मानव-देह केवल दण्ड भोगने के लिए नहीं बनी है, आर्य! यह विधाता की सर्वोत्तम सृष्टि है। यह नारायण का पवित्र मन्दिर है। पहले इस बात को समझ गयी होती तो इतना परिताप नहीं भोगना पड़ता। गुरु ने मुझे अब यह रहस्य समझा दिया है। मैं जिसे अपने जीवन का सबसे बड़ा कलुष समझती थी, वही मेरा सबसे बड़ा सत्य है।" (बाणभट्ट की आत्मकथा, पृ० १९१-९२) निश्चय ही यह नारी-देह को पाप-समुच्चय माननेवाली, यौन-शुचिता के खोखले प्रतिमान से स्त्री के चरित्र की नाप-जोख करनेवाली तथा पुरुष वर्चस्व का गुणगान करनेवाली शुद्धतावादी परम्परा के विरुद्ध विद्रोह है और पुरुषार्थ चतुष्टय के श्रेष्ठता-क्रम को तोड़कर 'प्रेमापुमर्थोमहान्' का उद्घोष है। मध्य युग में सूरदास-जैसे कृष्ण-भक्त कवियों ने मनुष्य की स्वाभाविक प्रेम-प्रवृत्ति को दबानेवाली, इसी शास्त्र-परम्परा के विरुद्ध आवाज उठायी थी। इसीलिए सूर की प्रेम-कविता, रोमाण्टिक विद्रोह की कविता है, और गोपियों का प्रेम पक्षियों के समान उन्मुक्त और स्वच्छन्द है। यह आकस्मिक नहीं है कि 'बाणभट्ट की आत्मकथा' का सूत्र कृष्णभक्ति के परकीया-प्रेम में विन्यस्त है और भट्टिनी का प्रेम गोपियों के प्रेम की तरह 'अदृप्त और निगूढ़' है।

इस वैष्णव प्रेम-पद्धति की प्रमुख विशेषता यह है कि इसमें भक्त अपने समस्त अच्छे-बुरे कर्मों को आराध्य को अर्पित कर अकारण आरोपित पाप के दुःख भोग से मुक्त हो जाता है। 'दूसरी परम्परा की खोज' में नामवर सिंह ने वल्लभाचार्य के 'अणुभाष्य' से एक वक्तव्य उद्धृत किया है जिसके अनुसार "कर्म दुःख रूप तब होता है जब वह अभिमानपूर्वक किया जाता है कि 'मैं कर रहा हूँ।' ब्रह्मविद् जो कर्म

करता है वह अपने को कर्त्ता मानकर नहीं, ब्रह्म को असली कर्त्ता मानकर। इस प्रकार उसके सारे कर्म ब्रह्म को अर्पित हो जाते हैं। जिस प्रकार जगत् के सारे व्यापारों को वह ब्रह्म-प्रयत्न के रूप में देखता है, वैसे ही अपने कर्मों को भी। सब-कुछ करता हुआ भी वह समझता है कि मैं कुछ नहीं कर रहा हूँ। इस प्रकार व्यक्तिगत सत्ता का लोकसत्ता में लय हो जाने से प्रिय-अप्रिय की परिमित भावना का परिहार हो जाता है। इस दशा को प्राप्त जीव कर्त्ता और भोक्ता होकर भी दु:ख से परे रहता है।" (पृ० ५९ से उद्धृत) 'बाणभट्ट की आत्मकथा' के शिल्प-प्रयोग में इस जीवन-दर्शन की महत्त्वपूर्ण भूमिका है।

वैष्णव तान्त्रिक व्यंकटेश भट्ट के सम्पर्क में आने के बाद ही सुचरिता इस रहस्य को समझ सकी कि विकारों को अपने आराध्य को अर्पित कर पाप के दोष से मुक्त हुआ जा सकता है। इस साधना में सुचरिता तो सफल होती है लेकिन निउनिया बाणभट्ट के प्रति अपने विकार को ही सिद्धि-सोपान मान लेती है। निउनिया स्वीकार करती है कि "मैं विकारों को नारायण को अर्पण करने की साधना में असफल रही। सुचरिता सफल हुई है, वह धन्य है।" (बाणभट्ट की आत्मकथा, पृ० २६१) इस साधना की सफलता से तेजोद्दीप्त सुचरिता पूरे आत्मविश्वास के साथ बाणभट्ट से कहती है--"नारायण ही इस नाव के कर्णधार हैं। हम तो तूफान देखकर बेकार ही हाय-हाय करनेवाले जीव हैं। मन क्यों नहीं समझ पाता आर्य, कि वह किसी कार्य का उत्तरदायी नहीं है? वासुदेव के रहते इतना वृथा सोच क्यों करता है?" (वही, पृ० १९३) प्रेम-सम्बन्धी विधि-निषेध की अनेक जटिलताओं से गुजरती हुई सुचरिता प्रश्नाकुल हो उठती है। परम्परा के भीतर से ही वह प्रेम के वास्तविक स्वरूप को ठीक से समझने का प्रयत्न करती है तो अनेक सवालों से दो-चार होना पड़ता है। क्या काम प्रेम का विरोधी है? जिस प्रचण्ड दुर्वार शक्ति के इंगित मात्र से लज्जा का आजन्म लालित बन्धन इस प्रकार शिथिल हो जाता है, वह क्या पाप है? वैराग्य क्या इतनी बड़ी चीज है कि प्रेम के देवता को उसकी नयनाग्नि में भस्म कराके कवि गौरव अनुभव करें? क्या पार्वती का व्रत जड़ शरीर धर्मों का पाप-आकर्षण मात्र था? दीर्घ साधना भी आर्य महामाया के भीतरी कलुष को क्यों न जला सकी?

इन तमाम सवालों से टकराती हुई सुचरिता की दृष्टि गोपियों की प्रेम-पद्धति पर टिक जाती है जिसके लिए कहा गया है कि वहाँ काम ही प्रेम है और प्रेम ही काम है। इस द्वन्द्वात्मक विमर्श से अन्त में सुचरिता यह निष्कर्ष निकालती है कि "वस्तुत: कलुष भी मनुष्य का अपना सत्य है। उसे स्वीकार करके ही वह सार्थक हो सकता है। दबाने से वह मनुष्य को नष्ट कर देता है। समस्त गुण-अवगुण जब तक निर्विकार चित्त से नारायण को नहीं सौंप दिये जाते तब तक वे भार मात्र हैं।" (बाणभट्ट की आत्मकथा, पृ० २२४) कहना न होगा कि भारतीय साहित्य में स्वाभाविक विकास के रूप में निरूपित यह प्रेम-पद्धति कृष्ण-भक्त कवियों की निगूढ़ और अदृप्त प्रेम-

व्यंजना में विन्यस्त है, जहाँ पाने की स्पृहा के स्थान पर अपने को सर्वतोभावेन दे देने की लगन है। रोमाण्टिक आवेग का माधुर्य है और क्लासिकी संयम की ओजस्विता है। उसमें समर्पण के उल्लास से अनुप्राणित वह अपूर्व तन्मयता है जो पाप-पुण्य के शास्त्रीय बन्धनों से सर्वथा मुक्त और स्वच्छन्द है। इसीलिए वह आनन्द का स्रोत और सामाजिक मंगल का विधायक है। इसलिए कि उसमें वैराग्य की साधना का लोकधर्मी भक्ति में रूपान्तरण है, नर और नारायण की अभिन्नता का उद्घोष है। वस्तुतः कालिदास से लेकर सूरदास तक ही अन्तर्यात्रा बार-बार शुद्धतावादियों के तीसरे नेत्र का सामना करनेवाली प्रेम और सौन्दर्य-बोध की लोक-संस्कृति की रक्षणशीलता है, और सबसे बढ़कर शास्त्रज्ञान और लोक-अनुभव की द्वन्द्वात्मक प्रक्रिया में उस सामाजिक सत्य तक पहुँचने का प्रयत्न है जिससे लोक का आत्यन्तिक कल्याण सम्भव हो एवं छोटा सत्य बड़े सत्य का अविरोधी बन सके। सामान्य मनुष्य जिस कार्य के लिए लांछित होता है उसी कार्य के लिए बड़े लोग सम्मानित होते हैं। अतः विभिन्न सामाजिक स्तर-भेदों के रहते सत्य और असत्य का मेल नहीं हो सकता। सामाजिक स्तर-भेद को ईश्वरीय विधान बताकर असत्य और पाखण्ड का प्रचार करनेवाले शास्त्रों और उनके अनुयायी पुराणपन्थी आचार्यों के भ्रामक मतों का प्रत्याख्यान कर, सत्यासत्य परीक्षण के साथ लोक-जीवन के सर्जनात्मक मूल्यों की तलाश करना ही आत्मकथा की प्रमुख विशेषता है।

'चारु चन्द्रलेख' में राजा सातवाहन, रानी चन्द्रलेखा और मैना की त्रिकोणात्मक प्रेमकथा ही इस उपन्यास का मूल विषय है और शक्ति-साधना की प्रतीक शैली में विन्यस्त होने के कारण, घटना-चक्र के अन्दर अनेक घटना-चक्रों की जटिल संरचना ने उनके सुसंगत निर्वाह को कठिन बना दिया है। सातवाहन, चन्द्रलेखा और चन्द्रलेखा की सहचरी मैना प्रतीक कथा में क्रमशः ज्ञान, इच्छा और क्रिया के प्रतीक हैं और एक-दूसरे से विच्छिन्न होने के कारण ये एकाकार नहीं हो पाते।

ज्ञान की चेतना से अलग-थलग पड़ी इच्छाशक्ति सिद्धियों के लिए भटकती हुई कुण्ठित हो जाती है तथा इच्छाशक्ति और क्रियाशक्ति के निरन्तर घात-प्रतिघात का अन्त इच्छा की गोद में क्रिया के आत्मघात से होता है। इस प्रकार क्रियाशक्ति के अभाव में इच्छा और ज्ञान के निष्क्रिय मिलन बिन्दु पर उपन्यास समाप्त हो जाता है।

आरम्भ में रानी चन्द्रलेखा राष्ट्रीय राजनीति में राजा सातवाहन का हाथ मजबूत करने के लिए बड़ी दृढ़ता के साथ आगे आती हैं। विद्याधर भट्ट को आश्वस्त करती हुई वह संकल्प करती हैं कि "इस देश में मिथ्या खण्ड अभिमानों को चूर्ण करने के लिए चन्द्रलेखा वज्र के हथौड़े का काम करेगी और हतदर्प, हीनवीर्य पराजित प्रजा के चित्त में इतिहास की मंगलमयी प्रेरणा देने के लिए अमृत की तरह झरेगी। (चारु चन्द्रलेख, पृ० ३८) इस संकल्प को विकसित करने के क्रम में वह एक जननेत्री की तरह राजधानी के सैनिकों को सम्बोधित करती हैं और अपने वक्तव्य के अन्त में जब

वे घोषित करती हैं कि "वीरो! राजाओं का युद्ध समाप्त हो गया। अब कहीं आशा है तो प्रजा की संगठित शक्ति में" तो ऐसा लगता है कि उपन्यासकार चन्द्रलेखा के माध्यम से तत्कालीन सामाजिक यथार्थ को अपने वर्तमान की अपेक्षा में एक भविष्योन्मुखी दिशा देने का संकेत दे रहा है। कहना न होगा कि चन्द्रलेखा का यह वक्तव्य ज्ञान की चेतना से युक्त इच्छाशक्ति के महान् संकल्प के साथ ही उनके मानवीय व्यक्तित्व की ओजस्विता का भी प्रमाण है जो आगे चलकर सिद्ध योगिनी चन्द्रलेखा के निष्प्राण व्यक्तित्व में जड़ीभूत हो जाता है। आधुनिक नवजागरण की चेतना से उत्पन्न उनके उद्‌बोधन का स्वर जो राष्ट्र की वृहत्तर समस्याओं से जूझने की चुनौती का आभास दे रहा था, सामाजिक धरातल पर मूल प्रतिज्ञा बनकर बिखर गया। न तो चन्द्रलेखा में भट्टिनी के प्रेम की जीवन्तता का संचार हो सका और न ही सिद्ध योगिनी चन्द्रलेखा में भैरवी महामाया के महिमामयी व्यक्तित्व की ओजस्विता का आभास मिल पाता है।

मालव जनपद में घूम-घूमकर सामान्य जनसमुदाय में आत्मविश्वास पैदा कर लोक-जागरण का सन्देश देनेवाली 'जनपद-पर्वती' के रूप में लोकप्रिय चन्द्रलेखा का प्रभावशाली व्यक्तित्व आगे चलकर 'परम भट्टारिका विमला देवी' के अवतार के रूप में निष्प्रभावी और निष्क्रिय हो जाता है। उनके उद्‌बोधन का संकल्पसूत्र भी आगे चलकर मैना के साथ जुड़ जाता है। त्रिकोणात्मक प्रेम की परिधि में चन्द्रलेखा का स्थान मैना ले लेती है। राजा सातवाहन से सम्बद्ध होकर मैना उनकी निष्क्रियता और जड़ता को स्पन्दित करती है। उन्हें छोटी-छोटी सीमाओं के घरौंदों से बाहर निकालकर अकुतोभय होने का सन्देश देती है, फूँक-फूँककर पैर बढ़ाने की कायरता को झकझोरती है और साहस में सिद्धि बसने का गुरु-मन्त्र देकर उनमें साहस और उत्साह भरने का प्रयास करती है। अपनी 'ग्रामीण-वाहिनी' का नेतृत्व करनेवाली मैना 'साहसिकता और कर्मठता की जीवित प्रतिमा है। आत्मदान ही उसका धर्म है और संघर्ष उसका कर्म है। वह आग से खेलती, आँधी-सी बहती और अमृत-सी झरती है; वह बिजली-सी कड़कती और मेघ-सी बरसती है। वह नागर-नटी का नटखट तेज है, 'सिंहवाहिनी' और 'महिषमर्दिनी' के दोनों विग्रहों का जीवन्त अभिनय है। वह नारी-अस्मिता की पहचान है तो क्रियाशील जीवन जीने की प्रेरणा भी। न जाने कितनी बार 'महिषमर्दिनी के विग्रह ने सिंह-पुरुषों को चुनौती दी है, न जाने कितनी बार सातवाहन का हृदय पिघलकर 'सिंहवाहिनी' के चरणों में ढरक जाना चाहा है। कुछ ऐसी ही लगती है उपन्यासकार के कल्पसृष्टि की मैना-चंचल, हँसमुख, अल्हड़, नटखट--'वज्रादपि कठोराणि मृदूनि कुसुमादपि।'

मैना, नाटी माता के भक्ति आश्रम की दीपशिखा है तो राजा सातवाहन और मन्त्री विद्याधर भट्ट के असाध्य साधन की सिद्धि भी है; उनकी लाचार सेना के लिए रज्जु-मार्ग से रसद पहुँचाने, दुष्ट घुण्डकेश्वर के चंगुल से नेहानन्द और धीर शर्मा को मुक्त

कराने, अशोक चल्ल की असम्भव-सी तीसरी शर्त को पूरा करने तथा अक्षोभ्य भैरव की प्रतिज्ञा का निर्वाह करने-जैसे असम्भव कार्यों को सम्भव बनाने में मैना की चमत्कारी भूमिका अविस्मरणीय हैं। वस्तुतः 'मैनसिंह' और 'मैना' के दोहरे व्यक्तित्व की नाटकीयता, उपन्यासकार की स्त्रीजनोचित लज्जा के तत्त्ववाद का परिणाम है जिसके चलते उसका प्रेम 'भट्टिनी' के प्रेम की तरह अदृप्त और निगूढ़ बनकर रह गया है ; अन्यथा मैना 'चारु चन्द्रलेख' का सबसे जीवन्त और सबसे आकर्षक चरित्र है। प्रेमकथा और प्रतीक-कथा के समानान्तर निर्वाह की जटिल प्रक्रिया के कारण, चन्द्रलेखा के व्यक्तित्व को अतिक्रमित कर जाने के बावजूद मैना के प्रेम की चरितार्थता अनिर्दिष्ट रह जाती है।

मैना ने सातवाहन को पहली बार देखा तो लगा जैसे जन्म-जन्मान्तर से इसी रूप को खोजती फिर रही थी। मन में कोई लोभ नहीं था; पा लूँ ऐसी लालसा नहीं थी; था तो केवल अपने को निःशेष भाव में उँड़ेलकर दे देने का भाव। लेकिन यह 'मैनसिंह' के पुरुष-विग्रह द्वारा ही सम्भव था। मैना के नारी-विग्रह की विवशता यह है कि उसका अर्घ्य शुद्ध गंगाजल की धार, नहीं बन पाता; देना चाहती है गंगाजल की धार, आगे उतराकर बह जाना चाहता है फूल। उपन्यासकार एक ओर तो मैना-बोधा के प्रेम-प्रसंग को उभारना चाहता है और दूसरी ओर सातवाहन के प्रति उसके कोमल अनुराग को आत्मदान की सेवा-भावना में जड़ीभूत कर देता है। पुरुषोत्तम क्षेत्र का प्रसाद ग्रहण करके ही बोधा प्रधान उसे ग्रहण नहीं कर पाते और देवी के चरणों में चढ़ा हुआ फूल राजा के लिए देवी की भाव प्रतिमा बन जाता है।

परम्परागत रूढ़ शब्दों और प्रतीकों को नया अर्थ देकर उसमें आज के मनुष्य के लिए प्रासंगिक सम्भावनाओं की तलाश करना उपन्यासकार हजारीप्रसाद द्विवेदी की एक प्रमुख विशेषता है। 'पुनर्नवा' उपन्यास के अन्तर्गत मृणालमंजरी के व्यक्तित्व और चरित्र के निर्माण में ऐसे ही रूढ़ प्रतीकों का रचनात्मक उपयोग किया गया है। आचार्य देवरात अपनी पालिता पुत्री मृणाल को 'महिषमर्दिनी' के स्थान पर 'सिंहवाहिनी' की उपासना का सुझाव देते हुए कहते हैं कि 'महिषमर्दिनी केवल भावलोक की साधना है। वह कविता में फबती है, व्यवहार में नहीं।' मृणाल का भोला मन जब सहज ढंग से उसे समझने का प्रयास करता है तो उसकी समझ में यह नहीं आता कि जो बात कविता में फबती है, वह व्यवहार में क्यों न फबेगी? देवरात अपनी बात को और स्पष्ट करते हुए कहते हैं--"मुझे ऐसा लगता है कि उपपन्न कवि चाहे तो कविता के कल्पलोक में फूल-सी सुकुमार बालिका से वज्र कठोर महिष का निर्दलन करवा सकता है पर व्यवहारजगत् में यह सम्भव नहीं दिखता।" (पुनर्नवा, पृ० ४२-४३)

पोथी और शास्त्र के सहारे की गयी कविता और व्यवहारजगत् की जीवन-निरपेक्ष व्याख्या मृणाल के अबोध मन को आश्वस्त नहीं कर पाती और ऐसी कविता उसे निरर्थक प्रतीत होती है जो सामाजिक जीवन से कटी हुई केवल भावजगत् की

वस्तु हो। वह जीवन की अपेक्षा में भावजगत् को समझना चाहती है, इसलिए कई व्यावहारिक सवाल उसके सामने उठ खड़े होते हैं--"केवल पुरुष शक्ति की पूजा ही क्या स्त्री-धर्म है? सिंहवाहिनी की उपासना का मतलब क्या इतना ही है कि महिष-मर्दन का काम पुरुषों पर छोड़कर स्त्रियाँ उनकी आरती उतारा करें? स्त्रियों का धर्म क्या आगे बढ़कर अधर्माचार का विध्वंस करना नहीं है? यदि स्त्री पुरुष की सहधर्मिणी है तो सहधर्म में महिष-मर्दन भी होना चाहिए क्योंकि देवी सिंहवाहिनी भी है और महिषमर्दिनी भी। पिता जी क्यों इस बात को मानने में कुण्ठा का अनुभव करते हैं?" (पुनर्नवा : पृ० ४३-४४) मृणाल के द्वारा उठाये गये ये सवाल स्त्री-विमर्श के आधुनिक प्रश्नों के प्रस्थान बिन्दु हैं जिन्हें अपनी परम्परा के भीतर से ही पुनर्मूल्यांकन के क्रम में अर्जित किया गया है। इन प्रश्नों में स्त्री-अस्मिता की स्वीकृति की छटपटाहट है तो कदम-कदम पर पुरुष-निर्भरता से मुक्त होने का प्रयास भी। स्त्री-पुरुष की समानता के आधार पर यह 'सहधर्म' की नयी व्याख्या है जो शास्त्रों की स्त्री-विरोधी उस भोगवादी दृष्टि का प्रत्याख्यान करती है जो गार्गी के और प्रश्न करने पर गला काट लेने की धमकी देती है। यह बताने की आवश्यकता नहीं कि स्त्री-पुरुष सम्बन्धों को लेकर प्राय: शास्त्रों की दृष्टि उपभोक्तावादी रही है और स्त्री की स्वतन्त्र इच्छा-आकांक्षा और सहज प्रेमभावना को यौन-शुचिता के नाम पर वर्जना, कुल मर्यादा और थोथी नैतिकता के बन्धन में जकड़ देने के पीछे पुरुष-श्रेष्ठता का दम्भ और एक अजीब कुण्ठा का भाव दिखायी पड़ता है। यही कारण है कि पोथी की भाषा बोलनेवाले पिता की मानसिक कुण्ठा को मृणाल का अबोध मन सहज ही पहचान लेता है और जब वह लोक-जीवन की अपेक्षा में शास्त्र प्रतिपादित भावलोक को समझने का प्रयास करती है तो दोनों में उसे विरोध की स्थिति दिखायी पड़ती है।

पिता देवरात के शास्त्रमत से असन्तुष्ट मृणाल लोकमत को भी जान लेने के लिए यही सवाल जब सुमेर काका के सामने रखती है तो पहले तो वह ठठाकर हँसे फिर बोले "तेरे पिता देवरात पण्डित हैं। जो कुछ कहते हैं, तर्क के तराजू पर तौलकर कहते हैं। पर तेरा काका अटट गँवार है। तू पूछना चाहती है कि भैंसा अगर चढ़ दौड़े तो तेरे-जैसी लड़की को क्या करना चाहिए। तेरे काका का जवाब है, जो कुछ आसपास मिल जाये, उसी से उस भैंसे को दमादम पीट देना चाहिए। नाक पर मार सको तो क्या कहना! आँख फोड़ सको तो और अच्छा! सिंह बाद में आयेगा, पहली चोट तुम्हें ही करनी होगी।" (वही, पृ० ४८) जाहिर है कि उपन्यासकार लोकमत के परिप्रेक्ष्य में शास्त्रमत को जाँचता-परखता, परम्परा के भीतर से ही स्त्री-सम्बन्धी अपनी आधुनिक दृष्टि का निर्माण करता है जिसमें स्त्री के स्वतन्त्र व्यक्तित्व, उसके अस्तित्व एवं विषम परिस्थितियों में आत्मनिर्णय के अधिकार को अपनी स्वीकृति प्रदान करता है।

चन्दा इस उपन्यास की सबसे प्रभावशाली और आकर्षक स्त्री-चरित्र है। दोनों आरम्भिक उपन्यासों की तरह यहाँ प्रेम का स्वरूप अदृप्त और निगूढ़ नहीं है बल्कि

चन्दा का प्रेम उन्मुक्त और उद्दाम है। यहाँ जटिलता दूसरे प्रकार की है, वह यह कि गोपाल आर्यक और चन्दा दोनों प्रेमी-प्रेमिका विवाहित हैं और चन्दा पति के घर से भागकर प्रेमी के साथ रहने लगी है। वहाँ चन्दा अपने सद्व्यवहार और अकुण्ठ सेवाभाव से आर्यक की विवाहिता पत्नी मृणाल से ऐसा बहनापा स्थापित कर लेती है कि बरबस प्रभाष-क्षेत्र में रुक्मिणी और राधा की मार्मिक भेंट की स्मृति ताजा हो उठती है, जहाँ पत्नी और प्रेमिका ऐसे मिलती हैं, "जैसे बहुत दिननि की बिछुरी, एक बाप की बेटी।" सूरदास ने वहाँ स्वकीया और परकीया को अभिन्न और एकरूप बना दिया था तो पुनर्नवा में हजारीप्रसाद द्विवेदी ने एक बाप की दो बेटियों को सूर के भावलोक से उतारकर व्यावहारिक जीवन में मृणाल और चन्दा के माध्यम से प्रेम के दो छोरों को बहनापे में एकाकार कर दिया है। इस प्रकार चन्दा 'बाणभट्ट की आत्मकथा' की निपुणिका और 'चारु चन्द्रलेख' की मैना से कहीं ज्यादा सौभाग्यशाली है जो अकारण अपघात के दोष से बच जाती है। चन्दा के प्रेम के माध्यम से उपन्यासकार ने यह स्थापित करने का प्रयास किया है कि स्वकीया और परकीया प्रेम के बीच एकनिष्ठता कोई विभाजक रेखा नहीं बल्कि दोनों का मौलिक प्रतिमान है। आज के समाज में इस बढ़ती हुई स्वच्छन्द प्रवृत्ति के प्रति नकारवादी रवैया न अपनाकर द्विवेदी जी उसे लोकवादी भावभूमि से देखने की सिफारिश करते हैं। क्या कारण है कि आज भी विवाहित पुरुष के साथ किसी विवाहिता के भाग जाने की घटनाएँ कम नहीं हो पा रही हैं।

पति-पत्नी के संवैधानिक सम्बन्धों को लेकर चन्दा के नपुंसक पति श्रीचन्द्र द्वारा लगाये गये अभियोग का जनतान्त्रिक समाधान, जिस प्रकार न्याय के विभिन्न धर्मशास्त्रीय स्रोतों एवं लोकमत की गवाही पर किया गया है, वह उपन्यासकार के नारी-सम्बन्धी प्रगतिशील दृष्टिकोण का परिचायक है। हजारीप्रसाद द्विवेदी के अनुसार किसी कन्या की इच्छा के विरुद्ध उसके पिता द्वारा कराया गया विवाह, एक सामाजिक बलात्कार है। यह धर्मसम्मत विवाह नहीं बल्कि समाज को धोखा देनेवाला मिथ्याचार है। किसी समय चन्दा को दुश्चरित्र मानकर उससे घृणा करनेवाले, हलद्वीप के निवासियों के स्वयंभू संरक्षक सुमेर काका चन्दा को ठीक से जान लेने के बाद श्रीचन्द्र पर प्रति-अभियोग लगाते हुए आचार्य पुरगोभिल के सामने एक सधे हुए वकील की तरह चन्दा का पक्ष स्वयं प्रस्तुत करते हैं। "श्रीचन्द्र को मैं मिथ्याचारी समझता हूँ, उसने समाज को धोखा दिया है। आप मुझे-शूलबिद्ध भी कर दें तो भी मैं इस मिथ्याचार का प्रतिवाद करूँगा। पुराण-ऋषियों ने क्या कहा है, मुझे नहीं मालूम, परन्तु सत्य-सत्य है, बलात्कार-बलात्कार! मुझे इतना ही कहना है।" (पुनर्नवा, पृ० १८२) वस्तुतः चन्दा के प्रेम में शारीरिक बुभुक्षा का उद्दाम वेग है तो उससे कहीं ज्यादा अकुण्ठ सेवाभाव और दलित द्राक्षा की तरह निचोड़कर दे देनेवाला आत्म-त्याग है।

चन्दा के इस प्रेम की विशिष्टता पर उपन्यासकार विस्मय-विमुग्ध हैं--"संसार में आज तक किस स्त्री ने इतना साहसिक प्रेम और इतनी अकुण्ठ निश्छल सेवा की

है। कितनी बार उसने आर्यक के लिए अपने प्राणों को संकट में डाल दिया है, कितनी बार उसने प्राण डालकर आर्यक में संजीवनी शक्ति भरी है, कितनी बार उसने सामाजिक विधि-विधानों को तलवे से रौंदकर सत्य को स्वीकार किया है।" (वही, पृ० ३२२)

लोक-प्रवादों से भयभीत आर्यक की उपेक्षा ने उसके प्रेम को और उग्र बना दिया है। चन्दा जब आर्यक को गँवार और कायर कहती है, उसके 'सतेपन' को कुरेदती है तो वह घबरा जाता है। कभी पैर धो देती है तो उसे बिजली मार जाती है। उसके इसी भोलेपन पर वह मुग्ध है। 'लोग क्या कहेंगे', 'मृणाल क्या सोचेगी'-जैसे लोक-प्रवाद से अपने को मुक्त न कर पाने के कारण ही आर्यक चन्दा की निश्छल आत्मीयता, 'प्रेमरस में सराबोर' उसके 'कुवाच्यों' की अपूर्व मिठासभरी छेड़छाड़ का अनुभावन नहीं कर पाता। दूसरी तरफ चन्दा निश्छल, अकुण्ठ और खरी है। मुँहफट इतनी कि मृणाल के सामने भी आर्यक के प्रति अपने उद्दाम प्रेम की दुर्बलता को बेझिझक कह डालती है--"वह मन का ठण्डा है। मैं तन की गरम हूँ। पुरुष को मन का गरम होना चाहिए। जिसका मन गरम होता है वह बहुत-से गरम तनों को ठण्डा कर सकता है। जिसका मन गरम नहीं होता, वह कितनी भी तलवार भाँज ले, स्त्री के लिए कायर ही है।" (वही, पृ० १९६) कहने की आवश्यकता नहीं कि चन्दा अपने प्रेम की शक्ति और सीमा दोनों से बखूबी परिचित है तो उसकी अनुभूति और अभिव्यक्ति के प्रति ईमानदार भी। इसके साथ ही आर्यक की दुर्बलता को जितना वह जानती है उतना स्वयं आर्यक भी नहीं जानते। कबीर की तरह चन्दा में भी अस्वीकार का अदम्य साहस है। निन्दाभरी कटूक्तियों और सारे लोक-प्रवादों को दरकिनार कर निर्भीक चन्दा जितनी दृढ़ता के साथ अपने असंवैधानिक विवाह को नकारती है, उतनी ही दृढ़ता के साथ अपने प्रेम के प्रति अडिग भी है। वह डंके की चोट पर अपने ऊपर लगाये गये अभियोग का प्रत्याख्यान करती है और श्रीचन्द्र पर प्रतिअभियोग लगाते हुए न केवल श्रीचन्द्र को बल्कि उस समाज को भी कटघरे में खड़ा कर देती है जो इस विवाह की धोखाधड़ी को मान्यता देते हैं--"मेरा विवाह मेरी इच्छा के विरुद्ध मेरे पिता ने एक ऐसे मनुष्यरूपधारी पशु से कर दिया था जो पुरुष है ही नहीं। मैं उसे पति नहीं मान सकती। हलद्वीप के मुँह में कालिख लगती है तो सौ बार लगा करे। जो समाज इस तरह के विवाह की स्वीकृति देता है, वह अपने मुँह में कालिख पहले ही पोत लेता है। मैंने आर्यक को ही अपना पति माना था। वह मेरा था, और रहेगा।" (पुनर्नवा, पृ० १३५) असत्य के नकार और सत्य के स्वीकार का यह अकुण्ठ साहस कहीं-न-कहीं 'ब्याहौ लाख धरौ दस कुबरी, अन्तहिं कान्ह हमारो' की परकीया भावभूमि से जुड़ा हुआ प्रतीत होता है जिसमें नकार के अहंकार से ज्यादा एकनिष्ठ प्रेम का अधिकारभरा दर्प है।

कहने की आवश्यकता नहीं कि चन्दा ने अपने पिता को, पति को और पुरुष-प्रधान समाज में स्त्री-हितों के विरुद्ध आचार-संहिता बनानेवाले और उसे मान्यता

प्रदान करनेवाले धर्म-समाज के ठेकेदारों को चुनौती देकर पूरे शहर को अपनी ओर झुका लिया। जिन लोगों ने भी चन्दा को पहचानने में गलती की थी वे सभी अपनी भूल-गलती सुधारने में लगे प्रतीत होते हैं। सुमेर काका तो पहले ही चन्दा का पक्ष प्रस्तुत करते हुए श्रीचन्द्र पर प्रति-अभियोग लगा चुके थे और जब पूरे हलद्वीपवासियों की ओर से घोषित करते हैं कि 'चन्दा-जैसी खरी तेजस्विनी सती नारी संसार में दुर्लभ है' तो ऐसा प्रतीत होता हे कि यह चन्दा के चरित्र का निश्छल प्रमाण-पत्र है, उसे कुलटा और व्यभिचारिणी मान लेने की भूल-गलती का प्रायश्चित्त है, लोक-प्रवादों में घिरी हुई बहू-बेटी को लोक-अदालत में अभियोग-मुक्त करने की लोक मान्यता है, शुद्धतावाद और संकीर्णता से ग्रस्त रूढ़िवादी धर्मशास्त्र को लोक की चुनौती है और सबसे बढ़कर लेखक द्वारा चन्दा के प्रेम की यह लोकवादी व्याख्या है। बाणभट्ट की आत्मकथा में बाबा अघोर भैरव के गुरुमन्त्र 'किसी से न डरना, गुरु से भी नहीं, मन्त्र से भी नहीं, लोक से भी नहीं, वेद से भी नहीं' का जादू बाणभट्ट पर चलता तो नहीं दिखायी पड़ता लेकिन पुनर्नवा में वह चन्दा के सिर चढ़कर बोलता है।

गोपाल आर्यक और चन्दा के उच्छल प्रेम का तरल आवेग इतना जीवन्त और एकनिष्ठ है कि सम्राट् समुद्रगुप्त, जिनके एकान्त निर्णय से वह अभिशप्त हो उठा था, अन्ततः यह स्वीकार करते हैं कि चन्दा को समझने में उनसे कहीं चूक हुई है; सम्भवतः उसकी सच्चाई, सरलता और तेजस्विता को निर्लज्जता मान लेने की भूल हुई है।

इस भूल-चूक का कारण उस दोषपूर्ण सामन्ती व्यवस्था में निहित है जो स्त्री के सद्‌गुणों को दुर्गुण के रूप में प्रचारित कर देती है। बाणभट्ट की आत्मकथा में बाणभट्ट ने बड़े विस्तार से निपुणिका के सद्‌गुणों की चर्चा करते हुए सामन्ती समाज-व्यवस्था में व्याप्त उस दोष को रेखांकित किया है जो हँसमुख, आकर्षक, मोहिनी, लीलावती स्त्री के सद्‌गुण को उसका चारित्रिक दोष मान लेता है। पान की दुकान पर बैठने के बाद अपने अनुभव के आधार पर निपुणिका यह टिप्पणी करती है कि जाने दो भट्ट! दुर्गुणों का तो फिर भी कुछ मोल है जिससे खिंचे ग्राहक चले आते हैं पर मेरे सद्‌गुणों का क्या मोल। कुशल अभिनेत्री के रूप में उसके कलाकार की क्या कीमत लगायी समाज ने? स्वयं उपन्यासकार भी यह टिप्पणी करने से नहीं चूका कि 'निउनिया पान कम मुस्कान ज्यादा बेचती है।' अतः दोष दृष्टि में है, देखनेवाला यदि दृष्टि-दोष का शिकार है तो दर्पण में छवि दोषपूर्ण ही दिखायी देगी। यही कारण है कि जब सम्राट् समुद्रगुप्त ने चन्दा को दृष्टि-दोष से मुक्त निर्दोष दृष्टि से देखा तो निर्लज्ज चन्दा के स्थान पर तेजस्विनी चन्दा की बिलकुल भिन्न छवि दिखायी पड़ी।

मनु के धर्मशास्त्र और पुराण-ऋषियों के विचारों को खँगालने के साथ ही लोकमत तथा विभिन्न क्षेत्रों की नजीरों और गवाहियों का विश्लेषण करने के बाद चन्दा

के व्यवहार के प्रधान न्याय-अधिकारी आचार्य पुरगोभिल एक निर्णयात्मक स्थिति में पहुँचते दिखायी देते हैं। राज प्रतिनिधि आमात्य पुरन्दर को सम्बोधित करते हुए आचार्य पुरगोभिल कहते हैं--"अगर सचमुच किसी की पुत्री सामाजिक विधि-निषेधों को उल्लंघन करके प्रेम निभाना चाहे तो लोग पसन्द नहीं करेंगे। परन्तु लोग चाहें या न चाहें, सुकुमार मति की कर्मठ बालिकाओं के वैचारिक सम्मान को कार्य रूप में परिणत करने की इच्छा कभी-न-कभी प्रबल रूप धारण कर सकती है। विचारों और कल्पना की दुनिया में जो बात मान्य होती है उसे व्यवहार की दुनिया में स्थान पाने में देर लगती है, पर वह पाती अवश्य है।" शास्त्र की मान्यताओं के प्रति संस्कार और लोक-मान्यताओं के स्वीकार के आलोक में दिया गया निर्णय चन्दा के पक्ष को पुष्ट करता है तो मृणाल की 'महिषमर्दिनी' की उपासना-सम्बन्धी जिज्ञासा को भी मान्यता प्रदान करता है। कहने की आवश्यकता नहीं कि शास्त्र और लोक की द्वन्द्वात्मक प्रक्रिया में पाण्डित्य की लोकोन्मुखता को रेखांकित करते हुए लोकमत और लोकपरम्परा को विशेष महत्त्व देना हजारीप्रसाद द्विवेदी के चिन्तन की विशिष्टता है। पुनर्मूल्यांकन समूची साहित्य-साधना का केन्द्रीय स्वर है। पाण्डित्य की लोकोन्मुखता का विचारसूत्र न केवल इतिहास और आलोचना में बल्कि द्विवेदी जी के निबन्धों और उपन्यासों में भी केन्द्रीय भूमिका का निर्वाह करता है।

अन्तिम उपन्यास 'अनामदास का पोथा' में इस विचारसूत्र की केन्द्रीयता स्पष्ट दिखायी देती है। इस उपन्यास में अतीत की समकालीनता और शास्त्र की लोकोन्मुखता के रचनात्मक तनाव से भारतीय उपन्यास की परिकल्पना को मूर्तिमान् किया गया है जिसको मनुष्य अच्छी तरह जानते हैं कि पुराने मूल्यों को उसके चरमराते हुए ढाँचे के भीतर नहीं खोजा जा सकता। सर्जनात्मक मूल्यों की तलाश में उपन्यासकार पहले तो उपनिषद्कालीन ऋषियों के तत्त्वज्ञान को प्रतिपादित करनेवाले मूल्यों का निर्माण करता है और फिर उनके भीतर ही उन्हें तोड़ने की द्वन्द्वात्मक प्रक्रिया में वैयक्तिक ज्ञान-साधना को लोक-जीवन की निर्वैयक्तिक जमीन पर जाँचता-परखता वैश्वानर साधना को विश्व-मानवतावाद के वृहत्तर जीवन-मूल्यों से जोड़ने को प्रयास करता है। तत्त्वज्ञानी भगवती ऋतम्भरा का यही मूल सन्देश है, जो इस उपन्यास की सबसे महत्त्वपूर्ण स्त्री-चरित्र है। भगवती ऋतम्भरा और उनके तत्त्वज्ञानी पति औषस्तिपाद का आश्रम स्वयं-दास तपस्वियों का आश्रम है जो चारु चन्द्रलेख की नाटी माता के उस भक्ति आश्रम की याद दिलाता है जो सारी हलचल और गतिविधियों का केन्द्र है। लोकवादी तत्त्वज्ञानी भगवती ऋतम्भरा के समाज-सापेक्ष गतिशील चिन्तन का मूल स्वर है--'तप नहीं केवल जीवन-सत्य।' लोक-जागरण के लिए निकली भगवती ऋतम्भरा के अनुभवसम्पन्न ज्ञान उनकी निश्छल सेवा-भावना तथा हृदय की उदारता ने दुनियादारी से अनभिज्ञ और अवयस्क शिशु-जैसे युवातापस रैक्व की वीरान जिन्दगी को जीवन्त बनाने में महत्त्वपूर्ण भूमिका निभायी है। उनके चिन्तन को

गतिशील बनाने और जीवन को सही दिशा देने में ऋतम्भरा का महान् योगदान उन्हें इस उपन्यास का सबसे महत्त्वपूर्ण चरित्र बना देता है। व्यावहारिक जीवन के अनुभव में ढला हुआ उनका तत्त्वज्ञान इतना सहज और प्रभावशाली है कि उनके सम्पर्क में आने के बाद रैक्व और जाबाला दोनों उनसे प्रभावित ही नहीं होते बल्कि कदम-कदम पर उनके निर्देश की आवश्यकता महसूस करते हैं।

रैक्व के मन में बैठी हुई पाप-भावना को गलत बतलाते हुए वे समझाती हैं कि तुम ऐसा कभी मत सोचो कि तुमने कोई पाप किया है और उसी का दण्ड भोग रहे हो। तुम्हारे पीठ की खुजली किसी पाप के कारण नहीं बल्कि मन की गहराई में छिपी किसी दुर्दम अभिलाषा का परिणाम है जिसे ठीक से पहचानकर वे समझाती हैं कि "तुम्हारा झुकाव प्रियब्रह्म की ओर ही हो सकता है। प्राण के सूत्र को पकड़कर तुम परम सत्य को प्रिय रूप में पा सकते हो और प्रिय रूप का किंचित् साक्षात्कार तुम्हें ब्रह्म तक, महासत्य तक पहुँचा सकता है। अर्थात् तुम्हारा स्वभाव प्रेम है। उसी के माध्यम से तुम सत्य का साक्षात्कार कर सकते हो।" (अनामदास का पोथा, पृ० ६३)

भगवती ऋतम्भरा पाप और पुण्य की बद्धमूल पौराणिक मान्यताओं से सर्वथा अलग लोकवादी धरातल पर उसकी नयी व्याख्या करती हुई रैक्व को समझाती हैं--"जिस कार्य से किसी को शारीरिक या मानसिक कष्ट होता है, वह पाप कार्य है। पर जिससे किसी का दुःख दूर हो, उसका इहलोक और परलोक सुधर जाये, रोगी नीरोग हो जाये, दुखिया सुखी हो जाये, भूखा अन्न पाये, प्यासा जल पाये, कमजोर लोग आश्वासन पायें, वे सब पुण्य हैं।" (वही; पृ० ६३) पाप और पुण्य की इस लोकवादी व्याख्या द्वारा भगवती ऋतम्भरा यह बताना चाहती हैं कि समाज ही पाप और पुण्य की, सत्य और असत्य की, धर्म और अधर्म की; साधना और तपस्या की वास्तविक कसौटी है। इसलिए रैक्व की वैयक्तिक साधना को लोकोन्मुखी बनाने के लिए समाज में जाने और लोक को जगाने का सन्देश देती हैं--"मान ले बेटा, तू किसी जंगल में अकेला तप कर रहा है, तू सत्यवादी है। अब इस बात की परीक्षा कैसे होगी कि तू सचमुच सत्यवादी है। जब दस मनुष्यों के सम्पर्क में आयेगा, कहीं तेरे स्वार्थ पर चोट पहुँचेगी उस समय अपना मतलब साधने के लिए झूठ नहीं बोलेगा, किसी बात को छिपाने का प्रयत्न नहीं करेगा तभी न मालूम हो सकेगा कि तू सत्य पर दृढ़ है? अकेले तो हर आदमी सत्यवादी और धर्मनिष्ठ होने का दावा कर सकता है।" (वही, पृ० ६१) इसी प्रकार भगवती ऋतम्भरा परमतत्त्व की भी समाज-सापेक्ष व्याख्या करती हैं और रैक्व को समझाती हैं कि परमतत्त्व धर्म का निर्णायक नहीं है, धर्म कुछ आचरणों और कर्त्तव्यों से प्रकट होता है--"जो अपने-आपकी सुख-सुविधा का ध्यान न रखकर दूसरों के दुःख को दूर करने का प्रयत्न करता है, सत्य से च्युत नहीं होता, दूसरों का कष्ट दूर करने के लिए अपना प्राण तक त्याग सकता है, वही धार्मिक है। वह परम और चरम तत्त्व के बारे में क्या मानता है, यह बड़ी बात नहीं है। बड़ी बात है कि कैसा

आचरण करता है; औरों के साथ कैसा ब्यवहार करता है, उनके लिए कितना त्याग कर सकता है; यही तय करेगा कि वह धर्मपरायण है या नहीं?" (वही, पृ० ६२)

इन तमाम मानवीय गुणों की सामाजिक चरितार्थता का साक्षात् विग्रह है मामा का चरित्र। जीने की इच्छा तो सबमें होती है पर मामा में जिलाने की इच्छा प्रबल है, इसी अर्थ में वह विशिष्ट है और सच्चा आत्मज्ञानी भी। तत्त्वज्ञान अन्ततः लोकहित में लीन हो जाने का ही ज्ञान है अतः वह भौतिक जगत् और लोक-जीवन से परे नहीं है। राजा जानश्रुति के अकाल-पीड़ित राज्य में भूख-प्यास से बिलबिलाते गरीब बच्चों के लिए साग-पात, मधु और बरगद के फल इकट्ठा कर उनकी प्राणरक्षा करनेवाले तथा झूठी कहानियाँ गढ़कर बच्चों का मन बहलाते हुए थोड़ी देर के लिए उनके उदास चेहरों पर चमक पैदा करनेवाले फक्कड़ मामा के इस तप को ही भगवती ऋतम्भरा परमतप के रूप में स्वीकार करती हैं। उनकी दृष्टि में यही वास्तविक तपस्या है और मामा का झूठ परम वैश्वानर के सत्य से भी महान् है। भगवती ऋतम्भरा के तत्त्वज्ञान की लोकोन्मुखता और जिजीविषा का पाठ पढ़ानेवाले मामा के क्रियाशील जीवन से प्रेरित रैक्व को तपस्या का वास्तविक अर्थ समझ में आ जाता है और वे मामा के साथ गट्ठर ढोने का संकल्प करते हैं। इस प्रक्रिया में शुभा की गाड़ी रैक्व की गाड़ी हो जाती है और फिर लोक-सेवा में विनियोजित होकर वह पूरे गाँव की गाड़ी बन जाती है। वैयक्तिक साधना की यह समाजोन्मुखता ही परम वैश्वानर की साधना की सामाजिक सार्थकता है।

इस प्रकार अनामदास का पोथा मनुष्य की मूल मनोवृत्ति उसकी काम-भावना की अकुण्ठ प्रतिष्ठा का उद्घोष करता हुआ उसकी प्राणशक्ति की शास्त्रीयता और सर्जनात्मक प्रेम की लोकोन्मुखता में व्याख्यायित करता है। महर्षि औषस्तिपाद और भगवती ऋतम्भरा उपन्यासकार के उदार और गतिशील शास्त्रज्ञान के प्रवक्ता हैं जो 'प्राणप्रियता' की व्याख्या के आधार पर उसकी लोकवादी व्याख्या करते हुए प्रेम को परम पुरुषार्थ के रूप में घोषित करते हैं। एकान्तिक तप के प्रत्याख्यान और लोकशक्ति के स्वीकार द्वारा उपन्यासकार मानवीय प्रेम को जीवन-सत्य के रूप में स्वीकार करता है। जीवन-सत्य इसलिए कि प्रेम में ही स्त्री-पुरुष सम्बन्धों का सामाजिक व्याकरण सन्तुलित हो सकता है। अकारण नहीं कि प्रेम ही उनके सभी उपन्यासों का केन्द्रीय विषय है जिसका सामाजिक रूपान्तरण उसे सार्थक भी बनाता है और व्यापक भी। द्विवेदी जी के उपन्यासों में आये नारी-पात्रों के चारित्रिक विश्लेषण से स्त्रीत्व का जो मानचित्र उभरता है, उससे स्पष्ट है कि स्त्री-विरोधी परम्परा का पुनर्मूल्यांकन करनेवाले हजारीप्रसाद द्विवेदी भारतीय समाज के परिप्रेक्ष्य में नारी की अस्मिता को रेखांकित करते हैं तथा समता और स्वतन्त्रता के आधार पर उसके मान-सम्मान और अधिकारों के प्रति सतत जागरूक दिखायी देते हैं।

• • •